KB126794

1960년대 박정희 정권의 농업 정책

1960년대 박정희 정권의 농업 정책

초판 1쇄 발행 2020년 10월 20일
    2쇄 발행 2021년 12월 21일

지은이	김민석
펴낸이	윤관백
펴낸곳	도서출판 선인
등 록	제5-77호(1998.11.4)
주 소	서울시 마포구 마포대로 4다길 4 곳마루빌딩 1층
전 화	02)718-6252/6257
팩 스	02)718-6253
E-mail	sunin72@chol.com

정가 40,000원
ISBN 979-11-6068-406-3 93910

현대사총서 059

1960년대 박정희 정권의 농업 정책

김민석 저

도서출판 선인

책을 펴내며

필자는 서울에서 태어나 대전에서 살고 있다. 군 복무조차 광주에서 했으니 일평생 인구 100만이 넘는 대도시에서만 생을 보낸 셈이다. 친가와 외가도 모두 도시에 있어 농촌은 그야말로 지나가는 풍경이었다.

농촌에 관해 본격적으로 관심이 생긴 시점은 대학원 시절 '충남지역 마을연구'에 보조연구원으로 참여했을 때부터였다. 농촌의 위기는 활자나 숫자가 아니라 실제로 다가왔다. 충남지역 여러 농촌 마을을 가봤지만, 어디에도 젊은이들은 보기 힘들었다. 시간이 멈춘듯한 새벽 시골 장의 사진을 찍고 다방에서 자료를 정리하면 빨리 익숙하고 편리한 도시로 돌아가고 싶었다. 한적한 농촌의 풍경은 아름답기보다 생경하였다.

농업과 농촌을 연구주제로 삼은 이유는 현실 때문이었다. 현재의 자본주의가 우리의 미래가 될 수 없다는 신념은 오래전부터 갖고 있었다. 그러나 대학과 군복무를 마치고 만난 세상은 생각보다 훨씬 더 엄혹하였다. 학위과정과 시간강사를 병행하며 어렵게 살고 있는 필자 앞에는 나날이 취직준비에 지쳐가는 학생들이 있었다. 중장년층은 아파트를 사는 시점으로 부의 크기가 달라졌고, 청년에게는 노동의 가치보다 점수의 가치가 중요하였다. 이러한 사회에서 어떠한 미래를 꿈꿀 수 있을까? 절대빈곤에서 벗어난 것으로 이 체제를 긍정하기에는 이미 오랜 시간이 경과하였다.

자본주의의 생산력, 도시의 편리함을 대체할 삶의 방식을 찾고 싶었다. 불편하기만 했던 농촌이 눈에 들어오기 시작하였다. 농촌과 농업에 관한 공부를 시작하니 알렉산드르 차야노프의 농민경제론, 쿠바 도시농업 사례 등을 접할 수 있었다. 농업, 농민, 농업협동조합이 전망이 될 수 있다는 점도 알게 되었다. 농업과 농민이 전망이 되기 위해서는 시장이 용납하기 어려운 당장의 불편함과 손해를 감수해야 했다. 이러한 부담을 감수할 수 있는 주체인 정부의 역할도 주요한 고민의 대상이 되었다. 오랜 시간 한국은 농민이 다수인 농업국가였고, 산업화와 근대화 과정에서 정부의 역할은 지대하였다. 따라서 필자의 막연했던 고민은 구체적인 논문주제가 될 수 있었다.

1960~70년대 한국경제 변화, 농업협동조합, 새마을운동, 소농체제 등에 관하여 방황하듯 공부하였다. 그렇게 부유하다 멈춘 지점이 해방 이후 농업협동조합과 농업금융이었다. 이후 시대별 농업 정책을 정리하다 보니 1960년대가 한국농업과 농촌의 기로가 되었음을 알 수 있었다. 경제와 농업, 농촌에 관한 박정희 정권의 인식, 정치적인 이유로 인하여 왜곡된 각종 농업 정책 등을 확인하였다. 1960년대는 산업화와 근대화에 성공한 현재 한국사회의 기원인 동시에 농촌과 농업의 비율이 높았던 시대의 잔상도 남아 있는 기간이었다. 1960년대 박정희 정권의 농업 정책이 필자가 애초 가졌던 질문에 답을 줄 거라는 확신이 생겼다.

실제 확인한 1960년대 농업과 농촌의 모습은 필자의 생각보다 훨씬 더 역동적이었다. 박정희 정권의 농업 정책도 비판할 수만은 없는 복잡한 성격을 갖고 있었다. 경제정책과 농촌의 현실 가운데 끊임없이 선택해야 하는 정부와 정부의 선택으로 인해 변화하는 농촌의 모습은 결코 단순하지 않았다. 그 과정을 정리한 결과가 학위논문으로 나오게 되었다.

필자는 농업과 농촌이 가진 가치와 경쟁력에 관하여 확신한다. 그러나 현재 한국농업과 농촌의 현실은 절망적이다. 사료를 포함한 곡물자급률은 2017년 현재 OECD 최하 수준인 23.4%에 불과하다. 농촌에서는 마을의 소멸이 진행되고 있다. 이는 농촌과 농민만의 문제가 아니다. 수출로 농업수익을 대체하면 되는 일도 아니다. 먹거리의 안정적 공급과 자립경제의 기반이 무너지고 있는 것이다. 장기적으로 보면 우리 사회가 모색할 수 있는 대안이 사라지고 있다. 이 모든 문제에 최종책임이 있는 정부는 농촌과 농민을 외면하고 있다.

필자도 한국농업과 농촌의 현실에서 떳떳할 수 없다. 농지에서 흘리는 땀과 농촌의 소중함을 알지만 편리한 도시와 소비에 중독되어 산다. 세상이 점점 나빠지는 데에 기여하고 있다. 필자의 연구는 부끄러움과 죄의식의 결과다.

이 책은 2018년 8월 제출한 필자의 박사논문인 「1960년대 박정희 정권의 농업 정책」을 일부 수정하고 보완한 결과이다. 애초 가졌던 문제의식에 대한 답으로는 부족해 부끄러울 따름이다.

처음 대학원에 입학했을 때 하루하루가 즐겁고 설레었다. 마냥 즐겁기만 한 시간은 길지 않았다. 잡히지 않는 연구주제, 공부할수록 깨닫게 되는 부족함으로 인하여 힘들었다. 무엇보다 수많은 사료를 어떻게 읽고 분석해야 할지 알 수 없었다. 그러나 많은 이들의 도움으로 무사히 학위과정을 마칠 수 있었다.

이 책이 부족한 필자가 성장한 결과라면, 그것은 충남대학교 국사학과 선생님들의 가르침 덕분이다. 김상기 선생님은 한국사에 관한 시각과

학문하는 자세를 가르쳐 주셨다. 마지막 논문심사 시 선생님께서 해주신 격려와 위로의 말씀은 평생 잊지 못할 것이다. 이임하신 후에도 언제나 도움과 조언을 아끼지 않으신 송양섭 선생님의 학은을 갚을 길이 없어 죄송할 따름이다. 장병인 선생님은 역사 공부의 재미를 가르쳐 주셨다. 학부 시절 선생님의 교양강의를 들으며 한국현대사에 흥미를 느끼게 되었다. 나태해질 때마다 질책을 아끼지 않으신 김수태 선생님께도 감사드린다.

학위과정 이후 학문에 전념할 수 있도록 도와주신 이정란 선생님께 감사의 마음을 전한다. 따뜻한 배려에 보답할 수 있는 날이 오기를 바랄 뿐이다. 낯선 필자의 손을 반갑게 잡아 주셨던 이근호 선생님께도 감사드린다.

허종 선생님은 부족한 필자를 제자로 받아주셨다. 현대사를 공부하고 싶다는 마음 외에는 아무것도 없이 대학원에 입학했을 때, 역사연구에 임하는 태도부터 모든 것을 가르쳐 주셨다. 성실한 연구자가 되는 것으로 깊은 은혜를 갚고자 하지만 여전히 모자란 제자라 죄송할 뿐이다.

허수열 선생님은 부족한 글에 대한 심사를 기꺼이 맡아주셨다. 정식 심사 외에도 별도의 많은 가르침으로 필자를 일깨워 주셨다. 먼 길을 오셔서 논문을 심사해주신 정진아 선생님께도 감사드린다. 따뜻한 격려로 고단한 심사과정을 극복할 수 있게 도와주셨다. 석사부터 박사까지 모두 심사해 주신 허은 선생님은 번번이 서울에서 대전까지 오셔서 논문의 빈틈을 지적하고 격려해주셨다.

충남대학교 충청문화연구소의 성봉현 선생님과 임병권 선생님의 은혜도 잊을 수 없다. 박사학위 취득 이후 필자가 안정과 여유를 갖게 될 수 있었던 이유는 두 선생님께서 따뜻하게 받아주셨기 때문이다. 선생님들과 식사하고 커피를 마시며 한 여러 대화는 필자의 현재를 지탱하는 소중한 자산이다.

충남대학교 국사학과 대학원 동료들에게 감사의 마음을 전한다. 이성우 선생님은 어느 상황에서도 든든한 모범이 되어주셨다. 이양희, 이기봉, 박성섭, 백미선, 이승윤, 김나아, 윤애리, 한아름 등도 고마운 동료들이다.

함께 공부하며 버팀목이 되어준 문광균, 송기중 덕분에 길고 모진 시간을 견딜 수 있었다. 현대사를 공부하는 벗이자 후배들인 손연하, 최인호, 최원석의 학문적 발전을 기원한다. 나이와 분과를 초월해 좋은 벗이 되어 준 정욱재 선배님, 정윤화 선생님, 임성수에게도 감사의 마음을 전한다.

필자의 또 다른 울타리, '인문학협동조합 그리고'의 동료들에게도 고마움을 전한다. 수도권 이외 지역에서 전업으로 인문학을 공부하는 것은 많은 용기가 필요한 일이다. 연구에 자극을 줄 요소가 부족한 상황에서 자신이 발 딛고 있는 공간의 보편성과 특수성을 동시에 찾아야 한다. 조합 동료들이 이 악전고투에서 승리하기 바란다.

부모님에게 언제나 부족한 아들이었다. 큰 잘못은 감싸고 작은 성취에는 크게 기뻐해 주신 부모님의 믿음이 필자의 삶을 지탱해 주었다. 돌이켜 보면 대부분 시간을 부모님의 바람과는 반대로 살았어도 크게 혼난 적이 없다. 어느새 아버님이 짊어지셨던 현실의 무게와 어머님의 걱정을 이해할 나이가 되었는데 여전히 효도하는 법을 모르는 못난 아들이다. 이 책으로 부모님께 사랑의 마음을 전하고자 한다. 제멋대로인 필자에 비해 언제나 착하고 속이 깊었던 동생 김지연, 매제 양희봉에게도 감사를 전한다.

누구보다 사랑하는 아내 우새롬에게 이 책을 바친다. 아내는 필자가 공부할 때 누리는 즐거움에서는 배제되었으나 괴로움은 함께 하였다. 아내가 없었다면 결코 박사 논문을 쓰지 못했을 것이다. 글의 수준이 아내의 헌신에 미치지 못하여 미안할 따름이다. 재능과 성실함을 모두 갖춘 아내가 꿈을 이루고 무엇보다 행복하기를 바란다.

마지막으로 어려운 출판 사정에도 불구하고 본서의 출간에 응해주신 도서출판 선인의 윤관백 사장님과 편집부원 여러분에게도 감사의 인사를 드린다.

대전 궁동에서
2020년 9월
김민석

차 례

표 차례

부표 차례

I

서 론

1. 문제제기

1960년대는 이승만의 몰락, 장면 정권의 좌절, 5.16쿠데타로 시작하였다. 4월 혁명으로 시작하였지만, 한일회담을 거쳐 삼선개헌으로 마무리되었다. 쿠데타로 인하여 권위적인 정권이 등장하였으나 민주주의적인 절차와 의회를 중심으로 한 정치공방이 지속하였다는 점에서 선거와 의회, 정당 등이 모두 무력화된 유신시대와는 구별되었다. 이 시기 이루어진 정치변동과 사회변화는 경제에도 반영되었다.

1960년대에는 실질임금이 상승하였고 농업 인구가 감소하였으며 제조업 취업자는 급증하였다. 당시 산업구조 개편과 결과가 이후 한국경제의 방향을 결정했다고 해도 과언이 아니다. 농업과 공업, 농촌과 도시의 위상이 교차한 1960년대는 전후 시대와의 연속과 단절을 동시에 보여준 기간이었다. 농업 정책은 해방 이후 축적된 여론과 논의가 반영된 대표적인 사례인 동시에 기존 체제와의 단절이 가장 급격하게 진행된 부문이었다.

경제발전 과정에서 국내 산업 간 상호관계가 유지되면 자립 가능하며 안정된 경제체제를 구축할 수 있다. 전제는 발전한 농업과 농촌이다. 농업은 경제발전에 필요한 원자재와 비농업 부문에 종사하는 사람들에게 식량을 공급한다. 또한, 도시화와 공업화를 위한 노동력의 원천이자 공산품의 시장 역할도 수행할 수 있다. 이상적인 경제발전 방향이기는 하지만 후발 산업국가나 제한된 자원을 가진 국가가 채택하기 어려운 방안이었다. 반면 농업과 농촌의 희생을 통해 과감하게 수출 중심의 산업구조로 개편하여 공업을 급속하게 발전시킬 수도 있었다. 농민들에게 저곡가를 강제하여 도시 노동자들에게 저가에 식량을 공급하고 정부관리 양곡을 확보하는 것이었다. 이 같은 방침은 종종 공업발전과 근대화를 위한 불가피한 경로로 간주되었다. 상술한 두 가지 방안이 현실에서 완전히 분리될 수는 없었다. 후자의 경로를 선택하더라도 장기적으로는 전자의 목표를 가질 수 있으며 전자의 경로를 내세워도 실제로는 후자의 방법을 채택하기도 하였다. 이러한 선택에 가장 직접적으로 영향을 받는 부문은 농업과 농촌이었다.

한국의 근대화와 산업화의 특징도 농업과 농촌에서 드러났다. 5.16쿠데타로 집권한 박정희 정권은 중농정책을 표방하였고 산업화를 추진하였다. 박정희 정권의 선택은 해방 이후 한국 농업과 농촌의 상황에 강제당할 수밖에 없었다. 당시 한국은 농업과 농촌인구의 비중이 압도적이었으나 발전한 농업 국가로 보기는 어려웠다. 그러나 농업의 중요성이 작았다고 볼 수는 없었다. 1960년대 초까지 농업 생산액은 국민소득의 40%, 농촌인구는 전체 인구의 60%에 달하였다. 이로 인해 농업은 경제개발 자금을 확보할 수 있는 유효한 수단으로 인식되었다. 농업생산 주체가 대부분 영세 농가였기 때문에 농업의 문제는 곧 농촌의 문제였다. 그러나 농민들은 농촌에 거주하며 농업 생산력을 증진하기는커녕 생계를 영위하기도 어려웠다. 1968년부터 농촌인구는 전체 인구에서 비율뿐만 아니라 절대 숫자로도 감소하였다. 농업의 성장 속도도 다른 산업에 비해 상대적으로 둔화하였다. 1961년부터 1976년까지 전체 GNP는 연평균 9.5% 성장하였으나 농수산업[1] 성장률은 그에 미치지 못하는 4.9%였다.[2]

1960년대 농업 비중과 농가 인구의 감소가 곧 '농업과 농촌의 몰락'을 의미하지는 않는다. 도시와 공업에 비해 상대적으로 부진하였음에도 불

---

1) 농수산업은 농업과 수산업이다. 농업에 비해 수산업의 비중이 현저히 낮기 때문에 전반적인 추세를 확인하기 위한 자료 및 연구의 인용시 농수산업으로 분류된 경우 굳이 농업으로 구별하여 서술하지 않았다.
2) 한국농촌경제연구원 편, 『한국농정 50년사』I, 농림부, 1999, 4~5쪽.

구하고 이 시기 농산물 생산량과 농민소득은 증대하였다.[3] 1970년대에는 식량 자급도는 낮아졌지만, 보릿고개가 없어졌고 주곡자급을 달성하였다. 그러나 고령화, 이농 속에서 농업과 농촌의 비중은 점점 작아졌다. 농업과 농촌은 발전 직후 쇠퇴의 수순을 밟았다는 면에서 한국사회의 '압축된 근대화'와 산업화가 가진 특징이 드러나는 전형적인 사례였다.

1960년대 농촌과 농업의 쇠퇴는 무엇으로도 막을 수 없는 당연한 현상이었을까? 2·3차 산업 약진과 전반적인 경제성장 속에서 농업은 박정희 정권의 의도적인 방치로 몰락한 것일까? 1960년대 농촌에 필요한 전망과 정부의 역할은 무엇이었을까? 역설적이지만 박정희 정권기와 겹치는 1960년대는 농지개혁 이후 적극적인 농정이 부재하였던 10여 년을 마감한 시대였다.[4]

박정희 정권은 쿠데타로 집권하였기 때문에 정책 집행에 장애가 될 만한 각종 갈등과 이해관계에서 상대적으로 이전 정권보다 자유로웠다. 특히 농촌에서는 농지개혁으로 일순간 지주가 사라졌음에도 불구하고 영세 자작농이 그 공백을 채우지 못하면서 정부가 개입할 수 있는 공간이 확대되었다. 그러나 농업 정책을 실시하기 위해서는 당장의 경제적인 효과 외에도 고려해야 할 요소가 많았다.

5.16쿠데타 직후 농민의 정치적인 지지가 필요하였던 군사정부에게 친농정책 외 다른 선택지는 없는 것처럼 보였다. 결과적으로 박정희 정권의 선택은 달랐다. 표면적인 정책은 농업·농촌에 친화적이었으나 실제

---

3) 허수열, 「1945년 해방과 대한민국의 발전」, 《한국독립운동사연구》43, 2012, 491~492쪽.

4) 양세현, 『한국농업 정책의 전개과정과 문제점』, 연세대학교 행정대학원 석사논문, 1983, 18쪽.

로는 정반대의 경로를 택하였다. 산업화 과정의 보편적인 수순처럼 농촌이 쇠퇴하였더라도 1960년대 박정희 정권의 농업 정책에 주목해야 하는 이유다.

1960년대 박정희 정권의 농업 정책에[5] 대한 연구의 의의는 다음과 같다. 첫째, 현재 한국사회와 농촌의 원형을 알 수 있다. 1960년대를 기점으로 농촌에서 도시로 농업에서 공업으로 무게중심이 옮겨졌다. 1960년대는 복합적인 면에서 볼 때 농촌과 도시가 대등하게 공존한 마지막 시대였다. 변화의 동인과 결과, 파장을 파악하기 위해서는 시작점에 대한 분석이 필요하다. 특히 농업·농촌의 변화속도가 가지는 성격, 전체 경제에서 차지하는 위치에 대하여 살펴보아야 한다. 이를 통해 한국의 농업·농촌과 산업화, 근대화가 갖는 의미를 확인할 것이다.

둘째, 농업과 농촌의 전망을 모색하는 단초가 될 수 있다. 농업과 농촌의 중요성, 산업과 지역의 균형발전은 재고의 여지도 없는 지향으로 받아들여진다. 농업이 수행할 수 있는 역할과 농촌의 위치는 무엇일까? 우리에게 농업과 농촌의 발전은 일말의 의심도 없이 받아들어야 하는 명제일까? 이러한 근본적인 질문에 대한 답을 위해 한국에서 마지막으로 농업과 농촌의 비중이 높았던 1960년대에 주목해야 한다.

셋째, 농업·농촌과 박정희 정권의 관계를 통해 1960년대 경제발전 과정에서 정부의 역할을 규명할 수 있다. 정권의 성격과 정책의 속성에서

---

5) 농업적 시각을 가진 사람들은 농업개발과 농촌개발을 동일한 것으로 인식하거나 농촌개발을 농업개발의 수단으로 간주한다. 농촌적 시각을 가진 사람들은 농업개발을 농촌개발의 한 수단으로 인식한다. 1980년대 이후 농촌개발에 대한 관점은 농업개발과 별개로 인식되고 있다. 그러나 본고의 주제는 1960년대이며 당시 농촌의 농업에 대한 의존도를 고려할 때 농업 정책과 농촌 정책을 농업 정책으로 동일선상에 놓고 보아도 크게 문제가 없기 때문에 농업 정책으로 통칭하고자 한다. (참조, 박진도 엮음, 『농촌개발 정책의 재구성』, 한울아카데미, 2005, 19~22쪽.)

비롯한 모순은 박정희 정권의 농업·농촌에 대한 인식과 당시 정부가 가진 영향력의 특성 및 한계를 보여줄 수 있다.

1960년대에 시작한 산업화와 박정희 정권의 권위적인 통치가 한국현대사에 끼친 영향은 지대하다. 여전히 당시의 여진에서 비롯한 논쟁이 부문별로 치열하게 전개되고 있다. 이는 현재 한국사회가 가진 여러 문제의 원인을 찾는 작업이다. 따라서 농촌문제 해결과 이를 위한 정부의 역할, 새로운 산업구조의 모색을 위해 1960년대 박정희 정권의 농업 정책에 대한 엄밀한 분석과 평가가 필요하다.

2. 연구사 검토

1960년대 박정희 정권의 농업 정책에 대하여는 당대부터 치열한 연구가 진행되었다. 관찬 연구 또는 현안에 대한 대안 제시 형식으로 거시적인 농정 방침과 개별 농업 정책에 대하여 개괄하였다. 이후 본격적인 연구도 다방면에서 이루어졌다. 본고는 기존의 연구를 수렴하면서 당시 농업 정책의 내용과 특징을 보여주는 논의, 구체적인 정책의 결과에 대하여 집중적으로 살펴보고자 한다.

해방 이후 농업이 식량 자급도 할 수 없는 상황은 산업으로서 농업의 가능성을 잠식하였다. 이로 인하여 1960년대에는 농업구조 개선에 대한 논의가 활발하였다. 농업구조 개선 논의에 관한 연구는 박정희 정권이 농업에 대한 장기적인 전망을 모색하는 과정을 총론적으로 밝혔다는 면에서 의의가 있다.[6] 그러나 농업구조 개선 논의가 구체적인 정책으로 발

---

6) 김성호 외, 『촌락구조변동과 농업구조전환에 관한 연구』, 한국농촌경제연구원, 1992; 조석곤, 『1960년대 농업구조 개혁논의와 그 함의』, ≪역사비평≫88,

전한 과정에 대한 분석은 부족하다. 농업구조 개선 논의의 의의는 개별 정책을 통한 농업과 농촌의 발전이 불가능함을 인식하고 발전 가능한 '구조'를 모색했다는 데에 있다. 따라서 '농업구조 개선'이 쉽지 않았던 이유와 정부의 출구전략에 관해 구체적인 사례를 통한 엄밀한 분석이 필요하다.

1960년대 농촌지도체제와 농업기관, 농민단체는 박정희 정권에 의해 재편되었다. 농촌지도기관과 협동조합이 주요 개편 대상이었다. 박정희 정권의 농촌인식이 구체적으로 드러난 부문이었기 때문에 농업협동조합(이하 농협)과 농촌진흥청의 설립과정, 조직을 확인할 필요가 있다. 농협에 대한 여러 논의는 5.16쿠데타 이후 농협과 농업은행의 통합으로 일단락되었다. 농협은 1950~60년대의 연속성과 1960년대 농업·농촌과 관련한 정부의 역할을 알 수 있는 중요한 주제이다. 1950년대 이후 농협 정책담론과 1961년 농협과 농업은행 통합에 관한 연구는 정부와 농협의 관계, 군사정부의 정책추진 방식을 보여주었다.[7] 1950년대부터 1960년대에 이르는 농업 정책의 변화를 평가할 수 있는 기준 가운데 하나를 제시하였다고 할 수 있다. 당대 지식인들의 논쟁과 농촌사회의 성격, 시대적인 과제를 밝혔으며 제시된 대안과 정부 정책의 괴리를 보여주었다. 그러나 실현되지 않은 협업화에 대하여 긍정적으로 평가하는 경향이 있

2009; 조석곤·황수철, 『농업구조조정의 좌절과 소득정책으로의 전환, 1960년대 후반 농지법 제정 논의를 중심으로』, 공제욱·조석곤 공편, 『1950~1960년대 한국형 발전모델의 원형과 그 변용과정, 내부동원형 성장모델의 후퇴와 외부의존형 성장모델의 형성』, 한울아카데미, 2005.

7) 김민석, 『1950년대 농업협동조합 정책담론』, ≪한국민족운동사연구≫78, 2014; 김민석, 『농업은행의 설립과 운영』, ≪한국근현대사연구≫72, 2015; 김민석, 『1960년대 박정희 정권의 농업협동조합 개편과 성격』, ≪한국근현대사연구≫77, 2016; 이경란, 『1950년대 농업협동조합 법 제정과정과 농업협동체론』, 홍성찬 외, 『해방 후 사회경제의 변동과 일상생활』, 혜안, 2009.

다. 이후 농협의 문제와 농촌의 현실을 볼 때 협업화가 유력한 대안이었다는 점은 부정할 수 없지만, 정부가 농업 협업화를 추진하지 못한 이유, 농업은행과 통합 이후에도 농협이 무력할 수밖에 없었던 원인에 대한 규명은 부재하다. 협업화와 농협의 활동이 어려웠던 구조적인 문제에 대한 엄밀한 분석과 평가가 필요하다.

농촌진흥청에 관한 연구는 1960년대 지방제도 개편의 맥락에서 언급되거나[8] 농촌지도체제·농촌진흥청의 운영과 발전 방향에 대한 모색의[9] 형식으로 진행되었다. 하지만 농촌진흥청 자체에 대한 엄밀한 역사적 평가라고 보기는 어렵다. 실제 농촌과의 관계, 박정희 정권의 영향에 대한 구체적인 분석이 필요하다.

농협과 농촌진흥청은 농업·농촌의 특수성과 독자성이 확보될 때 온전한 역할이 가능한 조직이었다. 그러나 농협과 농촌진흥청의 독자성과 특수성 확보가 평가 기준이 되면 1960년대와 전체 경제에서 농업·농촌이 갖는 의미를 간과할 우려가 있다. 조직 간 상호관계 및 협조체제, 정부 정책이 구현된 방식, 정권과의 관계를 실제 사례를 통해 밝혀야 한다.

구체적인 농업 정책들에 관한 연구도 중요하다. 당시 농업 정책 가운데 가장 주목받은 주제는 농어촌고리채 정리다. 사안의 중요성에 비해 본격적인 연구는 적은 편이다.[10] 하지만 경제정책과 농업 정책의 부분으

---

8) 곽경상, 『5.16군정기(1961~1963) 지방제도 개편과 '향토개발'』, 연세대학교 대학원 사학과 석사논문, 2009.

9) 채병석, 『한국농촌지도사업으로서의 Extension Service에 관한 연구』, ≪농업정책연구≫3-1, 1976; 이한상, 『일선농촌지도사업의 발전방향에 관한 연구』, 전남대학교 행정대학원 석사논문, 1984.

10) 이명휘, 『농어촌 고리채정리사업 연구』, ≪경제사학≫48, 2010; 이환규, 『농어촌고리채 정리』, 한국농촌경제연구원 편, 『농정반세기 증언』, 1999.

로 서술된 경우는 많다.[11] 쿠데타의 업적을 스스로 치하하는 당대의 관찬 연구 외에는 부정적인 평가가 대부분이다. 비료공급 관수일원화도 정부가 농협을 통해 일방적으로 비료수급권을 장악했다는 점에서 군사정부·박정희 정권의 성격을 보여주는 정책이었다. 합리적인 동기와 정책방향에도 불구하고 여러 가지 이유로 농민들의 여론이 좋지 않았던 정책의 전모에 대해 분석함으로써 박정희 정권과 농촌의 긴장 관계를 밝혔다.[12] 여러 정책연구를 통해 1960년대 농정의 성격이 드러났지만, 농가경제, 농업 생산력 증대를 목적으로 한 주요 정책들은 여전히 본격적인 연구가 미비하다. 박정희 정권기 농업 정책의 특징과 한계를 밝히기 위해서는 다양한 부문의 정책연구가 필요하다.

박정희 정권기 소농체제를 정부, 농촌, 도시의 관계 속에서 서술한 경우는 향후 관련 연구에 시사하는 바가 크다. 한국농촌의 '근대화'가 가지는 특성을 보여주었고 소농체제를 지탱한 여러 구조를 확인하였다. 특히 농업을 통해 산업화 과정에서 파생된 문제를 제기하였다.[13] 박정희 정권 자체의 특성과 개별 농업 정책의 의미를 엄밀히 살펴보았다고 하기는 어려우나, 당시 농업 정책 평가에 필요한 기준들을 제시하였다.

1960년대 모범농민의 실체와 농업 정책에 관한 연구는 새마을 운동의 역사적인 동력이 1960년대에서 기원하였음을 밝혀냈고 농민 입장에서 본 당시 농촌의 가능성과 새농민운동의 의의를 살펴보았다.[14] 이를

11) 전국경제인연합회 편, 『한국경제정책40년사』, 1986; 조영탁, 「1950년대 이후 농업정책의 전개과정」, 양우진·홍장표 외, 『한국자본주의 분석』, 일빛, 1991.

12) 강정일 외, 『비료수급에 관한 연구』, 한국농촌경제연구원, 1983; 이병준, 「제1차 경제개발 시기 비료수급 정책(1962~1966)」, ≪사학연구≫122, 2016.

13) 임수환, 「박정희 시대 소농체제에 대한 정치경제학적 고찰: 평등주의, 자본주의, 그리고 권위주의」, ≪한국정치학보≫31, 1997.

14) 이환병, 「모범 농민, 마을의 성장과 농촌 새마을운동」, 성균관대학교 사학과

통해 박정희 정권의 농민·농촌 정책을 규명하였다. 하지만 1960년대와 1970년대의 연속성을 강조하였기 때문에 1960년대의 특성이 명확히 드러나지는 않았다. 1960~70년대 국가권력 확대와 새마을 운동에 대하여 살펴본 연구는 1960년대 농촌상황을 농촌통제, 마을, 농민의 범주로 구분하여 정리하였다.[15] 하나의 정책이나 새마을 운동의 전사로 1960년대 농업 정책의 성격을 총체적으로 파악하기는 어렵다. 박정희 정권의 농업 정책과 관련 경제정책 및 정치상황에 대한 고려가 중요하고, 무엇보다 해당 정책이 1970년대 이후 초래한 결과와 분리하여 살펴보는 것도 필요하다.

1960년대 농정 방침에 대한 총체적인 평가도 시도되었다. 비판적인 입장은 박정희 정권이 결국 농촌의 근본적인 문제를 해결하지도 못했을 뿐더러 의도도 기만적이었다는 기조하에 개별 정책들을 혹평하였다.[16] 그러나 효과가 의도에 미치지 못하였다는 식의 논리로 역사적인 평가를 갈음할 수는 없다. 반면 박정희 정권의 의도와 과감한 실천에 초점을 맞추어 긍정적으로 평가한 경우도 있다. 이와 같은 연구는 당시 농업 정책 집행과정의 비민주성을 지적하였지만 불가피한 면도 있었음을 역설하였다.[17] 하지만 농촌 근대화를 이유로 1960년대 농업 정책을 호평하는 것은 지나치게 결과론적인 해석이다. 또한 '근대화'에 대한 정의와 무엇을 위한 '농촌의 근대화'인지가 모호하다. 1970년대 농촌 근대화를 성공으로 전제하는 것도 문제다. 정책에 대한 분명한 평가는 필요하나 상반된

박사논문, 2012.

15) 박섭·이행, 『근현대 한국의 국가와 농민: 새마을운동의 정치사회적 조건』, ≪한국정치학보≫31, 1997.

16) 유인호, 『농업경제의 실상과 허상』, 평민사, 1979; 한국농어촌사회연구소, 『한국 농업농민문제 연구』Ⅰ·Ⅱ, 연구사, 1989.

17) 한도현, 『1960년대 농촌사회의 구조와 변화』, 한국정신문화연구원 편, 『1960년대 사회변화연구: 1963~1970』, 백산서당, 1999.

결론이 같은 논리와 현상에 근거했다는 점을 지적하지 않을 수 없다.

1960년대 박정희 정권기 농정에 대한 여러 내용이 밝혀졌지만, 여전히 개별 정책과 구체적인 사례에 관한 엄밀한 연구는 부족하다. 특히 박정희 정권과 정책의 상호관계에서 비롯한 모순을 분석한 경우는 찾기 어렵다. 농정에 대한 거시적인 평가는 선언적인 경우가 많으며, 정책연구는 구조적인 면을 간과하곤 하였다. 또한, 당시 농업 정책의 주체라 할 수 있는 인사와 기구들도 알기 어렵다.

본고는 기존 연구에서 밝힌 농업 정책이 박정희 정권의 경제정책과 어떠한 관계인지 확인하고, 이전 연구에서 미처 다루지 못한 각각의 정책에 대한 분석을 기반으로 1960년대 박정희 정권의 농업 정책을 평가하고자 한다.

3. 연구 개요와 구성

본고는 1960년대 박정희 정권의 농업 정책을 평가하기 위하여 구체적으로 다음과 같은 사항을 규명하고자 한다. 첫째, 농업 정책 주체의 변화와 정부 역할에 대하여 살펴볼 것이다. 1950~60년대 농업 정책의 문제와 대안은 변화한 적이 없었다. 다만 정책을 '취사선택'하는 정부와 정책 입안 주체들에 따라 정책의 성격이 결정되었기 때문에 각각의 정책에 대한 정부의 역할 변화와 관련 인사들의 성격을 파악할 필요가 있다.

둘째, 1·2차 경제개발 5개년 계획과 농업 정책의 관계를 밝힐 것이다. 1960년대 박정희 정권의 경제정책은 경제개발계획으로 이해하여도 크게 무리가 없다. 따라서 각각의 농업 정책과 전체 농정 방침을 경제개발계획의 흐름에서 이해할 필요가 있다.

셋째, 1960년대 박정희 정권의 농업 정책 목표와 실제 내용 및 결과에 관하여 확인할 것이다. 개별 정책의 내용과 지향은 집행과정에서 정부의 거시적인 농정 방침에 의해 조정될 수밖에 없다. 특히 5.16쿠데타 이후 농업 정책, 정치적인 이유에 의해 실시한 농촌사회 정책이 정부의 농정 방침, 경제정책 목표 내에서 어떻게 변화하였는지 살펴볼 것이다.

넷째, 농업 정책의 결과인 농촌의 사회상과 경제상황에 대하여 분석하고자 한다. 박정희 정권의 정책방침이 농촌에서 드러난 양상을 살펴보고, 농업 생산력과 농촌경제의 구체적인 문제를 규명할 것이다. 당시 농업·농촌이 가진 문제는 불가항력적인 성격도 있었고 정부의 명백한 선택에 따른 결과도 있었다. 그러나 불가항력적인 문제도 정책에 따라 얼마든지 변화의 속도를 지연시킬 수 있다는 점에서 구조만을 탓하기는 어려운 면이 있다. 본고는 구조적인 한계에 대처하는 박정희 정권의 선택을 확인할 것이다.

구성은 다음과 같다. 2장에서는 1960년대 농업 정책 주체와 농업 정책 변화의 흐름을 살펴볼 것이다. 우선 정확한 평가를 위해 5.16쿠데타를 전후한 1960년대 초반 농촌사회와 농가경제에 대해 확인할 필요가 있다. 쿠데타 이후 농업 정책은 이전 정권에서도 계속 지지부진하게 논의되던 사안이었다. 따라서 변화된 농업 정책 주체를 통해 군사정부·박정희 정권의 특징을 알 수 있다. 농업 정책 변화와 정책입안 주체의 상관관계, 학자들의 참여 양상, 주요 주장 등을 규명할 것이다. 이후 경제개발 5개년 계획과 농업 정책의 관계에 대하여 개괄하고자 한다. 구체적인 농업 정책의 변화 시점과 1차 경제개발 5개년 계획, 1차 경제개발 5개년 계획 수정과정, 2차 경제개발 5개년 계획 기간이 정확히 일치하지는 않았다. 경제정책 총론 변화가 각론에 이르기까지 시간차도 있었지만, 농업의 특수성에서 기인하기도 하였다. 이를 통해 개별 농업 정책의 입안과 변화에 영향을 끼친 구조적인 요인에 대하여 규명하고자 한다.

3장에서는 농업구조 개선 사업과 관련 입법 조치를 살펴볼 것이다. 농지개혁 이후, 농촌은 농가 자급자족과 농업발전이 모두 불가능한 구조였다. 농촌경제 변화와 농업증산을 위한 민·관계를 망라한 논의가 필요하였다. 1960년대 중반 이후, 박정희 정권이 안정화되면서 농업구조 개선의 맥락에 있는 정책들이 실시되었다. 협업개척농장 사업은 농업구조 개선이 지향하는 바를 일부 지역에서 모범사례로 만들기 위한 작업이었다. 자립안정농가 조성사업은 농업구조 개선 논의가 실제 사업으로 어떻게 연결되었는지 보여주었다. 협업개척농장 사업의 구체적인 실상과 자립안정농가 조성사업의 전환과정을 통해 박정희 정권이 추진한 농업구조 개선의 실체를 확인하고자 한다. 또한, 농업구조 개선의 일환, 명문화의 과정으로 추진되었던 『농업기본법』 제정과 농지법 입안 과정을 분석할 것이다.

4장에서는 농업기관과 농촌지도체제에 대하여 분석할 것이다. 정부가 주도하는 사회운동의 성격이 강하였던 지역사회개발사업은 박정희 정권기 특정 정부 부처의 업무가 되었고 점차 정부 수요에 따른 사업으로 대체되었다. 이 과정을 통해 농촌의 민주주의와 자립에 관한 박정희 정권의 인식을 알 수 있다. 일반 행정에 대한 농업부문의 독자성을 담보하고자 한 농촌진흥청은 5.16쿠데타 직후 설립되었다. 농촌진흥청과 농촌지도체제 변화의 모습은 산업으로서 농업에 대한 박정희 정권의 입장을 보여줄 수 있다. 이승만 정권기 약체로 출범한 농업협동조합도 5.16쿠데타 직후 농업은행과 통합되며 강화되었다. 협동조합과 박정희 정권이 조우한 결과를 살펴보면 농촌과 농가경제에 대한 박정희 정권의 방침을 알 수 있을 것이다. 형식상 독자적인 자치조직과 특수기관이 끊임없이 부침을 겪었던 과정에 관한 연구를 바탕으로 군사정부·박정희 정권의 문제

해결 방식, 정책의 왜곡 과정을 평가하고자 한다.

농협이 변모된 농촌 현실에 대응하기 위하여 주창한 새농민운동은 이후 새마을 운동의 전조를 보여주었다. 농어촌개발공사는 2차 경제개발 5개년 계획의 결과이기도 하였지만, 농촌 현실에 대한 박정희 정권의 대안이었다. 유능한 농민 개인과 지주회사가 협동조합을 대체한 것이다. 새농민운동과 농어촌개발공사에 대한 분석을 통해 경제·농업 정책 총론이 구체적인 각론으로 적용된 사례를 확인할 것이다.

5장에서는 박정희 정권의 농업 생산력 증대방안을 농가경제 지원, 토지개량사업, 농산물 가격 정책으로 구분하여 분석할 것이다. 농촌 고리채 정리, 비료공급 관수일원화, 토지개량사업의 효율적인 재편 등은 이전부터 논의되었지만, 군사정부가 집권하였기에 일거에 실시할 수 있었다. 하지만 사회적인 갈등요소를 고려하지 않아 정책추진 시 역풍을 맞았고, 고질적인 재정부족과 열악한 농촌상황도 받아들여야 했다. 특히 농산물 가격 정책은 개별 농가의 생산력을 확보하는 동시에 농촌경제 구조개선까지 도모한 복합적인 성격의 적극적인 정책이었다. 『농산물가격유지법』과 이중곡가제를 통해 별도로 살펴볼 것이다.

6장에서는 1960년대 농촌사회의 변화와 성격에 관하여 확인하고자 한다. 농촌에 대한 정부의 영향력이 강했던 시대였기 때문에 박정희 정권이 지향하는 바는 모순까지도 그대로 정책에 투영되었고 고스란히 농촌에 흔적을 남겼다. 박정희 정권의 농업·농촌에 대한 관점은 농지세 물납제를 통해 알 수 있다. 이승만 정권의 현물 세제를 비판하였던 박정희 정권기에 오히려 현물세 체제가 항구화된 이유를 정부통제라는 관점에서 분석할 것이다. 또한, 당시 농산물 생산증대와 미곡유통체계를 바탕으로 농촌경제의 실상을 살펴보고자 한다. 특히 서울특별시 양곡시장조합을 통하여 1960년대 미곡유통의 구체적인 실상에 관하여 서술할 것이다. 이후 농가소득 향상과 농촌경제 몰락이라는 상반된 현상, 이농의 양상을 살펴본 후 1960년대 농촌사회 변화의 성격을 규명할 것이다.

　농민 입장에서 보면 1960년대는 정치적인 격변으로 시작된 과감한 정책이 새마을 운동으로 갈무리된 시대였다. 본고는 이 시기 박정희 정권의 속성과 선택이 농업과 농촌에 어떠한 영향을 끼쳤는지 구체적인 정책의 내용과 결과를 근거로 평가할 것이다. 연구대상은 당시 농업 정책 주체, 박정희 정권의 성격, 경제정책 변화가 확연하게 드러나는 특정 농업 정책으로 한정하였다. 또한, 거시적인 경제지표보다 농촌과 농민의 현황에 주목하려 하였다. 이를 통해 1960년대가 현대사에서 가지는 의미와 현재 농업·농촌의 기원을 알기 위한 단초를 마련하고자 한다.

　주된 자료로 우선 정부 문서를 활용하였다. 공식적인 통계와 보고서로 당시 농업 정책의 전반적인 성격과 정책 변화 시점을 알 수 있었다. 특히 정책별 사업계획서와 진행보고서, 감사원 자료, 거시적인 정책 방향을 논의한 각종 위원회의 회의록, 보고서와 정부발주 연구로 농업 정책의 과제와 정부의 인식을 분석하였다. 또한, 각 기관과 단체의 설립과정 서류, 내부 감사 자료로 정책의 이면과 결과를 보완하였다. 정책의 제도화 과정은 관련 법안의 초안, 부처 간 논의 자료로 살펴보았다. 이외에도 농업 관련 각종 정부계획과 지방행정 기구의 문서를 통해 정부가 제시한 거시적인 정책지향이 일선에서 적용되는 방식을 확인할 수 있었다.

　정부자문 기구인 농업구조정책심의회와 경제과학심의회의의 회의자료, 반관반민의 성격이었던 농협과 농업은행, 농촌진흥청 설립관련 보고서, 연도별 계획서, 행정조치 사항 등으로 1960년대 관민관계와 정부가 농촌사회에 개입하는 방법도 알 수 있었다. 당시 농업 정책이 해방 이후, 학자와 농민 운동가 등의 여론을 반영한 경우가 많았기 때문에 ≪농공병진≫, ≪농민신문≫, ≪농협신문≫, ≪사상계≫, ≪새농민≫, ≪새벽≫,

≪새힘≫, ≪애향≫, ≪향≫, ≪협동≫ 등 관련 잡지를 통해 이들의 구체적인 견해를 확인하였다.

Ⅱ
정책 주체와 농업 정책의 수립

1. 1960년대 초반 농촌과 농가경제

1960년 당시, 한국의 1차 산업[1] 비중은 38%, 농촌인구 비율은 67.3%였다. 농촌사회가 양적으로 압도하였고 농업의 비중도 높았지만, 전반적인 추세는 공업화였다. 또한, 전체 농가의 30%는 여전히 춘궁기를 겪었다. 농지개혁의 여파로 경지면적 0.85정보 소유 규모의 영세 농가가 대부분이었다. 이들의 농업소득은 자급자족도 힘들만큼 낮았다. 낮은 소득은 영세한 토지 규모에서 비롯된 문제만은 아니었다. 1955~60년 사이 논의 단보당 생산고는 평균 1.41석으로 이는 같은 기간 일본의 약 55%에 불과하였다. 국내 여타 산업과 비교 시에도 농업의 정체는 두드러졌다. 1949년 1차 산업 생산성을 100으로 보면 2차 산업과 3차 산업은 각각 373, 288이었다. 1960년 1차 산업 생산성 100에 비해 2차 산업은 619, 3차 산업은 145였다. 한편 농지개혁에도 불구하고 농촌의 소작지는 조금씩 증가하였다. 영농면적 대비 소작지 비율은 1958년 9.1%에서 1961년 12.1%로 확대되었다.[2] 1950년대 이후 농산물 생산량이 증가하였으나 농업과 농촌은 여전히 자급자족이 불가능한 상황이었다. 농가경제 수익구조도 일시적인 경우를 제외하면 대부분 시기 적자였다.[3]

전근대적인 농업구조와 미국원조 감소라는 대외적인 요인을 고려하여

---

1) 1차 산업은 농업 외 목축업, 임업, 어업 등도 포함한다. 하지만 한국사회에서 1차 산업 가운데 농업이 차지하는 비중이 압도적이기 때문에 참조한 자료와 연구에서 1차 산업으로 지칭한 경우 대략의 추세를 언급 시에는 농업으로 구별하여 지칭하지 않았다.

2) 김지현, 『해방후 농지개혁의 성격에 관한 일연구』, 숙명여자대학교 한국사학과 석사논문, 1997, 75쪽; 山本剛士, 「1·2차 경제개발계획과 고도성장의 문제점」, 김성환 외, 『1960년대』, 거름, 1984, 274~275쪽.

3) 김동노, 「1950년대 국가의 농업정책과 농촌계급구조의 재구성」, 문정인·김세중 편, 『1950년대 한국사의 재조명』, 선인, 2004, 447쪽.

도 당시 농촌문제가 이승만 정권의 정책에서 비롯되었다는 점을 부인할 수는 없었다. 이승만 정권기 실시된 농지개혁은 역사적인 의의를 부정하기는 어려우나, 애초 농민들에게 과다한 부담이 되도록 설계되었다. 따라서 경제적으로 자립할 수 있는 농촌사회의 기반이 되기에는 부족하였다.[4)]

한국전쟁 이후, 이승만 정권기에 자본가들은 조세 혜택과 귀속재산 불하라는 특혜를 받았다. 산업은행 대출 가운데 제조업 비중은 1954년 37%에서 1960년 64%까지 증가하였다. 수입대체산업 육성에 의해 생산된 공산품은 경쟁력이 없었다. 그러나 공산품은 수입제한 조치와 환율·조세정책으로 보호되어 농산품과 가격 차이가 컸다. 1953년부터 1961년까지 공업은 연평균 11.5% 성장하였지만, 농업 성장률은 3.24%에 불과하였다.[5)]

당시 재무부 장관, 국무총리, 경제조정관 등을 역임한 백두진(白斗鎭), 기획처장 원용석(元容奭), 상공부 장관 안동혁(安東赫) 등으로 이루어진 경제팀은 미국의 원조를 경제부흥 수단으로 삼으려 하였고 실수요자에

---

4) 대만의 농지개혁 표준지가(연 수확량 250%)는 한국의 농지개혁 표준지가(연 수확량 150%)보다 높았으나 상환 기간이 한국의 두 배(10년)였고 정부 부담(30%)이 있었다. 따라서 농민의 부담이 한국에 비해 현저히 낮았다. 일본의 농지개혁 시 소작농은 경지 10a의 소유권(평균수확 300kg)을 얻기 위하여 1946년 기준으로 수확의 63%(190kg), 1947년 기준으로는 20%(59kg) 정도만 부담하면 되었다. 연도별로 다른 이유는 인플레이션에도 불구하고 가격이 고정되었기 때문이었다. 매입자금이 부족한 농민에게는 24년, 연리 3.2%의 장기저리 대부상환도 인정되었고 정부매입 미가보다 높은 가격(6~7배)의 암시세도 형성되었기 때문에 한국과 비교하면 소작농에게는 파격적인 조건이었다. 김종덕, 『한국과 대만의 농업 정책 비교 연구』, 《사회와 역사》5, 1986 106~107쪽; 데루오카 슈조 엮, 전운성 역, 『일본농업 150년사 1850~2000』, 한울아카데미, 2004, 148쪽.
5) 이상철, 『1950년대의 산업정책과 경제발전』, 문정인·김세중 편, 『1950년대 한국사의 재조명』, 선인, 2004, 183~189쪽.

게 원조물자 직접 배급, 공업을 중심으로 한 종합적인 경제개발계획을 수립하였다. 식량문제 전문가이며 기획처장인 원용석은 미곡자유화, 미곡시장 육성을 위한 적극적인 융자를 주장하였으나 대상은 미곡상인이었다. 농업문제를 식량수급 조절문제로 간주한 것이다. 이들의 경제정책 기본방향은 공업화였다. 자유경제를 추진하면서도 국가주도 상공인 육성, 기간산업 건설 등의 입장이었기 때문에 공업화와 재정안정이 농업에 우선할 여지가 농후하였다.[6] 공업화를 위한 식량수급 전문가로 활동한 원용석은 이후 박정희 정권기에도 경제와 농업 정책에서 주도적인 위치를 차지하였다.

이승만 정권기 경제팀의 정체성과 지향은 부정적인 방향으로 현실화되었다. 불하자본, 원조경제 구조 속에서 자본가들은 기업 활동이 아닌 정·관계와의 결탁으로 성장하였다. 세금은 간접세에 치중한 대기업 중심의 차별조세 제도로 고소득층과 법인을 우대하는 세제가 유지되었다. 제조업에 주어진 조세 혜택은 그대로 농민의 조세 부담이 되었다. 또한, 정부의 비현실적인 환율정책 때문에 기업은 달러 차관 확보만으로도 부를 쌓았고 농민의 삶은 갈수록 피폐해졌다.[7]

한국전쟁으로 재정압박에 시달리던 이승만 정권은 농지개혁에서 발생한 현물상환곡을 활용하였다. 인플레이션 속에서도 현물상환곡 제도는 유지되었다. 정부는 손쉽게 재정을 확보하고 미곡시장을 통제할 수 있는 방법을 포기할 수 없었다. 현물확보를 우선으로 한 정부 정책은 더욱 강화되어 현물토지수득세까지 도입되었다. 농지개혁으로 창출된 자작농은

---

6) 정진아, 『제1공화국기(1948~1960) 이승만 정권의 경제정책론 연구, 국가주도의 산업화정책과 경제개발계획을 중심으로』, 연세대학교 사학과 박사논문, 2007, 84~89쪽.

7) 김대환, 『1950년대 한국경제의 연구』, 진덕규 외, 『1950년대의 인식』, 한길사, 1990, 190~225쪽.

영세한 토지보유를 근거로 상환곡과 토지수득세까지 감당했다. 1950년
대 초반 수득세율은 빈농(생산량 5석 이하)의 경우 15%였고 수확량이 많
을수록 누진율이 적용되었다. 10~20석의 수확량을 보유한 농가는 수
확의 45%를 상환곡과 수득세로 납부하였다. 징수과정도 문제였다. 농림
부가 수확량을 예상하고 재무부가 이를 조정하여 과세하였기 때문에 국
가가 필요한 총량을 농민에게 임의로 할당할 수 있는 구조였다.[8] 토지수
득세는 1954년 조세수입의 14.7%, 1957년 23.8%, 1958년 14%였다.
비율 증감과 상관없이 총량은 언제나 100만 석이 넘었다. 더 심각한 문
제는 가격 책정 기준이었다. 정부 수납가와 시장가 사이에는 40%의 편
차가 있었다.[9] 정부가 농민을 상대로 시세차익을 본 것이다. 재정 확보
를 이유로 농민에게 부담을 전가하였기 때문에 정상적인 세수라고 보기
는 어려웠다.

　미국에서 도입된 잉여농산물 역시 심각한 문제였다. 미국은 자국 내
농산물 과잉생산과 한국에 원조하는 국방비, 주한기관 경비를 해결하는
방법의 하나로 잉여농산물을 택하였다. 잉여농산물은 항상 국내의 수요
이상 공급되었다.[10] 이 시기 도입된 잉여농산물은 국내에서 유통된 전체
양곡의 10%, 생산량의 15%를 웃돌았다. 1957년 41만 9천 석, 1958년
207만 7천 석, 1959년 87만 2천 석이 초과 도입되었다. 이는 1950년대
저곡가 구조에 일조하였다. 잉여농산물의 과다한 도입으로 인하여 정부
의 양곡시장 통제는 불가능하였다.[11]

---

8) 김동노, 앞의 논문, 432~433쪽.

9) 농림부, 『농림수산행정개관(1945~1965)』, 1966, 8쪽.

10) 농수산부, 『한국양정사』, 1978, 304~305쪽.

11) 이호철, 『미국 잉여농산물 도입』, 한국농촌경제연구원 편, 『농정반세기 증언』,
　　농림부, 1999, 83~96쪽.

이승만 정권의 곡가대책이 전무하지는 않았다. 우선 1950년 제정되어 이승만 정권기에만 3차례 개정된 『양곡관리법』이 있었다.[12] 『양곡관리법』 제3조는 미곡에 한해 국가권력에 의한 강제매입을 명시하였다. 제7조, 제8조에도 정부의 시장가격 조절 조항이 있었다.[13] 1951년 『양곡관리법』이 개정되어 제7조, 제8조가 삭제되었다. 하지만 1954년 잉여농산물 도입, 풍작으로 곡가가 폭락하자 재차 개정되어 정부의 시장개입 조항이 부활하였다.[14]

이 시기 곡가 하락 방지를 위한 정부 매입도 있었으나 수매가격은 생산비를 보장하지 못하였다. 매입량도 소규모였기 때문에 농산물 가격 유지에 전혀 도움이 되지 않았다. 생산비 대비 수매가격 비율은 1952년 61%, 1953년 61%, 1954년 93%, 1955년 47%, 1956년 93%, 1957년 76%, 1958년 82%, 1959년 81%, 1960년 81%에 불과하였다.[15] 이승만 정권의 곡가정책은 법제도로 정착하지 못하였고 1950년대 후반 실시된

---

12) 이승만 정권기 『양곡관리법』은 1950년 2월 16일 제정되어 1951년 6월 23일, 1952년 3월 21일, 1964년 11월 6일에 개정되었다.

13) 제3조 양곡의 생산자 또는 토지에 관한 권리에 의하여 취득하는 양곡을 받은 자는 대통령령의 정하는 바에 의하여 미곡에 한하여 정부가 지정하는 양을 정부에 매도하여야 한다. 단, 자가용 식량과 종곡은 예외로 한다. 전항에 의하여 정부가 매입하는 미곡의 총량은 당해 미곡연도에 국내총생산량의 ⅓을 초과하지 못한다.
제7조 정부는 본법에 의하여 매입한 양곡을 수급계획에 의하여 처분하며 또는 양곡의 가격을 조절하기 위하여 매각할 수 있다.
제8조 정부는 양곡관리상 필요하다고 인정할 때에는 시장에 출회하는 양곡을 매입하여 양곡의 수급 또는 가격을 조절하기 위하여 시장에 매도할 수 있다. 『양곡관리법』, 법률 제97호, 1950. 2. 16.

14) 제8조 정부는 양곡의 가격조절 상 필요하다고 인정할 때에는 시장에 출회하는 양곡 또는 생산자가 매각하는 양곡을 국회의 동의한 가격과 수량에 의하여 매입하고 또는 이를 판매할 수 있다. 『양곡관리법』, 법률 제349호, 1954. 10. 16.

15) 김동노, 앞의 논문, 436쪽.

재정안정화 정책으로 중단되었다.[16]

이승만 정권은 1949년, 1953년, 1958년 각각 농업증산 3개년 계획과 2차에 걸친 농업증산 5개년 계획을 추진하였다. 농업증산 3개년 계획은 1946~48년도 평균을 기준으로 증산계획을 수립하였지만 첫 해부터 미곡증산 계획대비 실적이 88%에 그쳤다. 한국전쟁 이후 실적은 1950년 76.4%, 1951년 57%로 격감하였다. 맥류증산 실적도 1949년 95.7%, 1950년 82.5%, 1951년 36.5%에 불과하였다. 1·2차 농업증산 5개년 계획 기간은 각각 1953~57년, 1958~62년이었다. 1차 계획은 미곡과 맥류 모두 목표 생산량에 현저히 미달하였다. 2차 계획에서 상황은 다소 개선되었다. 미곡은 1958년과 1961년 목표량을 달성하였고 맥류도 5년 가운데 3년이 목표량 이상이었다. 그러나 여전히 전체적으로 계획량에 미달하였다.(《부표 1, 2》참조) 계획대비 실적이 증가세에 있지도 않았다. 이승만 정권은 현물 수취체제에 따른 부담의 경감방안과 농촌 고리채 해결책도 모색하였다. 하지만 기본적으로 경제적인 부담을 농촌에 전가하는 경제정책, 잉여농산물 유입 등으로 농촌상황을 개선할 수 있는 방안을 찾기는 어려웠다.[17]

1960년 당시 완전실업률 0.8%, 잠재실업률 26%, 농가 실업률은 29.1%였다. 1957년 이후, 원조가 감소하면서 농어촌에 대한 지원도 줄었고 서민생활 안정이라는 명목으로 저곡가 정책이 실시되었다.[18] 이승만 정권 말기 경제개발계획 수립, 농협·농업은행 창설 등에서 보이듯 해

---

16) 조영탁, 『1960년대 이후 양곡관리정책의 변화와 그 성격에 관한 연구, 국가 개입방식의 변화와 그 효과를 중심으로』, 서울대학교 경제학과 박사논문, 1993, 19~21쪽.

17) 농림부, 『농림수산행정개관(1945~1965)』, 1966, 37~39쪽.

18) 이기호, 『과도정부 시기의 사회경제적 갈등구조와 양상의 비교』, 정영국 외, 『과도정부 비교연구, 허정내각과 최규하정부』, 백산서당, 2003, 138~139쪽.

방 이후 누적된 갖가지 문제들이 분출되었으며 대안도 정부 차원에서 제시되었다. 그러나 1960년 실질 경제성장률은 2.3%였다. 전년도 5.2%에 미달하였고 최근 7년간 최저 성장률이었다.[19]

10여 년 넘게 유지된 독재정권의 잔재를 일소하기에는 허정 과도정부와 장면 정권의 인적 구성도 이승만 정권과 크게 다르지 않았다. 미국 원조정책이 한국의 정치변화로 전환될 리도 만무하였다. 현실 정치로부터 비교적 자유로웠지만 본질적으로 기존 세력의 일원인 허정 과도정부가 정치적인 책임이 필요한 단호한 조치를 취하기는 무리였다.[20] 그러나 농업 관련 현안을 외면할 수는 없었다. 이 시기 설립된 농림시책자문위원회는 1960년 5월 21일 첫 회의를 시작으로 5.16쿠데타 직후까지 활동하였다.[21]

농림시책자문위원회가 주로 거론한 사안은 농협이었다. 실제로 당시 농협 관련 사항을 제외하면 농업 정책의 성과는 없었다. 농림시책자문

---

19) 농업협동조합중앙회, 『농업연감 1961』, I-1.
20) 양동안, 『정치변동과 허정·최규하 과도정부 성립과정의 비교』, 정영국 외, 『과도정부 비교연구, 허정내각과 최규하 정부』, 백산서당, 2003, 102~104쪽.
21) ≪동아일보≫, 1960. 5. 22, 『농협, 월말까지 개편』.
   * 농림시책자문위원회 명단

순번	성명	비고
1	金俊輔	서울대 농대 교수
2	朱碩均	농업문제연구소장
3	朴東昂	서울대 상대 교수
4	朱定基	곡물업자
5	玄信圭	서울대 농대 교수
6	金洪範	농협 부회장
7	李根台	고려대 강사
8	文定昌	민간대표
9	李鳳熙	유기비료회사

위원회의 구성원인 김준보(金俊輔)와 주석균(朱碩均)은 5.16쿠데타 직후, 군사정부의 농업 정책 입안에 참여하였고 박동묘(朴東昴)는 박정희 정권기 농림부 장관을 역임하였다. 당시 다양하게 형성된 농업 정책의 내용과 인적 구성이 박정희 정권기로도 계승되었음을 알 수 있다.

장면 정권은 집권 시 경제 제일주의를 내세웠다. 재무부 장관 김영선(金永善)은 '舊정권이 남겨놓은 적폐를 관권경제로 인한 부의 편재, 경제성장 둔화, 저축과 투자 부족, 산업구조 불균형과 농업소득 저위, 국제수지 불균형, 원조감축, 인플레 요인 잠복'으로 규정한 정책방침을 천명하였다. 이승만 정권의 실정으로 경제상황은 심각하였다. 국고 채무 2,700억 환, 정부출자 기관 부채는 413억 환이었고 수입 2억 8천만 달러에 비해 수출은 1천9백만 달러였다. 국제수지 적자는 원조로 대처하였으나 원조도 급격히 감소하였다.[22] 이에 비해 1960년 조세수입은 2,930억 환에 불과하였다.[23] 농업 정책도 혼돈이었다. 농산물 가격 유지를 위한 미곡담보 융자를 계획하면서도 잉여농산물 도입으로 저곡가를 부추겼다. 이마저 애초 250만 석 계획에서 180만 석으로 감소하였다. 결국, 당해 추곡 수매가는 생산비보다 낮게 책정되었다. 영농자금 확보도 무산되었고 관수비료를 전량 민수로 전환하여 농가경제 악화에 일조하였다.[24]

장면 정권의 농업·농촌 관련 방침은 1960년 9월 30일 진행된 국무총리 시정연설과 재무부 장관의 부연설명을 통해 알 수 있다. 농산물 가격

---

22) 김기승, 「민주당 정권의 경제정책에 관한 연구」, 『장면총리와 제2공화국』, 경인문화사, 2003, 142~143쪽.

23) 한국조세연구원, 『한국세제사』1, 2012, 380쪽.

24) ≪경향신문≫, 1960. 9. 28, 「이율배반의 농림정책」; ≪경향신문≫, 1960. 10. 15, 「추곡가, 생산비를 하회」.

적정화, 임시토지수득세 금납화 등이 제시되었고 적극적인 농업교도와 협동조합 개편을 주장하였다.[25] 장면 정권의 농업 정책이 실제 실시된 부문은 국토건설사업이었다. 미국의 원조와 장면 정권의 구상으로 실시된 국토건설사업은 노동집약 사업에 초점을 맞추었으며 이 가운데 농업 부문은 치수, 수리사업, 농지개발, 사방(砂防)사업, 임업개량 등이었다. 또한, 사업실시 기간을 3월부터 10월로 정하여 농가의 춘궁기 수입을 보장하고자 하였다. 그러나 국토건설사업은 국토의 보전과 개발을 목적으로 하는 국민운동으로 본격적인 농업 정책과는 거리가 있었다.[26]

4월 혁명은 기존 정치질서에 대한 전복이었고 역사적인 정당성도 있었다. 장면 정권도 이러한 역사적인 소명에서 자유롭지 못하여 경제에서도 '민주화'된 의사수렴 과정을 거치는 경우가 많았지만, 이해관계가 첨예하게 갈린 농촌에서는 민의에 충실한 구체적이고 신속한 정책추진이 필요하였다.

장면 정권은 경제정책에서 정부 역할을 강조하였음에도 불구하고 정부개입이 가장 절실하였던 농업은 방치하였다. 정권 출범 직후 혼란으로 볼 수도 있으나 근본적인 이유는 정권의 경제정책과 정부 역할에 대한 인식과 현실의 불일치였다. 또한 '정상적인 갈등해소' 과정으로 과제를 완수하기에는 집권 기간이 너무 짧았다.

5.16쿠데타가 발발한 1961년 농업소득은 농가소득 597,761환의 79.9%에 해당하는 477,553환이었다. 전년 대비 21.8% 증가를 보여주었

---

25) 유광호, 『장면정권기의 경제정책』, 한흥수 외, 『한국현대사의 재인식5, 1960년대의 전환적 상황과 장면정권』, 오름, 1998, 167쪽.
26) 임송자, 『민주당 정권기 국토건설사업의 추진과정』, ≪사림≫46, 2013, 449∼475쪽.

지만 같은 기간 농가판매가격 지수가[27] 14.3% 등귀하였다는 점을 고려하면 실질 농업소득 증가율은 7.5%였다.[28]

농지개혁으로 인해 다수의 농가가 대규모 경작을 통해 농업 생산성 향상을 도모하기는 불가능하였다. 일부 대농도 규모를 활용하여 농업 생산성 확대를 꾀하기보다 면적에 따른 절대 생산량 우위만 지켰다.

〈표 1〉 1961년 경지 규모별/단보당 농업소득   (단위: 환, %)

구분		0.5정보 미만	0.5~1 정보	1~2정보	2정보 이상	전국
경지 규모별 농업소득	농업조수익(A)	371,708	595,591	919,083	1,322,417	611,345
	농업경영비(B)	75,400	119,652	216,940	323,456	133,792
	농가소득(C)	296,308	475,939	702,143	998,961	477,553
	농업소득률(C/A)	79.7	79.9	76.4	75.5	78.1
단보당 농업소득	농업조수익(A)	73,385	65,851	59,819	49,156	63,330
	농업경영비(B)	16,043	14,957	15,065	13,884	15,204
	농가소득(C)	57,342	50,894	44,754	35,272	48,216
	농업소득률(C/A)	78.1	77.2	75.9	71.7	76.1

자료: 농업협동조합중앙회, 『농업연감 1962』, Ⅰ-119쪽.

경지 규모별 농업소득 현황을 보면 대농으로 갈수록 호당 소득이 높아졌다. 이는 농지규모 차이에서 오는 당연한 결과였다. 이러한 경우, 일반적으로 대규모로 자본·노동·기술을 결집시켜 규모의 경제로 소규모 농가에 비해 동일 면적에서도 많은 성과를 내는 게 정상이다. 하지만 당시 상황은 달랐다. 경지 면적당 농업소득은 대농으로 갈수록 감소하였

---

27) 농가판매 가격지수: 농가에서 생산한 농산물 판매가격을 기준 연도와 비교하여 백분율로 나타낸 수치.
28) 농업협동조합중앙회, 『농업연감 1962』, Ⅰ-119쪽.

다. 경지 규모별 농업소득과 면적당 농업소득 모두 경지 규모가 확대될 수록 소득률이 하락하였다. 대농일수록 경지 규모별 농업 소득률보다 단보당 농업 소득률이 더 낮았으며 경지가 확대되면서 하락폭도 가파른 모습을 보였다. 단보당 농업 소득률이 경지 규모별 농업 소득률보다 낮았던 점은 경지 규모로 분류한 각각 구간 내에서도 편차가 컸음을 의미하였다. 구간 내에서 경지 규모가 컸던 농가들의 소득률이 낮아 구간 내 단보당 농업 소득률 하락 요인이 된 것이다.

2정보 이상 대농들의 1인당 농업소득이 높았지만, 경지면적 당 농업 소득률이 낮았던 이유는 당시 농업형태가 인력에 의존하는 가족노동이었기 때문이었다. 2정보 이상 농가의 평균 가구원 수는 9.2명으로 0.5정보 미만 구간의 5.9명과 비교 시 두 배를 넘지 못하였다. 대농의 농가 가구원은 영세 농가의 가구원보다 두 배 이상 넓은 경지를 경작해야 했다. 면적에 따른 소득 격차에도 불구하고 생산성에서는 고전을 면치 못할 수밖에 없었다. 농업 외 영역에 종사할 수 있는 잉여 노동력이 부족한 관계로 경지면적이 넓어질수록 농업 외 소득 비율도 떨어졌다. 한편 경지 면적당 생산성이 높았던 0.5정보 미만 농가의 1인당 농업소득은 절대적으로 협소한 경지면적으로 인하여 막상 2정보 이상 대농과 비교할 때 반밖에 되지 않았다. 이는 가계비도 충족하지 못하는 수준이었다. 자립 안정농가 수준으로 간주되었던 1~2정보 사이 구간 농가들도 마찬가지였다.[29]

1960년대 초반 농지개혁으로 창출된 수많은 자작농은 농업소득으로 생산성 향상을 위한 투자는커녕 최소한의 생계도 영위하기 어려웠다. 대농도 농업소득으로 가까스로 생계비를 충당하였고 넓은 농지를 적절히

---

29) 농업협동조합중앙회, 『농업연감 1962』, I-120~123쪽.

활용하지 못하였다. 대농의 농업소득은 넓은 면적에서 단순히 많이 생산된 것에 불과하였으며 노동에 투입할 수 있는 농가원 수가 비교적 많았을 뿐이었다. 대농이 될수록 면적당 생산력이 낮아지는 구조상 경제적인 여유가 있는 농민이 농지를 구입할 이유도 없었다.

박정희 정권은 농업 생산성과 농민의 생계 모두를 고려해야 했다. 이미 대농보다 면적당 많은 수익을 내는 영세소농에게 더 이상의 생산성 향상을 기대하기는 어려웠다. 우선 농업소득으로 최소한의 생계를 보장할 수 있는 조치가 필요하였다.

당시 경지 규모별 가계비 구성비를(〈부표 3〉참조) 보면 농가경제 현황을 파악할 수 있다. 가계비 가운데 식비가 평균 58.6%였는데 0.5정보 미만 영세소농과 2정보 이상 대농의 차이는 10%에 불과하였다. 대농도 서울 지역 가계비 지출구성에 비교하면 낮은 생활수준을 영위하였다.[30] 대농의 총 가계비는 서울지역 평균 가계비에 미치지 못하였고 엥겔지수는 훨씬 높았다. 소농에 비해 높은 수입도 비교적 더 많은 가구원을 부양하는데 소요되었다. 영세소농은 경지 규모가 작을수록 집약적으로 노동하였으나 농업소득으로 가구원들을 부양하지 못하였다.

박정희 정권은 산업의 30%를 차지하는 농업으로 전체 인구 가운데 70%인 농민의 생계를 보장하고 잉여를 창출해야 했다. 하지만 농촌에는 자체적으로 이를 수행할 수 있는 구조도 주체도 없었다. 이 문제를 해결하기 위해서는 여론을 수렴하고 갈등을 조정할 수 있는 민주적인 의사결정 구조, 과감한 정책과 재정지원이 필요하였다.

당시 농민은 공업화와 부족한 정부재정, 군사정부가 내세운 경제 제일주의의 희생자였다. 공업화를 통한 근대화를 목표로 삼은 경제기조 하

---

30) 농업협동조합중앙회, 『농업연감 1962』, I-125쪽.

에서는 농민이 인구의 다수라도 우선적인 고려대상이 되기는 어려웠다. 하지만 군사정부에게 농민을 외면할 여유는 없었다. 경제기조와 다소 상반되어도 농민의 정치적인 지지를 확보하기 위하여 눈에 보이는 농업 정책이 필요하였다. 학계·농민단체 등 민간여론에서 형성된 여러 정책담론이 있었기 때문에 내용이나 방법론이 부족하지는 않았다.

2. 정책 주체의 구성과 변화

1) 군부와 전문 관료

1950년대 경제학자와 관료들은 정부주도 경제개발론에 친숙하였다. 1940년대 서구에서 시작한 경제개발론은 1950년대 이후 세계로 확산되었고 다양한 형태로 발달하였다. 아시아 다른 국가의 경제개발계획과 국가주도 경제개발 기구도 한국에 소개되었다. 대학에서는 경제개발론과 관련한 논의가 활발하게 이루어졌다. 관료들은 미국 유학·연수 등으로 저개발국 경제개발론을 받아들였다. 정부주도 경제개발계획 실행을 위한 공감대는 충분하였다. 민간주도 경제개발론을 주장한 민주당·사상계 그룹과 국가주도형 경제개발론자들로 구분되기도 하였지만, 정부 역할의 중요성에는 대부분 동의하였다. 국가주도형 경제발전론을 주장한 이들은 박희범(朴喜範), 최문환(崔文煥), 박동묘 등이었다. 이창렬(李昌烈)과 주석균도 국가주도형 경제개발론을 주장하였으나 1950년대 후반부터 자유경제 체제를 지지하였다. 이들은 수입대체 산업화와 농업발전에 기반을 둔 국내시장 성장, 거대기업 국유화, 산업 균형발전을 주장하였다. 이러한 경향은 박정희와 국가재건최고회의(이하 최고회의) 상공분과 위원장으로 5.16쿠데타 이후 1년간 경제정책을 주도한 유원식(柳原植)과도 통하였다. 박정희는 경제적인 민족주의와 국가사회주의, 쑨원, 메이지 유신, 나세르 등을 강조하였다. 일제강점기 일본군 장교로 복무하였던 박정희, 유원식은 일제의 통제경제, 국가주의에도 영향을 받았을 것으로 보인다.[31]

5.16쿠데타 직후 권력을 가진 군인들과 지식인이 결합하였다. 이와 같은 현상은 한국적인 특성이 아니라 이미 미국의 '근대화론자'들이 제 3세계 개발을 위한 요소로 제시한 바였다. 최고회의, 중앙정보부는 각계 지식인·교수들을 영입하여 다양한 정책을 기획·입안하였다.[32] 경제와 농업부문에서도 이러한 특성은 드러났다. 박희범, 박동묘, 이창렬, 주석균 등은 쿠데타 이후 군사정부의 경제고문으로 참여하였다.

군사정부 경제정책의 이론적인 배경을 제공한 이는 박희범이었다. 최고 지도자 박정희, 경제부문 실권자인 유원식까지 포함하여 모두 강력한 정부 주도론자들이었다. 이들이 주도한 정책과 경제개발계획 수립과정에 기존 관료들은 거의 영향력을 행사하지 못한 것으로 보인다.[33] 유원식, 박희범의 농업 정책에 대한 개입 여부를 구체적으로 확인할 수는 없다. 다만 특정 농업 정책들이 정책 고유의 특성, 사회갈등에 대한 고려 없이 일방적으로 집행된 점으로 볼 때 이들의 논리에서 드러난 국가중심주의가 군사정부의 권력으로 실현된 것으로 볼 수 있다.

박희범의 주장에서 이들이 생각한 5.16쿠데타 직후 농업의 위치와 '내포적 공업화론'과의 관계를 추정할 수 있다. 박희범은 기본적으로 '내자'를 조달하여 경제를 발전시켜야 한다는 입장이었다. 국내 산업 간 상호

---

31) 박태균, 『원형과 변용』, 서울대학교 출판부, 2007, 44~61쪽.
32) 정용욱, 『5.16쿠데타 이후 지식인의 분화와 재편』, 노영기 외, 『1960년대 한국의 근대화와 지식인』, 선인, 2004, 172~175쪽.
33) 박태균, 앞의 책, 315쪽.

연관성이 중요하기 때문에 개별 산업이 소비자 또는 여타 산업이 아닌 해외와 직접 연결되는 것이 문제라고 주장하였다. 후진국일수록 상업자본주의에서 벗어나지 못하여 영세한 생산자들이 아닌 중간상인이 상품 비용을 결정하였다. 이로 인해 생산비와 무관한 가격조작이 이루어지며 전형적인 사례가 농지개혁 이후 한국의 농촌이었다. 박희범이 경제발전에 필요한 '내자'의 원천으로 산정한 부문은 여기서 발생하는 과도한 유통비용이었다. 박희범은 중간상인들을 대체할 수 있는 대안으로 협동조합을 제시하였으며 단기간 경제발전을 이룩한 파시즘 국가들이 유통을 국유화하였다는 점도 근거로 제시하였다.[34]

박희범의 주장과 군사정부 초기 농업 정책의 상관관계를 정확히 확인할 수 없지만, 내용이 유사한 점은 부정할 수 없다. 협동조합 강화, 정부의 개입 등은 이후 구체적인 농업 정책에서 확인할 수 있다.

1961년 5월 24일 발족한 최고회의 기획위원회는 각 분과위원회와는 별도로 전 분야의 정책을 연구하여 최고회의에 자문하는 기구였다. 기획위원회는 분야별로 62명의 위원을 임명하였다. 이 가운데 농업경제를 담당한 이들은 주석균, 김준보 등이었다.[35] 기획위원회는 같은 해 11월 10일 각 부처로 기능이 이관되며 해체되었다.[36] 활동 기간도 짧았고 기획위원회 내 민간 전문가들이 실권이 없었다는 평가도 있다.[37] 하지만 주석균, 김준보의 평소 주장과 군정 기간 실시된 농업 정책의 내용은 상당 부분 일치하였다.

---

34) 박희범의 전반적인 주장은 '박희범, 『한국경제성장론』, 아세아문제연구소, 1968'를 참조.

35) ≪동아일보≫, 1961. 5. 24, 『기획위원도 추대』.

36) ≪동아일보≫, 1961. 11. 11, 『최고회의 '기획위'를 해체』.

37) 도진순·노영기, 『군부엘리트의 등장과 지배양식의 변화』, 노영기 외, 『1960년대 한국의 근대화와 지식인』, 선인, 2004, 85~86쪽.

내용상 5.16쿠데타 직후 농업 정책의 성격을 대변할 수 있는 인물은 주석균이었다. 주석균은 경력상 관료에 가까웠지만, 학자의 정체성도 강하였다. 일제강점기 고등보통학교를 졸업하고 관료로 활동하였다. 해방 이후 조선수리조합 연합회 부회장을 지냈고 1948~50년 사이 농림부 차관을 역임하였다. 관료 출신이었음에도 농촌민주주의와 자치를 강조하여 농업·농촌에 대한 정부통제에 비판적인 입장이었다. 하지만 순수한 학자 출신이 아니었기 때문에 현실적인 모습을 보이기도 하였다. 1950년대 농업 정책 가운데 가장 큰 쟁점이었던 농협 금융겸업에 대하여 완고한 입장을 고수하였으나 미국이 존슨안으로 타협책을 내놓았을 때에는 동의하였다.[38]

농촌 고리채 정리, 『농산물가격유지법』 제정, 농협과 농업은행 통합 등 군사정부의 주요 농업 정책은 주석균이 대표하는 1950년대 중후반 농업 정책 관련 여론과 일치하였으며 5.16쿠데타 직후 집행되었다. 주석균 등의 인사들이 등용되고 평소 주장이 인용되었다는 점을 근거로 군사정부 농업 정책의 주체가 이들이었다고 단정할 수는 없다. 최고회의에서는 다양한 민간의 여론이 정책으로 논의되었으며 정치적인 필요와 여론에 따라 차용된 경우가 많았다. 실제 정책 집행과정과 비교하면 특히 농업 정책 분야에서 이러한 사례가 두드러졌다.

유원식·박희범이 주장하는 국가주도 경제개발론은 정부가 경제를 견인하는 차원을 넘어 국가가 산업을 배분하고 관리하는 일원적인 통제를 의미하였다. 이후 유원식과 박희범이 물러나면서 박정희 정권의 경제정책 방향이 달라졌지만, 정부 통제방식은 전혀 바뀌지 않았다. 주석균은 정부주도를 인정하면서도 지나친 관치와 통제에 대해 비판적이었다. 이

---

38) 김민석, 「1950년대 농업협동조합 정책담론」, 《한국민족운동사연구》78, 2014, 159~160쪽.

들의 차이는 5.16쿠데타 직후 농업 정책이 실시된 과정에서 확인할 수 있다. 1950년대 농업 정책담론 연장선상으로 볼 수 있는 여러 정책은 논의를 주도한 이들이 전혀 상상할 수 없었던 방식으로 집행되었다.

5.16쿠데타 이후 주석균은 군사정부에서 부여하는 경제 관련 주요 직위에 빈번하게 이름을 올렸다.[39] 하지만 오히려 현직에서는 해임되었다.[40] 1961년 하반기 주석균의 행로는 군사정부의 농업 정책이 가진 성격을 보여주었다.[41] 기존 농업 정책담론을 적극적으로 수용하면서도 정책담론의 실제 생산자들에게는 실권을 부여하지 않았을 뿐만 아니라 현직조차 박탈하였다. 당시 군사정부의 농업 정책 방향이 확정되지 않아 다양한 내용을 취합하며 생긴 문제였다. 그 결과 민주주의, 농촌의 자립성이 전제되어야 하는 정책(농협, 지역사회개발사업, 농촌 고리채 정리)과 농촌사회 내부의 깊은 논의가 필요한 사안이 군사정부에 의해 일방적으로 집행되었다. 정권의 속성이 정책 고유의 성격을 잠식한 전형적인 사례들이었다.

당시 주요 농업 정책을 최고회의가 주도한 것은 확실하다. 내각은 정책을 집행하는 기구에 불과하였다. 그러나 군정 기간 농림부 장관들은 소위 '실세'인 군인들이 담당하였고 내각 인사에 따른 정책 변화의 흐름도 무시할 수 없기 때문에 장·차관 명단을 확인할 필요가 있다.

---

39) ≪동아일보≫, 1961. 5. 24, 『기획위원도 추대』; ≪동아일보≫, 1961. 9. 26, 『중앙경제위원 이십오명 위촉』.

40) ≪경향신문≫, 1961. 9. 11, 『수련회장에 허순오 준장』.

41) 주석균은 '최고회의보'가 26차례 발간되는 동안 5차례 글을 남겼다. 농업 관련 분야에서 압도적인 양이었다. 투고 목록은 다음과 같았다. 농촌경제의 진행(2호), 농촌민주화와 존농사상의 양양(3호), 농업구조 개선의 의의와 전망(11호), 62년도 농가경제의 회고와 63년의 전망(17호), 농촌영세성 탈피의 항구책(19호).

〈표 2〉 군정기간 농림부 장·차관 명단

구분	성명	재임 기간	주요 경력	재임 이후
장관	張坰淳	1961.5.20.~ 1963.6.24	육군 소장, 최고회의 운영기획분과 위원장	국회 부의장
장관	柳炳賢	1963.6.25.~ 1963.12.16	육군 준장, 최고회의 농림위원	한미연합사 부사령관, 주미대사
차관	金鍾大	1961.7.11.~ 1963.7.1	부흥부 기획국장, 재무부 이재국장	효성기계 회장
차관	鄭南奎	1963.7.1.~ 1964.5.18	농림부 농정국장, 농촌진흥청장	농협 중앙회 부회장

5.16쿠데타 직후 임명된 농림부 장관은 장경순(張坰淳)이었고 농업 정책을 공식적으로 총괄한 농림담당 최고위원은 유병현(柳炳賢)이었다. 유병현은 이후 장경순의 후임 농림부 장관이 되었다. 군사정부 인사들 가운데 장경순과 유병현이 농림부 장관에 임명된 특별한 이유를 찾을 수는 없다. 이들의 특징은 농업 관련 학교를 졸업했다는 점이나 졸업 이후 관련 업종에 종사한 바는 없었다.[42] 현역 군인인 장경순과 유병현이 농림부 관료로서 정체성이 강하였다고 보기는 어려웠다. 하지만 쿠데타를 주도한 실세로서 부처의 예산과 권한을 고수하는 모습은 보여주었다.[43] 특히 장경순은 입각한 현역 또는 예비역 장교 가운데 건설부 장관 박기석(朴基錫)과 더불어 유일하게 쿠데타에 가담한 인사였다.[44]

쿠데타 주체인 장경순의 농림부 장관 임명은 당시 국정에서 농업 정책

---

42) 장경순은 일본 도요대학교 척식산업과, 유병현은 청주고등농림학교를 졸업하였다.

43) 이득용, 『先公後私, 나의 반평생 기억 속 뒷이야기』, 지식공감, 2013, 142쪽.

44) 도진순·노영기, 앞의 논문, 75쪽.

이 차지한 비중을 보여주었다. 하지만 장경순이 업무 관련 전문성이나 농업 정책 전망을 가지고 있었다고 보기는 어려웠다.[45] 1961년 6월 12일 국가재건최고회의 상임위원회에서는 군수학교 장교가 농촌부흥 대책에 대하여 설명하였다.[46] 최고회의와 내각의 구성에도 불구하고 농업 정책을 추진하기 위한 체계적인 구조가 부재하였음을 확인할 수 있다.

1961년 10월, 농림부 장관 장경순에 의하면 군사정부가 농업에서 가장 중시한 부문은 식량 자급자족이었다. 2.8% 인구증가와 경제성장을 감당하기 위해 매년 약 200만 석 증산을 목표로 해야 한다고 강조하였다. 이를 위한 방안은 다음과 같이 제안되었다. 첫째, 영세한 경지면적의 확장이었다. 방법으로 농지 개간·간척과 농촌의 비농업부문 중소기업 육성이 제시되었다. 둘째, 농업 생산량 증대였다. 비료, 농업기술, 수리관계 등 여러 방안이 언급되었는데 막대한 투하자본과 장기간 효과가 특징으로 언급되었다. 셋째, 농가소득 향상으로 방법은 고리채 정리와 농업경영 합리화였다. 구체적으로는 축산, 양잠 등을 포함한 농업 다각화와 농산물 가격 유지, 조세부담 경감 등이 제시되었다. 정부가 실시해야 할 정책으로 고리채정리 법제화, 유축농가 조성, 『농산물가격유지법』제정, 영농자금 대폭방출, 농협 강화, 농업경영 합리화, 농산물 수출 등이 언급되었다.[47] 장경순의 글은 문제와 해결방안이 반복되었으며 제시한 과제와 정책이 모순되기도 하였다. 자급자족을 위한 식량증산을 강조하면서도 수출까지 염두에 둔 농산물 다각화·상품화를 주장하였다. 이미 실시하고 있는 정책의 법제화, 정책추진을 위한 재정수요 언급은 오히려 농업에 대한 새로운 대안이 없음을 보여주었다. 그러나 경제정책

---

45) 장경순, 『나는 아직도 멈출 수 없다』, 오늘, 2007, 96~98쪽.
46) 『국가재건최고회의 상임위원회 회의록』 제2호, 1961. 6. 12.
47) 장경순, 『농촌부흥의 길』, 《최고회의보》2, 1961.

에 대한 확고한 방향, 권력구조가 자리 잡지 않은 상황에서 일반적 원칙에 대한 강조와 개별사안 해결에 초점을 맞추었던 농정방향은 불가피한 면이 있었다.

1961~62년 사이 농림부 장관으로서 장경순의 발언을 보면 군사정부의 농업 정책이 어디에 초점을 맞추었는지 확인할 수 있다. 장경순은 1961년 7월 28일부터 본격적으로 최고회의에서 발언하였다. 최고회의에서 정부양곡관리 수급 계획 같은 중요한 안건은 장관이 직접 설명하였지만, 이외 실무적인 사항의 경우 국장이 대행하는 경우가 많았다. 세부적인 내용임에도 불구하고 장경순이 직접 설명한 사안들은 농협 금융겸업[48], 수리조합 구조조정·농어촌고리채 정리[49], 『산림법』[50] 등이었다. 『산림법』은 장경순 개인의 관심사항이었기 때문에 직접 언급한 것으로 보인다.[51] 이외 농협 금융겸업, 토지개량사업 관련 수리조합 구조조정, 농어촌고리채 정리 등은 당시 군사정부가 최우선으로 행한 농업 정책이었다.

> 유양수: 영농자금이 충분히 배당되지 않고 이번 고리채 정리한다 하니 농민상호 간의 사금융에 의한 융통도 없어지고 곤란하지 않겠는가.
> 장경순: 5·16 이후의 채권 채무는 말리지 않고 있음. 현재는 사금융이 없는 상태이다. 신고 못하고 있는 것은 인간적 도의이다. 사금융의 불통을 우려하고 있음. 그러나 비료는 전부 관수로 해서 외상으로 주고 농약도 외상으로 한다. 정부의 중농정책으로 해서 과거의 몇 배의 예산이 있다. 계몽의 부족에 기인하고 채권자가 주먹으로 위협하고 있으니 법령의 개정이 필요하게 된 것임.[52]

---

48) 『국가재건최고회의 상임위원회 회의록』 제24호, 1961. 7. 28.
49) 『국가재건최고회의 상임위원회 회의록』 제35호, 1961. 8. 24.
50) 『국가재건최고회의 상임위원회 회의록』 제84호, 1961. 12. 11.
51) 장경순, 앞의 책, 96~106쪽.
52) 『국가재건최고회의 상임위원회 회의록』 제35호, 1961. 8. 24.

1961년 8월 24일 국가재건최고회의 상임위원회에서 농어촌고리채 정리에 대하여 오간 회의 내용이다. 당시는 이미 강압적인 농어촌고리채 정리의 부작용이 전국 곳곳에서 발생한 상황이었다.[53] 재정은 농어촌고리채 정리를 뒷받침할 수 있을 만큼 충분하지 못하였고 비료공급 관수 일원화도 차질을 빚어 농어촌고리채 정리에 도움이 되기는커녕 제도 자체의 실효성도 의심받았다.

　장경순은 농림부 관료, 학자 등의 민간 전문가들에게 일상적인 정책에 대한 전결권을 위임하였으나 농협, 농촌 고리채 정리, 토지개량사업 등 군사정부가 역점을 둔 사업은 직접 챙겼다. 산림녹화, 농장개척 등 개인적 관심사항이나 현안은 일방적으로 밀어붙이기도 하였다. 또한 농림부 장관의 직위를 이용하여 농민의 정치적인 지지를 확보하기 위해 노력하였다.[54] 그러나 성과는 미미하였고 농업현안에 대해 정확히 파악하지도 못하였다.

　장경순은 식량수급 문제로 사임하였다. 장경순 본인의 회고에 따르면 1963년 식량사정 악화 시 미국 원조 농산물이 하역되지 않는다는 점에 대해 항의하기 위하여 USOM처장과 박정희의 만류에도 불구하고 농림부 장관에서 사임하였다. 당시 식량난, 원조 농산물의 의도적인 하역 지연은 사실이었다. 하지만 언론에서 지적한 장경순의 사임 이유는 본인의 회고와 다르다. 기사에 따르면 장경순의 농림부 장관 퇴임사 작성 시 의례적으로 언급하는 '각 부처의 협조'라는 수사에 대하여 삭제하자는 움직임이 있었다. 양곡 도입 시 경제기획원, 재무부, 상공부가 농림부의 요청에 응하지 않아 농림부 장관이 책임지는 상황이 되었던 데에 대한 농

53) ≪경향신문≫, 1961. 8. 25, 『방해·폭행·고발·구속』; ≪경향신문≫, 1961. 8. 27, 『채권자를 구속』.
54) 장경순, 앞의 책, 101~112쪽·123~125쪽.

림부의 반발감이 있었던 것이다. 그러나 장관으로서 장경순의 실책도 상당하여 식량난이 예상되는 상황에서 쌀을 수출하는 경우도 있었고 실제 식량부족 사태가 도래하자 수출중단을 선언하기도 하였다.[55]

장경순의 회고보다는 신문기사의 내용이 사실로 보인다. 농림부 장관이 원조 농산물의 조속한 공급을 위하여 사임한다는 점은 납득하기 어렵다. 한국 농림부 장관의 사임에 미국이 압력을 받았다고 보기도 어려웠다. 농정 실패가 경제 전반의 문제로 파급되자 농림부 외 경제 관련 부처가 반발하여 농림부 장관 퇴진으로 이어졌다는 내용이 설득력이 있었다. 당시 이미 경제관련 전문 관료의 조직적인 움직임으로 실세 장관에게 정책실패의 책임을 물을 수 있는 구조가 된 것이었다.

장경순의 후임도 현역 군인인 유병현이었다. 유병현은 취임 시 식량난의 원인을 농민의 쌀밥 과다섭취로 주장하여 처음부터 지탄받았다. 전임 농림부 장관이 식량난에 책임을 지고 사임하였는데 최고회의 농림위원인 유병현은 함께 책임지지 않고 장관에 임명되는 것에 대한 논란도 있었다.[56] 유병현은 기존 농정 방침 유지와 식량난 해결을 위해 상인들이 미곡을 출회할 수 있도록 조치하겠다는 입장을 밝혔다.[57] 최고회의 농림위원이자 현역 군인인 유병현의 임명과 입장은 장경순의 사임에도 불구하고 군사정부 농업 정책 방향에 변화가 없다는 의미였다. 유병현은 짧았던 재임 기간 식량수급 문제에 전념하다 군정 기간 종료와 더불어 자연스럽게 면직되었다.

군정 기간 농림부의 차관은 김종대(金鍾大), 정남규(鄭南奎)였다. 김종

55) ≪경향신문≫, 1963. 7. 15, 『식량위기를 가져온 이면』; 장경순, 앞의 책, 114~117쪽.
56) ≪동아일보≫, 1963. 6. 27, 『농민이 쌀밥을 먹으니까』.
57) ≪경향신문≫, 1963. 6. 27, 『농업정책 큰 변동 없을 터』.

대는 외무부로 시작해 농림부 차관 재직 이전 주요 경력을 부흥부, 재무부에서 쌓았다. 농촌민주화와 농협, 농업의 특수성을 부정하거나 통제의 관점에 있던 1950년대 재무계통 관료였다. 정남규는 농업 관료로서 경력도 화려했지만, 학자로서 정체성도 강하였다.[58] 정치적인 변동과 관계없이 농촌진흥청, 농림부에 장기간 재임하였다. 특히 군정 이후 원용석, 차균희(車均禧) 등 후임 농림부 장관이 부임 시에도 재직하여 농업행정의 일관성을 유지하는 데 기여하였다. 그러나 차균희의 농림부 장관 재임 시 장관 및 본인의 의사와 상관없이 갑작스럽게 이임되었다.[59] 정남규의 재임과 이임은 전문성으로 자리를 유지하였으나 위치는 불안하였던 당시 전문 관료들의 상황을 보여주는 전형적인 사례였다.

5.16쿠데타 직후, 농업 정책 관련 인적 집단은 다음과 같이 구분할 수 있다. 첫째, 박정희, 유원식, 박희범, 장경순, 유병현 등으로 군인과 세속적인 지식인이 적극적으로 제휴하는 구도였다.[60] 국가주의적인 지식인과 같은 정체성의 군인은 정책의 일방주의적인 성격에 영향을 끼쳤다. 둘째, 주석균, 김준보 등의 지식인들이다. 이들은 농업 정책의 내용과 목표를 제시하였지만, 실제 영향력은 없었다. 그러나 군사정부의 정치적인 명분 확보에 중요한 역할을 하였다. 셋째, 경제부처 전문 관료들이다. 이들이 5.16쿠데타 직후 활동할 수 있는 공간은 없었다. 여론을 대변하지도 못하였고 실제 집행력도 없었다. 상당수 관료들은 자신들이 반대했던 정책의 실시과정을 지켜볼 수밖에 없는 상황이었다. 하지만 상황 변화에 따라 얼마든지 다시 영향력을 발휘할 수 있는 위치였고 결정된 정책을

58) 이상무, 『내 일생 조국의 산들바다를 위하여, 농어업·농산어촌의 만든 32인의 위대한 인생』, HNCOM, 2011, 72~83쪽.

59) 이득용, 앞의 책, 150쪽.

60) 정용욱, 앞의 논문, 172~173쪽.

무력화할 수도 있었다. 이를 이해하기 위해 당시 정부 구조를 확인할 필요가 있다.

군인들이 득세하며 농촌 고리채 정리, 농협과 농업은행 통합, 비료공장 설립 등이 기존 관료체계를 무시한 채 진행되었으나 실제 담당 부서인 농림부의 위치는 취약하였다.

정부수립 이후, 국무총리 소속 하에 경제문제를 종합적으로 처리할 기획처가 설립되었다. 재정, 경제, 금융, 산업, 자재, 물가 등 광범위한 분야가 업무영역이었지만 이승만 정권기에는 제한적인 역할만 수행하였다. 이후 기획처는 전후 경제부흥을 목표로 하는 부흥부 발족으로 폐지되었다. 부흥부는 경제개발계획을 본격적으로 추진하는 부서였으나 4월 혁명과 5.16쿠데타로 활동하지 못하였다. 쿠데타 이후 정부 부처 내에서 가장 두드러진 변화는 부흥부를 승계한 건설부 신설, 건설부를 강화한 경제기획원의 설립이었다. 경제기획원은 1961년 7월 22일, 기존 건설부를 기반으로 내무부와 재무부의 일부 부서를 흡수하여 창설되었다. 경제기획원 창설은 단순한 정부부처 개편이 아니었다. 경제개발계획을 책임진 부서가 계획뿐만 아니라 정책 집행, 예산분배 기능을 확보한 것이다.[61] 1961년 5월 26일 건설부 내 종합계획국이 설립된 이후 강화된 경제정책 총괄기능은 경제기획원 창설로 완성되었다.[62] 이로 인해 경제기획원은 추곡수매, 정부미 방출 등의 주요 농림부 업무에 개입할 수 있었다.

군사정부가 실시한 개별 농업 정책들은 농협과 농업은행 통합, 『농산물가격유지법』 등 여론의 지지를 받았지만, 관련 정부 부처에서 환영받

---

61) 경제기획원에 흡수된 부서는 내무부 통계국, 재무부 예산국이었다. 경제기획원, 『개발연대의 경제정책, 경제기획원 20년사』, 일지사, 1982, 5~7쪽.
62) 『국가재건최고회의령』, 제14호, 1961. 5. 26.

지 못한 정책이 많았다. 경제기획원은 쿠데타 직후에는 농업 정책에 개입하지 못하였다. 그러나 점차 정부가 안정화되고 관료 체제가 자리 잡으며 영향력을 발휘하였고 이러한 경향은 점점 강해졌다.

한편 실제 정책을 집행한 군사정부·박정희 정권의 민간인 농림부 장·차관 가운데 쿠데타 직후 실시된 농업 정책에 친화적인 인사는 찾기 어려웠다. 이는 1차 경제개발 5개년 계획과 더불어 농업 정책 변화를 예비하는 조짐이었다.

군사정부가 안정화될수록 경제부문에서 전문 관료들이 부상하였다. 관료의 부상은 정부조직 발전에 따른 자연스러운 현상이었다. 하지만 군인, 학자가 중심이 되어 추진한 급진적인 정책이 한계에 부딪혔음을 의미하기도 하였다. 1차 경제개발 5개년 계획의 수정, 민정 이양 과정에서 전문 관료들이 점차 주도권을 회복하였다. 이와 같은 추세는 농림부에도 적용되었다. 정부에 참여하였던 현역 군인들은 원대 복귀하였고 각료들은 문민화되었다. 이미 농업을 비롯한 경제관료들은 언제든지 다시 업무를 장악할 수 있는 위치에 있었다. 오히려 군사정부는 5.16쿠데타 이전보다 관료의 중심성을 더욱 공고히 할 수 있는 중앙집권적이고 행정중심적인 구조를 수립하였다.

경제기획원은 1963년 12월 14일 부총리급으로 격상되었다.[63] 실제 조직 강화를 위한 조치인 동시에 경제에 대한 정부의 조정, 통제, 개입이 강화되었음을 의미하였다. 경제기획원은 재무부의 보수적인 재정운영을 압도할 수 있었기 때문에 정부 자율성 강화의 수단이 되었다.[64] 이는 농림부와 농업 정책, 농촌에도 영향을 끼쳤다.

---

63) 『정부조직법』, 법률 제1,506호, 1963. 12. 14.

64) 김병국, 『분단과 혁명의 동학』, 문학과 지성사, 1994, 99~101쪽.

경제기획원의 위상 강화는 농림부의 상대적인 약화로 귀결될 수밖에 없었다. 농림부 차관, 국장 직위는 1961년까지 경제기획원과 경제기획원의 예전 부처보다 많았지만 1962년부터 역전되었다. 농림부는 5.16쿠데타 이후부터 점차 고위직의 비중이 감소하여 경제기획원과 재무부에 비해 작은 부서가 되었다.[65]

농림부의 관료화도 두드러졌다. 이승만 정권기 농림부 장관들은 정치가, 농민 운동가, 농업전문가로서 정체성이 강하였다.[66] 장면 정권기와 군정기도 농림부 장관은 정치가나 군부 실세였다.[67] 정치가나 농민 운동가가 농림부 장관이 되면 농업 정책의 독자성과 특수성이 강해지는 경향이 있지만, 관료 출신들이 농업을 경시했다거나 정부 정책의 수동적인 집행자였다고 속단할 수는 없다. 또한, 정부조직이 복잡해지고 업무가 다양화될수록 급속한 관료화는 불가피한 면이 있다. 하지만 관료화가 가속화된 시점과 정책 변화의 상관관계를 확인할 필요는 있다.

민정 이양 후부터 1967년까지 재임한 농림부 장관은 원용석, 차균희, 박동묘였다. 이들은 경제와 농업 관련 전문가의 범주로 분류할 수 있는 인사들이었으며 5.16쿠데타 이전부터 정부 경제부처에서 요직을 역임하였다. 시기상 군정 이후 업무를 이양받아 1960년대 초중반 농업 정책의

---

65) 황인정, 『행정과 경제개발』, 서울대학교 출판부, 1970, 66쪽.

66) 이승만 정권기 농림부 장관은 曺奉岩, 李宗鉉, 尹永善, 孔鎭恒, 任文桓, 咸仁燮, 愼重穆, 鄭在卨, 梁聖奉, 尹建重, 崔圭鈺, 任哲鎬, 鄭樂勳, 鄭雲甲, 李根直, 李海翼이다. 이들 가운데 농림부 장관 재임 이전을 기준으로 볼 때 농업 전문가, 농민 운동가, 정치가 외에 관료경력이 두드러진 이는 임문환, 정운갑, 이근직 등이었다.

67) 장면 정권기 농림부 장관은 족청계 인사로 朴濟煥이다. 일제강점기부터 관료로 활동하였고 해방 이후 경기도 식량과장, 수리조합장 등을 역임하였으나 여러 차례 선거에 출마하여 정치가로서 정체성이 강하였다. 장경순과 유병현은 군사정부의 소위 '혁명주체'세력이었다.

기틀을 세우고 1차 경제개발 5개년 계획에 부응하는 역할을 수행하였다.

〈표 3〉 1963~1967년 농림부 장·차관 명단

구분	성명	재임 기간	주요 경력	재임 이후
장관	元容奭	1963.12.17.~ 1964.5.10	금융조합 연합회, 기획처장, 농림부 차관	국회의원
장관	車均禧	1964.5.11.~ 1966.2.22	서울대 교수, 경제기획원 차관	한국농어촌개발 공사 사장
장관	朴東昴	1966.2.23.~ 1967.6.29	서울대 교수, 금융통화운영위원회	성균관대 총장, 국회의원
차관	鄭南奎	1963.7.1.~ 1964.5.18	농촌진흥청장, 농림부 농정국장	농협 중앙회 부회장
차관	韓國鎭	1964.5.18.~ 1966.4.14	보건사회부 차관	중소기업 중앙회 회장
차관	金榮俊	1966.4.22.~ 1967.6.29	서울시 부시장, 농림부 산림국장	농림부 장관, 한국전력공사 사장

원용석은 농협의 금융겸업에 반대하였고 농업금융이 재무당국의 감독
으로부터 이탈하는 것을 경계하였다.[68] 1950년대 농업금융에 대한 논쟁
등에서 농림부, 농민 운동가들과 대립하는 입장이었다.[69] 특히 농림부
장관 재임 이전 경제기획원장 시절 농림부 예산의 대폭 삭감을 시도하였
다.[70] 이승만 정권기에는 식량문제, 물자유통 전문가로 활동하였다.[71]

---

68) 원용석, 『한국재건론』, 삼협문화사, 1956, 295~304쪽.

69) 김민석, 앞의 논문, 161쪽.

70) 이득용, 앞의 책, 142쪽.

71) 정진아, 앞의 논문, 85쪽.

원용석의 농림부 장관 임명은 당시 농업 정책이 농촌의 자립적인 경제체제 수립보다 식량공급, 물가안정에 초점이 맞추어졌음을 보여주는 상징적인 조치였다. 재임 당시 비료확보 문제로 끊임없이 정치적인 압력을 받아 본인의 부인에도 불구하고 개각 대상이 되었다. 특히 야당뿐만 아니라 정부 여당조차 당면한 경제실정의 책임을 물어 대통령에게 해임을 요구하여 6개월도 재임하지 못하고 하차하였다.[72]

차균희는 농학자, 경제학자로서 활동하였다. 부흥부에서 근무했으며 농림부 장관 재임 직전, 경제기획원 부원장에 재직하였다. 전공이 농학이고 농림부 장관 재임 이후 농어촌개발공사 사장, 식품 관련 기업에 재직하였다.[73] 농림부 장관 취임 시 언론에는 시장을 통한 곡가 안정과 영세민에 대한 양곡배급을 유지한다는 원칙적인 방침 이상은 밝히지 않았다.[74] 하지만 국회 농림위원회에서 한 취임 인사를 보면 취임 당시 상황과 차균희의 인식을 확인할 수 있다. 차균희는 전임인 원용석의 사임을 전혀 예상하지 못한 상황에서 취임하였다. 또한, 농림부가 경제기획원, 재무부에 비해 상대적으로 취약하며 정치적인 압력에 무력한 상황임을 공개적으로 토로하였다. 이는 원용석의 하차를 의식한 발언으로 볼 수 있었다. 실제 농업 정책 가운데 차균희가 입장을 밝힌 부문은 비료와 양곡 등이었다. 비료공급 시 농민에게 보상해주는 제도에 대하여 장기적으로 폐지해야 한다는 입장이었고 다비농업의 폐해에 대하여 지적하였다. 농산물 가격에 대하여는 당장의 구체적인 대책을 수립하기 어렵다는

---

72) ≪동아일보≫, 1964. 4. 11,『원농림장관 사의설 부인』; ≪동아일보≫, 1964. 4. 14,『일부 개각 공화당 계속 추진』; 이득용, 앞의 책, 148~149쪽.
73) 차균희는 도쿄대 농학과 졸업이후 위스콘신주립 대학교에서 경제학 석·박사 학위를 취득하였다. 농림부 장관 재임 이전에는 서울대학교 교수, 부흥부 국장, 경제기획원 차관 등을 역임하였다.
74) ≪경향신문≫, 1964. 5. 12,『새 맛없는 경제시책』.

견해를 표명하였다.[75]

　차균희는 재임 기간이 1년 9개월로 비교적 길었고 박정희의 신임도 두터웠다. 그럼에도 불구하고 농림행정 일선 책임자들의 인사권을 요구했다가 내무부, 중앙정보부 등의 견제로 낙마하였다.[76] 민정 이양 이후, 경제기획원 창설과 1차 경제개발 5개년 계획의 추진 속에서 농림부 장관이 독자적인 농림행정에 대한 재량권을 갖기는 어려웠다.

　박동묘는 서울대 교수, 농업경제연구소 소장, 금융통화위원회 위원, 최고회의 의장 고문을 역임한 농업전문가로 학자의 정체성이 강하여 전형적인 관료로 보기는 어려웠다. 당시 한국경제를 자본주의와 前자본주의 형태가 공존한 이중구조로 설명하였고 이러한 문제의 해소를 경제정책 목표로 규정하였다. 박동묘에 따르면 공업은 자본주의, 농업은 前자본주의에 속하였다. 박동묘는 농지개혁에서 비롯한 농지소유 3정보 제한에 비판적이었다. 영세 농가가 작은 경지소유에 천착하기보다 농업노동자가 될 것을 주장하였다. 곡가대책도 농협이 곡물시장에서 민간업자들과 경쟁으로 해결하는 방안을 제시하였다.[77] 또한, 농기업화, 농지법 개정을 통한 3정보 소유상한제 완화에 긍정적이었다. 반면에 당시 농산물 가격 책정 시 실시된 Parity방식에 대해서는 회의적이었다.[78]

　박동묘는 학자로서 낙관적인 이상을 갖고 농정에 임하였으나 현실과 충돌하였다.[79] 박동묘의 농림부 장관으로서 주요 업적은 『농업기본법』

---

75) 『국회 농림위원회 회의록』 제4호, 1964. 5. 13.

76) 이득용, 앞의 책, 161~162쪽.

77) 엄민영 외, 『합동토론: 경제정책을 중심으로 한 국가시책의 기본방향』, ≪지방행정≫15, 1966.

78) 박동묘, 『농업경제』, 법문사, 1965, 80~173쪽.

79) ≪경향신문≫, 1966. 7. 4, 『인터뷰 박동묘(농림부장관) 농민과 보리값』.

성안이었다. 하지만 사문화된 『농업기본법』에서 보이듯 학자적인 정체성과 실제 농정의 모순으로 좌절하였다고 평가받았다. 관료 출신 인사의 이러한 평가는 박동묘에 대한 개인적인 소회일수도 있지만, 한편으로는 관료체계 외부 인사가 더 이상 장관직을 수행하기 어려웠던 상황을 보여주는 바이기도 하였다. 박동묘 재임 시절 농림부는 물가안정을 위해 정부미 재고를 방출하라는 경제기획원의 압력으로 정부미 재고량이 고갈될 상황에 이르렀다. 정부미 방출, 농산물 가격, 추곡수매에서 경제기획원의 영향력은 점점 강해졌다. 박동묘는 자신이 반대하였음에도 불구하고 미국 농산물이 도입되는 상황을 보면서 퇴임하였다.[80] 전임인 차균희보다는 짧았지만 1년 4개월이라는 비교적 긴 기간 재임하였다.

이승만 정권기부터 농업 관련 요직을 맡아 농림부 정책의 일관성을 담보하였던 정남규 이후 농림부 차관들은 전문 관료로서 정체성이 강해졌다. 보건사회부 차관을 지낸 한국진(韓國鎭), 서울시 부시장을 역임하고 이후 농림부 장관을 역임한 김영준(金榮俊) 등이 차관에 재임하였다.

원용석, 차균희, 박동묘 등 1963~67년 사이 농림부 장관에 재임한 이들은 1960년대 초중반 박정희 정권기 농업 정책의 성격을 보여주었다. 군정 기간 일시적으로 여론이 반영된 농업 정책을 실시하였지만, 재정안정화 방침, 저곡가 정책 등으로 곤란에 처하였다. 박정희 정권은 이승만 정권기 농업 정책 전문가를 통해 이러한 상황을 수습할 필요가 있었던 것이다. 관료 이상으로 학자로서 개성도 강하였던 이들은 1950년대 경제와 농업 정책을 대변하였다. 정부의 농업 정책 통제에 찬성하였지만 농기업화, 농지소유제도 완화를 주장하였고 농업과 농촌에 대한 과도한 지원도 경계하였다.

---

80) 이득용, 앞의 책, 166~167쪽·183~184쪽.

이승만 정권기부터 활동한 관료와 지식인들은 시간의 흐름과 박정희 정권의 안정화 속에서 자연스럽게 농림행정 일선에서 물러났다. 박동묘 이후 농림부 장관들은 농업전문가보다 행정 관료로서 정체성이 강해졌다. 이들의 등장은 시기상 2차 경제개발 5개년 계획의 시작 시점과 일치하였다.

〈표 4〉 1967~1971년 농림부 장·차관 명단

구분	성명	재임 기간	주요 경력	재임 이후
장관	金榮俊	1967.6.30.~ 1968.5.20	서울시 부시장, 농림부 차관	한국전력공사 사장
장관	李啓純	1968.5.21.~ 1969.2.15	경상남도 도지사, 내무부 차관	내무부 장관
장관	趙始衡	1969.2.17.~ 1970.12.20	최고회의 내무위원장, 기획처장.	국회의원
장관	金甫炫	1970.12.21.~ 1973.3.3	전라남도 도지사, 체신부 장관	한국농촌경제연구원 원장
차관	張禮準	1967.7.4.~ 1968.5.24	경제기획원 차관보	경제기획원 차관, 건설부·상공부 장관
차관	陳鳳鉉	1968.5.24.~ 1971.1.16	경제기획원 차관보	농업진흥공사 총재, 쌍룡양회 회장
차관	李得龍	1971.1.16.~ 1973.3.27	농림부 식산차관보	농협·축협 중앙회 회장

김영준은 전공이 농업이었으며 애초 농업 관료였으나 5.16쿠데타 이후 경제기획원 부원장보, 차관보, 서울시 부시장 등에 재임하였다. 당시 쟁점인 농지소유 상한제에 대하여 철폐 입장이었다.[81] 농지세 물납제는

---

81) ≪매일경제≫, 1967. 7. 5, 『김농림장관담 농지상한제를 철폐』.

항구화를 주장하였다. 재정안정화계획과 통화량에서 농지세 물납제의 유효성을 찾았다.[82] 김영준은 정부 경제팀 내부의 불화로 경제기획원 장관에 의해 경질되었다.[83] 장관으로서 비교적 높은 평가를 받았던 김영준의 사례로 볼 때 농림부 장관의 짧은 임기는 장관 개인의 이력이나 입장보다는 정부 구조에서 비롯한 문제였다.[84]

이계순(李啓純)은 경남지사 재임 시 농업증산의 실적을 인정받아 농림부 장관에 임명되었다.[85] 그러나 농정 현안에 대한 파악도 되지 않은 상황에서 장관에 취임하였다. 이계순은 새농어촌상을 주장하였다. 식량증산과 농민소득 증대를 강조하였고 이의 방안으로 농업과 공업의 연계를 주장하였다.[86] 취임 시 국회에서 밝힌 입장은 2차 경제개발 5개년 계획의 농공병진 정책과 일치하였다. 재임 중 전문성 없는 측근을 주요 보직에 임명하는 등 논란의 여지가 있는 리더십을 보여주었다.[87] 재임 말기에는 정부미 방출, 곡가 통제방안 등을 두고 경제기획원 장관과 갈등을 빚었다.[88] 결국, 곡가 안정 실패, 타 부서와의 갈등을 이유로 불명예스럽게 퇴진하였다.[89]

조시형(趙始衡)은 5.16쿠데타 주체였고 정치인이었다. 하지만 추곡수매

---

82) 『국회 농림위원회 회의록』 제1호, 1967. 10. 6.
83) ≪경향신문≫, 1968. 5. 22, 『전격 개각의 언저리』; ≪매일경제≫, 1968. 10. 3, 『조용한 전진 1년』.
84) ≪매일경제≫, 1968. 5. 22, 『오보 속에 끼었다니 섭섭』.
85) ≪경향신문≫, 1968. 5. 22, 『전격 개각의 언저리』.
86) 『국회 농림위원회 회의록』 제1호, 1967. 10. 6.
87) 이득용, 앞의 책, 205~210쪽.
88) ≪경향신문≫, 1968. 12. 11, 『쌀값 안정대책에 혼선』.
89) ≪동아일보≫, 1969. 2. 15, 『예상됐던 퇴진』.

가 결정을 두고 경제기획원과의 갈등을 피하지 못하였다.[90] 이후 행정고시 출신이며 전남지사, 체신부 장관을 역임한 김보현(金甫炫)이 부임하였다. 김보현은 식량자급, 농어촌 집중투자, 농업 기계화, 농민지도체제 혁신을 주장하였다.[91] 주목할 만한 부분은 농촌노동력 부족 해소의 차원에서 제기된 농업기계화였다. 농업구조 개선보다 개별 농가의 생산력 향상으로 농업 정책의 초점이 이동한 1970년대의 모습을 보여주었다.

차관은 장예준(張禮準), 진봉현(陳鳳鉉), 이득룡(李得龍) 등이었다. 장예준은 한국은행, 부흥부 기획국 과장, 주미대사관 경제담당 참사관, 경제기획원 운영차관보로 재직하였으며 농림부 차관 재임 이후, 경제기획원 차관, 건설부·상공부·동력자원부 장관으로 재임한 전형적인 경제관료였다. 진봉현은 경제기획원에 재직하고 퇴임 이후 중소기업 중앙회장 등을 역임하였다. 이득룡 정도가 농림부에서 장기간 근무한 농업 전문 관료로 분류할 수 있었다.

농민소득 향상, 농산물 증산을 추진한 2차 경제개발 5개년 계획 기간에는 지방행정 기관장을[92] 역임한 내무계통 인사들이 주로 장관이 되었다. 차관까지 포함하여도 '정통 농업 관료'로 분류할 수 있는 이는 총 6명 가운데 이득룡 한 명뿐이었다. 인사로 볼 때 농촌사회에 대한 일원화된 통제가 시도되었으며 이를 바탕으로 한 식량증산이 추진되었다. 1963~67년 사이 재임한 농림부 장관이 취임 시 전문성을 강조한 데에 비하여 1967년 이후 취임한 농림부 장관은 농정 현안에 대해 파악하지 못한 경우도 있었다. 독자적인 농촌과 농업보다 식량생산기지, 전체 산

---

90) 이득용, 앞의 책, 227~231쪽.
91) 『국회 농림위원회 회의록』 제1호, 1969. 4. 3.
92) 박정희 정권기 도청·시청·군청을 지방정부나 지방자치단체로 볼 수 없기 때문에 본고는 지방행정기관으로 통칭하고자 한다.

업의 부문과 기여의 원천으로서 농촌, 농업이 언급되었다.

민정 이양 이후, 정부통제, 농업 관련 시장질서의 지향이 기묘한 형태로 공존하여 관료화가 강화된 것처럼 보이지만 농림부 관료의 위치는 불안하였다. 농림부 장관들의 짧은 임기와 명예롭지 못한 퇴진은 관료들의 입지가 여전히 불안하였음을 보여주었으며 정부 부처 내에서 농림부가 상대적으로 약하였음을 의미하기도 하였다. 농림부가 인사권 확대를 시도하거나 주요한 농업 관련 정책을 추진 시에는 타 부처와 마찰을 피할 수 없었다.[93]

농업 정책방침 변화와 상관없이 농림부는 여타 정부 부처와의 관계로 인사와 업무에 지장을 받았다. 경제기획원과는 농업 관련 예산 배분과 재정지원 등으로 갈등 관계였고 내무부는 농림부 지역 업무와 업무영역이 겹쳤다. 지방행정기관 내에 있는 농업, 산업 관련 부서는 지역 농업 정책의 주체였지만 농업·농촌 정책의 특수성을 저해하는 요소이기도 하였다. 특히 경제기획원의 격상으로 농림부의 입지는 더욱 약해졌다. 1964년 장기영(張基榮)이 경제기획원 장관으로 입각하면서 농림부뿐만 아니라 재무부조차 박정희 정권의 거시 경제정책에 의해 조직과 정책이 흔들렸다.[94]

---

93) '지금도 마찬가지이지만 농림행정의 일선 책임자는 각 시·도의 산업국장들이다. 차 장관은 이들에 대한 인사권을 가져야 농림행정을 일선에 파급시킬 수 있다는 요지의 보고를 대통령에게 올렸고 서면으로 내락을 받았다는 풍문이 그럴싸하게 나돌고 있었다. 또 다른 하나는 벼 종자에 관한 이야기이다. 다수확 품종인 희농이란 볍씨를 중앙정보부가 수입해왔는데, 농촌진흥청장은 앞장서서 품종의 우수성을 선전하고 다니는 반면 차장관은 다른 계통에서 올라온 자료를 근거로 이 품종의 보급을 정면으로 반대하게 되었다. (중략) 특별감사단이 농협 중앙회를 기습 감사하게 되었고 중앙정보부도 장관의 뒤를 캐기 시작했다.' 이득용, 앞의 책, 161쪽.

94) 기미야 다다시, 『박정희 정부의 선택』, 후마니타스, 2008, 202~205쪽.

관료화로 인하여 장·차관의 개성이 발휘될 여지가 크게 감소하였음에
도 불구하고 농림부 장관의 대다수는 기존 이력과 상관없이 경제기획원
과 충돌하였다. 경제기획원은 물가안정을 이유로 정부미 방출을 강요하
거나 미국으로부터 추가로 농산물을 도입하려 하였다. 농림부 장관은 대
체로 이에 반대하였다.

농림부 장관은 경제기획원의 개입으로 추곡수매가 결정, 정부미 방출
등 식량정책을 재량껏 처결하기 어려웠지만 이로 인해 발생한 곡가 폭
등, 정부관리 양곡 고갈, 곡가 통제에서 비롯한 문제는 책임져야 했다.
농림부 장관의 임기가 짧을 수밖에 없었던 고질적인 이유였다.[95] 정부
부처 내 농림부 입지의 약화는 농업 정책의 특수성과 독자성을 훼손하
였다. 경제기획원이 주도하는 물가안정책 등의 경제정책이 농업 정책을
압도하였다.

2) 지식인과 위원회

농업 정책을 비롯한 경제정책은 전문가들의 참여가 필요하다. 전문 관
료뿐만 아니라 학계와 민간 전문가들의 광범위한 참여로 정책의 타당성
을 검증할 수 있다. 특정 정책과 장기적인 정책과제에 관한 연구는 정부
부처나 단기적인 이해에 휘둘리지 않을 수 있는 별도 논의기구가 수립하
는 게 타당한 면도 있다. 정부가 고도화되거나 대통령 중심제일수록 행
정부로서 정부 기능이 강화되기 때문에 이를 뒷받침하는 자문기구, 정책
위원회에 대한 분석은 중요하다.

---

95) 민정 이양 후 1·2차 경제개발 5개년 계획 기간 농림부 장관은 7명 재임하였
　다. 다른 경제 관련 부처와 비교하여 농림부 장관의 임기가 특별히 짧았다고
　보기는 어려웠지만 경제기획원 장관의 경우 같은 기간 4명만 재임히였다. 양
　성철,『한국정부론』, 박영사, 1994, 853~863쪽.

박정희 정권기는 정부기구 관료화, 대통령 중심제, 중앙집권화 등 행정부가 강화되는 전형적인 과정을 보여주었다. 군사정부·박정희 정권은 5.16쿠데타 직후부터 관련 학계 인사들로 자문기구를 구성하였다. 최고회의와 중앙정보부가 민간 전문가들을 일방적으로 동원하던 방식은 박정희 정권의 안정과 더불어 점차 체계화되었다.

1960년대 박정희 정권기 농업 정책 관련하여 두 위원회에 주목할 필요가 있다. 농업구조정책심의회와 경제과학심의회의였다. 두 기구는 위상과 역할이 다르지만 1960년대 박정희 정권의 농업 정책의 방식을 보여주었다는 점에서 공통점을 갖고 있었다.

1962년 7월에 구성된 농업구조정책심의회는 민·관계를 망라하여 다수의 관련 단체장과 학자를 포함하였다. 농업구조 개선이라는 특정 사안을 과제로 삼았다는 점에서 이미 진행 중인 일본의 농업구조 개선사업의 영향을 받은 것으로 보인다.[96] 위원장 1인, 위원 29인 이내로(소위원회는 10인 이내) 구성하는 것을 원칙으로 하였다. 1962년 말 현재 구성원은 23인이었으며 19차례 본회의와, 40차례 소위원회를 개최하였다.[97]

〈표 5〉 농업구조정책심의회 명단(1962.12.22)

구분	성명	직책
위원장	金鍾大	농림부 차관
위원	具在書	고려대 농대 교수
위원	金起鳳	농협 감사관
위원	金文植	서울대 농대 교수
위원	金鳳官	농림부 정책 차관보

96) 김성호 외, 『촌락구조변동과 농업구조전환에 관한 연구』, 한국농촌경제연구원, 1992, 13~14쪽.
97) 농림부 장관, 『농업구조 개선책』, 1963, 1~2쪽.

구분	성명	직책
위원	金英鎭	농림부 기획조정관
위원	文定昌	농업문제연구가
위원	朴基赫	연세대 상경대 교수
위원	朴根昌	중앙대 상대 교수
위원	朴東昻	서울대 상대 교수
위원	俞仁浩	동국대 교수
위원	李萬甲	서울대 문리대 교수
위원	李連洙	최고회의 농림위원 보좌관
위원	李寅雨	농림부 농정국장
위원	李廷煥	농협 중앙회장
위원	張松胄	산림조합연합회 중앙회장
위원	朱碩均	농업연구소장
위원	車均禧	경제기획원 부원장
위원	蔡丙錫	서울대 농대 교수
위원	崔東洛	농촌진흥청 차장
위원	崔朱喆	농림부 농지국장
위원	韓雄斌	한국은행 조정부 차장
위원	許順五	토지개량조합연합회 중앙회장

자료: 농업구조정책심의회, 『농업구조개선책』, 1962, 26~27쪽.

　농업구조정책심의회 설치의 근거가 된 각령에 의하면 농업구조정책심의회의 설립 목적은 농업구조 개선 관련 정책, 실시 방안을 입안하기 위한 조사·연구 등이었다.[98] 『농업구조정책심의회 규정』은 논의 과정에서 구성원을 확대하고(20인 이내 → 30인 이내) 소위원회 사항에 대한 추가 과정을 거쳐 확정되었다.[99] 전체 구성원 23명 가운데 13명이 정부 관료

---

98) 『농업구조정책심의회 규정』, 각령 제861호, 1962.
99) 『농업구조정책심의회 규정중 개정의 건』, 각령 제905호, 1962.

와 농협 등 조합의 간부였다. 민관이 함께하는 모양이었지만 관의 비중이 압도적이었다. 위원회의 위상은 장관 자문기구로 낮았으며 역할도 제한적이었다. 그러나 논의 결과가 『농업구조개선책』으로 제출되었고 실제 관련 사업도 진행되었다.[100]

포괄적인 경제정책에 대한 자문기구는 경제과학심의회의였다. 5.16쿠데타 이후 민정 이양이 논의되면서 미국을 모델로 대통령에 대한 경제정책 자문기구가 구성되었다. 이후 1962년 12월 26일 5차 헌법 개정 시 헌법상 기구가 되었다. 1963년 12월 14일 법안이 공포된 후[101] 1964년 2월 12일 5명의 상임위원과 2명의 비상임위원, 사무국을 갖추고 출범하였다.[102]

상임위원으로 박동묘, 이정환(李廷煥, 前한국은행 총재), 신현확(申鉉碻, 前부흥부 장관), 박충훈(朴忠勳, 前상공부 장관), 최규남(崔奎南, 前교육부 장관), 비상임위원 송대순(宋大淳, 상공회의소 의장), 남궁련(南宮鍊, 극동해운 사장) 등이 임명되었다.[103] 이후 상임위원과 비상임위원으로 차균희, 이종진(李鐘珍), 주요한(朱耀翰), 신태환(申泰煥) 등이 임명되었다. 위원들은 농림부 장관이나 재무부 장관, 서울대학교 총장 등으로 임명되면 해촉되었다. 경제과학심의회의 의장은 대통령이었고 조직 계통상 경제관련 정부 부처와 분리되어 대통령과 국무회의에 직접 보고하였다. 그러나 사무국은 경제장관회의의 통제를 받았다. 농림부문은 경제를 담당한 제1조사 분석실에 속하였다. 1965년 당시 농림부문 연구과제는 경지정리의 구체적 방안, 농업금융의 효율적인 융자제도, 1965년 농림수산 정책의

---

100) 농림부, 『농업구조개선책』, 1963, 1~2쪽.
101) 『경제·과학심의회의법』, 법률 1,509호, 1963. 12. 14.
102) 신창우, 「대통령 정책결정에 있어서의 자문기구의 역할에 관한 연구」, ≪행정문제논집≫8, 1987, 262쪽.
103) ≪경향신문≫, 1964. 2. 13, 「경제과학심의회의, 상임위원 5명 임명」.

문제점과 대책, 농지제도와 정책의 개선방향, 각종 농산물 유통과정 개선책, 협업농장 현황조사 및 농업의 협업화 전망 분석, 지역사회개발을 중심으로 한 농촌지도체제, 축산과 낙농, 추곡수매자금 계획을 포함한 양곡정책, 농어촌고리채 정리 및 『농업기본법』, 『양곡거래법』 등 농업의 모든 부문을 포괄하였다.[104]

1964년부터 1965년에 이르는 기간 경제과학심의회의의 본회의 운영실적 가운데 농업·농촌 관련 사안과 의결 일자는 다음과 같았다.

〈표 6〉 경제과학심의회의 본회의 운영실적·간담회 농업관련 사항 (1964.3~1965.7)

의결 일자	안건 명	참석 기관	비고
1964.3.5	식량문제 검토.	제분공업협회 대표	간담회
1964.3.13	세제 개정에 관한 설명.	재무부 사세국장	간담회
1964.4.11	농지세 물납화, 600만 석 증산계획.	–	본회의
1964.4.27	비료정책도매시장법 개정건.	농협 각도 대의원대표	간담회
1964.5.28	농업관련기업 대표와의 간담회.	기업가측 대표와 UNKUP[105]대표	간담회
1964.7.7	양곡정책 개선방안.	朴道彦[106]외 5명	간담회
1964.8.27	농림부 양정문제 브리핑검토.	농림부 차관 韓國鎭	간담회
1964.8.31	양곡예산 문제.	경제기획원 차관 金鶴烈 외 3명	간담회
1964.9.21	국립농산물검사소 업무설명.	국립농산물검사소 具充錫 소장	간담회
1964.9.25	식량증산 7개년 계획.	농림부 차관 韓國鎭	간담회

---

104) 경제과학심의회의, 『경제과학심의회의 소개』, 1965, 1~9쪽.

105) Un Korean Upland Project(국제연합한국개간사업기구).

106) 외자관리청 청산과장, 농림부 양정국장을 거쳐 1958~60년 농림부 차관을 역임하였다. 이후 삼성물산, 제일제당, 해성건업 사장·회장 등에 재직하였다.

의결 일자	안건 명	참석 기관	비고
1964.10.8	농촌진흥청의 식량증산 요인 기술분석.	농촌진흥청장 외 3명	간담회
1965.2.26	자립안정농가조성방안.	–	본회의
1965.4.29	제3비료 공장 건설의 현안문제 검토.	경제기획원 경제협력국장 외 2명 부처 실무자	간담회

자료: 경제과학심의회의, 『경제과학심의회의 소개』, 1965, 11~37쪽.

　같은 기간 경제과학심의회의의 농림부문 연구 실적은 협동조합, 경제사업, 농산물 생산증강 방안, 어업, 축산, 농림정책 분석 등, 농업의 거의 모든 분야를 포괄하였다.[107] 농지세 물납제의 실제 논리를 만들었고 해당 기관 공무원, 관련 기업, 농협 등과 간담회를 진행하였다. 경제과학심의회의의 연구는 해당 정책의 실시 시기와도 일치하였다.

　경제과학심의회의의 활동은 창립 이듬해부터 감소하였다. 3년차부터는 대통령에게 자문한 건수가 첫해의 ⅙에 불과하였다. 1970년부터 부의장 겸 상임위원인 국무총리의 자문사항을 '지시사항'으로 받아들이고 이에 대한 답변도 '지시사항 처리결과 보고'로 명시하였다. 그러나 건의·보고 실적이 두드러지게 줄지는 않았다.[108] 일상적인 활동은 지속되었지만 대통령과 국무총리의 자문요청이 감소하였다는 점은 정부가 경제과학심의회의에 의존하는 정도가 낮아졌다는 의미였다. 특히 1970년부터 위원회의 위상이 약화되었음을 확인할 수 있다.

　경제과학심의회의는 정부조직이 아닌 위원회로서 기능하였기에 태생적

---

107) 경제과학심의회의, 『경제과학심의회의 소개』, 1965, 13~45쪽.
108) 신창우, 앞의 논문, 268~270쪽.

인 문제가 있었다. 위원들의 임명은 대통령이 독점하였고 별도 임기조항도 없었다. 위원들은 장관에 임명되면 해촉되거나 지위가 변경되었다. 대통령의 의중에 따라 무력화할 수 있는 조직이었다.

위원회들의 활동은 일상적인 업무에 매몰된 정부를 보완하였다. 장기적인 농업 전망인 농업구조 개선안 수립부터 농지세 물납제 등 당대에 중요하였던 정책의 내용과 문제점을 작성·보고하였다. 그러나 시간이 갈수록 역할이 줄거나 한정된 업무만 수행하게 되었다. 관련 정부 부처, 경제과학심의회의, 농업구조정책심의회의 인적 구성은 사실상 동일하였다. 특히 관료들의 비중이 높아지는 추세였다. 농협·학계 인사로 참여한 경우도 위원회 참여 이전과 이후 정부 부처 관료를 역임한 경우가 많았다.

그럼에도 불구하고 위원회의 일부 연구는 실제 정부 정책과 상반되기도 하였다. 이는 위원회 활동이 일정 정도 다양성과 독자성을 담보하였음을 의미하였다. 따라서 정부 정책 결정 과정에서 위원회의 영향력이 작아졌다는 점은 농업 정책에 대한 행정부의 통제가 강화되었음을 보여준다. 위원회의 약화는 민간 전문가들의 역할이 점차 작아지고 정부 역량이 확대되었음을 뜻하지만, 그들이 전혀 필요 없게 되었다는 뜻은 아니었다.

농업 정책 관련 민간 전문가들의 역할 변화는 1·2차 경제개발 5개년 계획에 대한 평가교수단에서 확인할 수 있다. 이들은 각각의 계획이 종료된 이듬해에 방대한 양의 평가보고서를 제출하였다. 1차 경제개발 5개년 계획 농업부문 평가교수 명단은 다음과 같았다.

〈표 7〉 1차 경제개발 5개년 계획 농업관련 평가교수단

성명	현직(전공)	평가 분야
朴振煥	서울대 교수(농업경제학)	농업
表鉉九	서울대 교수(원예학)	농업
崔應祥	농협대 교수(농업경제학)	농업

성명	현직(전공)	평가 분야
具在書	고려대 교수(농업경제학)	축산업
申允卿	서울대 교수(화학공학)	비료

자료: 경제기획원 기획조정실, 『제1차 경제개발 5개년 계획(1962~1966) 평가보고서(평가교수 단)』上, 1967.

　1차 경제개발 5개년 계획 평가교수단은 30명이었다. 이 가운데 농업 관련 분야 교수는 5명으로 평가 영역은 각각 농업, 축산업, 비료 부문이었다.[109] 농협·농은 통합위원회 위원으로 활동한 최응상, 농업구조정책 심의회에 참여한 구재서 등이 포함되었으나 5.16쿠데타 직후 농업경제 분야 전문가로 자문하였던 주석균, 김준보 등은 제외되었다. 전문화의 결과이기도 하였지만, 쿠데타 직후와 농업 정책에 대한 평가 기준이 달라진 데에서 비롯된 것으로 보인다.

　교수단 선정에서 전공 외 별다른 기준을 찾을 수는 없다. 당시 농업 관련 최대 현안이었던 농지 상한제에 대하여 박진환은 강력하게 철폐를 주장하였다. 박진환은 경제성장을 통해 몰락한 영세 농가에서 파생된 실업자 구제가 가능하기 때문에 농지상한제 폐지로 문제가 발생할 거라 보지 않았다.[110] 반면 구재서는 농지상한제 철폐에 원칙적으로 찬성하면서도 한국사회의 특수성을 들어 신중한 접근을 요구하였다. 공업발전 등이 선결되어야 한다고 본 것이다.[111] 교수단은 견해도 다양하였고 이력과 이후 행로도 상반되었다. 최응상은 이전에 농촌진흥청장을 역임한 실무가였지만 박진환, 표현구, 구재서, 신윤경 등은 학자로서 정체성이 강하였

---

109) 경제기획원 기획조정실, 『제1차 경제개발 5개년 계획(1962~1966) 평가보고서(평가교수단)』上, 1967.
110) 《경향신문》, 1969. 11. 29, 『자본투입의 문호개방』.
111) 《경향신문》, 1966. 6. 3, 『'나는 이렇게 본다' 상한제철폐와 그 시비점』.

다. 학자들도 대통령 경제특보로 10년간 재직한 박진환, 통상적인 자문 이상의 역할을 하지 않은 표현구, 신윤경 등으로 구분되었다. 이같이 다양한 인사들의 선발은 지난 경제개발계획에 대해 적극적인 평가에 의한 대안 제시보다 통상적인 분석에 초점을 맞춘 결과로 보인다.

〈표 8〉 2차 경제개발 5개년 계획 농업관련 평가교수단

성명	현직(전공)	평가 분야
金大煥	이화여대 교수(농촌사회학)	농가경제와 생활
文炳錬	중앙대 교수(농업경제학)	농어민소득증대사업
朴基赫	연세대 교수(농업경제학)	식량
柳洲鉉	연세대 교수(식품공학)	식품공업
李斗謙	한양대 교수(화학공학)	비료공업
李海東	성균관대 교수(재정학)	농어촌전화
鄭源根	서울대 교수(약화학)	농업자재
崔炳熙	서울대 교수(잠사학)	잠업
表鉉九	서울대 교수(원예학)	농사시험 및 지도사업
申相柱	건국대 교수(영양학)	축산

자료: 경제기획원 기획조정실, 『제2차 경제개발 5개년 계획 평가보고서(제1집 총량 부문)』, 1972.

2차 경제개발 5개년 계획 평가교수단은 88명으로 1차 경제개발 5개년 계획 평가교수단에 비해 대폭 증가하였다. 농업 관련 분야 교수도 늘어나 10명에 이르렀다. 1차 경제개발 5개년 계획에서 3개 범주에 불과했던 농업분야 영역은 10가지로 세분화되었다.[112] 하지만 전체 평가교수단 내 농업분야 교수단 비율은 16.5%에서 11.3%로 감소하였다. 비율이 줄었지만 다양해진 영역은 당시 농업 정책의 초점이 어디에 맞추어져 있는

---

112) 경제기획원 기획조정실, 『제2차 경제개발 5개년 계획 평가보고서(제1집 총량 부문)』, 1972.

지 보여주었다.

1차 경제개발 5개년 계획 평가 영역은 농업, 축산, 비료 등 3가지에 불과하였다. 그러나 2차 경제개발 5개년 계획 평가 항목은 10가지였다. 농업처럼 포괄적인 영역은 없었고 구체적인 부문으로 세분화하였다. 참여 학자들의 전공은 농업경제학 외에도 공학, 재정학, 약학, 영양학 등으로 다양해졌다. 평가 영역과 학자들의 전공에 이공계가 많았다는 점은 농공병진을 표방한 2차 경제개발 5개년 계획 농업 정책의 지향과 일치하였다.

당시 농업 정책의 쟁점인 농어민소득증대 사업과 식량을 담당한 문병집, 박기혁은 박정희 정권의 식량정책에 대하여 저곡가 정책이라는 이유로 비판하였다.[113] 또한, 박정희 정권의 '중농정책'이 1965년에 마무리되면서 대책 없는 이농 등의 문제가 심각해졌다는 입장이었다.[114]

1·2차 경제개발 5개년 계획 농업부문 평가교수단의 성향이 특별히 정부에 우호적이지는 않았다. 뿐만 아니라 상호 간에도 현안에 대한 입장이 상이한 경우도 있었다. 중요한 점은 이들의 입장보다 위치였다. 2차 경제개발 5개년 계획 이후 농업 정책 관련하여 민간 전문가들이 체제 외부에서 적극적으로 개입한 움직임은 보이지 않는다. 오직 경제개발계획에 대한 평가를 통해 자신들이 가진 농업전망을 주장할 수 있었다. 그러나 평가에서 보이는 추상적이고 원칙적인 이야기가 실제 정책으로 이어지기는 어려웠다. 또한, 정부 입장에서 공식적인 비판과 대안을 제시하는 위치였기 때문에 개인의 개성과 상관없이 박정희 정권기 농업 정책의 긍정적인 요소를 찾아내는 경향이 있었다. 관료화, 민간 전문가 배제는 농업 정책의 역동성을 약화하고 정부통제를 강화하는 데 일조하였다.

---

113) ≪동아일보≫, 1971. 11. 29, 『중대 「식량문제와 정책방향」 세미나』.

114) ≪경향신문≫, 1970. 11. 16, 『농촌은 10년이나 후퇴하고 있다 교수들이 분석한 이농원인과 문제점』.

3. 1·2차 경제개발 5개년 계획과 농업 정책

1) 1차 경제개발 5개년 계획과 농업 정책

5.16쿠데타 직후 군사정부는 이전 정권의 농업 정책에 대하여 가혹하게 비판하였다. 과도한 잉여농산물 도입과 조세공과금, 저곡가 정책, 자주적인 농촌 경제발전의 토대가 될 수 있는 농협 육성에 대한 외면 등을 지적하였다. 또한, 농지개혁 후속 작업 미비로 농지제도가 반신불수가 되었다고 평가하였다. 하지만 이러한 혹평이 무색할 정도로 농촌상황은 제자리 걸음이었다. 오히려 호당 경지면적은 감소하였다. 1957년 호당 경지면적은 9.12단보, 1인당 경지면적은 1.48단보였다. 5.16쿠데타가 발발한 1961년에는 각각 8.81단보와 1.41단보로 줄어들었다. 이듬해인 1962년 현황을 보면 각각 8.42단보와 1.38단보로 상황이 더욱 나빠졌다. 농업소득으로 자립 가능한 2~3정보 이상 농가 수도 적어졌다.[115]

군사정부는 장면 정부가 추진했던 경제정책 가운데 우선순위로 판단한 정책을 실시하였다. 농어촌고리채가 정리되었고 긴급자금이 방출되었다. 긴급자금 방출은 물가안정과 고용증대를 위한 긴급 경제시책으로 중소기업에 대한 재정자금 방출, 미곡 선대자금 방출, 일반금융 자금 확대 방출 등을 통해 시중의 자금경색을 완화시키기 위한 조치였다. 물가안정 비상대책도 실시되었다. 모든 물가를 쿠데타 직전 수준으로 동결하였으며 1961년 11월 『물가조절에 대한 임시조치법』으로 입법화되었다.[116] 이 법은 1963년 한 차례 수정 이후 1973년 폐지될 때까지 가격통제 수단으로 기능하였다. 이외 통화안정증권 발행제도, 수출지원 대책

---

115) 한국군사혁명사 편찬위원회, 『한국군사혁명사』上, 1963, 1,067~1,071쪽.
116) 『물가조절에 관한 임시조치법』, 법률 제770호, 1961. 11. 9.

등도 수립하였다.[117] 군사정부는 자금방출과 물가억제라는 모순된 정책을 동시에 추진하였다. 농업 정책도 영농자금 방출의 혜택을 입은 동시에 물가억제의 통제를 받았다. 쿠데타 직후 다소 혼란했던 경제정책은 군사정부 안정화에 의한 행정력 강화, 경제기획원 창설, 1차 경제개발 5개년 계획 수립으로 귀결되었다.

1차 경제개발 5개년 계획은 균형성장론과 수입대체산업화 전략을 채택하였다. 내자와 정부주도, 핵심 사업에 집중적으로 투자하는 방식을 취하였으며 이승만 정권 이후 경제개발 계획에 대한 문제의식이 계승된 내용이었다. 그러나 안정을 강조한 이전 계획에 비해 상향조정된 성장률 책정 등에서 보이듯 성장위주의 면도 있었다. 공업화가 근본적인 목표였으나 근대화·산업화의 기반조성, 농촌의 잠재적인 실업문제 해결을 위해 농업도 중시하였다.[118] 농업부문 계획은 농업 다각화, 축산업 발전, 양곡증산, 식량자급자족 등을 강조하였다. 또한, 주곡위주 단순 영농방식을 지양하여 영농의 다각화, 유축농가 20여만 호 육성으로 농가소득 증진과 국제 무역 개선을 통한 외화 530만 달러 절약, 수출 580만 달러 증가를 목표로 하였다.[119] 농산물 수출도 언급하였지만, 식량 자급자족과 수입대체에 초점이 맞추어졌음을 알 수 있다.

그러나 실제로 내자와 농업이 중시되기는 어려운 상황이었다. 군사정부 초기 경제정책 수립에 관여한 박희범은 내자를 동원하기 위한 수단으로 농산물 유통비용 절감을 주장하였지만, 단기적으로 실현될 수 있는 방법은 아니었다.[120] 실제 1차 경제개발 5개년 계획과 상반되는 조치

---

117) 박진근, 『한국 역대정권의 주요경제정책』, 한국경제연구원, 2009, 101~104쪽.
118) 박태균, 앞의 책, 75~76쪽·321~323쪽.
119) 대한민국정부, 『제1차 경제개발 5개년 계획』, 1962, 29~30쪽·122쪽.
120) 박희범, 앞의 책, 233~237쪽.

가 계획안 성안 이전부터 실시되었고 이는 농업 정책에도 영향을 끼쳤다.

1961년부터 군사정부는 적극적으로 외자도입 정책을 실시하였다. 외자도입에 역점을 두었다는 점은 기존의 '저소득 → 저저축 → 저투자 → 저소득'의 악순환을 끊는다는 전략이었지만 농업발전을 기반으로 한 산업화의 자본조성을 포기한다는 의미이기도 하였다. 물가안정화 정책은 1차 경제개발 5개년 계획의 시작과 더불어 더욱 강화되었다. 한편 쿠데타로 중지되었던 재정안정계획이 1963년 1월부터 재개되어 4월에 수정·확정되었다. 박정희 정권은 이와 같은 경제정책을 추진하면서도 일시적으로 농촌을 우대하는 정책을 취할 수 있게 제도도 개편하였다.[121]

물가안정과 재정안정화를 기조로 하여도 농업 생산력 향상과 식량자급을 목표로 삼을 수 있다. 그러나 농업 생산력 향상과 식량자급이 반드시 농촌사회와 농가경제를 위한 정책이 되지는 않는다. 생산력과 가격 경쟁력이 낮은 농촌과 농업에 물가안정과 정부재정 안정화 방침을 적용하면 농업생산의 주체를 소홀히 할 수밖에 없다. 문제는 당시 농업생산의 주체가 자급자족도 어려운 영세 농가라는 점이었다.

1차 경제개발 5개년 계획 하에서 곡류증산계획이 수립되었다. 1966년까지 곡류생산을 3천 487만 석으로 늘리는 안이었으나[122] 같은 기간 양곡 수요추산과 계획량의 편차는 컸다. 계획량은 1962년 첫해부터 실제 수요에 비해 700만 석 정도 부족하였다. 마지막 해인 1966년에 계획이 실현되더라도 실제 필요하다고 추산된 수요량(〈부표 4〉 참조)에 2천 200만 석 정도도 모자랐다.[123] 농가경제와 농촌상황, 연이은 흉작도 증산을 방해하였다.

원인은 박정희 정권의 농업에 대한 홀대였다. 농림부문 투·융자 계획

---

121) 박진근, 앞의 책, 107~126쪽.
122) 대한민국정부, 『제1차 경제개발 5개년 계획』, 1962, 154~155쪽.
123) 농수산부, 『한국양정사』, 1978, 363쪽.

은 농업과 농민이 한국사회에서 차지하고 있는 비중보다 항상 낮았다. 공업을 통한 근대화가 불가피한 면이 있었지만, 농업을 포함한 1차 산업은 1차 경제개발 5개년 계획의 투자 계획상 배분이 5년간 17.2%로 2차 산업 34%, 3차 산업 48.8%에 비해 지나치게 낮았다.[124] 농업의 희생을 발판으로 한 공업화·도시화에 대한 지향은 재정투융자계획과 실적에서 구체적으로 드러났다.

〈표 9〉 1차 경제개발 5개년 계획 재정 투·융자 및 농림부문 재정 투·융자 실적

(단위: 백만 원)

연도	총 재정 투·융자		농림부문 재정 투·융자		C/A	D/B
	예산(A)	결산(B)	예산(C)	결산(D)		
1962	35,991.8	27,894.7	7,810.5	7,373.2	21.6%	26.4%
1963	31,885.6	27,328.0	5,140.8	5,040.8	16.1%	18.4%
1964	28,402.7	23,784.5	4,527.4	4,475.6	15.9%	18.8%
1965	33,191.6	35,300.0	6,743.8	6,942.2	20.3%	19.7%
1966	42,286.2	−	8,969.6	−	21.2%	−

자료: 경제기획원, 『재정투융자예산과 그 실적, (1962-1966)』, 1967.

첫해 농림부문 재정 투융자 예산은 21.6%, 실적은 26%였으나 다음 해에 18%로 감소하였고 1966년까지 이 수준으로 유지되었다. 박정희 정권은 집권 초 중농을 표방하면서도 중점투자 항목에서 농업을 제외하는 모순된 정책을 실시하였다. 농업에 대한 과감한 투자는 1962년에 그쳤다.

1차 경제개발 5개년 계획 2차 연도 계획서는 첫해의 과다한 투자가 이전 정권의 실정과 피폐한 농촌 현실에 따른 비정상적인 조치였음을 강

---

124) 대한민국정부, 『제1차 경제개발 5개년 계획』, 1962, 28쪽.

조하였다.[125]

　1차 경제개발 5개년 계획에서 농업은 우선순위가 아니었다. 예산은 공업에 투자되었고 농업도 당시 현실과는 상반된 상품화를 지향하였다. 이 같은 방침은 실제 농업 정책에도 반영되었다. 당장의 정치적인 필요를 충족하고 상황을 타개하기 위한 정책들이 급진적으로 추진되었지만, 농업과 농촌을 우선순위에 두거나 농촌의 경제적인 자활력을 전체 경제의 목표로 삼지는 않았다. 이 시기 추진된 농업 정책들도 경제정책 방침과의 모순으로 좌초하는 경우가 많았다. 그럼에도 불구하고 1차 경제개발 5개년 계획에는 일시적으로 주곡 확보와 당장의 현실을 타개하기 위한 집중적인 투자가 있었다.

　박정희 정권기 초기 경제정책 변화의 조짐은 5.16쿠데타 직후부터 있었다. 방향전환 기간은 불과 2년이었다. 전환을 예비하고 준비하는 시기에 농업 정책 변화가 예정된 듯 보이지만 이미 경제정책 전반의 내용이 농업·농촌을 우대하는 상황은 아니었다. 보다 직접적인 변화는 미국의 정책전환으로 시작하였다.

　1962~63년 흉작과 곡가파동 이후, 식량문제 해결을 위해 한미 간 논의도 긴밀해졌다.[126] 통화개혁 등, 초기 경제정책 실패로 미국의 영향력은 더욱 강해졌고 박정희 정권의 운신 폭은 작아졌다. 후진국이 특정 산업에 집중하여 경제발전을 추구해야 한다는 불균형 성장론을 표방한 미국의 개입과[127] 경제정책 실패는 정책 변화로 이어졌다. 1차 경제개발 5개년 계획이 수정되며 5.16쿠데타 이후 실시된 농업 정책도 변경되었다.

　1962년 말부터 경제개발 5개년 계획에 대한 보완작업이 시작되어 미

---

125) 경제기획원, 『제1차 경제개발 5개년 계획 제2년차(1963) 계획서』, 1962, 21쪽.
126) 도날드 스턴 맥도널드, 『한미관계 20년사』, 한울아카데미, 2001, 452~455쪽.
127) 박태균, 앞의 책, 130~135쪽.

국과 경제 관료들의 주장이 대거 반영되었다.[128] 제1차 경제개발 5개년 계획 보완계획(이하 수정안)상 농업목표는 원안에 비해 변경·축소되었다. 재정안정화 기조 아래 투자가 억제되고 정부 역할이 축소된 것이었다.[129] 수정안 제출이 실제 농업 정책에 어떠한 영향을 끼쳤는지는 확인할 필요가 있다.

수정안에서 농산물 가격은 생산비를 보장하고 소비자에게 부담이 크지 않은 범위에서 유지되도록 적정을 기한다고 명시되었다. 생산비 보장은 구체적인 방안이 제출되지 않는 이상 공염불에 불과하였다. 따라서 수정안의 진의는 소비자 부담이 크지 않은 범위에서 농산물 가격을 유지한다는 뒷말에 있었다. 농산물 주요 소비자인 도시민들을 위하여 저곡가 정책을 유지한다는 의미였다. 이러한 의도는 수정안의 농림업[130] 국민총생산 구성비 변화에서도 보인다. 수정안은 이미 실시되고 있는 경제와 농업 정책을 1차 경제개발 5개년 계획을 통해 보다 구체적인 문구로 규정하였다.[131]

---

128) 이완범, 『박정희와 한강의 기적, 1차 5개년 계획과 무역입국』, 선인, 2006, 155~156쪽.

129) 기미야 다다시, 앞의 책, 175~176쪽.

130) 농림업은 농업과 임업이다. 그러나 농업에 비해 임업의 비중이 미미하기 때문에 참조 자료 및 연구에서 농림업이라 지칭하는 경우에 굳이 농업으로 구별하지 않았다.

131) 경제기획원, 『제1차 경제개발 5개년 계획 보완계획』, 1964, 9~13쪽.

* 1차 경제개발 5개년 계획 원안 및 수정안의 농림업 국민총생산 구성비 변화 (단위: %)

구분	1962	1963	1964	1965	1966
경제개발계획 건설부안	36.9	–	–	–	32.8
경제개발계획 원안	35.8	35.5	34.9	34.2	33.3
경제개발계획 수정안	31.9	31.3	30.8	30.3	29.7

* 수정안의 1962~63년 수치는 계획이 아닌 실적임.

1차 경제개발 5개년 계획 3년차(1964) 시행계획서는 1963년 8월에 제출되었다. 수정안이 확정된 1964년 2월, 3년차 시행계획서도 수정되었다. 농림수산부문 투자비율은 14.8%로 수정 전 16.7%에 비하여 비중이 하락하였다.[132] 농림수산부문 배분이 떨어졌지만 새삼스러운 일은 아니었다.

　수정안은 1964년에 발표되었기 때문에 수정안의 1962~63년 수치는 계획이 아닌 원안에 따른 실적이었다. 수정안의 1962~63년 국민총생산비 내 농림업 구성비와 농림수산부문 성장률은 1차 경제개발 5개년 계획 원안의 목표에 한참 밑돌았다. 따라서 수정안의 1964년 목표 성장률이 이전과 비교하여 특별히 저조하다고 보기는 어려웠다.[133] 이러한 특징은 1차 경제개발 5개년 계획 1963~64년의 투융자 예·결산을 통해서도 알 수 있다. 1963년 예산 가운데 농림부문 비율은 16.1%였고 결산은 18.4%였다. 이듬해인 1964년 예산은 15.9%로 약간 감소하였으나 결산은 18.8%였다.[134] 예·결산상으로도 1964년이 1963년에 비해 특별히 감소했다고 볼 수 없었다.

　1차 경제개발 5개년 계획 국민총생산 내 농림업 구성비 목표가 수정안을 통해 질적으로 변화한 것은 아니었다. 수정안은 계획과 괴리되었던 실제 추세를 공식적으로 확인한 것에 불과하였다. 전체적인 성장률 조정

---

132) 경제기획원, 『제1차 경제개발 5개년 계획 제3년차(1964)계획(최초)』, 1963, 21쪽; 『제1차 경제개발 5개년 계획 제3년차(1964)계획(최종)』, 1964, 35쪽.
133) 대한민국정부, 『제1차 경제개발 5개년 계획』, 1962, 24쪽; 경제기획원, 『제1차 경제개발 5개년 계획 보완계획』, 1964, 11쪽.

　* 1차 경제개발 5개년 계획 원안 및 수정안 1차 산업 목표 성장률　　　　　　　(단위: %)

구분	1962	1963	1964	1965	1966
원안	5.3	5.5	5.5	5.7	6.2
수정안	−9.1	2.8	3.9	3.7	3.8

　* 수정안의 1962~63년은 목표가 아닌 실적.
134) 참조 '〈표 9〉'

과 1962~63년의 실적을 고려하면 오히려 수정안은 기존에 비해 적극적인 농업증산을 주장하였고 볼 수도 있었다.

원안과 수정안의 차이는 목차와 구체적인 문구로 드러났다. 원안은 농업을 비롯한 산업별 목표가 가장 첫머리에 있으며 계획의 부문별 내용이 내용의 대부분을 차지하였다. 수정안은 원안에는 없는 '목표달성을 위한 정책수단'이라는 부문이 있었다.[135] 계획이 선언적인 면에 그치지 않도록 내용을 보충한 것이었다. 이러한 면에서 수정안은 원안에 비해 '현실적'이었다.

〈표 10〉 1차 경제개발 5개년 계획 원안과 수정안의 농업부문 목표 비교

원안	수정안
1. 전 농촌을 지역별로 구분하고 농업경영의 유형에 따르는 지역농정을 확립하여 적정규모의 농가를 유지창설 하는데 주력한다. 2. 농촌인구 증가에 대비하여 신경 및 목야지를 조성한다. 3. 농산물의 적정가격을 보장하며 영농자금 및 비료보상금을 확보한다. 4. 농촌을 획기적으로 진흥하기 위하여 축산업의 기업화를 확보하고 가공처리를 적극 육성하는 방향으로 농정의 전환을 도모한다. 5. 임산자원의 조성과 황폐임야의 복구를 촉진한다. 6. 농정의 민주화와 농업단체의 민주적 관리를 기한다.	• 농업생산력을 증대하고 농업소득을 향상시켜 국민경제의 구조적 불균형을 시정한다.

자료: 대한민국정부, 『제1차 경제개발 5개년 계획』, 1962; 경제기획원, 『제1차 경제개발 5개년 계획 보완계획』, 1964.

실제 수정안의 농업부문 목표는 원안에 비해 간명하였다. 원안이 농

---

135) 이 장에서는 재정수단의 강화, 민간저축 증강의 투자촉진, 국제수지의 개선, 소비의 규제, 물가의 안정, 과학기술의 진흥, 인구 및 고용에 대하여 서술하였다. 경제기획원, 『제1차 경제개발 5개년 계획 보완계획』, 1964, 25~69쪽.

업과 농촌에 대한 전반적인 목표를 제시하였다면 수정안은 목표를 오직 농업 생산력 증대로 한정하였다.[136] 농업 생산력 증대로 인한 농가의 식량자급, 농가소득 향상 이상의 전망은 제시하지 않았다. 수정안의 목표는 실제 자금계획과 집행내역에 반영되었다.

〈표 11〉 1962~1966년 농업부문 사업별 자금계획과 집행내역 (단위: 백만 원, %)

사업종목	계획된 정부자금	집행된 정부자금	집행비율
농지개량	13,490	14,140	105
농업연구	980	1,334	136
농업지도	1,664	1,059	74
생산자재공급사업	1,510	1,234	82
종자갱신	528	618	117
경제작물	33	38	115
잠업	1,333	1,337	103
영농자금	3,950	4,050	103
지역사회개발	430	249	58
자립안전농가조성	2,000	1,800	90
엽연초 생산	750	588	79
인삼경작	312	302	97
계	25,918	25,859	99
화학비료구매(1966)	20,258	20,258	100
농약구매(1966)	614	614	100

1차 경제개발 5개년 계획 농업부문 사업별 자금계획과 집행내역을 보면 농지개량, 농업연구, 종자갱신, 경제작물, 잠업, 영농자금은 계획보다 과다하게 지출된 반면 농업지도, 생산자재 공급, 지역사회개발, 자립안

---

136) 경제기획원, 『제1차 경제개발 5개년 계획 보완계획』, 1964, 74~75쪽.

정농가 조성 등 농촌 일선에서 집행되어야 할 자금 지출은 계획에 미달하였다. 식량증산을 위한 예산은 계획 이상으로 집행되었지만, 농촌의 경제적인 자립과 농업구조 개선사업은 부진하였다. 자금집행 실적에 한하여 보면 일선 농촌에서는 부여된 예산조차 온전히 활용하지 못하였다. 농촌지도체제 운영과정에서 생긴 문제를 예산집행 실적에서 확인할 수 있다.

문제는 계획에 가깝게 집행된 항목에서도 보였다. 영농자금은 영세 자작농이 대부분인 농촌에 가장 필요한 자금이었다. 영농자금으로 계획된 39억 5천만 원 가운데 약 81%인 32억 원은 첫해에 집행되었다. 영농자금은 액수도 적었지만, 농가의 농업 생산력 향상이 아니라 생계비로 소모되는 데에 대한 우려가 컸다.[137]

농협 대출 내역에 따르면 영농자금이 생활비로 소비된 원인을 농가에서만 찾기에는 문제가 있었다. 농협 농업자금[138] 대출은 1962년 215억 원에서 1966년 289억 원으로 증가하였다. 대출 증가 폭이 작았을 뿐만 아니라 자금의 성격도 문제였다. 1962년 농협 농업자금 대출액의 46.5%가 단기자금이었다. 이 비율은 1966년 55%로 증가하였다. 농가 농업 생산력 향상에 가장 절실하였던 장기자금 대출은 45.1%에서 32.8%로 비율이 급감하였다. 절대 액수도 97억 원에서 95억 원으로 감

---

137) 경제기획원 기획조정실, 『제1차 경제개발 5개년 계획 평가보고서(평가교수단)』 上, 1967, 244~245쪽.

138) 단기농업자금은 주로 영농자금으로 농업경영비다. 중기농업자금은 특수농업자금 성격이 강하다. 주로 농업구조 개선과 농업 생산력 증강을 목적으로 하였다. 장기농업자금은 토지개량사업자금으로 농산물 가격 지지, 농가소득 증대가 목적이었다. 「1964년도 재정자금에 의한 농업자금 융자요강」, ≪농업경제≫8, 1964, 235~236쪽.

소하였다. 중기자금은 49억 원에서 56억 원으로 약간 증가하였다.[139] 농업 생산력 향상에 직접적인 영향을 주는 중장기자금의 뒷받침이 없다면 주로 영농자금(농업경영비)인 단기자금이 농업경영비로 쓰이기는 어려웠다.

영농자금과 농업자금 대출액 추이 및 성격에서 보이듯 박정희 정권은 기본적으로 농민의 경제적인 자립이 정책의 주된 목표인 적이 없었다. 시대적 과제가 반영된 농업 정책들이 계속 실시되었지만, 실제로는 왜곡되거나 폐기되는 경우가 많았다. 개별 농업 정책들이 모두 제 1차 경제개발 5개년 계획 수정과 미국과의 협의 때문에 변경되었다고 보기도 어려웠다. 박정희 정권의 농업 정책이 가지고 있는 근본적인 한계, 구체적인 정책실패, 정부의 일방적인 추진방식에서 비롯된 문제도 많았다. 그러나 경제정책 방향, 개별 농업 정책 실패가 우연히 조우하여 파열구를 만들었다고 할 수는 없었다. 고질적인 농업과 농촌의 문제가 임계점을 맞이한 순간에 적절한 정책이 부재하였던 것이다.

농업에 대한 투자가 하락했지만, 양곡 생산량은 상승하였다. 1962~66년 사이 미곡생산은 29.9%, 전체 양곡 생산은 39.8% 상승하였다. 그러나 문제는 수요였다. 1960~66년 사이 양곡 생산 증가율은 90.5%로 수요 증가율인 86.2%를 상회하였다. 하지만 1966년 총 양곡 수요량 8,521천 톤 대비 생산량은 7,037천 톤으로 충족률이 88.4%였다.[140] 이는 1차 경제개발 5개년 계획 농업부문의 변화과정과 이후 실시될 2차 경제개발 5개년 계획의 특징을 보여주었다. 한정된 농업부문 예산과 정부의 행정력이 장기적인 농촌사회 강화보다 농산물 증산에 투입되었다.

---

139) 경제기획원 기획조정실, 『제1차 경제개발 5개년 계획 평가보고서(평가교수단)』 上, 1967, 178쪽.
140) 농수산부, 『한국양정사』, 1978, 368~369쪽; 농업협동조합중앙회, 『제이차 경제개발계획과 중농정책, 해설』, 1967, 18쪽.

하지만 투자와 성과에도 불구하고 수요에 비해 공급은 부족하였다.

박정희 정권은 식량 자급도를 높이기 위해 농촌사회의 자립까지 도모한 1차 경제개발 5개년 계획 원안의 목표에서 일부를 취사선택할 수밖에 없었다. 선택의 결과는 실제 예산대비 투자와 성과로 나타났다. 그러나 농업과 농촌을 경제정책의 후순위로 미루고 증산에만 치중하여도 농지개혁으로 만들어진 농업·농촌 구조에 대한 대안은 필요하였다. 박정희 정권에게 농업 생산력 향상과 농가소득 증대는 미룰 수 있는 사안이아니었다.

2) 2차 경제개발 5개년 계획과 농업 정책

2차 경제개발 5개년 계획 수립의 전제는 1차 경제개발 5개년 계획의성과와 과제였다. 성과는 에너지원 개발, 기간산업(시멘트, 비료), 사회간접자본, 국제수지 등이었다. 농림어업 성장률은 8.7%로 광공업 12.3%, 제조업 15.1%, 건설·전기·수도·가스 17.5%에 비해 상대적으로 낮았지만, 서비스업의 7.5%에는 상회하였다. 낮은 성장률 외에도 성장 추이가극히 불안정했다는 점도 문제였다. 특히 1965년부터는 성장이 거의 정체되었다.[141]

1956~65년 10여 년 사이 농업부문은 연평균 4% 성장하였다. 동일한 시기 비슷한 수준의 후진국들과 비교하면 높은 수준이었다. 하지만전체 경제성장률에 미치지 못하였고 더 빠른 속도로 팽창하는 도시를감당하기 어려웠다. 여전히 식량공급이 부족했다는 점도 농업의 조속한발전을 요구하였다.[142] 2차 경제개발 5개년 계획에서는 농업에 대한 적

---

141) 박진근, 앞의 책, 131~132쪽.
142) 대한민국정부, 『제2차 경제개발 5개년 계획』, 1966, 67쪽.

극적이고 다양한 대책이 필요하였다.

2차 경제개발 5개년 계획 목표의 중점사항은 식량자급 및 산림녹화와 수산개발, 화학금광 및 기계공업 건설을 통한 공업고도화, 7억 달러 수출달성으로 수입대체 촉진, 고용증대와 가족계획, 국민소득 증가 특히 영농 다각화를 통한 농가소득 향상, 과학 및 경영기술 진흥과 인작자원의 배양을 통한 기술수준, 생산성 제고 등이었다.[143] 일반적인 사항의 나열처럼 보였지만 1차 경제개발 5개년 계획과는 차이가 있었다.

1차 경제개발 5개년 계획은 여섯 가지 중점 목표 가운데 농업 관련 사항이 두 번째 조항 하나였다. 농업 생산력과 농가소득, 국민경제의 구조적 불균형 시정이 한 조항에 명시되었다.[144] 이에 비해 2차 경제개발 5개년 계획은 식량자급을 첫 번째 조항으로 내세우고 농가소득 향상을 다섯 번째 조항에 별도로 두었다. 목표로만 보면 2차 경제개발 5개년 계획은 1차 경제개발 5개년 계획에 비해 한층 더 진전된 '중농정책'을 표방하였다.

2차 경제개발 5개년 계획 작성 시 농업부문은 생산력 증대를 통한 식량위기 해결을 지향하였다. 계획 작성방안으로 농업 생산성 제고, 토지 생산기반 정비 및 확장, 병충해 같은 자연적 재해의 방지책 등을 제시하였다.[145] 특별히 새로운 내용은 없었지만, 농업 생산성 향상을 통한 식량 증산이 박정희 정권의 주된 관심사였음을 확인할 수 있다. 실제 작성된 2차 경제개발 5개년 계획 농업부문 기조는 농공병진, 수리시설 확충과 경지확장 및 정리, 농업 생산성 향상, 경제작물 증산, 축산업 육성 등이었다. 1차 경제개발 5개년 계획 원안과 비교하면 농촌경제 자립보다

---

143) 대한민국정부, 『제2차 경제개발 5개년 계획』, 1966, 27쪽.
144) 대한민국정부, 『제1차 경제개발 5개년 계획』, 1962, 19~20쪽.
145) 경제기획원, 『제2차 경제개발 5개년 계획 작성지침(案)』, 1965, 17쪽.

농업 생산력과 농민소득 증대에 초점이 맞추어졌다.[146]

1차 경제개발 5개년 계획 원안에서 나타난 농업구조 개선과 농촌경제 자립에 관한 내용이 부족하였고 수정안이 표방한 농업 생산력 향상, 농가소득 증대에 대한 내용이 구체화되었다. 통상적인 수준에서 경제작물과 축산업에 대한 언급이 있었고, 경지확장 및 정리, 단위생산성, 양곡 증산 등 주곡증산이 강조되었다. 수정안에서 표명된 '국민경제의 구조적인 불균형 시정'에 대응하는 구절은 찾을 수 없었다.

1차 경제개발 5개년 계획 기간 물가안정을 최우선에 두었음에도 불구하고 소비자 물가 상승률 16.4%, GNP디플레이터 19.7%에 이르렀기 때문에 2차 경제개발 5개년 계획에서는 물가안정을 위한 다양한 대책이 마련되었다. 이 가운데 곡가 안정대책, 농산물 비축재 강화 등의 방안이 있었다.[147] 이는 농촌에 대한 정부의 직접적인 영향력 강화를 의미하였다. 1차 경제개발 5개년 계획 기간부터 이미 강력해진 정부가 농촌에 대한 개입을 강화하는 방향으로 당면한 문제를 해결하려 한 것이었다. 이 같은 상황에서 2차 경제개발 5개년 계획이 표방한 농업 생산력과 농민소득 증대가 농촌 자립경제 건설로 귀결되기는 어려웠다. 농업이 강조된 이유는 다른 산업의 기반이 될 수 있기 때문이었다.

〈표 12〉 2차 경제개발 5개년 계획 부문별 소요 생산수준

(단위: 10억 원, %)

구분	1965	1971	증가율
농림수산업부문	367.4	532.0	44.8
농업	335.9	469.9	39.9
임업	15.3	23.3	52.3
수산업	16.2	38.8	139.5

146) 대한민국정부, 『제2차 경제개발 5개년 계획』, 1966, 67~71쪽.
147) 박진근, 앞의 책, 131~135쪽.

구분	1965	1971	증가율
광공업부문	527.9	1,021.1	93.4
사회간접자본, 기타서비스업부문	459.3	752.4	63.8
총생산	1,354.6	2,305.5	70.2

* 1965년 가격.

자료: 대한민국정부, 『제2차 경제개발 5개년 계획』, 1966, 36쪽.

실제로 2차 경제개발 5개년 계획 기간 농업부문 소요생산 수준 증가율 목표는 39%였지만 총생산의 목표인 70%는 물론이고 같은 농림어업 내 임업, 수산업과 비교해도 현저히 낮았다. 상대적으로 저조했던 농업의 생산목표는 공업을 통한 근대화를 위하여 불가피한 면이 있었다. 하지만 3차 산업 분야보다도 기대 생산 증가율이 낮았던 점은 2차 경제개발 5개년 계획이 표방한 농업 정책의 실상을 보여주었다.

2차 경제개발 5개년 계획이 시작된 1967년 상황은 좋지 않았다. 당시 경제 성장목표는 10.5%였으나 실질 경제 성장률은 6.6%에 불과하였다. 목표에 미달했던 이유는 농업 때문이었다. 공업이 20.2%로 고도성장하였지만, 농림어업은 남부지방 한해와 농업생산 부진으로 −5.8% 성장하였다. 2차 경제개발 5개년 계획은 2년차인 1968년에 내용이 변경되었다. 연평균 국민총생산 성장률은 7%에서 10.5%, 광공업 10.7%에서 20.2%, 사회간접자본 및 기타 서비스업 6%에서 10.2%로 상승하였다. 하지만 농림수산업 성장률은 오히려 5%에서 4.3%로 감소하였다. 외자 도입은 14억 2,110만 달러에서 23억 1,830만 달러로, 수출·수입 목표액은 각각 29억 3,650만 달러에서 54억 7,480만 달러, 43억 5,760만 달러에서 75억 1,500만 달러로 대폭 증가하였다. 1차 경제개발 5개년 계획이 표방했던 국민경제의 균형발전은 1차 경제개발 5개년 계획이 수정된 이후 2차 경제개발 5개년 계획, 수정을 거치며 외자에 의존한 수

출주도형 경제개발정책으로 완전히 방향이 전환되었다.[148]

〈표 13〉 2차 경제개발 5개년 계획 농산물 생산목표 　　　　　　(단위: 천 톤, %)

품목	1965	1971	증가율
미곡	3,501	4,858	38.8
맥류	1,856	2,474	33.3
두류	203	312	53.7
감자류	607	1,270	109.2
잡곡	120	139	15.8
저마	862	2,660	208.6
아마	495	9,000	1,718.4
유채	5,153	14,663	184.6
양송이	106	7,740	7,201.9
잠견	7,766	26,570	242.1

자료: 대한민국정부, 『제 2차 경제개발 5개년 계획』, 1966, 70쪽.

　　2차 경제개발 5개년계획에서는 식량자급 정책이 강화되었다. 1차 경제개발 5개년 계획 곡류증산계획의 미곡생산 증가율 목표는 28.9%였으나 2차 경제개발 5개년 계획의 목표는 38.8%였다. 이외 농작물이라기보다 공업원료와 수출상품의 성격이 강한 모시(苧麻), 아마(亞麻), 유채, 잠견 등의 생산이 강조되었다. 2차 경제개발 5개년 계획 농업부문 주요 목표인 농공병진 정책의 주산지 조성사업을 추진하기 위한 방안이었다.[149]
　　이 시기 새롭게 실시된 농업 정책은 『농업기본법』 제정, 농어민소득증대 특별사업 등이었다. 또한, 농어촌개발공사를 창립하여 2차 경제개발

---

148) 한국농촌경제연구원 편, 『한국농정 50년사』I, 농림부, 1999, 45~46쪽.
149) 농업협동조합중앙회, 『제이차경제개발계획과 중농정책, 해설』, 1967, 5쪽.

5개년 계획의 목표인 농공병진을 추진하고자 하였다. 이러한 정책들이 성과로 귀결되었는지 확인할 필요가 있다.

2차 경제개발 5개년 계획의 실적은 1차 경제개발 5개년 계획을 훨씬 웃도는 11.4%였다. 전체 성장률부터 부문 성장률까지 농업을 제외한 분야는 모두 계획을 초과 달성하였다. 하지만 농업은 애초 목표도 5%로 낮았고 실제 성장률은 2% 달성에 그쳤다. 흉년으로 양곡 도입은 급증하였고 미곡 생산은 일정하지 않았다. 환금성 강한 작물생산이 보고되었지만, 막상 가장 중요하였던 주곡 문제는 해결할 수 없었다.[150] 박정희 정권이 공업화를 추진하기 위해 농업에 가장 기대했던 부분이 해결되지 못하였다.

그럼에도 불구하고 박정희 정권은 2차 경제개발 5개년 계획 중 농업 정책에 대하여 긍정적으로 자평하였다. 또한, 고미가 정책, 축산진흥, 농어민소득 증대를 치적으로 내세웠다. 수치로 드러난 실적이 있었음을 부정할 수는 없었다. 고미가 정책은 이중곡가제가 제기된 이후 꾸준히 확대되었으며 축산업의 경우 젖소가 1966년 8,500두에서 1971년 29,000두, 양계업 100% 증가 등이 이루어졌다. 농어민소득증대 사업은 농업 다각화와 농업단지 조성 등이 언급되었으나 기대에 미치지 못하였음을 우회적으로 서술하였다. 계획 기간 생산수준이 40%가 증가하였으니 긍정적인 자평의 근거가 없지는 않았다. 1968년까지 농산물 가격 정책이 저미가 정책이라 비판한 내용도 있었기 때문에 정부가 무조건적으로 스스로를 옹호하였다고 보기도 어려웠다.[151]

---

150) 경제기획원 기획조정실, 『제2차 경제개발 5개년 계획 평가보고서(제1집 총량 부문)』, 1972, 29쪽·148~151쪽.

151) 경제기획원 기획조정실, 『제2차 경제개발 5개년 계획 평가보고서(제2집 산업 별 부문)』, 1972, 3~11쪽.

눈에 보이는 실적에도 불구하고 2차 경제개발 5개년 계획의 농업부문은 다음과 같은 문제가 있었다. 첫째, 농업과 농가경제는 더 많은 지원이 필요하였다. 자산 대부분이 토지인 영세 농가가 주류인 농촌에서 일부 농업 다각화와 축산업의 양적인 확대가 이루어지더라도 이를 근거로 농가경제가 발전하였다고 볼 수는 없었다. 실제 2차 경제개발 5개년 계획 기간 중 농가 자산구조는 거의 변함이 없었다. 당시 농업투자와 농가지원은 별도 사안이었다. 농가의 1차 산업 고정자본 비율은 이전 이승만 정권기 수준도 유지되지 못하였다. 야심 차게 추진하였던 5.16쿠데타 직후 농업 정책들조차 농업 생산력 강화의 증거라 할 수 있는 고정자본 증가에 영향을 주지 못하였다. 총고정자본 증가에서 비롯한 현상이었지만 농업의 쇠퇴가 가속화된 상황을 보여주는 사례이기도 하였다. 농공병진을 표방한 2차 경제개발 5개년 계획 초기에는 오히려 1차 산업 고정자본 비율이 현저히 감소하였다. 공업화로 농업 고정자본 비율이 감소하더라도 고정자본 절대량이 증가하면 농업 생산성은 증대될 수 있다. 하지만 당시 상황은 반대였다. 1961년 60%였던 비농업 대비 농업부문 생산성은 2차 경제개발 5개년 계획이 시작된 1967년 40%, 이듬해인 1968년에는 38%까지 하락하였다. 절대 생산액도 1964년부터는 정체상태였다.[152]

둘째, 상대적인 성장 폭이었다. 농가소득이 증대하였지만, 명목상 증가에 그쳤는지 실제였는지 확인할 필요가 있다. 농가소득은 1965년 호당 평균 112.2천 원에서 1971년 356.4천 원으로 약 3.2배 증가하였다. 그러나 농공병진 정책의 목표와 맞지 않게 농가소득 대부분은 여전히 농업소득이었고 도시 노동자들과의 소득격차 문제는 해소되지 못하였

---

152) 농어촌개발공사, ≪농공병진≫2, 1970, 4쪽.

다. 농외소득 비율은 오히려 낮아졌다. 특별사업지구 농가소득조차 평균 농가소득을 약간 웃도는 수준에 그쳐 도시 노동자 가구 소득에 미치지 못하였다.[153] 농공병진 정책은 1면 1공장 분산입지로 공장경영에 실패하였고 공업과 농업의 부문 간 연계성을 결여하여 농외소득 증가에 기여하지 못하였다.[154]

셋째, 자급자족이 불가능한 상황에서 식량증산조차 실패한 점이었다. 1971년 양곡 생산은 1966년에 비하여 감소하였다. 양곡 생산 증가율은 1967년 −10%, 1968년 −0.5%, 1969년 13.9%, 1970년 −3.3%, 1971년 −2.2%였다. 5년간 평균 양곡 생산 증가율은 −3.5%였다.[155] 한발 등 기상조건이 양곡 생산 저조에 일조하였지만 식부면적 감소도 중요한 영향을 끼쳤다. 같은 기간 외곡 도입량은 1차 경제개발 5개년 계획 기간 도입

153) 경제기획원 기획조정실, 『제2차 경제개발 5개년 계획 평가보고서(제2집 산업별 부문)』, 1972, 72쪽.

* 1965~1971년 농가소득과 도시 노동자가구 소득비교   (단위: 원)

연도		농가소득				특별사업지구 농가소득	도시 노동자소득
		농업	겸업	겸업 외	계		
1965	명목	88,990	3,900	19,500	112,200	−	112,560
	실질	〃	〃	〃	〃	−	−
1968	명목	136,936	8,433	33,590	178,959	194,909	285,960
	실질	109,374	6,736	26,828	142,938	−	−
1969	명목	167,128	8,090	42,656	217,874	242,372	333,600
	실질	125,002	6,051	31,904	162,957	−	−
1970	명목	194,037	9,599	52,168	255,804	288,204	381,240
	실질	132,993	6,579	35,756	175,328	−	−
1971	명목	291,909	11,152	53,321	356,382	403,382	451,920
	실질	−	−	−	224,989		

154) 한국경제60년사 편찬위원회, 『한국경제60년사』Ⅱ, 한국개발연구원, 2010, 67쪽.

155) 농림부·농수산부, 『농림통계연보』, 각 연도.

량의 2.7배인 1,000톤이었다. 식량 자급률은 1966년 94.7%에서 1971년 69.4%로 감소하였다.[156] 1968년부터 실시된 주산지 조성사업도 양잠을 제외하면 유통·가공 및 저장시설 미비, 가격 불안정 등으로 실패하였다.[157] 수치상으로 보면 식량증산, 협업화 등 당시 농정의 목표로 언급된 여러 요소들 가운데 어떠한 면에서 보더라도 농업 정책은 실패하였다.

　2차 경제개발 5개년 계획 기간 실시된 농공병진 정책을 결과에 의거하여 무조건적으로 비판하기는 어렵다. 당시는 농업소득이 생계비에 미치지 못한 것도 문제였지만 농가가 농업소득 외 별도소득이 없는 것도 문제였다. 또한, 농공단지 조성은 지역발전의 면에서 긍정적으로 평가할 여지가 있었다. 농공병진 정책의 가장 큰 문제는 내용보다 농공병진 정책 자체가 애초 박정희 정권의 경제정책과 모순되었다는 점이었다. 1960년대 중반 이후 산업과 지역별 불균형 정책을 취한 박정희 정권에게 지역 균형이 상수인 농공병진 정책은 맞지 않았다. 원조가 필요할 정도로 생산력이 취약하였던 농업에 정부가 투자할 요인도 적었다.

　같은 시기 농공병진 정책에 성공한 대만과 비교해도 박정희 정권의 모순을 확인할 수 있다. 중일전쟁과 국공내전의 배후지로 농업 생산력이 온존한 대만은 농업발전을 통해 공업을 육성하는 경로를 취할 수 있었으며 이에 의거하여 농지개혁을 시행하였다.[158] 한국은 정부수립 이후 농지개혁이 실시되고 5.16쿠데타로 인한 정치적인 이유로 중농정책의 모습을 보여준 점까지는 대만과 유사하였다. 그러나 일부 지역에 수출산업을 집중시키고 농촌으로부터 인적자원을 수탈하여 산업화를 추진하는

---

156) 한국농촌경제연구원 편, 『한국농정 50년사』 I, 농림부, 1999, 47쪽.

157) 강광하, 『경제개발 5개년 계획, 목표 및 집행의 평가』, 서울대학교 출판부, 2000, 53쪽.

158) 윤상우, 『동아시아 발전의 사회학』, 나남출판, 2005, 230~231쪽.

정책을 취하였다. 산업화를 위한 쉬운 길이었지만 농민을 위한 정책이라 하기는 어려웠다. 생산력도 소비력도 미약했던 농촌을 근거로 농공병진을 성공시키기 위해서는 경제정책 전체의 방향을 변경해야 했다.

2차 경제개발 5개년 계획에 관한 평가에서 중요한 요소는 오히려 정책목표와 농업의 비중 감소보다 정책방향 전환이 이루어졌다는 점이었다. 경제정책과의 모순 속에서 농업부문 문제가 구조적인 문제였는지 정책 고유의 성격에서 비롯되었는지 확인할 필요가 있다. 따라서 농업 정책에 대한 엄밀한 평가는 2차 경제개발 5개년 계획 기간 실시된 구체적인 정책에 대한 분석을 통하여 가능하다.

4. 소결

한국전쟁 이후, 이승만 정권의 실정과 상관없이 농산물 생산량은 지속적으로 증가하였다. 후속조치 미비 등 여러 문제도 있었지만, 역사적인 의미를 부정할 수 없는 농지개혁도 실시되었다. 그러나 1960년대 초반 농가는 여전히 자급자족도 어려운 상황이었다. 공업화를 위한 저곡가 정책, 부족한 정부재정 부담 등으로 농촌의 부담은 가중되었다. 이승만 정권과 장면 정권은 모두 농업, 농촌문제 해결을 위한 대책을 세웠지만 가시적인 성과를 내지 못하였다.

5.16쿠데타로 정권을 잡은 군사정부에게는 10여 년 이상 해결하지 못한 고질적인 농촌문제 해결과 공업화라는 과제가 있었다. 농민들의 정치적인 지지가 절실하게 필요하였기 때문에 정책에 대해 숙고하거나 이해관계 집단과 협의할 수 있는 여유는 없었다.

1950년대 이후 경제개발론과 농업정책담론의 영향으로 5.16쿠데타 직후 농업 정책은 학자, 농민 운동가들이 제시한 대안과 유사한 경우가 많았다. 예전 재무계통 전문관료들이 반대하거나 지연시킨 정책들이기도 하였다.

그러나 민정 이양이 다가올수록 전문 관료들이 부상하였다. 민정 이양 직후부터 1967년까지 농림부 장관들은 농업 관련 전문성은 있었지만 1950년대 이후 정부 입장의 농업정책담론을 주도한 이들로 대부분 군정 기간 추진된 농업 정책에 부정적인 입장이었다. 1967년 이후에는 내무계통 관료들이 장관으로 부임하였다. 농업에 대한 박정희 정권의 통제와 독자적인 방침이 뚜렷해지는 과정으로 볼 수 있다.

한편 위상이 강화된 경제기획원이 전체 경제정책을 지휘하는 상황에서 농림부 장관의 입지는 취약하였다. 1950년대 농업 정책담론 관련 여론이 반영되었던 쿠데타 직후 정책은 무력화될 수밖에 없는 구조였다. 정책의 내용이나 성격과 상관없이 농업 현안에 대한 농림부의 '독립적인 결정과 운영'은 거의 불가능하였다.

군사정부·박정희 정권의 권력자들이 초기에 뚜렷한 경제·농업 정책 계획을 가지고 있었다고 보기는 어려웠다. 따라서 집권 초기 민간 전문가들이 대거 동원되었다. 실제 정책 집행까지 영향력을 끼치기도 하였지만, 정책 내용과 아이디어를 제공하는 데에 그친 경우도 많았다. 농업구조정책심의회와 경제과학심의회의는 각각 농업구조 개선안과 경제정책 전반을 담당하였다. 구성원들 가운데 상당수가 현직 관료였으나 민간 전문가들도 많았다. 그러나 관료화가 강화되며 경제개발 5개년 계획 평가 교수단처럼 점차 사후평가나 위촉연구로 민간 전문가들의 역할은 축소되었다.

1960년대 군사정부·박정희 정권기 농업 정책은 초기에는 형태상 민관합동체제였다. 군인들이 여론을 바탕으로 한 정치적인 판단으로 정책을 추진하였다. 당시 위원회들은 관료들이 주도하는 반관반민의 조직이 었지만 전문가들의 의견이 반영된 통로이기도 하였다. 그러나 점차 이러 한 경향은 퇴색되었다.

1차 경제개발 5개년 계획은 식량증산을 중시하고 농업을 강조하였지 만, 농업에 대한 투자는 상대적으로 미미하였다. 1차 경제개발 5개년 계 획에 따른 식량증산계획이 성공하여도 자급자족은 어려웠고 실제 투융 자는 계획에 항상 미달하였다. 이러한 추세는 1차 경제개발 5개년 계획 의 수정, 흉작 등으로 더욱 심화되었다. 수정안은 도시민을 위한 저곡가 정책을 천명하고 농업에 대한 투자비율을 줄였다. 2차 경제개발 5개년 계획으로 전체 산업 내에서 농업의 비중은 더욱 감소하였고 농업 정책의 방향도 전환되었다. 농업부문 기조로 제시된 농공병진은 농어촌개발공 사, 농업 외 소득 증대 등으로 현실화되었다. 저곡가 정책에 대한 적극적 인 정책도 수립되었다. 그러나 식량자급을 비롯한 농업·농촌의 상황은 호전되지 못하였다. 농공병진 정책도 애초 목적인 농가소득 증대로 이어 지지 못하였다.

1960년대 농업과 농촌은 '상대적으로' 쇠퇴하였다. 실제 성과도 있었 지만 지원할 수 있는 정부재정이 부족했고 출발지점이 너무 뒤쳐졌던 관 계로 농촌·농가의 위치는 그대로였다. 농업·농촌의 구조를 개선하려는 정부 차원의 시도는 박정희 정권의 속성, 거시적인 경제정책 방향과 번 번이 충돌하였다. 이는 실제 정책의 결과로 드러났다. 농업은 정책의 내 용 및 결과와 상관없이 지속적으로 비중이 작아졌다. 농산물 증산이 성 공하는 동시에 잉여농산물 도입도 많아지는 식이었다. 이는 전체 경제에 서 농업부문의 감소만을 의미하지는 않았다. 점차 정부 경제정책과 전체 경제가 농업에 의존할 필요를 상실하였음을 의미하였다.

공업과 도시는 여전히 산업과 인구에서 높은 비중을 가진 농업·농촌과 점차 유리되었다. 농업과 농민의 간격도 넓어졌다. 농업발전은 농가경제구조 개선과 무관하였다. 이는 정부의 인적구성 변화와도 일치하였다. 농촌에 대한 정부의 자율성 강화, 전문 관료의 부상, 민간 전문가 배제, 행정 관료의 등장은 하나의 흐름으로 이어져 정부의 농촌통제로 귀결되었다.

5.16쿠데타 이후 농업의 성격과 변화만으로 당시 농업 정책을 평가하기는 어렵다. 1960년대 박정희 정권기 농업 정책에 대한 보다 엄밀한 역사적인 평가를 위해서는 거시적인 경제정책과 농업방침이 개별 정책에서 어떠한 양상으로 드러났는지 확인할 필요가 있다.

Ⅲ
농업구조 개선사업과 관련 입법

1. 농업구조 개선의 논의와 방향

　정부주도, 민간중심 등 여러 경제개발론이 있었지만, 공업화를 부정한 경우를 찾기는 어렵다. 공업화 외에 또 다른 공통점은 농업에 대한 강조였다. 농업·농촌에 대한 강조는 정치적인 의도가 있거나 명분에 불과한 경우도 있었지만, 농업과 농촌의 문제는 실제로 중요하였다.

　경제발전의 동력을 내부에서 찾는다면 농업이 근대화되어야 주곡증산을 통한 자급자족, 저곡가 정책, 농산물 수출에 의한 자본조성 등이 가능하였다. 또한, 농촌의 구매력이 상승해야 안정적인 내수시장 확보와 국내 산업간 연계가 실현될 수 있었다. 경제개발과 농업에 관한 입장이 어떠하더라도 농업 근대화를 부정할 수는 없었다. 그러나 1960년대 한국의 농업 근대화를 위한 실효성 있는 방안을 찾기는 어려웠다. 당장 미국의 잉여농산물이 필요할 만큼 자급자족도 불가능한 상황에서 농지개혁으로 농가들은 대부분 1정보 이하 경지를 소유하였다. 수출을 통한 자본조성은 고사하고 자급자족도 어려웠으나 저곡가 정책이 유지되었다.

　군사정부가 5.16쿠데타 직후 추진한 여러 농업 정책이 '중농정책'의 범주에 있으며 농민을 위한 정책이었음을 부정하기는 어렵다. 실내용에 있어 논란의 여지가 있지만, 선언적으로나마 1차 경제개발 5개년 계획에서 농업이 주요하게 언급되었고 개별 정책들의 법적인 근거(『농어촌고리채정리법』, 『농산물가격유지법』, 『개간촉진법』,[1] 『농촌진흥법』,[2] 『일백만호 자립안정농가 창제계획』)까지 마련되었다. 하지만 재정 부담을 이유로 추진되지 못한 경우가 많았으며 이전부터 유지된 저곡가 기조에서 벗어나지도 못하였다.

---

1) 『개간촉진법』, 법률 제1,028호, 1962. 2. 22.
2) 『농촌진흥법』, 법률 제1,039호, 1962. 3. 21.

가장 큰 문제는 박정희 정권의 경제기조 하에서 농지개혁으로 창출된 농촌을 기반으로 산업으로서 농업을 부흥시켜 농민의 삶을 근본적으로 개선할 방법이 부재하였다는 점이다. 1960년대 농업구조 개선 논의는 이러한 상황과 인식을 기반으로 하였다.

농업구조 개선 논의가 제기한 문제를 구체적으로 정리하면 농업 생산력 증대와 농산물 상품화를 위하여 영세 자작농 체제를 어떻게 극복할 것인가였다. 농지개혁이 해결하지 못한 과소경영 문제를 해소할 수 있는 새로운 구조의 창출이 쟁점이었기 때문에 대규모 경작이 가능한 기업농과 협업농으로 논의가 모아졌다.

기업농은 이윤을 목적으로 삼기 때문에 노동생산성은 높으나 토지생산성은 낮았다. 결정적으로 농지개혁의 결과인 당시 농촌과 맞지 않았다. 협업농은 소유구조를 변경하지 않아도 대규모 경영이 가능하다는 점에서 소농들에게 유리하였으나 협업화의 기반이 되어야 할 농협 상황을 고려한다면 현실화되기 어려웠다. 당시 학계의 전반적인 여론은 식량과 자급자족을 강조한 협업농 지지가 우세하였다. 하지만 기업농 지지의 입장도 강하였다. 기업농론자들은 농촌가공업 건설, 토지소유상한 완화, 하한 설정을 통한 농업생산의 선택적 확대를 주장하였다. 농촌문제 해결은 오로지 농업부문 과잉 노동력을 공업부문에서 흡수하는 것으로 가능하다는 입장이었다. 농업 근대화를 위해 기계화를 통한 생산력 증대와 가격 지지가 필요하며 자본주의적인 농업생산을 위하여 소농경영이 희생될 수밖에 없다고 보았다. 그러나 기업농화는 몇 가지 문제가 있었다. 첫째, 수익성이 낮고 이익 환수까지 기간이 길었던 농업에 민간 자본이 투자될 가능성이 적었다. 둘째, 기업농화로 영세 농가가 이동하여도 이를 흡수할 만큼 도시 공업화가 충분하지 않았다. 셋째, 기업농화의 필요성에 대해 논란의 여지가 있었다. 기업농화가 원활하게 이루어진다고 전제하여도 기업은 상품에 투자할 수밖에 없다. 식량자급을 위한 증산이 농기업의 우선사항이 될 거라 보기는 어려웠다. 장기적으로 기업농화를 대안으로 여긴 정부도 당장 적극적으로 기업농화를 추진할 수는 없었다. 무엇보다 우려할 점은 주곡자급도 어려웠던 주곡중심 농업생산 체제에서 기업농화의 실현 가능성이었다. 공산품은 상품화한 후에 경쟁과 도태를 거치면 일정 수준 독점이 가능하기 때문에 성공한 생산자들이 이윤을 남기는 데에 용이하지만 당시 한국 농산물 시장은 거의 완전한 경쟁체제였다. 상품화를 위해 갑자기 농산물 생산을 다각화하기도 어려웠다. 이윤창출이 가능한 농산물 생산에 집중될 기업농보다 농촌 구성원들의 생활이 우선인 협업농에 대한 선호가 우세할 수밖에 없었다.[3]

1960년대 한국사회에서 농업은 이윤추구 수단으로만 보기는 어려웠다. 농업은 실업대책이었고 물가정책이었다. 기업농화는 성공을 가정하더라도 자본력이 앞서는 농사법인이나 지주들이 농촌경제를 장악하여 영세 자작농가보다 더 심각한 문제를 야기할 가능성이 있었다. 민간 자본이 이윤을 기대하기 어려운 개간·간척보다 기경지에 투자할 가능성이 높았기 때문에 전체 경제와 산업으로서 농업에 기여할 가능성도 크지 않았다. 한정된 기경지에서 생산 극대화를 기대할 수는 있지만, 분배가 효율적으로 진행된다는 보장이 없었다. 기존 농민들이 농업노동자로 이전하여 만족할거라 기대하기도 어려웠다.[4] 성급한 기업농화는 기대효과가 크지 않은 상황에서 농지개혁의 골간을 무너뜨려 농민의 삶을 위협할 가능성이 다분하였다.

---

3) 조석곤·황수철, 『농업구조조정의 좌절과 소득정책으로의 전환』, 공제욱·조석곤 공편, 『1950~1960년대 한국형 발전모델의 원형과 그 변용과정, 내부동원형 성장모델의 후퇴와 외부의존형 성장모델의 형성』, 한울아카데미, 2005, 263~284쪽.

4) 김준보, 『기업농과 협업농의 생산성 평가』, 《농업경제연구》5, 1962, 3~9쪽.

농업 협업화와 기업화는 이질적이고 대립되는 개념이었지만 공통점도 있었다. 1960년대 당시 농업, 농촌의 문제를 경작규모와 주체의 문제로 정리하였다. 소규모 농가로 농업의 미래는 물론 농민의 생존도 담보할 수 없다는 공감대가 있었다. 산업 내에서 농업의 비중이 작거나 대부분 농가가 도시 노동자들 이상의 소득을 올렸다면 농업구조 개선은 제기되지 않았을 것이다. 이러한 면에서 1960년대는 농업구조 개선 효과를 기대할 수 있는 마지막 시기이기도 하였다. 농지개혁이 어느 정도 안착화한 이 시기는 전체 취업인구 가운데 농업 취업인구 비중은 총인구에서 농촌인구 비율보다 높았고 농업의 위상도 낮지 않았기 때문에 정책추진을 위한 동력이 충분하였다. 그러나 박정희 정권에게 선택의 여지는 많지 않았다.

자본제적 재편을 전제로 한 농업 근대화를 위해서는 농가 간 생산력 격차가 존재하여 상층농이 우위를 점할 수 있으며 농업경영의 이윤이 농업 외 타 산업에 필적할 수 있어야 했다. 농외 노동시장이 몰락하는 농민의 노동력을 흡수할 수 있을 만큼 충분히 발달할 필요도 있었다. 이 조건이 충족되려면 농지개혁으로 형성된 농촌구조의 완전한 해체와 농촌 인근 도시에 소재, 중간재, 자본재 등을 생산할 수 있는 공업지역이 필요하였다. 농지개혁으로 인한 농촌구조 변화가 순조롭게 이루어지기 위해서는 농촌 인근 공업화를 통한 농가 유휴인력 흡수가 필요하였기 때문에 단기간에는 불가능하였다. 또한, 박정희 정권이 소재, 중간재, 자본재를 수입하여 완제품을 만드는 수출 주도형 공업화 정책을 선택한 시점에 지역별 균형발전은 요원해졌다.[5]

농업 근대화를 논외로 하더라도 영세소농 체제의 급격한 변화는 대책

---

5) 박진도, 『한국자본주의와 농업구조』, 한길사, 1994, 86쪽.

없는 대량이농으로 이어질 수 있었다. 여타 산업에서 별다른 유인 요인이 없다면 이농대상이 될 도시뿐만 아니라 국가 전체 혼란으로 확대가 명약관화하였다. 박정희 정권에게는 영세 농가가 주축인 농촌구조를 바꾸는 게 법적으로나 현실적으로도 불가하고 타 산업에서 농촌인구 흡수도 어렵다는 것을 전제로 한 농업구조 개선안이 필요하였다. 본고는 농업구조정책심의회가 작성하여 1963년 1월 제출한 『농업구조개선책』을[6] 중심으로 당시 농업구조 개선 논의의 내용과 흐름을 살펴보고자 한다.

당시에는 농업구조 개선에 대한 정부 차원 논의와는 별도로 같은 기간 농업구조 개선을 표방한 다소 과격한 정책이 발표되기도 하였다. 1962년 9월 농림부 장관은 1963년부터 각 도에 모범협업농장을 설치하고 전직군인 및 독신자를 집단적으로 입산시켜 산지개발에 착수, 종교인 농장 설치를 고려하고 있다는 내용 등을 발표하였다.[7] 1963년 이후 영세 농가 육성과 난민 정착에 주안점을 둔 협업개척농장 사업과는 상당한 차이가 있는 내용이었다. 전체주의적이고 실현 가능성도 낮은 계획을 농림부 장관이 공식적인 자리에서 발언했다는 점을 보면 당시 군사정부가 농업구조 개선에 대하여 심각하게 인식하였지만 이를 논의하고 추진하는 과정이 부실하였고 확고한 방침이 없었음을 확인할 수 있다.

전후 59차에 걸친 본회의와 소위원회 회의의 결과로 1963년 1월 농업구조정책심의회가 작성한 『농업구조개선책』이 제출되었다. 『농업구조개선책』은 농업의 근대화, 생산력 발전 및 농가경제 향상을 목적으로 하였다. 자립안정농가, 기업농, 협업농이 제시되었다. 공공연하게 대농화

---

6) 농업구조정책심의회가 작성한 『농업구조개선책』은 1962년 12월에 작성되어 1963년 1월 농림부 장관이 보고한 『농업구조 개선책』의 붙임 문서로 보고되었다. 농림부 장관의 보고는 붙임을 제외하면 2쪽에 불과하지만 실시 계획이 있기 때문에 별도로 구분하여 인용하고자 한다.

7) ≪동아일보≫, 1962. 9. 25, 『명년부터 농업구조 개선에 착수 장농림장관 언명』.

등이 농업구조 개선의 지향으로 언급되었지만, 기존 영세소농 구조를 변경하는 것은 정치적인 이유 때문에라도 불가능하였다.[8]

정권 초기라 할 수 있는 1962년 말 작성되었고 이듬해 1월에 발표된 『농업구조개선책』은 영세소농 구조를 부정할 수 없는 군사정부와 전문가들의 고민이 담겨 있었다. 『농업구조개선책』이 제시한 농업 정책의 전제조건은 '첫째, 농업구조 개선은 전체 산업경제구조의 점차적인 개편과 관련시켜 장기 시책으로서 이를 추진한다. 둘째, 경지의 급진한 확장과 농업인구의 타 산업에의 전환은 당분간 큰 기대를 갖기는 어렵다.'였다.[9]

1963년 1월은 5.16쿠데타 직후 취해진 농업관련 정책의 성과가 기대만큼 크지 않았음이 드러난 시기였다. 일선 농촌에서 쿠데타 이전보다 두드러지게 달라진 면은 농협과 농업은행의 통합 정도였다. 이 또한 협동조합에 대한 부족했던 인식과 재원을 고려하면 농민이 체감할 수 있는 변화와 혜택이 미미하였음을 추정할 수 있다. 그럼에도 불구하고 영세소농이 농촌의 주류가 된 상황에서 첫 번째로 고려할 수 있는 대안은 협동조합이었다. 당시 상황에서 경작규모 1정보에도 미치지 못하는 영세소농들에게 농업기술 혁신을 기반으로 한 생산력 증대는 기대할 수 없었다. 현실적으로 도출할 수 있는 답은 협동화였다.[10]

---

8) 농업협동조합중앙회, 『농업연감 1964』, I-11쪽.

9) 농업구조정책심의회, 『농업구조개선책』, 1962, 9~10쪽.

10) 북한도 농지개혁 이후, 협동조합화를 통해 농촌을 재편하였다. 기존 사회질서까지 광범위하게 변화시킨 북한의 농촌 협동화는 남한의 경우와 내용이 다르고 시기도 이르다. 그러나 형식적으로는 농민들이 주체가 되어 조직하고 이후 국가가 강력하게 개입한 것은 남한과 유사한 점이었다. 농지개혁 이후, 협동화가 남북한에서 공히 대책으로 제시되었다는 사실은 영세소농 구조를 유지하며 농촌, 농업을 유지하는 방안을 협동조합 외에 찾기 어려웠음을 보여준다. 김성보, 『농업협동화의 물결』, 김성보 외, 『한국현대생활문화사 1950년대』, 창비, 2016.

『농업구조개선책』에도 이와 같은 내용이 담겨 있었다. 첫 번째 장의 내용은 대체로 생산력 증대에 관한 건이었다. 농업 협동화, 호당 경지면적 확대가 제시되었고 실현방안으로는 개척농장, 이주농가 토지 확보 등이 언급되었다. 협동화와 상반된 해결책도 제안되었다. 수출농산물과 특용작물을 위주로 한 개인 기업을 장려하고 관련 경지소유 한계는 별도로 제정한다는 안이었다. 한걸음 더 나아가 농기업을 인정하자는 방안도 나왔다. 전반적으로 생산력 확충 방안과 이를 위한 관의 역할에 초점이 맞추어졌다. 『농지개혁법』 내에서 새로운 개척지를 위주로 한다는 내용이 전제되었지만, 농지개혁에 대해 부정적인 내용도 있었다. 농지소유와 경작구조 재편, 용도변경에 대한 정부 지원, 영세 농가 정리 등이 언급되었다. 두 번째 장은 소득 및 유통구조 개선이었다. 소득 개선의 세부내용은 농산물 가격 지지, 농업재해 보상제도 확립, 농업자재 염가공급, 취업조직 개선과 취업기회 조성, 수입조절과 수출장려, 농가부담 조정 등이었다. 유통구조 개선에 대하여는 농산물수요 관측·환기, 유통과정 합리화, 시장조직 개선, 판로개척 등이 언급되었다. 세 번째 장은 농촌 사회구조 개선이었다. 우선 농촌의 사회적 계층 정비가 제시되었다. 소작제도 재현 및 혈족·지방의식 해소를 목표로 삼았다. 이외 농촌사회 민주화, 관혼상제 간소화 등을 포함한 농촌생활 개선, 농촌문화 향상 등이 언급되었다. 마지막 장은 정부시책이었다. 필요에 따라 행정기관 개편, 예산책정 및 자재확보, 공보활동 강화, 법령 제정·정비·보강, 정부 관계기관 및 지방행정기관 농업구조 개선 시책 적극협조 등을 강조하였다.[11]

군사정부의 『농업구조개선책』은 생산구조 개선에 초점이 맞추어져 있다. 나머지 부분은 통상적인 언급이나 생산구조 개선을 위한 보조 역할

---

11) 농업구조정책심의회, 『농업구조개선책』, 1962, 10~25쪽.

을 언급하는 수준이었다. 생산구조 개선을 제외한 사항, 예를 들면 농가 경제, 농촌사회 문화에서 재해 보상에 관한 내용을 제외하면 새로운 주장을 찾기는 어려웠다. 또한, 거시적인 방향 제안에 그쳐 구체적인 안은 1단계 실시 사항밖에 제시되지 않았다. 장기적인 전망을 뒷받침할 수 있는 상세한 계획이 필요하였으나 부재하였다. 1963~66년 사이 개척농장을 시범 설치하는 안이 제시되었으나 사업 초기 5개 지구를 설치, 사업비 보조를 언급한 정도였다.[12]

농업구조 개선안에 제시된 해인 1963년 11월, 경제기획원이 한국농업경제연구소에[13] 의뢰한 『한국농업구조 개선의 문제와 그 방향』이라는 제목의 연구가 제출(이하 『보고서』)되었다.[14] 『보고서』는 정부기관이 발주한 민간연구소의 연구결과였지만 당시 정부 친화적인 주류 전문가들의 농업구조 개선에 관한 입장을 알 수 있기 때문에 내용과 의미를 확인할 필요가 있다.

『보고서』는 한국농업의 문제로 영세한 경영과 토지소유, 주곡농경 등을 지적하였다. 낮은 농업소득, 불가능한 자본축적, 농지의 협소함과 분산으로 기술도입이 불가능하였으며 농지 유동성 부족이 농민의 경영자로서 자질향상을 막았고 주곡중심 경작체제는 계절 간 노동력 배분 불균형을 초래하였다. 농업 생산성 향상을 목적으로 하는 농업개발 및 구조개선은 농산물 가격 유지를 위한 재정 부담 및 지출감소로 이어지기 때문에 저곡가로 물가안정을 유지할 수밖에 없다는 입장이었다. 당시 농업 정책과 농민 정책의 모순에 대하여 지적하기도 하였다. 농업보호 정

---

12) 농림부 장관, 『농업구조 개선책』, 1963, 1~2쪽.
13) 한국농업경제연구소는 1963년 4월에 발족하였다. 서울대학교 교수이며 후에 농림부 장관을 역임한 박동묘가 소장에 취임하였다.
14) 한국농업경제연구소, 『한국농업구조 개선의 문제와 그 방향』, 1963.

책은 사회적 농업 생산력 유지, 농민보호 정책은 농가가 적정 경영단위로서 정립할 수 있는 여건을 조성·확보하는 게 목적이었다. 경작 규모가 일정 수준에 미달하는 영세 농가는 농업 정책의 고려대상이 될 수 없었다. 이는 당시 박정희 정권과 상당수 주류 경제학자들의 솔직한 견해였을 것이다. 하지만 이 같은 견해를 공개적으로 표방하고 추진할 수는 없었다. 보고서에서 지적한 바와 같이 농업 정책과 농민·농촌 정책은 이론적으로 분리되었으나 당시 이를 적용하기는 어려웠다.[15] 현실에서 정부가 근대화와 농업발전을 위해 전체 농가의 40%를 차지하는 영세 농가가 희생해야 한다고 말할 수는 없었다. 경지 규모의 문제를 해결할 수 없고 영세농의 이농을 함부로 언급하기 어려운 상황에서 해결책은 결국 협업화로 귀결되었다.[16] 협업화의 방법으로는 협동조합과 합자회사가 제안되었다. 합자회사는 주식회사가 아닌 합명회사, 또는 유한회사가 가능하다고 보았다.[17] 본격적인 기업화를 제외한 점이 특기할 만하다.

농업구조 개선의 주요한 수단이자 목적인 협업화도 현물과 현금의 환산, 상이한 토지비옥도와 위치에 따른 투자, 이익분배, 노동력의 배분, 협업에서 소외된 농가, 협업에 대해 일천한 농민인식 등의 문제가 있었다. 협업화 과정에서 발생이 예측되는 여러 문제에 대한 현실적인 대책

---

15) 이는 본고가 견지한 입장이기도 하다.

16) 한국농업경제연구소, 『한국농업구조 개선의 문제와 그 방향』, 1963, 131~140쪽·230~232쪽.

17) 사원이 회사에 무한책임을 가지며 대외적으로 인적 신용이 중시되고 사원 상호간에 신뢰관계에 기초한 합명회사는 친족기업에 적합한 형태였기 때문에 당시 농촌의 기업형태로 적당하다고 평가되었다. 유한회사는 회사원이 출자한 자본에 대하여만 책임을 지는 회사이다. 주식회사와 비슷하기도 하지만 설립 절차가 간단하고 사원은 정관에 의해 확정되며 그 수도 원칙상 2인 이상 50인 이하였다. 자본증자 시 사원을 공모할 수 있고 회사의 사원이 일정한 경우에 자본충당을 위해 책임을 부담한다는 면에서 농촌에 가장 적합한 형태의 기업으로 평가되었다.

은 유능한 농촌지도자 양성 정도에 불과하였다. 협업화에 대해 지적한 여러 문제는 이후 협업개척농장 사업에서 그대로 현실화되었다. 『보고서』는 농업 협업화를 해결책으로 제시하였고 주로 협업화의 전략과 방안에 대하여 논의하였지만 이를 위한 농업 법인화의 방법과 이익에 관하여도 서술하였다. 법인화가 곧 기업농에 대한 논리는 아니다. 그러나 장차 기업농으로 가기 위한 법적·사회적인 기반 조성방법이 제시되었다는 점에서 기업농화를 염두에 둔 안이었다. 『보고서』도 이 부분을 명확히 밝혔다. 협업화를 기초로 기업화를 지향하되 현재의 한계를 고려하여 주식회사나 합자회사가 아닌 합명회사, 유한회사를 현실적인 목표로 삼았다. 이를 뒷받침하기 위하여 『농지개혁법』을 대체할 『농지법』 제정과 『농지법』 내 『토지공동경작촉진법』으로 협업화를 뒷받침할 것을 제시하였다.[18] 결과적으로 『보고서』의 목표는 현실에서 실현되지 못하였다.[19] 그러나 『보고서』의 분석과 제안은 정책으로 현실화되었다.

박정희 정권의 실제 지향은 협업화보다 기업화에 초점이 맞추어졌다. 특히 1차 경제개발 5개년 계획의 수정과 2차 경제개발 5개년 계획 수립에 이르는 과정에서 이와 같은 성격은 점차 강화되었다. 농촌지역에 주산단지를 만들어 농산물 가공품을 만들고 농민들에게 다른 수입을 보장해주려는 시도 등은 농업·농촌의 자본주의적인 근대화를 지향한 모

---

18) 한국농업경제연구소, 『한국농업구조 개선의 문제와 그 방향』, 1963, 315~333쪽.

19) 국가통계포털(http://kosis.kr/index/index.jsp); 경제기획원 조사통계국, 『한국통계연감』, 각 연도; 한국농업경제연구소, 『한국농업구조 개선의 문제와 그 방향』, 1963, 615쪽.

습이었다.[20]

기업화를 지향하는 정부와 학자 입장에서 협업화는 한국의 현실에서 비롯된 타협책이었다. 따라서 실제 지향은 기업화이면서도 협업화를 주장하는 경우도 많았다. 농지개혁 이후 창출된 농가들을 무시할 수 없어서이기도 하였지만 농업기업화를 추진할 경우 농민생계 대책은 도시화·공업화라는 장기적인 정책 외에 전무하였기 때문이었다. 이를 감수하더라도 기업화를 추진하기에 농업은 투자가치가 낮았다. 결국, 박정희 정권의 농업구조 개선책은 농촌·농민 정책과 함께 갈 수밖에 없었다. 영세소농이 농업 생산력과 관계없다고 규정하였지만 영세소농을 염두에 두고 농업증산을 도모해야 할 필요가 있었다. 즉, 농촌·농민 정책과 농업생산력 강화, 농산물 다각화·상품화를 목표로 한 농업 정책이 동시에 추진되어야 했다.

---

* '한국농업경제연구소, 『한국농업구조 개선의 문제와 그 방향』'의 전망과 실제

(단위: 만 호, 만 정보, 만 명)

구분	농업구조 개선안		1985년(실제)
	1962년	1985년(전망)	
농가호수	240	300	192
자립농가(경작규모 1.5정보)	30	200	27(1.5ha 이상)
안정겸업농가 (경작규모 0.3정보)	20	100	–
총 경지 면적	208	330	221
농업취업 인구	820	900	354

위 표는 1962년 현황과 20년 이후 전망과 실제를 밝혔다. 전망은 농가 호수도 증가하고 1.5정보인 자립 농가는 전체 농가의 ⅔에 육박하며 총 경지면적도 60% 이상 확대될 것으로 기대하였다. 실제 20년 후 농업과 농촌의 현황은 1960년대의 '보고서'의 희망과 거리가 멀었다. 농가 호수는 감소하였다. 1960년대 기준의 자립 농가 규모도 애초 전망은 ⅔에 육박하였으나 실제는 15%에 불과하였다. 총 경지면적은 제자리걸음이었다. 농업취업 인구는 반이하로 감소하였다. 산업으로서 농업의 전망뿐만 아니라 농민이 농업에 대해 가지고 있는 희망도 줄어든 것이다. 농업·농촌이 공업·도시와 대등하게 논의된 마지막 시기였던 1960년대 농업 정책 방향전환과 농촌사회 변화의 조짐은 농업과 농촌의 몰락으로 귀결되었다.

20) 조석곤·황수철, 앞의 논문, 266~267쪽.

정부 차원의 농업구조 개선 논의는 농업구조 개선책 작성과 보고가 마지막이었다. 일부 연구에서는 협업화가 가진 비현실성과 '사회주의적인 함의'에서 비롯된 문제로 보기도 하였다. 농업구조 개선안의 내용이 가진 폭발성을 최고회의가 감당할 수 없었다는 주장이었다.[21] 당시 정황상 충분히 타당한 논리였지만 그것만으로 설명하기에는 어려운 면이 있었다. 사상적인 이유만으로 사장시켰다고 보기에 농업구조정책심의회의 구성과 운영은 지나치게 '주류적'이었다. 또한, 이후 『농업구조개선책』이 제시한 협업개척농장 사업과 자립안정농가 조성사업이 실시되었다. 사회주의적인 협업화가 문제였다면 적어도 협업개척농장 사업은 진행되지 않았을 것이다.

1차 경제개발 5개년 계획 수정, 2차 경제개발 5개년 계획 수립과정에서 『농업구조개선책』은 일종의 '계륵'이 된 것은 아니었을까? 당시 농촌에서는 기업농도 협업농도 자작농도 아닌 국가의 영향력이 증대되었다. 기업화, 협업화, 현재 영세 농가의 자립안정농가화 모두 단기적으로 기대하기 어려운 상황이었다. 정부 입장에서 효과가 요원한 정책에 집중하기보다 '적절한 통제와 관리'를 통해 농업과 농촌의 문제를 해결하려 하였다면 『농업구조개선책』은 굳이 어려운 과정을 거쳐 실현해야 할 사안은 아니었다.

정부가 주도하는 농업구조 개선이 가능하기 위해서는 영세 농가의 생계비가 보장되어야 했다. 그러나 농민의 농업소득에 대한 의존이 압도적인 당시 농촌상황에서 어떠한 방향으로든 농업구조가 변경된다면 일시적으로 농민들의 삶은 더욱 악화될 수도 있었다. 또한, 협업화처럼 농촌의 자활력을 보장하는 방향으로 농업구조가 개선되면 정부의 농업 정책

---

21) 김성호 외, 『촌락구조변동과 농업구조전환에 관한 연구』, 한국농촌경제연구원, 1992, 14~16쪽.

과 농촌에 대한 영향력은 감소할 수밖에 없었다. 더구나 1963년은 최악의 양곡부족과 통화개혁 실패로 경제개발계획 자체가 위기인 시기였다. 가장 큰 문제는 농업구조 개선 논의의 결론이 나지 않았다는 점이었다. 확실한 지침이 없는 상황에서 '농업구조개선 사업'과 관련 '입법조치'가 취해졌다. 1960년대 농업구조 개선은 구조개선 없는 별개의 정책들로 귀결되었다.

2. 농업구조 개선사업의 실시

1) 협업개척농장의 운영과 성격

농업구조 개선안의 1단계 사업으로 실시된 정책은 협업개척농장 사업이었다. 협업개척농장 사업은 협업화에 기반으로 한 농업·농촌의 장기적인 전망을 제시하였기 때문에 성패와 관계없이 중요한 역사적인 의미를 가지고 있다.

협업개척농장 사업은 약 100만호에 달하는 5단보 이하 영세농민을 670만 정보의 산지로 이주시켜 농업의 영세성을 극복하는 것이 가능한가에 대한 모색이었다.[22] 목적에 비해 실제 사업 규모는 작았다. 5개 농장에 불과하였고 구성원은 가장 많았을 시에도 70명이 채 되지 않았다.

자급자족이 불가능한 영세 자작농 이주와 개척·개간으로 농지를 확장하고 협업을 실현한다면 당시 상황에서 이보다 더 좋은 방안이 나오기는 어려웠다. 산악지역 개척을 통한 전체 경지확장, 농민의 생산수단 확보, 이농을 전제로 하지 않은 농가 경작규모 확대, 실업률 해소 등을

---

22) 농촌진흥청 농업경영연구소, 『협업개척농장 사업평가보고서(요약분)』, 1969, 1쪽.

동시에 실현할 수 있었기 때문이다.

1962년 7월 4일 농림부 장관의 요청에 의한 농업구조정책심의회의의 협업개척농장 사업 관련 자문내용은 5단보 미만 농가 이주(산악농장 개설), 이주 농가 협업체제 확립, 산림제도 개혁과 산림 공동소유 등이었다. 같은 해 12월『농업구조개선책』건의사항 가운데 협업개척농장 관련 조항은 영세 농가로써 자립경영이 불가능한 농가는 개척농장에 입주, 신개척지(산악농장 및 간척농장)는 가급적 생산조합 조직으로 할 것 등이었다. 협업개척농장 설치규모 기준은 100정보 이상 종합농장 설치가 가능한 국공유 임야였다. 법정 제한림과 보존을 요하는 국유림을 제외한 농산물 생산, 판매가 유리한 지역이었다. 농장 조성에 대한 일정은 1963~66년 개간 건설기, 1967~69년 영농기초 확립기, 1969~71년 자립 안정기를 거쳐 1969년 농장경영의 성패와 상관없이 농장재산을 농장 구성원에 귀속시키기로 하였다. 1963년 3월, 농장 개척요원 20명이 18일간 훈련받았고 4월에 사업이 착수되어 각 농장에 전임지도원이 배치되었다.[23]

농림부가 하달한 협업개척농장 사업설계 목표는 건물, 개간, 도로, 토지개량, 가축, 농기구 등의 완비를 통한 경영정비로 주식 생산 또는 조달로 자급체제 구축, 사료자급, 경제작물 도입, 과수지 또는 임야로서 가용 가능한 면적에 대하여 유실수종과 용재림 조성을 통한 소요수량 전량확보, 축산수입 증가, 농·임산물 가공 등을 실현하는 것이었다. 1차

---

23) * 협업개척농장 입주자 선정기준
  1. 개척정신이 왕성하고 인내력이 강한 자.
  2. 신체 건강하고 농업노동이 있는 독신 남자.
  3. 제 1차 연도 식량지참이 가능한 자.
  4. 협업경영에 대하여 찬성하는 자. 농촌진흥청 농업경영연구소,『협업개척농장 사업평가보고서(요약분)』, 1969, 1~3쪽.

연도에는 농·임산물 가공, 투기적 사업 등의 제외가 명시되었다. 2·3차 연도까지는 주식과 사료자급 완료를 목표로 삼았다. 정부 보조금은 농장사업 계획서가 제출되면 농업구조심의회의 자문 이후 농림부 장관의 승인으로 도를 통해 교부하며 도지원금은 별도로 절차와 방식을 시달하도록 하였고 영농자금은 농협 융자, 시설자금은 해당 시설 설립 이후 이를 담보로 융자토록 하였다. 1차 연도부터 3차 연도까지는 정부 보조금 또는 영농자금 등이 농업소득을 초과하고 4차 연도부터 6차 연도까지 3년간은 농업소득이 영농자금 등과 비교할 때 비등하거나 더 많아지는 것이 목표였다. 7차 연도 이후부터 농업소득에 의한 자립경영을 기대하였다. 생산비는 1차 연도는 입주자 자체부담, 2차 연도 이후는 자가 노임수입으로 충당하되 노임 책정기준은 인근 농촌의 평상노임이었다. 자가 노임으로 농장 생산물을 구입하여 자급하는 게 원칙이었지만 해당 농장에 입주자가 원하는 농산물이 없을 시에는 농장 밖에서 조달할 수 있었다. 2차 연도까지 입주자와 가족은 전부 협업으로 경영해야 했다. 조직과 작업분담 등 농장경영에 대한 내부규제는 개척농장 정관에서 정하도록 되었다. 특히 1차 연도는 협업경영과 입주자들의 자가 노동을 원칙으로 외부 고용을 인정하지 않았다. 3·4차 연도부터 경종, 축산, 임산 별로 구분하여 기술 숙련도에 따라 배치하고 부분적인 협업경영을 하도록 하였다. 특수기술 부문은 외부기술자 고용이 가능하도록 하였다. 부문 협업은 경영은 독립채산제, 농장 전체는 단일경리제로 하였다. 이 같은 방침은 협업 확장과 다각화, 농장규모 확대를 염두에 둔 조치였다. 사업 최종 연도인 7차 연도에는 입주자의 소유권 확립을 목표로 하였다. 소유권은 농장의 분할 또는 토지소유가 아니라 농장에 대한 지분을 입주자

에게 부여하고 세부사항은 농장 정관에서 정하도록 명시하였다.[24]

협업개척농장 사업설계 목표는 정부의 협업개척농장에 대한 인식과 한계를 보여주었다. 산악농장 개간에 따른 주식조달, 농장자립을 목표로 삼았지만 3차 연도까지는 지원에 초점이 맞추어졌다. 협업개척농장이 당장의 성과를 낼 수 없다는 점은 사업의 전제였다. 정부 지원과 입주자들의 노력으로 완전한 협업경영을 이루고 난 후인 3차 연도부터 외부인에 대한 고용이 가능하게 한 조항은 협업화 실현을 위해 강제가 필요했음을 보여준다. 부문 협업에 대하여 독립채산제와 단일경리제를 원칙으로 한 부분은 부문사업의 자율성을 보장하면서도 사업의 성과 또는 문제를 농장 전체의 그것으로 만들려 한 시도로 볼 수 있었다. 소유권에 관한 규정은 당시 협업개척농장 사업의 근본적인 문제를 보여주었다. 원칙적으로 소유권은 7년간 유보되었다. 사업종료 후 입주자들은 지분 형식으로 소유권을 행사할 수 있었는데 이에 대한 사항을 지침에 명시된 것처럼 농장 정관으로 정하기는 어려웠다. 사업종료 이후 농장 탈퇴, 증자, 소유권 행사의 방법, 매매 등에 관한 문제는 일개 농장 차원에서 규정할 수 있는 사안이 아니었다. 협동조합의 역사, 농업·농촌 관련 통계가 미비했던 상황에서 이는 정부의 무책임이었다.

정부는 협업개척농장이란 말이 무색하도록 세부 사안까지 관여하였으나 실제로 필요했던 지침은 작성하지 않았다. 이후 발생한 협업개척농장 사업 입주자들의 불안, 상호불화 등은 협업에 대한 인식 부족에서도 기인하였지만 정부의 부주의도 큰 원인이었다.

협업개척농장 사업은 애초 계획대로 경기, 전남, 전북, 경북, 경남에서 5개 지구 농장이 지정되어 시범농장으로 추진되었다. 농장 입주자는 도

---

24) 농림부, 『협업개척농장사업 종합보고서 1965년도』, 1966, 77~82쪽.

또는 군 단위에서 공모한 이들 가운데 선발되었다. 입주자는 1년 식량과 생활비를 스스로 조달하였다. 개간지, 농기구, 시설 일체는 정부가 보조하였다. 5개 지구 농장의 토질은 부식질이 풍부하였지만 대부분 산성토양이며 수원이 풍부하여 초원이 무성하고 사료와 퇴비생산이 용이하였다. 경영지도와 운영상황 보고를 담당한 유급 전담지도원도 배치하였다. 하지만 선정된 지역은 산악지대로 기존 농촌과 거리가 멀어 교통이 불편하였다.[25] 정부의 계획은 처음부터 결정적인 부문에서 어긋났다.

그럼에도 불구하고 협업개척농장에 대한 기대는 컸다. 심지어 정부가 직접 지도·지원하지 않은 협동농장도 언론의 조명을 받았다. 제대군인 시범개척농장 입주식에 박정희가 직접 참석한 경우도 있었다.[26] 당시 흉작으로 농가경제가 어려웠던 점도 협업농장에 대한 기대치를 높였다. 초기 협업농장에 대한 조사는 구체적인 성과에 대한 분석보다 주체의 의욕, 협업의 당위성에 초점이 맞추어졌다.[27]

첫해에는 개간과 입주자의 식량공급을 위해 감자, 옥수수, 고구마, 밭벼, 채소 등이 재배되었다. 5개 농장에 대한 재정은 영농비 4백만 원, 시설비 4백만 원이 지원되었다. 입주자 수는 69명, 용지면적은 934정보, 개간 면적은 35정보였다. 건물 현황은 주택 17동, 축사 5동, 창고 2동, 기타 8동이었다. 한우 170마리, 소 11마리, 양 29마리, 산양 11마리, 기타 35마리 등의 가축도 있었다.[28] 사업 2차 연도인 1964년 협업개척농장 현황은 다음과 같았다.

25) ≪경향신문≫, 1966. 2. 21, 『농산개혁에의 도전』; 한국농촌경제연구원 편, 『한국농정 50년사』I, 농림부, 1999, 145쪽.
26) ≪동아일보≫, 1963. 7. 20, 『시범농장 입주식』.
27) 유인호, 『개척농장성공의 의미, 농업경영개선의 한 실례로서』, ≪신사조≫2, 1963, 225~227쪽.
28) 농업협동조합중앙회, 『농업연감 1964』, I-11쪽.

〈표 14〉 1964년 협업개척농장 현황   (단위: 천 원, 명, 정보)

구분	소재지	융자액	입주자수	용지면적	개간면적
광주	경기 광주	450	10	150.1	10.4
운장산	전북 진안	650	8	188.0	16.2
백운산	전남 광양	950	28	232.6	27.5
박달	경북 월성	450	11	145.0	9.7
대리	경남 양산	320	12	79.9	7.6
계		2,820	69	795.6	71.4

자료: 농업협동조합중앙회, 『농업연감 1965』, I -25쪽.

　　융자액은 약 3배가 되었고 개간 면적도 두 배 이상 증가하였다. 전년
대비 주택 수는 그대로였으나 축사는 5동에서 9동으로 증가하였다. 창
고도 2동에서 3동이 되었으며 기타는 8동에서 47동이 되었다.[29] 2차 연
도까지 협업개척농장에 대한 지원과 개간 실적은 증가하였다. 그러나 표
면적인 모습과 달리 협업개척농장 사업은 순조롭지 못하였다. 내부에서
여러 문제가 발생하였고 정부와 언론도 비판적이었다.

　　농장경영에 장애가 되었던 문제는 교통 및 시장성을 무시한 위치였다.
1964년 당시 기성 도로부터 농장까지의 도로, 농장 내 농로가 모두 미
비하였다. 미비한 도로는 농장과 기존 도시와의 교통에도 문제였지만 농
장의 많은 자원이 도로 건설에 소모되도록 하였다. 산악 지역인 협업개
척농장에서 도로 미비는 치명적인 문제였다. 입주자가 불과 20여 명에
불과한 상황에서 사업이 발전하더라도 농장 자체가 하나의 지역사회를
이루기는 어려웠다. 때문에 인근 지역과의 소통은 협업개척농장의 생존
을 위한 필수적인 요소였다. 애초 잘못된 위치선정, 미비한 도로는 협업
개척농장 사업의 전망을 어둡게 하였다. 협업개척농장 자체의 능력도 부

---

29) 농업협동조합중앙회, 『농업연감 1965』, I -25쪽.

족하였다. 1964년 협업개척농장 종합보고서에는 각 농장에서 제출된 사업계획서가 지난해의 연장에 불과함이 지적되었다. 자금과 노동력을 도외시한 과도한 사업계획도 있었다.[30)]

3년차인 1965년은 애초 계획상 협업개척농장 사업이 궤도에 오르는 해였다. 1964년까지 협업개척농장 사업은 농림부 관할이었으나 1965년부터 정부 내 위임에 따라 지방행정기관장이 관할하였다. 그러나 협업개척농장의 문제는 점차 심각해졌다. 사업계획이 작성되어도 계획서 작성 자체가 미비하거나 노동력과 자금을 적기에 지원하지 못하면 농장경영에 지장이 생길 수밖에 없었다. 산악농장과 협동농장이라는 특수성으로 연간 사업계획은 상시적인 수정이 필요하였다. 실제 사업계획 미비로 사업추진 1년 만에 장기계획 사업을 완전히 변경하거나 2년도 못되어 사업 자체가 실패한 경우도 있었다. 이는 농장에 투입된 재산과 노동력 낭비로 귀결되었다. 3년차부터 농장에 가족이 합류하였다. 가족의 합류는 농장의 발전과 안정에 기여하기보다 애초 문제가 있었던 구성원 간 상호관계에 또 다른 상황악화 요인이 된 듯하다. 사업이 예정된 궤도에 오르지 못한 상황에서 농장 내 원칙이 확고하지 못하다면 공동의 가족생활과 소유에서 문제가 발생할 가능성은 농후하였다.[31)]

---

30) 농림부, 『협업개척농장사업 종합보고서 1964년도』, 1964, 27~32쪽.
31) '하나의 예를 들어보면 이 지방은 육우 비육 사업이 일반농가에서 성행되고 있으며 농장 내에 초원이 풍부하니 우리 농장에 있어서도 한우 비육 사업을 하자고 계획하여 수십 두의 한우를 구입 사육하였으나 불과 일 년 이내에 수지가 맞지 않으니 또는 노력부족이니 하는 이유로 전부 매각처분하고 타 부문으로 그 자금을 운용한 예는 한두 농장이 아니다. 이와 같은 예는 역시 타 부문에 있어서도 비일비재하였다. 이상과 같은 시험결과를 교훈으로 삼아 앞으로는 여사한 일이 없도록 계획의 완전과 치밀한 검토가 요망된다.' 농림부, 『협업개척농장사업 종합보고서 1965년도』, 1966, 30~35쪽.

〈표 15〉 협업개척농장과 전국농가 경영비교

구분	협업개척농장 평균	전국 농가 평균	전국 0.5정보 미만 농가 평균
경지면적(단보)	125	9.09	3.29
농가당 농업종사자 및 농장원 수(인)	11.20	3.27	2.62
1인당 경지면적(단보)	16.48	2.80	1.30
농작물 수입(원)	369,269	101,129	46,352
단보당 농작물 수입(원)	3,183	11,125	14,089
농업수입(원)	480,897	110,293	53,178
1인당 농업수입(원)	48,978	33,722	20,297
농업조수익(원)	480,897	128,072	9,653
농업경영비(원)	375,509	24,327	49,566
1인당 농업소득(원)	10,507	45,703	18,918
노동시간(시간)	23,245	2,116.49	1,106.83
노동 생산성(원)	5.3	49	45
토지 생산성(원)	1,225	11,413	15,066

자료: 농림부, 『협업개척농장사업 종합보고서 1965년도』, 1966, 38~39쪽.

 협업개척농장은 대단위 농업으로 생산성 향상을 기한다는 목적이 무색할 정도로 전국 농가 평균에 비해 거의 모든 면에서 부진을 면치 못하였다. 명목상 수입은 많았고 경지면적도 넓었지만 문제는 경영비였다. 협업개척농장 경영비는 전국 농가 평균의 10배가 넘었다. 넓었던 경지 규모로 인하여 불가피한 요소였다. 개간에 많은 노동과 시간이 소요될 수밖에 없었고 산악지대였기 때문에 토지 생산성은 낮았다. 때문에 협업개척농장 1인당 실제 농업소득은 전국 평균의 23% 정도에 불과하였다. 노동과 토지생산성도 10% 수준이었다. 협업개척농장 사업이 대상으로 삼은 0.5정보 미만 영세소농들과 비교해도 마찬가지였다. 협업개척농장 1인당 농업소득은 0.5정보 미만 농가 대비 55%에 그쳤다. 영세 자작농가가 자신의 농지를 버리고 협업개척농장을 선택할 이유는 전혀 없었다.

협업개척농장 간에도 편차가 심하였다. 대리농장은 1인당 농업소득이 마이너스였고 광주, 운장산농장의 경우 20,000원이 넘었다. 박달, 대리농장의 노동생산성과 토지생산성은 다른 농장들에 비해 현저히 낮았다. 하지만 비교적 상황이 좋았던 광주, 운장산농장도 전국 평균과 비교하면 1인당 농업소득이 0.5~1정보 구간 농가들보다 낮았다. 광주농장과 운장산농장의 1인당 농업소득이 각각 23,074원, 22,659원이었던 데에 비해 0.5~1정보 구간 농가소득은 28,712원이었다.[32] 1.5정보 이상 경지 규모를 자립 농가 기준으로 볼 때 협업개척농장 사업의 결과는 기대 이하였다. 가장 좋은 경우도 자립하기 힘들다고 평가된 수준 구간 농가의 소득에 미치지 못하였다.

〈표 16〉 1965년 협업개척농장별 문제점과 전망

구분	문제점과 전망
광주	행정기관 감독 부진, 전담지도원 무책임, 농장장 무능, 협업농장 사업목적을 망각한 사고방식, 농장위치, 농장원 주택의 순차적 건설, 개별경영, 영농자금 부족, 가축의 위탁사육 및 무단 판매, 임업계획 부재, 사업계획 부실로 배정된 자금(100만 원)도 지원받지 못함, 입주자 간 불화.
운장산	농장입지 5개 농장 가운데 가장 악조건(오지, 산악지대), 교통문제에 많은 경비와 노동력 소모, 입주자들의 의욕상실, 도로건설을 위한 융자금 연체, 입주자들의 입·퇴장 빈번, 전해보다 입주자들 간 상호협력 관계 향상. 농장진입 도로 완성과 사업토대 건실로 향후 1~2년 안 자립가능 전망.

32) 농림부, 『협업개척농장 사업 종합보고서 1965년도』, 1966, 38~39쪽.

구분	문제점과 전망
백운산	협업경영에 의한 최초 농장, 자발적 개척, 농장규모에 비해 경종부문 수확량 부족, 계절풍의 피해, 방풍림 조성 필요, 다양한 과수재배, 다양한 종류 축산, 잠업 활성화 가능, 타 농장에 비해 막대한 자금투자, 과대한 부채, 입주자들의 높은 학력(별명: 학사 농장), 입주자간 파벌 문제.
박달	1963년 도로개통, 지형유리, 건실한 성과, 입주자 자급자족 가능, 잔여 수확물 판매, 농장 내 자연생 임목 전무, 초원지대, 방풍림 조성 필요, 자금투자 효과 100%이상, 농장장 개인 사재 담보물로 농협융자, 입주자간 상호관계 원만.
대리	용지확보 미해결로 퇴장자 발생, 사업부진, 농장존폐가 대두었으나 1965년에 문제 해결, 구호물품에 의존, 구호물품 현금화로 노동자 고용, 미군에 채소류 납품, 강풍피해지역, 간이기상기구 설치, 축산 부진, 생산부분 직접 자금지원 부족, 입주자 상호간 불화.

자료: 농림부, 『협업개척농장 사업 종합보고서 1965년도』, 1966.

　광주농장은 1965년 당시 이미 협업개척농장으로서 의미를 상실한 것으로 보인다. 서울과 2시간 거리로 무한정한 판로를 가지고 있어 다른 농장보다 유리한 위치에 있었지만, 성원들의 무능·불화, 무계획으로 불과 3년 만에 지원금도 집행하지 못할 만큼 실패하였다. 정부도 광주농장의 전망을 절망적으로 평가하였다.

　운장산농장은 비교적 긍정적인 평가를 받았다. 그러나 입지가 계속 지적되었다. 도로 건설로 많은 자금과 노동력이 소모되었고 그렇게 만들어진 도로가 강우 시 유실되는 문제가 발생하였다. 도로건설을 위한 자금연체도 농장운영의 발목을 잡았다. 백운산농장은 운장산농장과 마찬가지로 상황이 좋은 편에 속하였다. 설립 시기도 가장 빨랐고 자금지원과 융자도 많았다. 그러나 자금지원은 부채부담으로 귀결되었다. 다양한 종류의 축산과 과수가 재배되었고 여러모로 농장 활성화를 기대할 수 있는 요소가 풍부하였으나 수확량은 비교적 초라하였다.

박달농장은 협업개척농장 가운데 유일하게 입주자 간 문제가 발생하지 않았으며 여러모로 호평받았다. 대리농장은 상당히 특이한 점을 보여주었다. 애초 사유지 매입이 늦어져 농장설립이 지체되었으나 이 문제가 해결되자 적극적인 대외홍보로 구호물품과 봉사단체를 확보하였고 이를 현금화하여 임노동자까지 고용하였다. 하지만 이와 같은 행위는 협업개척농장의 본래 목적과 거리가 있었다.

협업개척농장 사업이 처음부터 차질을 빚은 주된 이유는 사업에 참여한 주체들의 협업에 대한 인식부족과 정부의 준비 부족이었다. 그러나 이 두 가지는 태생적인 조건이었기 때문에 다른 구조적인 요인에 대한 평가가 필요하다.

협동농장에 대한 투자는 사업 첫해에 집중적으로 이루어졌다. 보조금과 융자를 포함한 전체 투자의 반 가까이가 첫해에 소요되었다. 그러나 5개 농장에 국비를 포함한 보조금이 모두 지급된 해는 1963년뿐이었다. 광주농장은 1965년부터 보조와 융자를 일체 받지 못하였다. 백운산농장은 1967년, 대리농장은 1968년 이후 보조금과 융자를 받지 못하였다. 운장산농장의 경우 보조금이 1967년까지 지급되었으나 1968년부터 보조금과 융자를 받지 못하였다. 1968년이 되면 융자받을 수 있는 농장은 박달농장뿐이었다. 이조차 사업종료 시점인 1969년에는 전해 대비 20%로 감소하였다.(《부표 5》 참조) 재정 상황을 보면 협업농장은 1967년까지 기능하다가 이후에는 명목만 남았다.[33]

이질적인 인적 집단구성은 처음부터 협업개척농장 사업의 장애로 예상되었다. 협업에 대한 개념이 숙지되지 않은 상황에서 농장을 함께하기

---

33) 농촌진흥청 농업경영연구소, 『협업개척농장 사업평가보고서(요약분)』, 1969.

는 어려웠다. 자연환경도 문제였다. 황무지를 개척하였기 때문에 여름에 태풍피해가 심해 방풍림을 조성할 필요가 있었고 산성토양을 중화시키기 위한 석회석 비료도 써야 했다. 그나마 날아가서 흩어지는 등 문제가 많았다. 풍해에 저항력이 강한 작물재배와 폭풍에 대비한 토사유출 방지도 과제였다. 이를 해결하기 위하여 중앙기상대 직접 지원, 기술보급 등이 제기되었지만 구체적인 대책으로 이어지지는 못하였다.[34]

협업개척농장은 이후 완전히 실패하였다. 1967년 3월 광주농장은 해체되었고 나머지 농장은 공동생산·생활에 실패하여 개별 생활로 명맥을 이었다. 1969년 10월 현재, 정부평가에서 직접 언급할 정도로 구성원 간 파벌대립이 심각하였고 이는 농장운영 마비, 농장원 탈퇴로 귀결되었다. 공동생산·생활로 시작했지만 우선 생활이 개별화되었으며 이후 부분협업, 개별경영으로 이어졌다. 특히 비교적 양호했던 백운산농장조차 1965년 정부 보고서에 파벌대립 문제가 언급되었고 1966년까지 해결되지 않았음을 확인할 수 있다. 일부 부분협업이 잔존한 농장은 백운산과 운장산뿐이었다. 구성원 수 변동 폭도 급격하였다. 운장산과 대리두 개 농장은 애초 농사짓기에 적합한 토질도 아니었다. 협업개척농장경지 이용률은 백운산 0.08%, 운장산 0.87%, 박달 26.6%, 대리 24.2%였다. 매해 협업개척농장 구성원과 개간 실적은 감소하였다.[35]

---

34) 《경향신문》, 1966. 2. 21, 「농산개혁에의 도전」; 《매일경제》, 1967. 6. 20, 「말 아닌 '농림사업 실적'」.
35) 농촌진흥청 농업경영연구소, 『협업개척농장 사업평가보고서(요약분)』, 1969, 8~23쪽.

* 연도별 농장 구성원 변동 상황   (단위: 명)

구분	1963	1964	1965	1966	1967	1968	1969
백운산	24	28	22	22	6	4	4
운장산	13	10	9	11	5	4	4

협업개척농장에 남은 것은 농협으로부터 받은 융자뿐이었다.[36] 정부 평가에 따르면 개설 초기 지도자들이 농민이 아닌 사이비 단체들이었고, 정부가 지원한 막대한 자금이 비용으로 유용된 데에다, 도 행정 책임자와 군 농정 담당자가 너무 자주 교체됐기 때문이었다. 개간율이 높았던 박달과 대리농장도 2년 후 부실을 이유로 사업허가가 취소되었다. 토지개량사업과 영세 자작농구조 개선, 대농화 등을 동시에 추진한 협업개척농장은 사업 기간 10년을 채우지 못하였다. 참여했던 농민에게도 깊은 상흔을 남겼다. 협업개척농장 사업과 유사한 성격의 다른 사업들도 실패하였다. 충청북도가 1966년 착수한 96개 협업조직은 1,200가구 7,000여 명을 정착시키려던 계획이었으나 4개 농장 14가구로 목표달성률이 1% 정도였다.[37]

협업개척농장이 실패한 이유는 처음부터 문제였던 입지와 자연조건 외에도 구성원 간 불화, 非농민 출신의 무능한 농장지도자, 전임지도원 부족, 생산과 소비의 불균형, 부실한 영농계획, 행정과 경상비용 과다, 감당하기 어려운 융자, 노동력 부족 때문이었다.[38]

1969년 사업 최종 연도를 맞이한 협업개척농장 사업은 사후처리도 쉽지 않았다. 막대한 부채를 감당할 방법이 없었다. 연체이자도 증가하

구분	1963	1964	1965	1966	1967	1968	1969
박달	12	11	10	10	9	8	4
대리	10	12	10	5	5	4	2

36) 농촌진흥청 농업경영연구소, 『협업개척농장 사업평가보고서(요약분)』, 1969, 23~28쪽.
37) ≪경향신문≫, 1970. 9. 17, 「지원 자금 헛되이 써, 기능마비 협업농장 육성실패」; ≪동아일보≫, 1991. 8. 25, 「자전에세이 나의길(66) 김서정 농민 운동가」.
38) 농촌진흥청 농업경영연구소, 『협업개척농장 사업평가보고서(요약분)』, 1969, 28~30쪽.

였고 부채 담보물은 국유재산이었다. 입주자에 대한 상환독촉도 법적으로 불가능하였다. 부채 행위자들은 대부분 이미 농장을 이탈하였고 현 구성원도 언제나 탈퇴가 가능하였다. 이들의 재산으로 부채상환은 불가능하였다. 농장이 이후 사업에 성공하여 부채를 상환하는 것도 기대하기 어려웠다.[39]

〈표 17〉 협업개척농장별 재산 및 부채액 비교(1969.10.30)　　　(단위: 원, %)

구분	재산평가액(A)	부채총액(B)	원금	이자액	부채율(B/A)
백운산	7,007,870	11,714,917	8,258,550	3,456,367	167.17
운장산	1,348,729	2,677,644	1,967,000	690,644	198.53
박달	3,010,035	1,408,894	1,196,000	212,894	46.81
대리	1,002,664	1,123,588	621,700	501,888	112.06
계	12,369,298	16,925,043	12,063,250	4,861,793	131.15

자료: 농촌진흥청 농업경영연구소, 『협업개척농장 사업평가보고서(요약분)』, 1969, 32쪽.

협업개척농장을 청산하기 위한 여러 가지 방안이 제시되었다. 첫 번째는 농장매각 처분이었다. 이 안은 문제가 있었다. 우선 매수자를 구하기 어려웠다. 농업취약 지구에 설립된 농장매각이 현실적으로 쉽지 않았고 토지·건물의 시세를 가늠하기도 어려웠다. 사업 착수 당시 정부공약과도 배치되었다. 현재 입주자에 대한 사후대책도 필요하였다. 무엇보다

* 융자액으로 상환한 원리금　　　(단위: 원, %)

구분	백운산	운장산	박달	대리
총융자액(A)	9,524,273	2,070,000	1,470,213	801,700
원리금 상환 충당액(B)	3,365,368	110,836	328,209	201,371
비율 B/A	35.35	5.35	22.32	25.12

39) 농촌진흥청 농업경영연구소, 『협업 개척농장 사업평가보고서(요약분)』, 1969, 31쪽.

농장을 매각하여도 부채 전액 상환이 불가능하였다. 두 번째는 현재 입주자에게 농장재산을 인수시키는 방안이었다. 구체적으로 농협 융자액 가운데 재정자금에 대한 이자액을 면제해 주는 방법이었다. 당시 전체 부채의 약 80%가 재정자금으로 추산되었다. 재정자금 원금과 금융자금(원금과 이자)을 5년 기한으로 상환하고 이 기간 농장재산은 농협이 관리하며 5년 후까지 상환이 완료되지 않으면 농협이 농장을 매각·처분할 수 있는 안이었다. 현실적으로 첫 번째 안과 두 번째 안 모두 실현 가능성이 낮았다. 입주자들이 농장에 대한 법적인 책임이 없다면 이들에게 농장인수를 강제할 수 없었다. 7년간 경영에 실패한 농장에서 5년간 융자금 전액 상환을 전제로 방법을 찾는 것도 비현실적이었다. 심지어 농장의 정확한 재산가치도 측정하지 못하였다.[40] 결국, 협업개척농장은 농협에 의해 경매가 추진되거나 실적이 없어 설립 인가가 취소되었다.[41]

1972년 대리농장의 현황을 보면 협업개척농장 사업의 말로를 확인할 수 있다. 당시 대리농장에는 1개 가구 4인만 거주하였다. 거주 가구는 농업이 아니라 품팔이와 농한기 사진촬영, 인근에 거주하는 모친의 도

---

40) 농촌진흥청 농업경영연구소, 『협업 개척농장 사업평가보고서(요약분)』, 1969, 32~35쪽.

* 농협과 농업경영연구소의 협업개척농장 재산평가액 비교   (단위: 원)

구분	농협 중앙회 1966.3.24	농협 중앙회 1968.4.30	농업경영연구소 1969.10.30
백운산	11,407,491	2,886,250*	7,007,870
운장산	–	833,000**	1,348,729
박달	–	3,701,000	3,010,035
대리	–	2,380,430	1,002,644

* 임야 일부와 대식물 평가액 누락.
** 임야 평가액 누락.

41) ≪매일경제≫, 1969. 2. 14, 『빚에 몰린 모범농장 농협서 경매수속』; ≪매일경제≫, 1972. 7. 11, 『농림관계 비영리법인 8月중에 30개 정비』.

움으로 생계를 유지하였다. 개간지는 관리자금 부족으로 전혀 활용하지 않았다. 농림부는 당시 농장을 다시 농경지화 하는 것이 불가능하다고 판단하였다. 보유가옥과 노후화한 농기구, 한우 등은 거주자에게 무상지급하고 거주자를 국가공무원으로 채용하는 안까지 건의되었다.[42] 협업개척농장은 정부에게 처치 곤란한 사업이 되었다.

협업개척농장들이 가졌던 문제는 유사하였다. 처음부터 상황이 암담하였던 농장도 있었지만, 일부 농장은 전망도 밝았고 가능성도 있었다. 대체적으로 구성원 간 인화 문제가 제기되었으나 모든 농장이 그런 것은 아니었다. 그러나 어느 한 곳도 성공하지 못하였다. 협업개척농장은 왜 실패하였을까?

협업에 대한 투철한 인식을 가진 이들이 입주하고 정부의 지원과 지도가 우수하였다면 성공하였을까? 박정희 정권은 협업개척농장 사업 추진 시 자본주의 체제와 협업농장의 공존이라는 까다로운 문제를 해결하기 위하여 이스라엘 키부츠까지 장황하게 언급하였다. 협업에 대한 개념이 부재하였던 농민들의 문제는 애초 사업의 조건이었다. 지원금 유용, 보고부실[43] 등은 농민보다 정부의 관료적인 감독, 전담지도원의 임무 방기에서 비롯되었다고 보는 게 정확하다.

협업개척농장은 어떠한 면에서도 성공하기 힘들었다. 현실적으로 농장에 입주할 농가는 대체로 1정보 이하 경작지를 보유한 농가가 될 수밖에 없었다. 이 중에도 0.5정보 이하 농가에 집중될 가능성이 컸고 사업 대상도 이 구간 농가였다. 따라서 협업개척농장이 성공하기 위해서는 최소한 현재 영세 자작농가보다 부유한 모습을 보여줄 필요가 있었다. 그러나

---

42) 농림수산부, 『대리협업개척농장』, 1972, 2쪽.
43) 광양군, 『협업개척농장 현황보고 독촉』, 1967.

어떠한 농장의 농가도 그만큼의 소득을 올리지 못하였다. 대규모로 투자하고 많은 수익이 발생하기도 하였지만, 이는 농장, 농로의 건설 때문에 나타난 착시현상이었다. 이후 개간된 농지도 방치되었다. 농민들이 교통도 불편하고 산악지대인 협업개척농장에 살아야 할 이유가 전혀 없었다.

농업 협업화는 최소한의 생산성과 기반을 갖춘 지역에서 정부의 지원과 철저한 계획을 배경으로 농가가 자율적으로 추진할 때 가능하였다. 소유에 대한 전망도 불분명하고 막대한 투자와 노동이 필요했던 협업개척농장의 성공은 불가능하였다.

2) 자립안정농가 조성사업의 운영과 성격

농업구조 개선 논의가 어떻게 전개되더라도 당장 영세소농 체제에 균열을 내기는 어려웠다. 현실적인 방법은 일부 농가 또는 지역을 선정하여 집중적인 지원으로 가능성을 모색하고 전형을 만드는 것이었다. 이러한 면에서 자립안정농가 조성사업은 농업구조 개선 논의의 연장인 동시에 일부 모범농가 육성이라는 이중적인 성격을 가졌다.

농가를 하나의 경제단위로 볼 때 경제활동에 의하여 얻는 소득으로 안정된 생활을 영위할 수 있는 수준의 농가를 자립안정농가로 정의할 수 있다. 자립안정농가가 되기 위해서는 가족 노동력이 완전 취업되는 경영 규모와 비농가부문 종사자와 비등한 수준의 소득이 필요하였다.

1965년 자립안정농가 조성계획이 제출되었다. 주무부처인 농림부 안은 1965년 2월 9일, 경제과학심의회의 안은 2월 19일에 보고되었다.[44] 경제과학심의회의 안이 보고되었을 때에 이미 농림부의 자립안정농가 조성사업이 진행 중이었다. 농림부의 자립안정농가 조성사업은 1965~66년

---

44) 경제과학심의회의, 『자립안정농가조성방안』, 1965; 농림부, 『자립안정농가 조성사업 실시』, 1965.

사이 사업이 실시된 동안 매년 지침이 작성되어 세부적이고 구체적인 실행안까지 담고 있었다.

실제 실행된 자립안정농가 조성사업의 대상은 5단보 이상 1정보 미만 농가였다. 해당 농가는 76만 호로 전체 농가의 31.5%, 농지의 28.9%를 보유하였다. 농업으로 자립 가능성이 낮은 5단보 이하 농가와 자립 농가의 기준이었던 1정보 이상 농가는 제외되었다.[45]

당시 전국 평균 가처분 농가소득은 131,198원이었고 5단보 이하 영세 농가 가처분 소득은 81,460원이었다. 5단보 이하 농가는 농업소득만으로 생활하기에는 경지가 협소해 별도 계획이 필요하였다. 5단보 이상 1정보 미만 소농층의 가처분 소득은 108,652원으로 이 계층은 생산기반을 확충하면 자립안정농가로 자립할 수 있었다. 1정보 이상 1.5정보까지 중농층 가처분 소득은 166,100원으로 안정농가로 분류되었다. 이 규모를 안정농가로 본 이유는 해당 구간 호당 노동력이 非농업부문에 투입되었을 때 연간 획득할 수 있는 소득인 164,829원보다 1,271원이 많았기 때문이었다. 5단보 이상 1정보 미만 소농층 가운데 자립안정농가 조성사업 대상농가는 1만 호였다. 정부는 농협을 통해 10억 원을 융자하여 소농 경지확장과 농업기술 현대화, 가축 구매 등 농업생산과 시설에만 사용토록 하였다. 농가당 융자액은 13만 원을 초과할 수 없었다. 군별로 2개씩 리동조합을 선정하여 모두 277개 조합을 자립농가 대상지역으로 결정하였다. 선정 기준은 까다로웠다. 농가 호수 300호 이내, 조합원 1인당 평균 2천 원 이상 저축, 건평 10평 이상 사무소와 사무장비, 1인 이상 유급직원을 고용하고 수지채산이 맞는 조합, 30평 이상 비료 보관창고, 트럭통행이 가능한 차도를 확보해야 했다. 대상 농가는 5단보 이상 1정보 이하

45) 농림부 자립안정농가 조성사업 계획안의 구체적인 내용은 '농림부, 『자립안정 농가조성사업실시요강』, 1965.'를 참조.

농가로 평소 정부 시책에 적극 호응(예: 추곡수매, 퇴비증산, 자금회수에 응한 자)하고 증산 실적이 우수하며 자립안정농가가 되기를 희망하는 농가로 한정하였다.[46] 전반적으로 농협이 주도하였지만, 농촌진흥청도 전담지도원 교육과 대상농가 선정 등에 개입하였다.

1965년 1월 말 계획이 수립되어 40일 만에 사업이 개시되었다. 계획수립부터 하달, 리동조합 선정, 지도원 선정·훈련, 농가선정, 영농설계, 자금융자 등 각 단계마다 농협과 농촌진흥청이 적극적으로 지원하였고 대상농가는 선정 이후, 20일도 안 되는 시간에 융자를 받았다.[47] 형식적으로 농협이 주도하였지만, 정부의 전적인 지원과 주도하에 추진되었기에 가능한 일정이었다.

농림부 자립안정농가 조성사업안이 제출된 열흘 후인 1965년 2월 19일, 경제과학심의회의에서 제출한 동일한 이름의 계획은 농림부 안과는 다른 대안을 보여주었다. 경제과학심의회의 안의 목적은 영세농과 소농 경지확장이었고 방법은 개간이었다. 협업화 기조하에 상품화 방향으로 개조한 자립안정농가를 육성하고자 하였다. 밀거(密居)분산농촌취락 구조를 소거(疏居)집단취락으로 개선하고 전국적인 규모로 실시될 경지정리 사업으로 농민의 재정착 문제를 해결하려 하였다. 우선 필요한 조치는 개척농장 창설이었다. 호당 평균 3단보 정도 보유한 영세농의 경지 규모를 1정보 이상으로 확장조성하고 영세농은 신규개간 농지로 이주 정착하여 개척농장을 창설케 하였다. 개간 대상지는 국유미간 또는 국가가 매수하는 미개간 공유지였다. 개간사업 추진단계는 미개간지 조사−개간적지 결정−이주 영농자 결정−개간공사설계 및 추진−영농지도 등으로

---

46) 농림부, 『자립안정농가조성사업실시요강』, 1965, 3~20쪽.
47) 농림부, 『자립안정농가조성사업실시요강』, 1965, 33~36쪽.

이루어졌다. 개척농장 입주 개간자 선정 우선순위는 첫째, 5단보 미만 영세 농가로서 신경지에 이주개간을 희망하는 농민, 둘째, 이주개척에 의하여 경지면적 확충을 희망하는 소농, 셋째, 기타 개척농장 창설 희망 농민이었다. 이후 협업농장 육성이 다음 단계였다. 개척농장 영농구조는 일부 협업으로 하여 30~50정보 단위의 협업농장을 창설, 공동작업, 공동이용, 집단재배토록 하였다. 협업농장에는 개간, 영농, 농촌사회 개발 등을 담당할 지도단을 조직, 농장 완성 시까지 상근하며 기술지도 강화를 추진하였다. 협업농장 작부체계는 상품성이 높은 작물, 과수, 양잠 등 주산지를 만들고 농장 산물에 관하여 관련 기업 및 기관과 유통시장 조직으로 연계되도록 하였다.[48]

재원은 농협 농사자금, 정부 재정자금, PL480Ⅱ[49] 도입으로 충당할 계획이었다. 정보당 개간비는 126,000원이었다.[50] 농협에서 안정농가 조성기금으로 책정한 10억 원, 일반 농사자금과 농업 근대화 자금에서 전용한 일부를 합하면 농협이 총가용 가능한 금액은 20억 원이었다. 개간 사업용 PL480Ⅱ는 USAID와[51] 교섭결과 42,000m/t 확보를 낙관적으로 전망하였다. 농가 1호당 100,000원씩 농협자금을 융자하고 PL480Ⅱ를 1정보 개간당 1.6m/t(40,800원 상당) 지원하면 가용자원으로 조성 가

---

48) 경제과학심의회의, 『자립안정농가조성방안』, 1965, 4~6쪽.

49) PL480호는 Public law 즉 미공법으로 미국 잉여농산물 대외원조의 근거가 되는 법으로 미국 농산물 가격 유지와 저개발국의 식량사정 완화 및 경제개발이 목적이었다. Ⅰ관은 현지통화에 의한 판매, Ⅱ관은 기근 기타의 외국구제, Ⅲ관은 국제적인 무상공여, 잉여농산물과 전략물자의 교환 기타 등이었다.

50) 90,000원(3,000坪×30원(지가))+36,000원(3,000坪×12원(개 간비))= 126,000원. 이 가운데 지가는 국유미경지를 개간대상으로 하는 경우 『개간촉진법』에 의하여 5년 거치 10년 상환으로 조치할 수 있다.

51) United States Agency for International Development(국제개발처): 1961년 개발도상국을 원조하기 위해 설립된 미정부 기관.

능한 자립안정농가는 20,000호였다. 이 수는 총 대상농가의 약 2%에 조금 미치지 못하였다. 농가 비율은 낮았지만, 당시 박정희 정권의 사정상 절대적인 규모와 투입재원이 결코 적었다고 할 수는 없었다. 당시 경지 규모 1정보 미만 농가는 전체 농가의 70%를 상회하였다. 이 가운데 반 이상은 5단보 미만이었다. 경제과학심의회의 자립안정농가 조성사업 대상은 경작지 5단보 미만 영세 농가였다. 이들의 평균 경지보유 면적은 3단보였다. 1정보 미만 농가 전체가 농업을 통해 생활비를 조달하기 어려운 상황이었음에도 불구하고 5단보 미만 소유농가가 대상이었던 이유는 경제과학심의회의 안이 개간에 따른 이주를 전제로 하였기 때문이었다.[52]

〈표 18〉 경제과학심의회의와 농림부 자립안정농가조성방안 비교

구분	경제과학심의회의 안	농림부 안
정책대상	영세농(5단보 미만)	소농(5단보 이상 1정보 미만)
조성방법	개간	좌동
자립규모	1정보 이상	좌동
농가형태	개척농가	이미 정착한 농가
영농구조	개별 및 협업경영	개별경영
사업규모	20,000호	10,000호
관련사업	경지정리사업	-
조성자원	정부·농협자금, PL480Ⅱ 총 20억 원	농협자금 10억 원

자료: 경제과학심의회의, 『자립안정농가조성방안』, 1965; 농림부, 『자립안정농가조성사업실시요강』, 1965.

경제과학심의회의 자립안정농가조성 안은 농림부 안보다 문제의식과 규모 면에서 훨씬 더 광범위하였고 획기적이었다. 경제과학심의회의 안

---

52) 경제과학심의회의, 『자립안정농가조성방안』, 1965, 5~7쪽.

의 문제는 다음과 같았다. 첫째, 『개간촉진법』 등 현행 법령의 적극적인 지원이 필요하였으나 미비하였다. 둘째, 영세 농가에 대한 이주를 강제하기가 쉽지 않았다. 셋째, 개척농가가 안정되기까지 식생활, 영농기술 등 국가의 적극적인 지원이 필요하였다. 가장 큰 문제는 5단보 미만 영세농이 계속 농사에 종사한다는 점이었다. 새로운 개간농장이 이들이 정착할 대상이었지만 조밀했던 농촌 상황상 개간이 적극적으로 이루어져도 20,000호로 시작하는 농민의 이주를 매해 감당하며 이전보다 더 넓은 경지를 보장하는 것은 비현실적이었다. 결국, 산악지대로 이주가 대안이었는데 당시 이미 실패의 조짐이 다분하였던 협업개척농장 사업에서 그 비현실성을 확인할 수 있다. 또한, 도시의 저임금 노동자, 예비 노동자군이 될 가능성이 큰 영세농들이 계속 농촌에 거주, 농업에 종사하는 것도 박정희 정권의 도시화·공업화를 중심에 둔 경제정책과 어긋났다. 무엇보다 정부 입장에서 당장의 정책효과를 기대하기 어려웠다. 당시 자립안정농가 기준은 1정보 이상이었기 때문에 30%에 이르는 0.5~1정보 보유 농지 농가 수도 무시할 수 없었다. 이 구간 농가들의 경우 비교적 작은 정부 지원을 통해 현거주지에서 자립안정농가가 될 수 있었지만, 이들에 대한 지원조항이 없었다. 0.5정보 미만 농가가 개척농장으로 이주하면 자연스럽게 1정보 이상 농가의 경지를 확장할 수 있다. 그러나 이는 어디까지나 장기적으로 기대할 수 있는 이론에 불과하였다. 여러 문제에도 불구하고 경제과학심의회의 안은 가장 형편이 어려운 농민들을 대상으로 삼았다는 점에서 긍정적으로 평가할 수 있다. 농가구조개선 논의의 문제의식이 협업경영으로 남아 있는 점도 주목할 만하다. 농림부 사업안에 대해 보완적인 성격을 가지고 있었으며 실제 실시된 협업개척농장 사업의 논리적인 근거를 제시해 주었다.

자립안정농가 조성사업은 농림부 안대로 진행되었다. 농림부 안은 개척농장이 아닌 개별 농가가 사업 주체였고 규모도 작았기 때문에 실현 가능성이 높았지만, 처음부터 비판받았다. 이 계획은 정부의 재정·행정적 지원에 대한 농민의 완벽한 신뢰가 있어야 가능하였다. 그러나 당시 박정희 정권은 농어촌고리채 정리 사업으로 농민의 신뢰를 잃은 상황이었다. 또한, 농민 입장에서 개간과 농업기술 향상을 위해 거금의 융자이자까지 감당할 수 있는지도 의문이었다.[53]

실제로 첫해부터 사업은 원활하게 진행되지 못하였다. 1965년 11월 5일 농림부에서 개최된 중앙단위협의회(의장: 농림부 차관)에서 자립안정농가 조성 부진의 이유로 보안림 해제와 자조근로 사업 차질, 자금 지원 지연 및 전용 등을 지적하였다. 같은 해 2월, 사업에 착수한 이후 8월 말 현재 개간 계획면적 3,960정보 가운데 실적은 69%였다. 그 가운데 10%는 보안림(사유림)으로 되어 있어 법적인 조치가 시급하였다. 소요자금도 10억 원 가운데 6억 5천만 원만 융자되어 집행실적은 65%에 불과하였다. 자립안정자금이 아닌 고리대로 전용된 예도 있었다. 결정적으로 주요재원 가운데 하나이며 공급을 낙관하였던 PL450Ⅱ에 따른 양곡이 총 4,800톤 지원예정이었으나 실적은 계획의 0.3%에 불과하였다.[54] 재정조달을 위하여 대일청구권 자금 1억 원을 전용하는 안도 검토되었다.[55] 조직적인 문제도 있었다. 지원양곡 관리는 보건사회부에서 담당하였다. 하지만 자조근로사업 승인절차가 군수·도지사를 경유하여 보건사회부로 보고되는 절차 때문에 양곡지원이 저조하였다.[56]

가장 중요한 부분인 융자는 예산 융자제를 실시하여 융자금을 일시

---

53) ≪경향신문≫, 1965. 2. 4, 「안정농가조성의 문제점」.
54) ≪경향신문≫, 1965. 11. 6, 「자립안정농가 조성 난관에 양곡지원 0.3%뿐」.
55) ≪동아일보≫, 1965. 11. 17, 「자립안정농가 66년부터 조성」.
56) ≪경향신문≫, 1965. 12. 25, 「중농정책의 향방과 65년 농수산 부문을 따져본다」.

지급하지 않고 일단 관리예금 구좌에 입금하여 두었다가 농가별 영농계획서에 의거 필요한 시기에 필수적인 용도에만 전용토록 하였다. 비료, 농약, 농기구 등 생산자재는 농협계통 구매를 통한 현물지급이 원칙이었고 노임과 같이 현금지급이 불가피한 경우에 한하여 현금으로 지급하도록 하였다. 금리는 기한에 따라 차이가 있었다. 1년 상환인 단기자금 금리는 연 10%였다. 이외 융자농가는 5%에 해당하는 금액을 소속한 리동조합에 환원 적립토록 하여 일반 농사자금 대출 금리와 실질적으로 동일하였다. 중기성 자금은 연리 9%, 2년 거치 3년 원금균등 분할상환이었다. 당시 농가의 여론은 5년 기한은 '너무 짧다'가 64%, '적당하다'가 36%, 이자는 '적당하다'가 60%, '너무 높다'가 27%, '더 낮았으면 좋겠다'가 13%로 조사되었다.[57]

융자가 농업생산 관련 자금으로만 소요될 수 있도록 많은 제도가 있었으나 실상 농민들이 크게 부담을 느꼈을 이자와 상환기간에 대한 배려는 부족하였다. 특히 융자의 상당분이 현물지급이었다는 점을 고려하면 농가에서 체감하는 상환 압박은 실제 액수를 상회하였을 것으로 보인다.

1966년 4월 30일 현재 1965년 융자실적은 계획된 융자금 10억 가운데 99.9%인 999,211천 원이었다. 호당 평균 융자액은 100,151원이었다. 중기성 자금은 85,659원으로 약 85.6%, 단기성 자금은 14,492원으로 약 14.5%였다. 용도별 융자현황은 개간이 32,702원으로 32.7%, 가축구입과 농축사 시설이 39,082원으로 39.1%였다. 자립안정농가 조성사업의 주된 목적인 소농의 경지 규모·영농조직 확대와 기술향상이 융자에 반영되었음을 알 수 있다. 융자 시기는 전체 10억 원 가운데 45%인 4억 5천만 원이 3월 30일, 20%가 7월 10일, 30%가 8월 13일, 5%가 9월

----

57) 농업협동조합중앙회, 『자립안정농가조성자금융자실태 및 효과조사보고서』, 『농협조사월보』117, 1967, 24~25쪽.

24일이었다. 7~9월 농번기에 많은 금액이 배정되어 노임이 대부분인 개간사업비에 영향을 주었고 다른 영농작업과 경합하였다. 시군조합 설문지에 따르면 1차 한도 배정을 받아 완전융자하기까지 상당한 시일이 소요되는 경우가 많았다. 융자완료 기간이 길었던 주요 원인은 담보대상물 등기미필과 개간서류 미비 등이었다. 소유물 등기에 관한 농민의 무관심이 원인으로 지적되었다.[58] 농민에게 융자 자체가 까다로웠음을 확인할 수 있다. 농민이 담보가 완비된 상황에서 무리 없이 대출받기가 어려웠고 융자 자체가 무계획적으로 이루어져 농번기에 개간을 위한 노임이 투입되는 상황을 초래하였다. 융자실적을 목적으로 한 관료적인 집행이 횡행하였다.

자립안정농가 조성사업의 성과가 전무하지는 않았다. 사업 초기 소비자금으로 소요되던 융자금이 개간부문에서 유축농, 특용작물 재배 등으로 전환되는 추세였고 개간지에서 증가한 소득은 105,000원으로 추산되었다. 대상 농가의 가처분소득은 30,000원에서 60,000원으로 상승하였다. 각 도에서 한 농가씩 표본 추출하여 평가한 결과는 다음과 같았다. 농가당 95,800원을 들여 7.5단보를 개간했는데 1966년 현재 평가액은 201,480원으로 105,590원의 가치가 상승하였다. 7.5단보 매입비용은 65,290원이었고 개간비용은 30,600원이었다.[59]

농업에 소요되는 자본은 유동자본인 단기자본과 고정자본인 중장기자본으로 구분된다. 단기자본은 비료, 농약, 사료, 종자, 소농기구 등과 노동력 고용 등 농업경영비다. 장기자본은 토지구입, 개간, 관개시설, 농장건물, 농기구 구입 등 생산수단 획득에 필요하였다. 당시 농가가 이를

---

58) 농업협동조합중앙회, 『자립안정농가조성자금융자실태 및 효과조사보고서』, 『농협조사월보』117, 1967, 24~25쪽.
59) ≪경향신문≫, 1966. 2. 14, 『자립안정농가 과연 이루어지려나?』.

자체적으로 조달하기는 불가능하였다. 특히 단기자본은 농업 생산력 확대보다 당장의 생활을 유지하기 위해서라도 필요하였지만 이조차 여의치 않은 상황이었다.

당시 농협 조사에 따르면, 1965년 자립안정농가 조성사업 대상 농가가 필요로 하는 자본 소요액은 호당 평균 153,059원이었다. 이 가운데 개간과 대농구, 가축구입에 투자된 중장기자본 소요액은 111,740원으로 73%, 농업 경영비인 단기자본 소요액은 41,319원인 27%였다. 차입 소요액은 호당 평균 119,230원으로 자본 소요액의 77.9%였다. 자기 자본은 22.1%인 33,829원에 불과하였다. 중장기자본 차입 의존도는 88.7%, 단기 자본 차입 의존도는 32.5%로 책정되었다.[60] (〈부표 6〉 참조) 당시 농가는 단기자본도 차입금에 의존할 정도로 상황이 어려웠고 농지 구입 및 개간 관련 비용은 차입자금 없이는 엄두도 내지 못할 상황이었다. 자립안정농가 조성사업 대상농가에서 0.5정보 이하 경지 농가를 제외하였음에도 불구하고 농가역량은 부족하였다. 농가 생산력 향상을 위한 투자는 100% 정부 자금으로 계획할 수밖에 없었다. 농업 생산력 향상을 통한 자립안정농가 조성을 위해서는 보다 구체적인 계획과 주도면밀한 행정력이 필요하였다.

사업 이듬해인 1966년 자립안정농가 조성사업 실시 요강에는 사업과 관련한 기관별 업무가 명시되었다. 총괄은 농림부였으며 주무기관은 농촌진흥청·농협·지방행정기관이었다. 각각의 기관은 말단에 전담 지도사, 전담 개척원, 개간전담 지도원을 두었다. 농촌진흥청과 농협은 함께 대상농가 선정, 경영·영농계획 수립을 담당하였다. 농촌진흥청은 기술지도, 농협은 영농자금 융자를 전담하였다. 개간전담 지도원을 활용하였

---

60) 농업협동조합중앙회, 『자립안정농가조성자금융자실태 및 효과조사보고서』, 『농협조사월보』117, 1967, 26~27쪽.

던 각급 지방행정기관은 사업에 필요한 행정조치, 인허가를 전담하였다. 도, 군, 면 단위에서 기관장이 주도하는 협의회를 만들었고 중앙에서는 농림부 차관이 의장인 협의회가 조직되었다. 관이 중심이 되어 전문기관(농촌진흥청)과 형식적인 자치기관(농협)을 지휘 감독하는 방식으로 사업을 진행하였다.[61] 각각 기관의 특성을 살린 업무분장처럼 보이지만 책임소재가 모호하였다. 이중삼중으로 관이 농촌의 '자립'을 통제한 구조이기도 하였다.

이듬해인 1966년에는 1965년과 마찬가지로 10억 원의 자금으로 5단보 이상 1정보 미만 농가를 1만호 선정하여 자립안정농가로 조성할 것을 천명하였다. 대상농가는 1965년 실시지역 인접 농가에서 선정토록 하였으며 유축농 조성, 경제성 작물 재배 등 영농방법 개선에 주력하였다. 융자는 신용대출이 가능하였고 한도도 늘어났다. 호당 융자 한도는 10만 원이었다. 그러나 중기자금은 농협 도지부장의 승인에 따라 예외적으로 15만 원까지 운용이 가능하였다. 단기성 자금은 호당 3만 원 이하였다.[62]

1966년 5월, 자립안정농가 조성사업에 대한 문제점이 지적되어 이에 대한 보완조치가 이루어졌다. 보완조치는 '첫째, 영농설계대로 실현 불가능할시 또는 농가소득이 증가될 가망이 없을 경우에는 수익성이 높고 지방 실정에 부합되는 주산지 조성 품목을 도입 조성하는 방향으로 영농설계를 변경토록 할 것. 둘째, 영농설계 변경 시에는 관계기관의 합의

---

61) 농림부, 『1966년도 자립안정농가 조성사업 실시』, 1966, 29~37쪽.
62) 중기자금과 단기자금은 대출의 성격이 달랐다. 중기자금은 담보대출이었고 단기자금은 신용대출이었다. 긴급성에 따라 후취담보 취득이 인정되었지만 원칙적으로 담보대출이었다. 농림부, 『1966년도 자립안정농가 조성사업 실시』, 1966, 8~17쪽; 농업협동조합중앙회, 『자립안정농가조성자금융자실태 및 효과조사보고서』, 『농협조사월보』117, 1967, 23~24쪽.

를 득하고 용도별 자금융자 계획액 보고서를 제출할 것. 셋째, 시장군수는 영농설계서를 철저히 확인하고, 본사업과 주산지 조성과 결부되도록 각별 배려할 것. 넷째, 사업 목적을 보다 효율적으로 달성할 수 있을 경우에는 대상농가의 호당융자액의 최고 최저한도 규정에 구애됨이 없이 자금 지원토록 조치할 것. 다섯째, 경지 규모 제한에 구애됨이 없이 자금의 효율성을 최대로 거양할 수 있도록 각별 유념 실시할 것' 등이었다.[63]

사업시행 1년 후 나온 보완조치는 자립안정농가 조성사업의 문제를 보여주었다. 다섯 개 항목 가운데 두 항목이 주산지조성사업과 연계에 관한 내용이었다. 사업목적 변경이 검토되었고 영농설계와 자금융자에 대하여 지방행정기관장이 직접 점검하도록 지시하였다. 1년 만에 사업폐기에 가까운 방향전환이 논의된 점은 장기자금 투입에 문제가 있었음을 의미하였다. 총 10억 원의 사업자금 융자가 계획이었지만 실적은 8억 원이었다. 애초 5년 기한을 두고 추진된 자립안정농가 조성사업은 1966년 이후, 주산지 조성사업과 관련하여 실시한다는 방침 하에 사업 자체가 중단되었다.[64]

자립안정농가 조성사업은 성공과 실패를 평가하기 어려운 상황에서 종료되었다. 사업대상 농가의 호당 경지 규모는 1964년 0.77ha에서 1.18ha, 소득은 91,791원에서 122,119원으로 증가하였다. 하지만 겨우 1정보가 넘는 경작지로 자립안정농가가 되었다고 보기는 힘들었다. 소득증가 역시 애초 소득이 낮았던 농가가 겨우 농가 전체 평균 소득을 약간 웃도는 수준에 도달한 것에 불과하였다.[65] 개간을 지속할 수 있는지도 의문이었다.

63) 농림부 장관, 『자립안정 농가조성사업 보완조치』, 1966.
64) 농업협동조합중앙회, 『농업연감 1967』, 11쪽.
65) 최정섭·허신행, 『자립경영농가육성에 관한 연구』, 한국농촌경제연구원,

자립안정농가 조성사업이 예정 기간을 반도 채우지 못하고 중단된 명목상 이유는 투자대비 수익성 저조, 대상농가로 선정되지 않은 농가의 불만에 따른 농촌여론의 악화, 농가대상 융자보다 지역단위(주산지)위주 집중투자의 효율성 등이었다.[66] 하지만 이는 태생적인 한계로 사업이 실시될 때부터 예상되는 바였다. 정책 자체가 내재한 문제였고 평가 기준에서 제외되어야 마땅했다.

자립안정농가 조성사업의 가장 큰 문제는 사업대상이었다. 보통 1정보 미만을 영세농으로 보고 농지개혁으로 창출된 자작농들의 평균 농지소유 규모가 0.85정보라고 할 때 5단보 이상 1정보 미만 농가는 당연히도 적극적인 정책대상이 될 필요가 있었다. 그러나 이들이 전체 농가에서 차지하는 비율은 31%에 불과하였다. 이들보다 훨씬 어려운 처지였던 5단보 이하 농가는 41%였다. 절반 가까운 농가는 농업을 통한 자립이 불가능하다는 이유로 사업대상에서 제외되었다. 산업으로서 농업 활성화를 추구하였을 수 있지만, 다수 농민에 대한 외면이었다.

농업 생산력의 면에서도 자립안정농가 조성사업의 실효성은 의심할 여지가 많았다. 당시 기업농과 협업농에 대한 논의가 분분했던 이유는 영세한 경작규모에서 비롯한 낮은 생산력 때문이었다. 이 같은 인식에 따르면 자립안정농가 조성사업의 최대 성과는 현상유지에 불과하다. 사업의 성공을 전제하여도 사업대상 농가의 농업소득이 생계비를 크게 상회하여 농지, 농기계 등 고정자본 투자에 이르기까지는 많은 시간이 필요하였다.

자립안정농가 조성사업 대상농가의 입장에서 보면 사업 실패는 사업

1984, 26쪽.
66) ≪경향신문≫, 1966. 8. 20, 『안정농가 사업자금 주산지 조성에 내년부터』.

중단에서 비롯된 것일 수도 있다. 사업 대상농가의 경지면적과 소득은 모두 상승하였다. 지원과 관리가 3~4년 정도 지속되었다면 성공 사례가 발생하였겠지만 자립농가의 전형을 창출하기는 어려웠을 것이다. 당시 농가가 자립하기 위해서는 개별 농가의 생산력 증대뿐만 아니라 농촌사회를 주체로 한 농업구조 개선이 필요하였다.

박정희 정권은 현실적으로 기업농 체제에 대한 지향이 불가능한 상황에서 한정된 재원을 가지고 투자대상을 선별하였다. 농지개혁으로 창출된 수많은 영세 농가 가운데 더 경작규모가 작았던 농가는 사업대상에서 제외되었다. 농지개혁의 성과와 농가경제 안정을 위한 타협으로 볼 수도 있었으나 이로 인해 농업구조 개선에 대한 근본적인 성찰이 부재한 사업안이 만들어지게 되었다. 타협의 결과를 성공으로 보기는 어려웠다. 그나마 성급한 사업종료로 정부 지원과 정책을 통해 자립 농가가 창출될 수 있는가 확인할 수 있는 기회는 없어졌다. 이는 1960년대 농업구조 개선 논의의 실패를 의미하였다.

3. 농업구조 개선의 입법화

1) 농업기본법 제정

『농업기본법』은 1964년 2월 18일 공화당 국회의원 안동준(安東濬) 외 20명이 제안하였다. 내용은 농산물 자급도를 높이고 농촌 근대화를 촉진시키는 농업구조 개선안이었다. '안동준안'은 정부 차원의 농업구조 개선 논의가 사실상 중지된 상황에서 제출되었기 때문에 정부에서도 대책

을 수립할 필요가 있었다.[67]

이후 주무 부서인 농림부와 공화당 정책연구실에서 시안을 제출하였다. 안동준안과 농림부 안은 자립농과 협업경영, 농가경제 향상이란 면에서 방향이 일치하였다. 그러나 공화당 정책연구실안은 자본주의적인 근대에 초점을 맞춘 기업농화를 분명한 목표로 제시하였다. 제출된『농업기본법』은 기업농, 자립농, 협업농을 모두 수용한 타협안이었다. 기업농은 수출농업과 공업원료 생산업 부문, 자립농은 주곡부문, 영세농과 개척농은 협업농으로 육성한다는 것이었다.[68] 안동준안과 정부안의 내용은 모두 '일본의 기본법을 번역하다시피 한 것으로 조문의 자구와 배열에 이르기까지 거의 그대로 옮겨놓은' 실정이었다.[69] 제한된 시간과 한정된 자료, 인력 부족으로 제대로 된 법안이 나오기 어려운 상황이었다.[70]

당시『농업기본법』에 대한 논의는 대체로 기업농과 협업농을 미래 농가의 모습으로 보았다. 지향점은 영세농의 자립농화, 자립농의 기업농화였다. 현실적인 두 가지 난점으로 지적된 부분은 3정보 이상 농지소유를 금한 농지개혁법과 농민들의 토지에 대한 소유의식, 집착 때문에 협업을 통한 농업경영이 불가능하다는 점이었다.[71] 언론과 공개적인 정부 발표에서 언급하지 않은 이유는 과밀한 농촌인구였다. 농촌인구는 지나치게

---

67) 김성호 외, 앞의 책, 19쪽.
68) 조석곤·황수철,『농업구조조정의 좌절과 소득정책으로의 전환: 1960년대 후반 농지법 제정 논의를 중심으로』, 공제욱·조석곤 공편,『1950~1960년대 한국형 발전모델의 원형과 그 변용과정, 내부동원형 성장모델의 후퇴와 외부의존형 성장모델의 형성』, 한울아카데미, 2005, 292~294쪽.
69) 김성호 외, 앞의 책, 20쪽.
70) 이득용,『先公後私, 나의 반평생 기억 속 뒷이야기』, 지식공감, 2013, 165쪽.
71) ≪경향신문≫, 1966. 3. 16,『대담 기본법 제정 서두르는 우리 농사의 미래상』.

조밀하였고 생산력도 인구에 의지하였다. 영세 자작농이 자립농이 되고 자립농도 농촌에 잔류하는 상황에서 기업농의 등장은 당시 한국 농지사정상 가능하지 않았다. 『농업기본법』이 참조한 일본 농업기본법의 목표도 농지 1정보 이하 소유농가의 이농이었다.[72] 실제 일본은 1960년대 초반 대규모 이농이 이루어져 개별 농가의 경영규모를 확대하기 위해 농업기본법, 농업구조 개선 사업, 농지법 개정(상환제 완화)등을 기초로 한 기본법 농정에 착수하였다.[73] 그러나 한국은 여전히 농촌인구가 증가하는 상황이었다. 기경지를 전제로 한 농촌사회 재편은 지주제로의 퇴행, 급격한 도시빈민 증가라는 결과를 피할 수 없었다.

박정희 정권에게 『농업기본법』은 양날의 칼이었다. 법을 제정하고 시행하면 농정 방침뿐만 아니라 경제정책의 기조도 바꾸어야 했다. 그러나 농업 관련 정책이 가시적인 성과를 내지 못하는 상황에서 법 제정으로 선언적으로나마 농업과 농촌에 대한 정부의 의지를 천명하는 것도 필요하였다. 단기간 내 농촌의 현실에 적합한 법안을 만들기 어렵다는 점도 문제였다. 그러나 현실에서 『농업기본법』 제정에 시간이 소요된 원인은 농업과 농촌의 현실에 적절한 법 제정을 위해 논의하였기 때문은 아니었다.

『농업기본법』이 제기된 이후 2년 이상의 시간이 필요했던 이유는 한일회담, 사카린 밀수사건 등으로 인한 국회 공전 때문이었다. 『농업기본법』은 1967년 1월 16일자로 공포되었다. 최종안은 총 7장 30조로 총칙, 농

---

72) 결과적으로 일본의 농업기본법도 실패하였다. 일본의 농업기본법은 1정보 이상 소유한 자립가족농을 육성대상으로 하여 1정보 이하 농가의 이농을 전제로 수립되었다. 그러나 공업의 지방 분산으로 농가의 겸업이 확대되었고 일본 농지법이 이촌 후 농지소유를 금지함에 따라 농민이 탈농하는 경우에도 재촌 탈농의 형태로 계속 자작지를 보유하고 임대도 하지 않았다. 농가호수 감소에도 불구하고 방출농지가 발생하지 않아 구조개선의 여지가 없었다. 김성호 외, 앞의 책, 24~25쪽.

73) 한국농촌경제연구원, 『농지소유제도에 관한 조사연구』, 1983, 64~65쪽.

업생산, 가격과 유통, 농업구조 개선, 농촌복지와 문화향상, 농업행정 기구와 농업단체, 농업정책심의회, 부칙으로 구성되었다. 1장인 총칙은 농업경영 근대화, 농산물 생산력 향상을 통한 증산, 농업구조와 농촌 내 불합리한 경제구조 개선, 농가소득 증대를 목적으로 명시하였다. 이를 위해 정부와 지방행정기관은 필요한 행정·재정적인 조치를 수행해야 했다. 농업시책에 관한 문서, 연차보고, 농업관측, 조세감면 조치 등도 명시되었다. 2장은 농업생산 관련 구체적인 사항이며 3장은 가격 및 유통에 관한 규정이었다. 2장과 3장의 내용은 농촌진흥청, 『농산물가격유지법』, 농협 등에 관한 법으로 대체할 수 있는 조항이었기 때문에 선언적인 조치였다. 4장 농업구조 개선 조항이 실제 『농업기본법』의 목적인 '농업구조 개선안'이라 할 수 있었다. 이 가운데 제17~19조에 대하여 살펴볼 필요가 있다.[74]

제17조(자립가족농의 육성) 정부는 경영능률의 향상과 가족경영의 정상적인 노동보수 및 타 산업종사자와의 소유균형이 실현될 수 있도록 자립가족농을 육성함에 필요한 시책을 강구하여야 한다.
제18조(기업농·협업농의 조장) ① 정부는 수출 및 공업원료 농산물의 증산을 기하기 위하여 기업농을 조장함에 필요한 시책을 강구하여야 한다. ② 정부는 농업 생산성 향상을 위하여 농업생산단체의 조직을 조장하여 농업경영의 협업화에 필요한 시책을 강구하여야 한다.
제19조(농업경영의 세분화방지) 정부는 농업경영의 적정규모를 유지하기 위하여 농지의 세분화를 방지함에 필요한 시책을 강구하여야 한다.

『농업기본법』에서 제기한 협업화는 기존 농업구조 개선 논의의 협업화와는 달랐다. 농업구조 개선 논의에서 협업화는 농촌공동체 전체의 개

---

74) 『농업기본법』, 법률 제1,871호, 1967. 1. 26.

편으로 영세 자작농 구조도 개선하여 마을 전체를 하나의 자활력 있는 경제단위로 만드는 적극적인 안이었다. 하지만 『농업기본법』의 협업화는 자립가족농을 전제로 한 보조적인 의미의 협업화였다. 농업경영 세분화 방지와 기업농 조장은 선언적인 의미에 불과하였다. 전반적으로 이전 농업구조 개선책이 제기한 협업화, 협업개척농장 등의 지향에 한참 미치지 못한 수준이었다.

5장 농촌복지와 문화향상, 6장 농업행정기구와 농업단체는 관련 내용에 대한 원칙적인 사항이 확인되었다. 마지막으로 7장은 농업정책심의회의 구성에 관한 조항이었다. 대통령 소속하에 15인으로 구성될 농업정책심의회는 이전 농업구조정책심의회의 구성 및 역할과 크게 다르지 않았다. 전반적인 내용으로 볼 때 『농업기본법』은 크게 후퇴한 농업구조 개선안이었다. 당대에도 법시안의 내용이 상호 모순되거나 무의미한 용어의 나열이었다는 혹평을 받았다.[75]

이후 농업·농촌 정책이 『농업기본법』에 따라 시행되었다면 차차 현실에 부합하도록 개정되면서 법안의 문제도 해결하였을 것이다. 그러나 『농업기본법』의 실적은 없었다. 심지어 시행령과 시행규칙도 없었다. 법안에서 언급된 자립가족농, 협업농의 의미도 정의되지 않았고 농업정책심의회는 유명무실하였다. 매년 농림부가 법안에 의거 농업시책문서와 연차보고서를 제출하였지만 이에 따른 후속조치도 없었다.[76] 『농업기본법』에 따른 연차보고서의 내용은 농업의 전 분야를 망라하였으며 미래 전망까지 담고 있었다.[77] 상당한 노력을 요하는 작업이었으며 양적으로도 방대

---

75) 박현채, 『한국농업발전의 방향정립』, 1966, 고 박현채 10주기 추모집·전집발간위원회 엮, 『박현채 전집』6, 해밀, 2006.

76) 김성호 외, 앞의 책, 20~21쪽.

77) 농림부, 『1969년도 농업동향에 관한 연차보고서』, 1969; 농림부, 『1970년도

하였다. 그러나 작성자들조차 보고서의 효용을 의심할 정도로 활용되지 않았다.[78]

『농업기본법』이 사문화되었음에도 역사적인 의미를 갖는 이유는 1960년 대 박정희 정권기 농정의 성격과 변화를 보여주기 때문이었다. 박정희 정권이 궁극적으로 지향한 바는 기업농으로 보이지만 당시 농촌에서 가능하지 않은 안이었다. 때문에 협업농에 대하여 제기하였으나 이 또한 관련 사업 실패 등으로 실질적인 논의가 중단되었다. 박정희 정권이 농협 등의 자활력을 제거한 만큼 경제적인 자치를 의미하는 협업화가 추진되기는 어려웠다. 따라서 이보다 후퇴한 안이 『농업기본법』이었다. 『농업기본법』은 유야무야되었던 농업구조 개선 논의의 대체재로 활용되었다고 볼 여지가 충분하였다.

『농업기본법』이 제시하는 자립안정농, 기업농, 협업농이 등장하기 위해서는 『농지개혁법』 개정이 불가피하였으며 경제정책 전반의 방향전환도 요구되었다. 그러나 이후 확인할 수 있듯이 이를 위한 가장 기본적인 조치인 농지법 제정시도는 당시까지도 번번이 실패하였다. 또한 2차 경제개발 5개년 계획이 지향하는 농공병진 정책, 농어촌개발공사 설립 등도 『농업기본법』의 내용과 상반되었다.

『농업기본법』이 참조한 일본 농업기본법은, 농산물 가격을 시장에 맡기는 한편 수요에 대응한 선택적 확대(또는 선택적 축소)로 농업증진을 꾀하였다. 농업구조 개선으로 타 산업과 소득균형을 실현하고 생산성 높은 자립경영을 육성하여 산업으로서 농업의 자립이 목표였다.[79]

농업동향에 관한 연차보고서』, 1970.

78) 이득용, 앞의 책, 188쪽.

79) 데루오카 슈조 엮, 전운성 역, 『일본 농업 150년사, 1850~2000』, 한울아카데미, 2004, 189쪽.

하지만 당시 한국의 농지 소유구조 변경은 법적으로 불가능하였고 경제정책 방향은 농민에게 농업 외 소득을 보장해주는 것이었다. 『농업기본법』의 문제는 일본 농업기본법을 무비판적으로 참조하였기 때문이 아니라 일본보다 훨씬 열악한 상황임에도 일본이 실패한 조치를 그대로 답습한 데에서 비롯하였다.[80] 가장 큰 문제는 『농업기본법』이 농업구조 개선 논의의 종결이었다는 점이었다. 일본의 농업구조 개선계획은 농업기본법에 의거하여 10년 기한으로 작성되었다.[81] 한국의 『농업기본법』도 내용상 구체적인 농업구조 개선책을 수반하는 게 자연스러웠다. 그러나 『농업기본법』에 근거한 농업구조 개선 계획은 입안되지 않았다.

이후 농업 정책이 『농업기본법』에 전혀 강제 받지 않은 점을 고려하면 『농업기본법』의 사문화는 박정희 정권의 무성의에서 비롯한 결과라기보다 애초 입법의도가 정확하게 적용된 결과처럼 보인다. 1967년 제정된 『농업기본법』은 무려 30여 년간 폐지도 되지 않고 무력화되었다가 1999년 『농업·농촌기본법』으로 대체되었다.

2) 농지법 제정 추진

생산력 증대를 위한 농업구조 개선 방안은 기업농/협업농의 구도로 대립하였지만 생산, 판매, 구매 등 단위가 대규모화되어야 한다는 점에는 대부분 동의하였다. 이를 가능하게 하기 위해서는 농지 소유자격, 매매, 소유한도 등에 대한 구체적인 규정이 필요하였다. 기존의 농지개혁법은 농지개혁으로 변화된 현실에 대응하기에는 다음과 같은 문제가 있었다.

---

80) 일본의 농업기본법은 농지임대와 비농가의 농지소유를 금지한 법안, 농촌 인근 일자리 창출로 농촌인구가 탈농하더라도 이농하지 않으며 실패하였다. 김성호 외, 앞의 책, 24쪽.
81) 총무처, 『일본농업구조개선계획개요발췌』, 1962, 95쪽.

첫째, 획일적인 상한선 설정으로 경영규모 개선과 기계화가 저해되었다. 둘째, 경영능률 향상을 위한 법인형태의 협업경영이 불가하였다. 셋째, 무질서한 농지전용과 토지투기로 인한 황폐화 규제안이 없었다. 넷째, 토지제도 면에서 이용도 저하 방지방안을 찾기 어려웠다. 다섯째, 타인이 경작할 경우 경작자 보호가 불가능하였다.[82] 무엇보다 농지개혁법은 농지개혁의 완수로 법의 존재 이유가 소멸될 수밖에 없었다. 따라서 농지개혁법을 대체할 수 있는 농지법이 필요하였다. 농지의 소유와 방법, 소유권의 내용과 한계를 정의할 필요가 있었다.

농지법 제정은 이승만 정권기인 1958년에 1차로 시도되었다. 당시 입안된 농지법 초안의 목적은 '농지를 농민이 소유·경작하게 해 농민생활의 안정과 향상을 보호 조장하며, 농업 생산력을 증진하기 위해 농지에 관한 소유의 한도와 방법 및 소유권의 내용과 한계를 제정'한다는 내용이었다. 3정보 상한선과 3단보 하한선을 설정하여 중농으로 농가를 관리하겠다는 의지가 담겨 있었다. 농지개혁 이후 점차 농지를 소유하지 못한 농가와 대농의 경작지가 증가하는 경향이 있었기 때문에 소유의 상한과 하한을 엄격히 한 1차 농지법안의 내용은 당시 시류에 부합하였다.[83] 하지만 대통령 선거를 앞두고 상정이 무산되었다.

2차 농지법 제정은[84] 군정기인 1961년 9월에 시도되었다. 전반적인

---

82) 농림부 농지국, 『농지법 제정에 관한 참고자료』, 1973, 5쪽.

83) 한국농촌경제연구원, 『농지소유제도에 관한 조사연구』, 1983, 82~83쪽.

84) 2차 농지법은 1961년 9월에 농지법안이 제출되었다. 주요 내용은 다음과 같았다. 농가자격은 자경농가, 농지소유 상한제(3정보)와 하한제(3단보)였으며 거주제한(거주지 리동 및 인접 리동에 한함)을 두었다. 타지에서 농경하는 행위는 일시 이농을 제외하고 금지하였고 적발 시 경매 처분을 명시하였다. 전체적으로 1차 농지법 제정 시도 시 내용과 크게 다르지 않았다. 한국농촌경제연구원, 『농지제도개선관계자료집』제2집, 1983, 2-11쪽.

내용은 1차 농지법 입안 시와 유사하였다. 그러나 1962년 2월, 내각 비서실의 반대의견으로 무산되었다. 경제개발과 민정 복귀를 앞둔 상황에서 농지법 제정은 평지풍파를 야기할 수 있으며, 농지소유 최고 한도를 3정보로 제한하는 것은 농업자본 자체 축적을 저해하고 농업기술 향상을 억제함으로써 농업 생산력 증진, 농업경제 발달을 저해하기 때문에 농촌이 결국 도시산업 자본의 수탈대상이 될 수밖에 없다는 입장이었다. 내각 비서실은 농지개혁의 골간이 된 철학과 내용을 모두 부정하였고, 경제적인 평등보다 산업 발전에 대한 지향을 드러냈다.[85] 이후 기업화-협업화 논쟁에서 드러난 박정희 정권의 기업화 지향이 이미 1960년대 초반 농지법안 입안 시 반영되었음을 확인할 수 있다. 불과 4년 만에 농지법에 대한 정부의 입장이 완전히 바뀐 사실도 알 수 있다.

1962년 3월 최고회의 의장 박정희는 농지법 제정 보류를 직접 지시하였다. 이후 민정 이양에 대한 정치적인 부담으로 농지법 제정 시도는 상당기간 동안 중단되었지만 박정희 정권은 이면에서 농지법 제정을 준비하였다. 농림부는 1965년 위스콘신대학 파슨 박사에게 한국 토지문제에 대한 파악을 의뢰하였다. 농림부·경제기획원·USOM과 한국토지경제연구소 간 농지제도에 관한 연구용역도 체결되었다.[86]

1960년대 중반 농지법 제정이 다시 시도되었다. 1967년 6대 대통령 선거에서 박정희는 '식량과 비료를 완전 자급자족하고 농촌구조를 기업농업'으로 육성한다는 공약을 내세웠다. 농림부는 이에 호응하여 3정보 소유상한을 철폐하고 농민의 자경능력에 따른 무제한 농지소유 허용과 소유 하한 철폐를 골자로 한 농지법 초안 기초요강 마련에 착

---

85) 조석곤·황수철, 앞의 논문, 284~286쪽.
86) 농촌진흥청, 『농정 변천사(하), 한국농업 근현대사 제3권』, 2008, 166~167쪽.

수하였다.[87]

농지법 제정시도 외에도 농지개혁을 무력화할 수 있는 별도 입법조치가 취해졌다. 『농지개혁법』에 의하면 농지담보는 불가능하였다. 하지만 1966년 8월 3일자로 『농지담보법』이 공포되었고 이듬해 개정되었다.[88] 『농지담보법』은 『농지개혁법』상 농지에 대한 담보제공을 가능하게 하였다. 법에서 규정한 농가는 『농지개혁법』 제3조, 제12조에[89] 의한 가구당 총 경영면적 3정보를 초과하지 않는 농지 소유자를 의미하였다. 또한 농지 저당권을 행사하여 경매를 2회 실시하여도 경락자가 없을 때에 농지 저당권자는 『농지개혁법』에도 불구하고 담보농지를 인수할 있었다. 농지 저당권자가 인수한 농지는 농가 또는 농가가 될 수 있는 자에 임대 또는 위탁 경영시킬 수 있었고 이 경우 경매 개시 당시 담보농지 소유자에게 우선권을 줄 수 있었다. 완전히 『농지개혁법』을 무효화할 수 없기 때문에 몇 가지 제한사항은 있었다. 농지 저당권자는 농협 및 대통령령이 정하는 법인에 한하였고 농지 저당기관은 이 법에 의한 대부금에 대하여 선이자를 받거나 이자를 원금에 가산할 수 없었다. 그러나 몇 가지 제한사항에도 불구하고 『농지담보법』은 농지개혁에 대한 사실상 부정이었다.

1967년 11월 농지법안 기초요강이 성안되었다. 여론 수렴과 중앙농지위원회를 거쳐 작성된 농지법안 기초요강에서는 농지소유 상한제 철폐, 영세농의 표준규모 농가로의 육성 대책 등이 제시되었다. 같은 해 말에는 새로운 농지제도에 대한 여론 환기를 위해 『농지제도의 개황』이란 제

---

87) 한국농촌경제연구원 편, 『한국농정 50년사』I, 농림부, 1999, 230~231쪽.
88) 『농지담보법』, 법률 제1,813호, 1966. 8. 3.
89) 제3조 본법에 있어 농가라 함은 가주 또는 동거 가족이 농경을 주업으로 하여 독립생계를 영위하는 합법적 사회단위를 칭한다.
    제12조 농지의 분배는 농지의 종목, 등급 등 농가의 능력 기타에 기준한 점삭제에 의거하되 1가당 총 경영 면적 3정보를 초과하지 못한다.

목의 자료가 각급 관공서, 학교, 언론, 사회단체 등에 배포되었다. 그러나 1967년 11월, 1968년 2월 개최된 농지법심의 소위원회에서는 여전히 농지소유 상한제 폐지에 소극적이었다. 1968년 4월 공화당은 농지소유 3정보 상한제를 유지하되 그 이상 소유 시 허가를 받도록 하고 기업농 육성조항을 삭제한 수정안을 제출하였다. 이후 경제장관 회의에서 허가제를 정부 원안인 등록제로 수정한 안을 논의하였다. 같은 해 6월 대통령이 주재한 당정 협의에서 기업농에 대해 허가제로 환원하되 기업농 육성을 명시한 수정이 이루어졌다. 이에 따르면 기업농은 대통령령이 정하는 자본·기술과 장비를 갖추어 확대 재생산을 지속할 수 있는 경영단위로 정부나 지자체 소유 토지를 대부받을 수도 있었다.[90]

　농지법 심의과정을 살펴보면 박정희 정권의 본심은 상한제 폐지와 기업농 육성에 있었음을 알 수 있다. 하지만 농지소유 상한제를 지지하는 여론에 의하여 공화당에서 제동이 걸렸다. 결론은 기업농을 허가제로 하면서도 육성방안을 제시하는 기묘한 제도로 절충되었지만 쟁점이 된 농지소유 상한제가 유지되었다는 점에서 여론에 대한 정부의 굴복처럼 보였다. 그러나 기업농의 3정보 이상 소유를 인정하였기 때문에 박정희 정권의 의도가 관철될 수 있는 활로를 열었다고 볼 수 있다. 농지법을 둘러싼 논의는 여기에서 그치지 않았다.

　1968년 7월 4일 국회에 『농지법(안)』이 제출되었다. 법안에 대한 제안 설명이 이루어진 시기는 1969년 12월 8일이었다. 이 사이 박정희 대통령의 지시로 1차 보완작업이 이루어졌다. 1차 보완작업 기간은 1969년 10월에서 1970년 5월 사이였다. 대통령이 지시한 주안점은 첫째, 영농능력이 있는 자는 큰 제약 없이 농지를 소유·경작할 수 있게 할 것, 둘

---

90) 농촌진흥청, 『농정 변천사(하), 한국농업 근현대사 제3권』, 2008, 168쪽; 조석곤·황수철, 앞의 논문, 289~292쪽.

째, 농지 유휴화와 생산력 저하 방지를 위하여 농지에 대한 투기행위는 철저히 방지 규제할 것, 셋째, 입법추진 시기와 방법은 당 간부들과 협의 결정할 것 등이었다. 이후 2차 보완(1970.5~70.12)과 3차 보완(1971.1~71.5)도 진행되었다. 세 차례 수정과정에서 우선 농민에 대한 정의가 달라졌다. 국회 제출안에서 농민은 자영농, 농산법인, 기업체로 구분되었다. 보완 수정안은 자경 및 자영을 통합하는 개념으로 농민을 제시하였다. 기업농의 3정보 이상 소유 허가 시에 농지 매매 행정기관 인증제, 등기 인증서 교부제 등을 신설하여 기업농의 신규 농지취득을 제한하였다. 농지담보를 허용했던 조항은 삭제되었다.[91] 농지 매매, 기업화를 자유롭게 하고자 한 박정희 정권의 의도가 국회에서 제동이 걸렸음을 의미하였다.

논란이 된 기업농 육성에 관한 부분은 3차 보완에서 1971년 1월자 농림부 자료제출 시부터 삭제되었다. 일반 자립가족농 육성에 관하여 아무런 규정을 두지 않으면서 기업농 육성에 관하여만 규정함은 불평등한 점으로 지적되었다. 이를 보완하기 위해 제시된 규정은 소유 허용기간 경과 농지(상속, 경매 등에 의한 일시취득농지) 매수, 전업코자 하는 자의 농지매수, 개간 가능지 매수와 농지조성 등이었다. 이러한 방법으로 조성한 농지는 자립가족농 육성대상자에게 연부상환 조건으로 매도하고 농협이 실무·금융적으로 지원하는 안이 제시되었다.[92] 하지만 기계화된 농업이 미진했던 상황에서 이 같은 방법으로 3정보가 넘는 대농이 등장하기는 어려웠다. 당시까지 개별 농가에게 3정보 상한제 완화 또는 폐기

---

91) 국회 제안 이후 농지법안 수정과정에 대한 내용은 '농림부 농지국, 『농지법 제정에 관한 참고자료』, 1973, 6~12쪽; 한국농촌경제연구원, 『농지제도개선관계자료집』3집, 1983'을 참조.
92) 농림부 농지국, 『농지법안의 주요문제점과 보완방안개요』, 1971, 7~8쪽.

는 별다른 의미가 없었다. 그럼에도 불구하고 법안에 대한 반대 여론은
완강하였다.

　　반대 여론에 압력을 받은 국회의원들은 『농지법(안)』 심의를 기피하여
1971년 5월, 7대 국회 회기 만료에 따라 자동으로 폐기되었다. 그러나
폐기 직후부터 농림부와 공화당은 새로운 농지법 제정을 시도하였다.[93]
결과적으로 이 또한 실패하였지만 정치적인 부담이 큰 사안이었음에도
불구하고 정부와 여당이 농지법 제정을 포기하지 않았음을 보여준다.
특이한 점은 박정희 정권이 의도한 농지상한제 철폐와 기업농 육성이라
는 기조에 맞서는 논리를 제시한 주체가 농림부였다는 것이다. 농지소유
상한 철폐, 기업농 인정 등의 내용을 담은 법안이 마련된 이유는 '청와
대의 압력' 때문이었다.[94] 정부수립 이후 농림부가 정부의 경제정책 기조
에 맞서 농업의 중요성과 특수성을 강조하였는데 이러한 성격이 박정희
정권 출범 이후에도 일정 정도 유지되었음을 확인할 수 있다.

　　1972년 2월 농림부는 농지제도 개선을 위한 여론조사를 실시하였다.
같은 해 6월 공화당은 농지법안을 심의하였다. 그러나 여전히 시기상조
론에 밀렸다. 1973년 12월 농민 대상 여론조사에서는 소유자격을 농가
에 한정하자는 여론이 여전히 높았으나(67%) 3정보 상한 존속주장(34%),
임대차 허용요구(86.9%) 등에 대한 응답에서 농민의 인식변화가 감지되
었다. 이후에도 몇 차례 농지법 제정이 추진되었지만, 여당 또는 청와대
에 의해 유보되었다. 해방 이후 농지법은 무려 7차례에 걸쳐 제정이 시
도되었다. 농지법에 대한 논의는 40여 년간 이루어졌다. 한번 입안될 때
마다 정부 관련부서, 농림부, 국회에서 수차례 수정되었다. 쟁점에 대한

---

93) ≪매일경제≫, 1971. 6. 26, 『농수산 관계법 등 개정키로 농경지전용 규제』;
　　≪동아일보≫, 1971. 7. 24, 『공화정책위서 심의 농지법 새로 제정』.
94) 김성호 외, 『농지개혁사연구』, 한국농촌경제연구원, 1989, 1,073쪽.

박정희 정권의 입장은 일관되었다.[95]

농지법 제정을 시도한 박정희 정권도 집요하였지만 이에 관한 반대여론도 끈질기다고 할 수밖에 없었다. 주목할 점은 상당수 정책을 사회적인 갈등과 상관없이 일방적으로 추진하였던 박정희 정권이 유독 농지법 제정에 실패할 수밖에 없었던 이유였다. 또한, 농지법 제정과정이 추진과 실패라는 면에서만 볼 수 있는지도 생각해볼 여지가 있다.

농지법의 쟁점은 농지소유 상한제 완화, 임대차 허용, 기업농 추진 등 농지개혁과 헌법조항의 골간을 건드리는 부분들이었다. 농지법 제정이 지체되었다는 데에 초점을 맞추면 마치 농지소유 상한제 철폐, 임대차 허용, 기업농 육성 등이 당연히 허용되었어야 할 사안처럼 보인다.

농지법 제정으로 농업이 발전하고 농가경제가 나아질 거라 확신하기는 어려웠지만, 단기적인 부작용은 명확하였다. 농촌이 압도적인 인구를 차지하고 도시가 여전히 이농인구를 흡수할 수 없는 상황에서 급격한 기업농화와 도시화로 농촌경제가 변화를 겪었다면 협업화와 기업화에 따

---

95) 조석곤, 『20세기 한국토지제도의 변화와 경자유전 이데올로기』, 안병직 편, 『한국경제성장사, 예비적 고찰』, 서울대학교 출판부, 2001, 353~356쪽.

 * 1958~1979년 농지법 제정논의 양상

시기	쟁점			중단사유
	소유자격	소유상한	임대차	
1차(1958.6~59.4)	농민	3정보	금지	3.15선거
2차(1961.8~65.10)	농민	3정보	금지	민정이양
3차(1967.2~68.12)	자경, 자영, 농기업	3정보(기업농에 완화)	규제	국회폐기
4차(1969.10~71.6)	자경, 농산법인	3정보(법인에 완화)	규제	여당유보
5차(1971.9~77.12)	농민, 농사조합	상향조정	제한	여당유보
6차(1978.2~79.10)	농민, 농사조합	8정보	허용	여당유보
농지법	농업인, 농업법인	폐지(진흥지역 외 5㏊)	허용	1994년 제정

라 양상이 달라졌겠지만, 대규모 이농은 피할 수 없었을 것이다. 특히 기업화가 잘 되었을 경우를 상정하여도 기경지에 대한 도시자본 투자가 몰려 다수 농민이 피해를 볼 가능성이 농후하였다. 농협을 중심으로 농촌사회 자체의 강화, 농공병진 정책을 통한 농가 농외소득 비중 증가가 전제되지 않는 한 농지법 제정은 시기상조였다.

4. 소결

농지개혁 이후 한국농촌에는 새로운 전망이 필요하였다. 영세 자작농가의 자립방안을 공업화에 따른 이농, 경작 규모의 문제로만 환원시킨다면 농지개혁으로 확립된 경자유전의 원칙에 대한 역사적인 부정이었다. 이는 당시 농촌에서 명분으로도 현실적으로도 받아들이기 어려웠다. 농업과 농촌의 경제적인 생존과 발전에 대한 장기적인 대안이 필요하였다.

농촌사회 재편과 농업 생산성 향상을 위한 농업구조 개선 논의는 1960년대 초중반 이후 구체화되어 협업개척농장 사업과 자립안정농가 조성사업이 실시되었다. 협업개척농장 사업은 협업에 대한 농민들의 인식, 민주주의를 전제로 하였다. 사업의 성공을 위해서는 무엇보다 농장 자체의 경제적인 자조능력이 필요하였다. 당시 협업개척농장에 참여한 농민들이 이러한 조건을 갖추지 못하기도 하였지만, 농업 협업화에 대한 박정희 정권의 의지도 의심할 수밖에 없는 상황이었다.

협업개척농장 사업 실패와 변질 속에서 농업구조 개선에 대한 최소한의 시도는 자립안정농가 조성사업에서 이루어졌다. 자립안정농가 조성사업은 경제적으로 자립가능성이 있는 1만 호의 농가를 선정하여 지원하는 정책이었다. 하지만 기한과 예산도 채우지 못하고 주산지 조성사업으로

변경되었다. 농가에 초점이 맞추어진 자립안정농가 조성사업과 농업총생
산 향상이 중심인 주산지 조성사업은 완전히 다른 종류의 정책이었다.

박정희 정권은 정책전환을 현실화하기 위하여 노력하였다. 기존 농정
방향의 출구전략을 마련하였고 한편으로는 법제도의 현실화를 시도하였
다. 이 시기 제정된 『농업기본법』은 내용상 농업구조 개선의 제도화였다.
그러나 시행방안이 없는 법조항으로 정책이 실시될 수 없었다는 점 때문
에 실제로는 기존 농업구조 개선 정책을 마무리하기 위한 수순이 되었다.
제정된 법을 사문화하는 방법으로 농업구조 개선 시도는 무력화되었다.

농지법 입안은 1950년대에는 농지소유 상한제와 하한제를 구체화하
여 엄격히 하려 한 시도였으나 박정희 정권기 이후에는 소유자격과 상한
제 완화, 임대차 허용 등 농지개혁을 부정하려 한 시도였다. 농림부의 이
견, 국회의 반대 등으로 실현되지 못하였다. 농지개혁에 대한 노골적인
부정은 박정희 정권도 성공하지 못하였다. 일제 강점기 지주제를 거쳤던
농민여론은 농지법 제정을 받아들일 수 없었다. 시대착오처럼 보였던 농
지법 제정 반대는 단기적으로 농촌의 혼란을 막은 효과가 있었다. 당시
상황상 기업이 농업에 대규모로 투자하는 것도 비현실적이었다. 농지법
으로 농지의 소유와 임대가 자유로워진다고 농업발전을 장담하기는 어
려웠다.

농업구조 개선사업과 관련 입법조치는 1960년대 박정희 정권기 농정
의 모순을 보여주었다. 박정희 정권이 농지개혁에 대한 부정으로 보이는
조치를 취하기는 불가능하였다. 농업구조 개선 시도는 농지개혁 이후 새
로운 농업과 농촌에 대한 논의였다. 따라서 농지개혁 이상의 정부 지원
과 행정력이 필요하였다. 이는 상당한 정치·경제적인 부담을 수반할 수
밖에 없었지만, 부담에 비해 당장에 기대할 수 있는 효과는 적었다.

박정희 정권으로서는 농촌사회가 아니라 정부와 자본이 주도하는 농

산물 생산 증산이 매력적일 수밖에 없었다. 농업구조 개선사업의 실패와 왜곡, 입법 활동은 1960년대 박정희 정권의 농업·농촌에 대한 선택을 보여주었다.

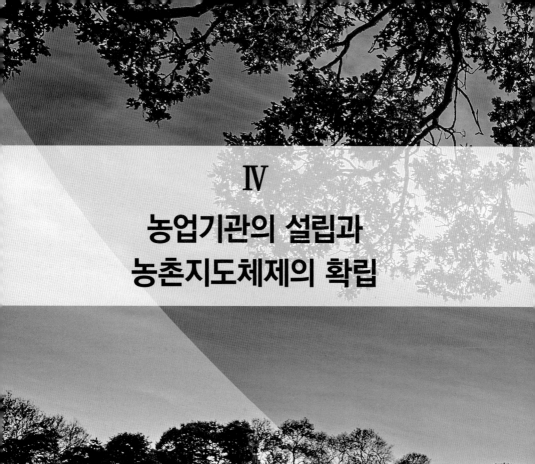

IV
농업기관의 설립과
농촌지도체제의 확립

1. 지역사회개발사업의 변화와 농촌진흥청의 설립

1) 지역사회개발사업의 개편

정부가 직접 농촌의 역량 강화를 추진하는 지역사회개발사업은 1950년 대부터 실시되었으나 5.16쿠데타 이후 군인과 지식인의 결합, 미국의 지원이 조우하여 새로운 정책이 되었다.

2차 세계대전 이후 UN에서 제기한 지역사회 개발의 개념은 다음과 같았다. '첫째, 정부의 지원하에 일정한 지역사회, 특히 촌락의 주민들에 의하여, 둘째, 주민들의 생산 증대와 생활수준의 향상을 기하기 위하여, 셋째, 주민들의 자발적인 조직을 통하여 공통적 또는 개별적인 수요와 문제를 결정하고, 넷째, 그 해결을 위하여 주민참여 하에 공통적 또는 개별적인 계획을 수립하며 이를 협동적으로 실천·대행하는, 다섯째 종합적인 사회개선운동'을 의미하였다. 정부는 주민들이 자주·자조적인 활동으로 수요를 충족하거나 문제를 해결하도록 하고 그들의 힘으로 해결할 수 없는 기술·물자 기타 재정만을 보충·지원하는 게 원칙이었다.[1] 영세 농가가 인구의 다수인 한국농촌에 필요한 사업이었다.

한국 지역사회개발사업의 배경에는 미국이 있었다. 1950년대 냉전으로 미·소 간 경쟁이 격화되어 두 나라는 모두 저개발국, 신생국가들을 자기 진영으로 끌어들이기 위해 노력하였다. 이에 따라 자국의 발전상을 이상적인 모델로 선전하고 지원하였다. 미국은 기술원조로 후진국들이 근대화와 국가통합을 추진하도록 지원하여 자연스럽게 미국체제를 목표로 지향하게 만들고자 하였다. 한국전쟁 이후 미국은 한국사회 안정화를 위하여 농촌사회 개편에 적극적으로 개입하였다. 농촌진흥사업, 부

---

1) 채병석, 『지역사회개발사업을 논함』, ≪농림과학논문집≫1, 1967, 149쪽.

락봉사사업, 신생활 사업 등 개별적으로 진행되던 지역사회개발사업은 1957년에 통합되어 UNKRA[2], 원조기관인 ICA[3], OEC[4] 등이 담당하였다. 사업성격은 구호에서 점차 사회경제 발전으로 변화하였다. 1957년 이전 유엔이 주도하던 지역사회개발사업은 이후 미국의 OEC와 ICA가 담당하였다.[5]

1957년 6월, 한미합동경제위원회에서도 지역사회개발사업에 대하여 적극적으로 논의하여 사업 추진을 위한 한미합동 실무반이 조직되었다. 정부에서 농림부, 보건사회부, 문교부, 상공부, 내무부, 부흥부의 인사들이 참여하였고 미국 측인 OEC에서는 지역사회개발국 관계 분야 대표들이 참여하였다. 이들이 구성한 조사반은 경기도 광주의 4개 지역당 2개 부락을 선정하여 지역사회개발사업의 실시 가능성을 타진하였다.[6]

조사반은 사업추진 가능성에 대하여 긍정적으로 평가하였다. 마을마다 있는 저소득층 불완전취업 노동력이 바른 지도력과 결합하면 지역사회 발전의 가장 큰 자원이 될 수 있으며 상부상조 전통에 입각한 한국의 대가족 제도도 지역사회개발사업의 성격과 유사하다고 보았다. 1957년 한미합동경제위원회 산하에 지역사회개발 분과위원회가 설치되었고 본격적인 사업은 1958년부터 시작하였다. 이듬해 부흥부에 지역사회개발

2) United Nations Korean Reconstruction Agency(국제연합 한국재건단): 1950년 12월 1일 국제연합 총회 결의에 따라 한국의 부흥과 재건을 돕기 위해 설립되었던 기구.
3) International Cooperation Administration(국제협력처): 미국 국무부 국제개발청(USID)의 전신.
4) Office of the Economic Coordinator(경제조정관실): 효과적인 원조운영을 위해 1953년 8월, 유엔군 총사령부 휘하에 설치됨.
5) 허은, 『1950년대 후반 지역사회개발사업과 미국의 한국농촌사회 개편 구상』, ≪한국사학보≫17, 2004, 279~284쪽.
6) 농촌진흥청, 『한국의 지역사회개발사업』, 1969, 210쪽.

중앙위원회, 지방행정기관에 각급 위원회가 설립되었다.[7]

지역사회개발 중앙위원회 위원장은 부흥부 장관이었으며 위원은 내무부, 문교부, 농림부, 보사부, 부흥부 차관이었다. 도지사와 군수 등 각급 지방행정기관장은 동급 지역사회개발 위원회의 위원장이 되었다.[8] 또한, 대통령령에 의해 지역사회개발사업을 '일정한 지역 내의 주민이 생활의 개선과 향상을 위하여 집단적 또는 개별적으로 계획을 수립하고 실천 수행하는 사회개선사업'으로 정의하였다.[9]

지역사회개발 중앙위원회는 부흥부가 통솔하였지만, 협의체였기 때문에 위상이 불안정하였다. 협의체로서 영향력을 발휘하기 위해 정부 여타 부처와 정권 차원의 적극적인 지원이 필요하였으나 이승만 정권은 미국만큼 지역사회개발사업에 적극적이지 않았다. 그러나 재정 부담 감소, 대상국의 자생력 상승을 목적으로 한 미국의 정책과 의도를 잘 이해한

7) 허은, 앞의 논문, 285~296쪽.
8) 농촌진흥청, 『한국의 지역사회개발사업』, 1969, 215쪽.

* 1958.9.2~1961.5.30 지역사회개발 위원회 조직도

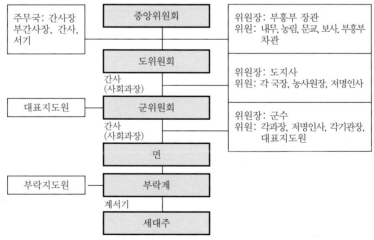

9) 『지역사회개발위원회규정』, 대통령령 제1,394호, 1958. 9. 2.

담당 관료들의 등장으로 지역사회개발사업의 한국화는 가속화되었다. 지도원이 지역에 파견되었고, 부락 자체 지도원을 양성하여 지도원 없이도 자체적으로 사업을 수행할 수 있는 체제 수립을 목표로 삼았다. 매년 사업이 확대되어 예산은 1958년 5천만 환에서 1961년 6억 5천만 환, 지도원은 22명에서 83명, 시범부락은 10개에서 274개로 증가하였다.[10]

1958년 11월 지역사회개발사업 중앙위원회가 개최되어 사업계획과 추진방법에 대해 협의하였다. 지역사회개발사업 지방위원회는 부락 단위에서 주민과 지도원이 수립한 사업계획이 추진될 수 있도록 예산과 기술을 지원하였고 지방행정기관이 실시하는 각종 개발사업과 상호 연계되도록 조정하는 역할을 담당하였다. 지역사회개발사업은 자조사업과 보조사업으로 구분되었다. 자조사업은 주민들의 노력과 자본으로 추진할 수 있는 부문이었다. 소규모 교량·제방·수리시설, 마을회관 건설, 학습포 설치, 공동생산, 퇴비증산, 학습단체 조직 등이었다. 보조사업은 정부나 기타 기관으로부터 보조받아 추진하는 사업이었다. 주민이 자력으로 할 수 없는 토목, 사회문화, 보건위생, 생활개선 사업 등이었다. 보조사업도 주민의 필요와 관심, 자원에 의거하는 것이 원칙이었기 때문에 전체 경비의 50% 이상은 주민이 담보하였다. 농촌진흥청과 통합 전인 1961년까지 보조사업은 818개, 시범부락에서 1,271건이 추진되었다. 보조사업 가운데 산업경제 분야가 절반이었고 나머지 영역은 토목건설, 사회문화, 보건위생, 생활개선 등이었다.[11] 기본적으로 자조사업과 보조사업 모두 농민의 자발성을 추구하였다.

5.16쿠데타 이후, 지역사회개발사업 확대가 천명되었다. 그러나 군사

---

10) 허은, 앞의 논문, 289~292쪽.

11) 지역사회개발동우회, 『한국의 지역사회개발사업』, 2002, 40~41쪽; 한국농촌경제연구원 편, 『한국농정 50년사』II, 농림부, 1999, 2,072~2,077쪽.

정부의 성격상 독자적인 사업보다 농업 정책 목표 실현을 위한 여러 수단 가운데 하나로 활용될 가능성이 농후하였다.[12] 실제로 지역사회개발 중앙위원회는 폐지되었다. 부흥부를 계승한 건설부가 지역사회개발사업을 담당하였다. 지역사회개발국이 설립되었고 산하에 기획감사과, 지방지도과, 공보훈련과를 두었다. 도·군으로 이어지는 지역단위는 이전과 동일한 조직체계였다. 조직개편이 이루어진 지 한 달도 되지 않은 1961년 7월 지역사회개발사업은 건설부에서 농림부로 이관되었다. 정부가 조직했지만, 자발적인 국민운동을 표방한 재건국민운동의 향토개발부와 업무영역이 중복되어 혼선도 있었다.[13] 군사정부의 지역사회개발사업 개편은 사업체계를 일원화하였으나 동시에 정부 부처 일개 부서가 전담하는 업무로 사업의 성격을 변경시켰다.

5.16쿠데타 이후 지역사회개발사업의 시범부락, 대상부락, 지도원 수는 비약적으로 증가하였다. 1960년 262개에 불과했던 시범부락은 2년 후인 1962년 2,137개로 늘어났다.[14] 그러나 1962년 농촌진흥청 사업에 편입된 이후 명칭이 시범농촌건설 사업으로 변경되었다. 종전 자연부락 단위 개발방식에서 지리·사회경제적 이해관계를 공통으로 하는 여러 부락 단위(농촌진흥시범지역) 개발방식으로 전환되어 점차 정부주도 식량증산 운동의 성격이 강해졌다.[15]

지역사회개발사업의 변화는 군사정부의 속성이 기존 정책에 미친 영향을 보여주었다. 농촌진흥청의 사업주도는 농업·농촌의 독자성과 특수성을 존중하여 전문성을 강화한 조치로 볼 수 있다. 그러나 사업의 목적

---

12) ≪경향신문≫, 1961. 6. 2, 『혁명정부의 기본경제정책이 의미하는 것』.
13) 농촌진흥청, 『한국의 지역사회개발사업』, 1969, 217~218쪽.
14) 지역사회개발동우회, 『한국의 지역사회개발사업』, 2002, 81쪽.
15) 김정중, 『지역사회개발사업의 현황과 과제』, ≪건국학술지≫10, 1969, 196쪽.

이 협소화될 여지도 충분하였다. 농촌 민주화와 자율성을 통해 경제적인 자립을 지향한 지역사회개발사업은 점차 단기적인 목표에 종사하는 정부 부처 업무로 변화하였다.

1963년 재건국민운동본부에서 두 차례 지역사회개발사업을 이관 받고자 하였다. 전통과 민족을 강조한 재건국민운동과 지역사회개발사업은 애초 지향이 상반되었지만 재건국민운동본부가 민간운동의 성격을 띠었기 때문에 공통점도 있었다. 그러나 농촌사회에 대한 정부주도를 강조한 박정희 정권이 이를 받아들일 리 만무하였다.[16]

지역사회개발사업 조직 편제는 점차 농업·농촌의 전문성이 강조된 듯 보였다. 그러나 여러 정부 부처가 참여하는 범정부적인 운동에서 정부 부서 일개 국에서 담당하는 업무로 축소된 점은 부정할 수 없었다. 농사원을 계승한 농촌진흥청이 기관의 확장뿐 아니라 독자성을 확보하였다면 지역사회개발사업의 독자성도 담보되었겠지만, 농촌진흥청 역시 정부에 부속된 기관이었다. 1963년 이후에는 지도원 1인이 담당한 부락이 많아져 효과적인 지도가 불가능하였다. 예산과 투입된 지도원 수의 변화 없이 사업의 독자성만 상실하였다.[17]

1964년 식량증산 7개년 계획을 위하여 410개의 농촌진흥청 지소가 설치되었다. 883명의 지역사회개발 지도원은 지소에 배치되어 일반 지도원과 함께 농촌지도사업 전반을 담당하였다. 동시에 군지도소에서 지역사회개발 특수지도사가 농촌전역에서 실시된 지역사회개발사업에 관련하여 일반 지도사를 지원하게 되었다. 이후 사업규모도 축소되었다. 또한 정부의 영향력이 강해졌지만 반대로 농민 자체부담 비율은 증가추세

---

16) 허은, 『5.16군정기 재건국민운동의 성격-'분단국가 국민운동'노선의 결합과 분화-』, ≪역사문제연구≫11, 2003, 38쪽.
17) 김정중, 앞의 논문, 195~196쪽.

였다.[18] 지역사회개발사업의 성격상 농민 자체부담 증가가 잘못된 일은 아니었다. 농민의 역할이 강화된 것이기 때문에 오히려 사업의 긍정적인 성과로 평가할 수 있었다. 실제 당시 정부 평가도 이와 같은 관점을 취하고 있다.[19] 그러나 이를 근거로 사업이 활성화되었다고 보기는 어려운 면이 있었다.

1965년 강원도 홍천군을 대상으로 한 지역사회개발사업 조사보고서는 1960년대 박정희 정권기 지역사회개발사업의 현황과 한계를 보여주었다. 강원도 홍천군의 지역사회개발사업은 부락공동사업과 개인자조사업으로 구분되었고 국제지역사회개발협회가 지원주체였다. 사업자금은 무이자로 부락당 1,000달러씩 융자되었다. 부락공동사업에는 400달러 정도가 2년 또는 3년 상환으로 융자되었다. 좋은 조건이었지만 사업이 성공하지 못하면 부채를 상환할 수 없으므로 경제적으로 이윤이 큰 사업을 장려하였다.[20]

주민들이 지역개발계를 조직하여 추진한 부락공동사업은 저수지, 오정(塢精), 축우, 교육사업 등으로 주민 공동의 이익이 되는 사업이었다. 부락공동사업에 대한 융자는 담보대출이 아닌 신용대출에 의한 연대책임제였기 때문에 사업 선정 시 경제적인 효과가 우선순위가 되어야 했다. 또한, 안정적인 자금과 기술지원이 필요하였다. 개인 자조사업에 대한 융자는 호당 60달러였다. 주민들은 이 자금으로 주로 송아지를 구입하였다. 융자의 상환은 개인이 책임졌다.[21]

---

18) 농촌진흥청, 『한국의 지역사회개발사업』, 1969, 220~222쪽.
19) 농촌진흥청, 『부락민의 자조개발6개년 계획』, 1966, 4쪽.
20) 이종훈, 『지역사회개발사업조사보고서, 강원도 홍천군을 중심으로』, ≪경제학논집≫8, 1965, 87쪽.
21) 이종훈, 앞의 논문, 88~89쪽.

〈표 19〉 1965년 강원도 홍천군 지역사회개발사업 융자금 연간수익 생산비교표

사업별	융자액	연간 수입액	연간 수익율	상환 기간	연간 상환액	상환 가능률	비고
축우	전체 600$ 호당 30$ 전체 152,400원 호당 15,240원	7,300원	47%	3년	전체 200$ 호당 20$ 전체 50,800원 호당 5,080원	141%	3년 후 수익발생
오정	600$ 152,400원	60,800원	38%	3년	200$	120%	현금 상환가능
저수지	400$ 101,600원	43,000원	42%	3년	33,870원	127%	매년 현금 상환가능
종자 개량	호당 4,000원	800원	20%	6개월	4,000원	20%	6개월에 원금 상환가능.
지붕 개량	전체 1,000$ 호당 100$ 전체 254,000원 호당 25,400원	1,500원	6%	3년	전체 84,700원 호당 8,470원	18%	수익발생이 제일 적음.

* 현지 조사를 근거로 계산.

자료: 이종훈, 『지역사회개발사업조사보고서, 강원도 홍천군을 중심으로』, ≪경제학논집≫8, 1965, 94쪽.

사업 현황을 보면 축우, 오정, 저수지 등은 수익률이 높았고 융자금 상환도 가능한 수준이었다. 농사에 직접 관련된 분야에서 수익률이 높았다는 점은 당시까지도 농경지에서 생산성 향상의 여지가 있었다는 점을 보여준다. 수익률이 낮고 상환이 어려웠던 부문은 종자개량, 지붕개량 등이었다. 식량증산을 위해 정부가 일방적으로 실시한 종자개량이 농

촌실상과 맞지 않거나 장기적인 효과를 기대해야 하는 경우가 많았다. 지붕개량사업은 조사대상 지역사회개발사업 가운데 가장 문제가 많았다. 강원도 홍천군내 한 부락에서 부락공동사업자금과 개인자조사업자금이 모두 지붕개량사업에 투자되었다. 지역사회개발사업은 원칙적으로 주민들이 원하는 사업이어야 했다. 그러나 해당 부락은 주민의 40%가 소작농으로 50% 이상의 고율 소작료를 납부하는 상황에서 모범부락의 모습을 갖추기 위하여 지붕개량사업에 자금을 일방적으로 투자하였다. 해당 부락의 호당 평균 경지면적은 1,400평 내외로 영세 자작농이 주류인 당시 농촌현황을 감안하더라도 매우 협소하였다. 또한, 여유 있는 농민들은 제외되고 빈농들만 융자받아 지붕을 개량하는 바람에 마을 내경제적인 불평등을 강화하는 결과를 낳았다. 지붕개량사업은 수혜자들이 해당 사업에서 얻은 이익으로 융자금을 상환하는 데에 17년이 걸린다는 계산이 나왔다. 종자개량사업으로 융자된 자금이 당사자에 전달되지 못하고 중간에서 유용된 사건도 있었다. 당사자는 자금 상환통지서를 받은 후에야 융자사실을 확인할 수 있었다.[22]

농민들에게 농협, 농촌진흥청, 보건사회부 등에서 파견된 요원들은 구별되지 않았고 각각의 사업은 중복사업처럼 보였다. 따라서 농촌지도사업의 일원화를 요구하는 여론도 있었다.[23] 실제 지역사회개발 요원은 농촌진흥청의 지역사회개발사업 흡수 이후 본인의 희망에 따라 농촌지도 공무원이 되었다. 1963년부터 지도원이 주재하던 1개 시범부락은 6~7개로 확대되어 농촌진흥 시범지역이 되었다. 따라서 지도원 주재지도 방식이 아닌 지역분담지도 방식이 채택되었다. 여러 부락을 담당한

---

22) 이종훈, 앞의 논문, 90~91쪽.
23) ≪경향신문≫, 1965. 3. 31, 『농촌지도의 일원화를 촉구한다』.

농촌지도사가 각각의 지역을 파악하여 농업기술, 생활개선 등을 종합적으로 지도하였다.[24] 지역에 대한 밀착보다 정부방침에 의거한 일방적인 지도가 되었다.

지역사회개발사업의 성격변화 속에서도 본래 의의를 강조한 방안도 제기되었다. 1966년 농림부에 의해 지역사회개발사업의 목표가 새롭게 제시되었다. 『부락민의 자조개발 6개년 계획』이 수립되었고 1965년 7월부터 1966년 1월까지 7개월간 전국적으로 6,000여 명이 투입되었다. 계획의 주요 목표는 농촌사회 민주화를 기반으로 한 지도력 강화, 노동력과 유휴자원 활용을 통한 생산기반 정비와 소득 증대, 지역민의 자주와 정부 지원 효과의 극대화에 의한 사회 안정이었다. 정부 증산계획을 지역민의 자조계획으로 구체화하고 주민을 협동화하여 실시한다는 방침이었다.[25] 『부락민의 자조개발 6개년 계획』이 제기된 이유는 정부 입장에 따르면 기존 농촌 정책이 농민의 의타심을 조장하고 생산의 협동화가 요원하였으며 농촌 내 자원 동원도 실패했기 때문이었다. 정부와 관련 기관의 정책이 농촌과 유리되었음을 자인한 것이다.[26]

『부락민의 자조개발 6개년 계획』은 전국 33,100개 부락을 동시에 개발하는 균형발전을 추구하였다. 농촌진흥청 일개 부서의 업무가 되었던 지역사회개발사업이 제자리로 돌아올 수 있는 좋은 기회가 될 수도 있었다. 그러나 자본과 기술 부족, 교육수준 문제, 농민들의 의욕상실 등이 문제로 지적되었다.[27]

1969년 농촌지도사업 쇄신책에 의해 종전 지역분담 순회지도방식과

---

24) 한국농촌경제연구원 편, 『한국농정 50년사』Ⅱ, 농림부, 1999, 2,077~2,078쪽.
25) 농촌진흥청, 『한국의 지역사회개발사업』, 1969, 225쪽.
26) 농촌진흥청, 『부락민의 자조개발6개년 계획』, 1966, 9~10쪽.
27) 내무부, 『새마을운동 10년사』, 1980, 49쪽.

더불어 지리·경제적 여건이 동일한 2~3개 리동을 단위로 하는 317개 주재지도 지역을 선정하고 농촌지도사가 부락에 상주하여 집중 지도하는 거점지역 육성방법이 채택되었다.[28] 『부락민의 자조개발 6개년 계획』의 대안으로 제시된 불균형개발전략의 강화였다.[29] 이후 지역사회개발사업은 자연스럽게 새마을 운동으로 대체되었다.

지역사회개발사업의 성격이 수시로 변화된 이유는 1960년대 농업 정책의 난맥과 박정희 정권의 성격에서 비롯된 바가 컸다. 강원도 홍천 사례에서 보이듯 일선에서 지역사회개발사업이 원만히 진행되기 위해서는 정부의 행정적인 준비와 사업을 진행할 수 있는 지역 및 개인의 역량이 필요하였다. 1960년대 박정희 정권과 농촌에 그것을 기대하기는 어려웠다. 자치보다 중앙집권을 선호한 박정희 정권의 속성도 문제였다. 단기적으로 성과를 내는 데에 적합하였을지는 모르나 농민들의 자발성과 민주적인 조직운영이 필수인 지역사회개발사업과는 맞지 않았다.

지역사회개발사업은 1960년대 박정희 정권이 추구한 근대화의 실상을 보여주었다. 공업화를 위해 농산물 증산과 저곡가 정책이 필요하였기 때문에 농업 정책에 있어 근대화란 곧 농업 생산력 증대였다. 농업 생산력 증대를 위해 '농촌사회 강화'를 추진할 수도 있었고 '경제성장을 위한 농업과 농촌의 활용'을 정책방향으로 잡을 수도 있었다. 박정희 정권이 선택한 길은 후자에 가까웠다.

---

28) 지역사회개발사업동우회, 『한국의 지역사회개발사업』, 2002, 84쪽.
29) 내무부, 『새마을운동 10년사』, 1980, 49쪽.

2) 농촌진흥청의 설립과 운영

영농기술을 연구하는 농사시험 연구와 연구결과 전파가 목적인 농촌지도사업은 불가분의 관계에 있다. 전근대에도 해당 업무를 담당하던 관직이 있었고 농업기술이 발달한 근대에는 이를 전담할 기관의 필요성이 더욱 절실해졌다.

구한말, 일제강점기에 권업모범장 등의 기관에서 농업 전문인력 양성 등 다양한 농촌지도사업이 시행되었다. 그러나 식량과 공업원료 증산·공급이라는 식민지 정책의 수단이었다. 지도방법도 관주도의 하향적이고 강제적인 방식이었다.[30]

해방 이후, 미군정은 미국에서 성공한 농사교도사업을 도입하여 농사개량원을 설립하였다. 정부수립 이후인 1949년 1월 6일 농사개량원에서 수원농과대학을 분리한 농사기술원이 발족하였다. 한편 농림부 교도과가 설치되어 각급 행정기관과 지역별 농사기술원은 농사지도사업을 중복으로 담당하였다. 농사기술원은 한국전쟁으로 예산이 전액 삭감되어 유명무실한 기관이 되었다. 이후 UN지원으로 농림부가 농업지도요원 제도를 실시하였다. 1955년 3월 농림부는 교도과를 설치하였고 이듬해, 각 도 산업국에 농업교도과, 시·군에 농업교도계를 만들어 농촌교도사업을 주도하였다. 농가에서 선발된 지도요원은 전시 노무동원 면제혜택을 받고 농사지도 업무를 수행하였다. 농업지도요원 제도는 무보수 명예직이었지만 지도요원의 노력에 따라 일부 마을에는 경제적인 활력을 불어넣었다. 그러나 법·재정적인 기초가 없었기 때문에 활동에 한계가 있었다. 또한, 대한농민회 등의 영향력이 강화되며 활동이 위축되었다.[31]

---

30) 농촌진흥청, 『농촌진흥 50년사』, 2012, 55~62쪽.
31) 신동완, 『농사교도법의 제정과 농사원 발족』, 한국농촌경제연구원 편, 『농정반세기 증언』, 농림부, 1999, 105~113쪽; 채병석, 『한국농촌지도사업으로서

직접적인 원인은 한국전쟁이었으나 애초 농사기술원의 역할이 미미하였기 때문에 벌어진 일이었다.

1957년 6월 25일, 농사원이 설립되었다. 농사원은 농림부 소속으로 각 도와 시군에 농사교도소 및 지소를 두었다. 농사원은 농업연구·지도에 대한 단일지도 기관으로 활동하였다. 특히 연구·교도 공무원 자격을 대통령령으로 규정하였고 교도공무원이 일반행정·독려사무를 겸하지 못하게 하였다. 이승만 정권은 농사원 설립으로 농촌지도사업을 담당하는 별도 부서와 공무원 지위를 확립하였고 교도공무원 업무를 보장하여 농촌지도 업무의 독자성과 특수성을 인정하였다. 4월 혁명 이후, 장면 정권은 시험조사, 교도, 개발 등 여러 조직으로 나뉜 농촌지도사업을 농사원이 우선적으로 담당하게 하였다.[32] 장면 정권은 농사원, 농촌지도 업무의 독자성을 인식하였으며 제도개편과 업무조정을 시도하였다. 지역에서 농사원 업무를 대행할 수 있는 구조까지 구상하였으나 완수하지 못하였다.

농사원 창립 시 원장에 임명된 정남규는[33] 이례적으로 이승만 정권 말기, 4월 혁명, 장면 정권기를 거쳐 5.16쿠데타 이후 농사원이 농촌진흥청으로 개편된 뒤인 1962년 3월까지 4년 9개월간 재임하였다. 이는 정치적인 격변, 정부 개편의 와중에도 농촌지도사업의 일관성을 유지한 최소한의 장치로 작용하였다.

5.16쿠데타 직후, 군사정부는 지방자치 단체장을 해임하고 지방의회를 해산하여 지방자치를 완전히 부정하였다. 자치보다 내무부를 중심으

의 Extension Service에 관한 연구」, ≪농업정책연구≫3-1, 1976, 168쪽.

32) 건설부, 『제1차 5개년경제개발계획』, 『경제조사월보』6, 1961, 57~59쪽.

33) 정남규는 농사원 취임 이전 서울대학교 교수, 농림부 농정국장을 역임하였다. 농촌진흥청장 재임 이후에는 농림부 차관, 농협 부회장 등에 재직하였다.

로 한 행정을 강조하였고 군제실시·공무원 교육 등을 주장하였다. 농촌
지도 업무도 이에 영향을 받았다. 일부 도지사와 시장, 군수들은 일선
농촌지도소 직원에게 세금징수, 도로보수 감독 등의 일반 행정업무를 지
시하기도 하였다.[34]

　1961년 10월, 『농사원법』이 『농사연구교도법』으로 개정되었다.[35] 업무
를 시험연구사업과 농사교도사업으로 구분하여 정의하였으며 시험연구
사업의 새로운 분야로 농촌생활(의·식·주)에 관한 시험연구·농촌발전을
위한 조사연구, 농사교도사업에 농가부업과 수공업에 관한 지식·기술보
급·자연자원 보존과 이용에 관한 농민교육을 추가하였다. 또한, 농사원
을 정부조직법에 포함시켜 지방행정기구 통합원칙에 의거 도농사원은
도지사 소속 외청, 시군 농사교도소는 시군 산업과의 계로 개편하였다.
시험장과 연구소 기능도 조정하여 시험국에 기획관리부, 식물환경부, 작
물원예부가 소속되었고 지역에 각종 시험장이 설립되었다.[36]

---

34) 농촌진흥청, 『한국농촌지도사업 발전과정』, 1970, 153쪽.
35) 『농사교도법』, 법률 제435호, 1957. 2. 12; 『농사연구교도법』, 법률 제742호,
　　1961. 10. 2.
　　* 농사연구교도법 주요 개정사항

농사교도법(1957.2.12)	농사연구교도법(1961.10.2)
제3조. 농사원의 조직	삭제
제4조. 시험장연구소	삭제
제5조. …농사원장 소속하에 도에 도농사원을 두며 시, 군에 시, 군 농사교도소를 둔다.	제5조. 도지사 소속하에 도농사원을 둔다.
－	부칙 2. 시행당시 현존하는 도농사원과 서울특별시 및 시, 군 농사교도소의 인원설비는 본법 공포 후 15일 이내에 당해 도, 서울특별시, 시, 군이 이를 승계한다.

36) 농림부, 『농림수산행정개관(1945-1965)』, 1966, 187쪽.

『농사연구교도법』과 조직 개편은 농사원의 입지에 도움이 되지 못하였다. 농사원 외에도 농림부 3국(농정국, 축정국, 산림국)과 지역사회국(外局)이 농촌지도사업을 담당하였다. 정부 외에 농협과 수리조합 연합회도 농촌지도사업에 개입할 수 있었다. 특히『농사연구교도법』은 도농사원과 시군 농사교도소를 도지사, 시장, 군수에 종속시키는 결과를 낳았다.[37] 농사원은 정부에 이러한 상황을 타개하기 위한 조치를 요구하였다. 1961년 11월 농림부·내무부는 농사교도소 독립방침을 수립하였으나 최고회의 내무위원회의 입장은 유보였다. 그러나 이미 같은 해 10월 최고회의는 별도로 농촌지도체제 일원화를 지시하였다.[38]

1961년 11월 27일, 농림부가 농촌지도기구 통합심의위원회를 설치하였다. 농림부 차관이 위원장으로 위원 수는 총 8명이었고 이 가운데 농림부 인사가 5명이기 때문에 농림부 안이 관철되기 용이한 구조였다. 농림부는 농사지도와 일반 행정의 공고한 유대를 위해 농사원이 농림부의 내국(內局)이 되어야 한다는 입장이었다. 이에 반해 농사원은 농사기술 보급, 시험연구와 교육의 유기적 관계를 위해 농사원이 정부 외청(外廳)으로서 독립적이어야 한다고 주장하였다. 타협이 어려웠기 때문에 농촌지도기구 통합은 농림부의 의도대로 관철될 수밖에 없는 상황이었다. 그러나 농림부 내국화안은 최고회의에 의해 거부되었다. 군청에서 농사교도소가 독립하는 것까지 저지하였던 최고회의의 이전 조치를 고려하면 이해할 수 없는 일이었다.[39] 그러나 당시 최고회의의 구조와 행정에 대한 방침을 보면 왜 이러한 모순이 발생하였는지 알 수 있다.

---

37) 농촌진흥청, 『한국농촌지도사업 발전과정』, 1970, 69쪽.
38) 농촌진흥청, 『농촌진흥 50년사』, 2012, 74쪽.
39) 김동희, 『농촌지도체계 일원화와 농촌진흥청 발족』, 한국농촌경제연구원 편, 『농정반세기 증언』, 농림부, 1999, 208~214쪽.

당시 최고회의 기획위원회 분과위원이었던 주석균은 농촌지도체제 일원화와 농촌지도 일원화의 혼동을 경계하였다. 농촌문제의 복잡함과 전문성을 들어 농촌진흥청, 지방행정기관, 농협, 국민재건운동 등의 상호협조를 강조하였고 무리한 농촌지도 일원화에는 반대하였다. 같은 차원에서 리동장의 리동조합장 겸임, 일반 행정기관의 농촌진흥청 사업에 대한 개입에도 반대하였다. 과거 농협과 식량증산사업 실패도 정치가나 관료의 무리한 간섭에서 비롯된 것으로 해석하였다. 주석균에게 중요한 점은 관료가 아닌 민에 의한 농촌경제 재건이었다.[40] 이는 농촌진흥청이 농사기술 연구와 농촌지도를 일원화하여 담당하는 것이었다. 각각 기관의 역할을 인정하였다는 점에서 농촌지도 전체의 기계적인 일원화와는 달랐고 농사원의 입장과 일치하였다.

최고회의의 조치는 주석균의 의견이 반영된 결과로 보인다. 그러나 당시는 지방자치까지 일거에 폐지한 군사정부의 중앙집권적인 행정이 추진된 시기이기도 하였다. 민주적인 자치보다 중앙집권적이고 효율적인 행정이 강조되었다. 특히 군사정부가 강조한 것은 국가기획제도와 농촌지도체계 일원화였다.[41] 식량증산 등 농업의 성과가 절박한 상황에서 군사정부의 속성과 정책의 초점이 모두 농촌의 경제적인 자치를 침해하는 방향으로 진행되었다. 농촌진흥청이 독자적인 기관으로 설립되어도 얼마든지 정부가 통제할 수 있는 상황이었다.

1962년 2월 9일 최고회의 긴급지시로 3월 21일 『농촌진흥법』이 공포되어, 4월 2일 농사원장 정남규를 청장으로 농촌진흥청이 출범하였다.

---

40) 주석균, 『혁명정부의 농업정책에 대한 비판』, 남정 주석균 선생 논총간행위원회 편, 『남정 주석균논총』下, 열음사, 1988, 144~146쪽; 주석균, 『농촌경제의 진흥책, 지도자의 사상혁명으로부터』, 『최고회의보』 2, 1961.
41) 곽경상, 『5·16 군정기 군사정부의 지방정책과 정치·행정구조 개편』, ≪역사와 현실≫ 92, 2014, 319~321쪽.

농촌진흥청은 농사원, 농림부 지역사회국, 농림부 훈련원을 통합한 조직이었다. 농사시험 연구와 생산의 유기적인 연계, 농민지도를 목적으로 설립되었다. 농사교도사업, 지역사회개발사업, 잠업지도원, 임업지도원 등으로 분산되었던 농사지도사업을 통합하였다. 어떠한 정부기관도 농촌진흥청장의 승인 없이 농촌지도사업을 추진할 수 없었다. 연구·지도직 공무원 인사도 농촌진흥청장이 장악하였다. 농사시험 연구, 농촌지도, 수련사업이 농촌진흥청 삼대 업무로 규정되었다.[42] 농촌지도체제는 농촌진흥청으로 일원화되었다.(〈부표 8〉 참조)

농촌진흥청 중앙기구는 시험국·지도국·수련소로 구성되었다. 시험국은 작물, 기술, 경영, 문화 등을 망라한 모든 조사연구를 수행하였다. 지도국은 연구결과의 보급과 농민에 대한 교육 등을 담당하였다.[43] 도농촌진흥원과 일선 농촌지도소도 각급 지역 단위에서 농촌진흥청과 동일한 조직구조로 운영되었다. 농촌진흥청장에게 업무를 지시받았으나 각각 도지사와 시장·군수에 속해 있었다.[44]

농촌진흥청 설립 당시 167개였던 읍면 지소는 283개를 새로 설치하여 450개소, 지소당 5~7명이 평균 98부락 5,200정보의 경지, 5,200호의 농가를 담당하는 것을 목표로 삼았다. 실제로는 1964년 12월 11일까지 410개로 증가하여 2~3개 읍면 당 1개였다. 1962년 농사지도원, 생활개선지도원, 부락지도원이 총 2,968명 배치되었다. 국가공무원 1,492명, 지방공무원 121명, 임시직 750명, 단체부담지도원(농협, 산련)

---

42) 김동희, 앞의 논문, 214~216쪽; 농림부, 『농림수산행정개관(1945-1965)』, 1966, 189~190쪽.
43) 농업협동조합중앙회, 『농업연감 1963』, Ⅱ-4~5쪽.
44) 이한상, 『일선농촌지도사업의 발전방향에 관한 연구』, 전남대학교 행정대학원 석사논문, 1984, 21~22쪽.

605명이었다. 공무원의 70%는 초급대학 이상 학력 보유자였다. 전문지
도원은 중앙 60명, 도 단위 152명이 부문별로 배치되어 하급 지도원에
대한 교육을 담당하였다. 지도원의 90% 이상이 4년제 대학 이상 졸업자
였으며 정규직이었다.[45]

　　농촌진흥청의 연구직은 중앙의 경우 1958년 180명에서 계속 감소하
다 박정희 정권 집권 이후 증가하였다. 농촌진흥청과 도농촌진흥원 업
무는 농사시험 연구와 농촌지도를 모두 포괄하였으나 시군 농촌지도소
이하 조직은 농촌지도 업무만 담당하였다. 1962~65년 사이 농촌진흥
청과 농촌진흥원 연구직은 5.16쿠데타 이후 일시적으로 증가하였지만
이내 이전 추세와 비슷해졌으며 증가 폭도 완만하였다. 중앙과 도의 연
구직이나 지도직은 부문에 따라 인원 증가가 거의 없거나 있더라도 두
배 정도였다. 그러나 같은 기간 시군단위 농촌지도소의 지도직은 6배의
증가율을 보여주었다.[46] 이는 박정희 정권이 농촌지도에 역점을 두었다

45) 농촌진흥청, 『한국의 농촌지도사업』, 1962, 19~20쪽; 농촌진흥청(http://www.
　　rda.go.kr/).
46) 농림부, 『농림수산행정개관(1945-1965)』, 1966, 191~194쪽.

* 농사원·농촌진흥청 농업관계 기관 연구직 및 지도직 직원추이 　　　　(단위: 명)

연도	중앙		도		시군
	연구직	지도직	연구직	지도직	지도직
1958	180	61	75	83	709
1959	165	61	75	83	772
1960	154	61	98	98	877
1961	244	60	64	143	1,113
1962	281	75	94	180	2,918
1963	305	75	93	180	4,648
1964	323	69	81	160	4,582
1965	486	79	161	252	6,220

는 근거일 수도 있지만, 한편으로 이전 정권의 농촌지도체제에 대한 무책임을 보여주는 일면이기도 하였다.

농촌진흥원과 농촌지도소는 지방행정기관 소속이었고 예산도 대부분 지방비에서 충당하였다. 농촌진흥청장이 확보한 인사권도 완전하지 못하였다. 농촌진흥원장과 농촌지도소장은 내각에서 직접 임명하였다. 또한, 농촌지도소 지도공무원 가운데 4급인 국가공무원에 대한 임명권은 농촌진흥원장의 제청에 의해 도지사가 행사하였다.[47] 농촌지도체계가 농촌진흥청으로 일원화되었지만, 일선 농촌지도 업무는 내무부·지방행정기관을 중심으로 진행될 수 있는 구조가 완성되었다.

1961년 10월부터 이듬해 2월 사이, 농촌진흥청에 대한 군사정부의 방침은 일관되지 못하였고 때때로 모순되었다. 농사원을 지방행정기구로 통합하였으나 농림부 의견을 물리치고 소수안인 농사원안을 따르기도 하였다. 농사원 기능이 확대된 농촌진흥청 설립, 내무부·농림부의 통제라는 모순된 조치는 중앙집권적인 방법으로 효율을 추구하는 동시에 농업 정책 강화를 도모해야 하는 박정희 정권의 입장을 보여주었다. 독립적인 농업 정책 집행기능을 확대하면서도 이를 행정계통의 장악하에 두려 한 것이다. 농촌진흥청 업무범위가 확대되고 시험연구사업과 지도사업의 구별이 체계화된 것을 성과로 삼을 수도 있지만, 이는 이미 농사원 체제에서도 보이는 추세였다. 농촌지도기구의 독립성보다 농촌지도 업무 일원화·효율화로 해석할 여지도 있었다.

시험연구 공무원 학력 변동					
연도	박사	석사	학사	고졸 이하	계
1957	1	3	45	203	252
1966	4	44	477	102	627

47) 『농촌진흥법』, 법률 제1,039호, 1962. 4. 1.

농촌진흥청 설립을 독립적인 농촌지도사업 강화로 보기에는 다음과 같은 문제가 있었다. 첫째, 농촌의 자치와 민주주의에 초점을 맞춘 지역사회개발사업이 농촌진흥청의 일개 부서 사업으로 이관되었다. 결과적으로 농촌진흥청 설립은 농촌의 자주성과 민주주의를 침해하였다. 둘째, 군사정부와 민정 이양 이후 박정희 정권의 속성이었다. 독립된 외청으로 만들고 업무영역을 확장하여도 농촌진흥청은 어디까지나 정부기구였다. 정권의 의지와 그 이상의 제도적인 장치가 없다면 확장된 조직과 업무가 독자성을 보장할 수는 없었다. 박정희 정권은 나름의 방식으로 문제를 해결하고자 하였다.

　　농촌지도체제는 농촌진흥청 설립으로 일원화되었지만, 이는 정부 부처 간 물리적인 결합이었다. 업무의 효율적인 통합과 구분은 또 다른 문제였다. 정부가 농촌지도 업무에 대한 농촌진흥청의 관할권을 보장하였음에도 불구하고 농림부, 지방행정기구 산업·농업 관련 부서, 농협 등 여전히 유사한 업무를 담당하는 부서 및 기관이 있었다.[48] 농촌진흥청은 정부 외청 기관으로 존재하였지만, 일종의 민관합동기구였던 국민운동본부와 농민을 접하는 수단과 공간이 중첩되었다. 농협도 이전보다 강력해진 조직으로 농촌에 등장하였다. 이외에 산림조합, 토지개량조합도 있었다. 농민 입장에서 볼 때 무려 6개의 기관이 명확한 계통도 없이 다가온 것이었다. 모두 정부 영향력이 압도적인 기관이라는 공통점이 있었다. 이러한 점은 사업의 차별성, 기관 간 상호관계를 더욱 혼란스럽게 만들었다. 박정희 정권이 농촌지도 관련 업무에서 농촌진흥청장의 우선적인 지위를 보장하였지만 유사한 모든 기관을 강제할 수 있는 또 다른 장치가 필요하였다.

---

48) 농촌진흥청, 『한국농촌지도사업 발전과정』, 1970, 81쪽.

농촌진흥청 출범 석 달 후인 1962년 7월 『농촌진흥위원회규정(안)』이 국무회의에 보고되어 이에 따라 중앙과 지역별 농촌진흥위원회가 설립되었다. 농촌진흥위원회는 청급 조직인 농촌진흥청 업무를 지원하기 위한 기구였다. 중앙농촌진흥위원회 구성원은 위원장 농림부 장관, 부위원장 농촌진흥청장, 이외 위원들(경제기획원 부원장, 내무부 차관, 문교부 차관, 보건사회부 차관, 공보부 차관, 농협 중앙회장, 재건국민운동본부장, 토지개량조합 연합회 회장, 산림조합 연합회 회장, 서울대학교 농과대 학장, 민간협조단체의 대표 및 농촌진흥에 관한 학식과 경험이 풍부한 인사 가운데 위원장의 위촉을 받은 자)로 구성되었다. 도위원회는 도지사가 위원장을 맡았다. 부위원장은 도농촌진흥원장이었다. 위원은 중앙과 마찬가지로 관계기관장과 민간협조단체 대표, 농촌진흥에 관한 학식, 경험이 풍부한 인사 중에서 위원장이 위촉하였다. 시·군 위원회 위원장은 시장·군수, 부위원장은 해당 시·군 농촌지도소장이었다. 위원 임명방식은 도위원회와 동일하였다.[49]

각급 농촌진흥위원회는 회의 이상 활동을 보여주지 못하였다. 1963년 중앙농촌진흥위원회는 분기별 1회 연 4회, 도 및 시군농촌진흥위원회는 연 6회 회의 개최가 명시되었다. 형식적인 회의조차 창립 이듬해부터 축소되었다. 이듬해인 1964년에는 중앙 1회, 도 및 시군 4회로 변경되었다.[50]

지역에서는 농촌진흥위원회에 관한 최소한의 지침도 지켜지지 않는 경우가 비일비재하였다. 홍성군은 농촌진흥위원회가 군 이하 읍·면 단위까지 설립되었으나 실제 운영은 정부 농촌진흥위원회안보다도 훨씬 더 후퇴하였다. 위원장은 군수였고 부위원장은 군청 산업과장과 농협 조합

---

49) 농림부 장관, 『농촌진흥위원회규정(안)』, 1962, 3~5쪽.
50) 농촌진흥청, 『농촌지도활동보고서』, 1962~1968.

장이었다. 농촌지도소장은 여러 위원 가운데 하나였을 뿐이었다.[51) 홍성
군 농촌진흥위원회는 애초 설립 목적대로 농촌진흥청을 강화하기보다
시군 행정의 장악력을 높이는 데에 활용된 것이다.

1963년 3월 19일, 농촌진흥청과 농협 중앙회 간 『리동단위에 있어서
농민지도체계에 대한 협약』이 맺어졌다. 협약에는 농촌진흥청 각급 기관
과 각급 농협의 협조 관계가 명시되었다. 또한, 농촌진흥청이 기술지도
를 담당하지만, 농협이 영농자금 사용에 개입할 수 있도록 역할을 구분
하였다.[52) 이 협약이 맺어진 이유는 농림부 장관이 직접 밝혔듯 농촌진
흥청과 농협의 농촌지도사업이 겹쳐 혼란을 빚었기 때문이었다.

협약으로 농촌진흥청과 농협의 관계에 관하여 규정하였음에도 불구
하고 농촌진흥청의 위치는 여전히 위협받았다. 협약체결 이후, 당시 지
지부진했던 농협 농촌지도사업이 농촌진흥청의 사업을 통합할 수 있다
는 평가가 있었다.[53) 침체상태인 농협의 정상화를 위하여 농촌진흥청을
흡수해야 한다는 여론도 있었다.[54)

1963년 체결된 협약은 1964년 11월 10일 동일한 이름의 협약으로 대
체되었다. 대체된 협약은 농촌진흥청과 농협, 토지개량조합의 협조관계
를 강조하면서도 각급 지역에서 농촌진흥청의 우위를 확인하였다. 농촌
진흥청은 농협과 토지개량조합이 요청할 경우 각급 조직을 통해 기술지
도를 할 수 있었다. 농협과 토지개량조합은 종목, 범위 및 위치 등 사업
계획과 실시방법에 관하여 농촌지도소와 협의해야 했다. 무엇보다 농촌

---

51) 곽경상, 『5.16 군정기(1961~1963) 지방제도 개편과 '향토개발』, 연세대학교
   사학과 석사논문, 2009, 41~42쪽.
52) 《경향신문》, 1963. 3. 19, 『농촌지도체계를 일원화』.
53) 《동아일보》, 1963. 8. 17, 『농협 이년의 채점표』.
54) 《동아일보》, 1964. 8. 15, 『시련기의 농협 오늘 3주년』.

진흥청·농협·토지개량조합의 중점 시범사업이 일치하도록 장려하였다.[55]

  농촌진흥청의 문제는 농협보다 시·군청과 관계에서 비롯되었다. 시·군청 농산과, 식산과에는 여전히 농촌지도소와 중복된 업무가 있었다. 시장·군수 산하인 농촌지도소가 일선에서 이를 적극적으로 시정하기는 어려웠다.[56] 내무부는 공공연하게 농촌진흥청을 중심으로 한 농촌지도체제에 이견을 표하였다. 시·군청이 개발행정의 주체이기 때문에 농촌지도소가 일선에서 농촌지도 업무를 전담하면 시군, 읍면이 존재가치를 상실하며 기술자들이 중심이 된 농촌진흥청 각급 기구는 증산을 목적으로 한 종합개발행정에 적합하지 않다는 입장이었다. 농촌지도체제의 근거가 되었던 미국식 제도에 대한 반론도 있었다. 이미 식량생산이 과

---

55) 『리동단위에 있어서 농민지도체계에 관한 협약』(1964.11.10), 농촌진흥청, 『1965년도 농촌지도사업보고서』, 1966, 250~251쪽.

56) 『전라남도 해남군 지방자치법규집』, 재인용, 이한상, 『일선농촌지도사업의 발전방향에 관한 연구』, 전남대학교 행정학과 석사논문, 1984, 22쪽.
    * 일선 지방행정기관의 농촌지도 업무 관련사항 대비

군청 농산과, 식산과	농촌지도소
〈농사계〉 ① 식량증산 장려 ② 자치비료 증산 및 지방증산 ③ 농산물 재해대책 ④ 병충해 방제 ⑤ 농사재재 및 종자 개선 ⑥ 비료농약수급 조절 ⑦ 농기구 개량 보급	〈작물계〉 ①농사개량 지도 ② 수도작 개량 지도 ③ 전작 개량 지도 ④ 토양비료 및 시료법 개선지도 ⑤ 작물보호에 관한 사항 ⑥ 식량증산 유관기관 업무협조에 관한 사항
〈특작계〉 ①특용작물 생산 장려 ② 원예작물 생산 장려 ③ 주산포지 조성 ④ 농산물가공처리 및 시장개척	〈주산지계〉 ① 농사개량 구락부 조직 활동 지원 ② 영농개선 지도에 관한 사항 ③ 잠업개량 지도에 관한 사항 ④ 원예작물 지도에 관한 사항 ⑤ 경제작물 지도에 관한 사항 ⑥ 축산개량에 관한 사항
〈축산·잠업계〉 ①축산개량증산 및 유축농가 조성 ② 잠종 및 잠구 개량지도	

도한 미국과 식량부족 때문에 증산이 필요한 한국 상황이 다르다는 주장이었다. 농촌지도체계 일원화에 대한 해석도 달랐다. 내무부 입장에서 농촌지도체계 일원화는 시·군청을 중심으로 한 업무구조 확립이었다.[57]

농촌진흥청은 내무부, 지방행정기구에서 농촌지도 업무의 성격을 이해하지 못하고 하부기관으로 취급하는 것에 대하여 문제제기하였다. 이는 농촌진흥청장에서 직접 농촌지도 업무를 수행한 일선 직원에 이르기까지 공통적으로 지적한 사안이었다. 농촌지도 업무에 지방행정기구의 관여가 가능하다는 점은 자주적인 농촌행정과 농촌지도사업의 특수성을 무시한 요소였다.[58]

조직 설립과 법 제정에도 불구하고 5.16쿠데타 직후 시작한 논쟁은 끝나지 않았다. 농촌진흥청은 관련 기관의 조직계통과 지방행정기관의 농촌지도사업에 대한 몰이해, 내무부는 도·시·군청의 농촌지도 업무에 대한 장악이 불완전함을 지적하였다. 종합행정과 식량증산, 경제개발계획을 뒷받침하는 내무부는 농촌을 통제대상, 전체 경제의 일부로 간주하였고 농촌진흥청은 장기적인 농업발전과 농촌의 경제적인 지위향상을 위해 농촌사회의 특수성을 강조하였다.

농업의 특수성과 농촌의 경제적인 자립을 염두에 둔다면 농촌진흥청을 중심으로 한 농촌지도체제 일원화가 설득력이 있었다. 그러나 효율적인 행정으로 농업을 통제·조정하고 활용하려 한 내무부의 입장 역시 타당한 부분이 있었다. 주어진 상황에서 자기 부서의 권한을 늘리려 한 내

---

57) 김보현, 『개발행정의 방향』, ≪지방행정≫13, 1964; 김두영, 『농촌지도체계 일원화를 촉구하면서』, ≪지방행정≫13, 1964.

58) 이태현, 『농촌지도의 입장에서』, ≪지방행정≫15, 1966; 노병철, 『일선농촌지도체제의 개선에 대한 소고』, ≪지방행정≫19, 1970.

무부와 농촌진흥청보다 2~3년에 이르도록 확실한 방침을 내놓지 못한 박정희 정권이 문제였다.

1964년 7월 총무처 행정개혁조사위원회의 실태조사 결과는 농촌진흥 청을 중심으로 한 농촌지도체제 일원화에 제동이 걸렸음을 보여주었다. 도청, 시·군청은 여전히 농촌지도 독려방식과 지방행정기구의 중요성을 강조하였다. 행정기관의 독려가 당장의 식량증산에 도움이 되었고 농민 들의 민원을 제일 많이 받는 곳이 읍·면사무소 등이기 때문에 지방행정 기구가 농촌지도기관의 중추가 되어야 한다고 주장하였다. 그러나 농촌 진흥청, 농업문제 전문가, 관련 학계에서는 전문성을 들어 이에 반대하 였다.[59]

행정개혁 실태조사 결과를 바탕으로 1965년 3월 17일, 『농촌지도 체 계강화를 위한 대통령 훈령 제9호』가 공표되었다. 훈령의 주요 내용은 다음과 같았다. 첫째, 지방행정기관장을 중심으로 한 농촌지도체계 확 립을 주장하였다. 지방행정기관장을 중심으로 한 협조체제를 확립하고 각 기관장이 사업에 비협조적일 경우 인사 조치하도록 하였다. 둘째, 리 동장들이 농협 리동조합장을 겸임하도록 하였다. 리동조합이 2~3개 리 동에 한 개일 경우 조합장을 맡지 못한 리동장은 간부에 임명하도록 하 였다. 셋째, 농촌진흥청으로 농촌지도사업을 일원화하기 위하여 관계 기관 부서와 업무의 이관을 명시하였다. 하지만 농촌진흥청 각급 기관 의 기능 확대에도 불구하고 사업에 대한 '적극적 책임'은 지방행정기관장 에 있음을 확인하였다.[60] 훈령은 지방행정 기관장의 권한 및 책임과 관 련 기관장들의 협조를 강조하였고 내무부·지방행정기관으로 이어지는

---

59) 김동희, 앞의 논문, 217쪽.
60) 농촌진흥청, 『한국농촌지도사업 발전과정』, 1970, 527~531쪽.

행정계통의 영향력 강화를 도모하였다.

1965년 5월 15일 재건국민운동본부, 농촌진흥청, 농협은 '다원적인 지도체계를 지양하고 능률적이고 통일된 지도체계를 수립하기 위하여' 회합하고 중앙협의체 구성에 합의하였다.[61] 누차에 걸쳐 농촌지도체제 일원화가 추진되었으나 농촌진흥청 강화안은 반영되지 못하였다. 같은 해 11월 농촌진흥위원회 규정 가운데 농촌진흥청장, 도농촌진흥원장, 농촌지도소장이 각급 농촌진흥위원회의 당연직 부위원장이었던 부분이 개정되어 특정 보직을 거론하지 않은 채 부위원장 수를 2명으로만 규정하였다.[62] 농촌진흥청의 위상은 더욱 약화되었다. 위원들의 참여가 저조하였고 운영실적도 없었던 농촌진흥위원회는 1971년 10월 정식으로 폐지되어 농업산학협동위원회로 대체되었다.[63]

1966년 말 대통령 훈령에 대한 조치보고는 도지사, 시장·군수를 중심으로 한 농촌지도체제 확립이 완료되었음을 보여주었다. 농촌진흥청 각급 기관이 도지사, 시장·군수가 수립한 계획의 집행을 지원한다는 원칙하에 기능의 범위를 확정하였다. 리동장의 리동조합장 겸임실적은 기대에 미치지 못하였지만 이미 상당수 리동조합 조합장을 리동장이 겸임 중이었다. 독려식 지도방법 지양 등 행정계통의 일방적인 농촌지도사업에 제동을 거는 조치는 지지부진하였다.[64]

박정희 정권은 1차 경제개발 5개년 계획과 3차 농업증산 5개년 계획의 목표인 조속한 식량증산을 위하여 내무부, 지방행정기관의 지도력을 지속적으로 강화하였다. 이에 따라 농촌진흥청은 여타 기관과 협조관계

---

61) ≪동아일보≫, 1962. 5. 15, 『중앙협의체구성』.
62) 『농촌진흥위원회규정중개정의 건』, 대통령령 제2,291호, 1965.
63) 한국농촌경제연구원 편, 『한국농정 50년사』Ⅰ, 농림부, 1999, 709쪽.
64) 총무처, 『행정개혁조사위원회 행정개선 건의에 대한 조치』, 1966.

를 구축하고 부서 및 업무를 이월 받아 조직을 확대하였지만, 독립성은 확보하지 못하였다.

농촌진흥청이 1960년대 안정적인 농촌지도체제를 구축하였다고 보기는 어려웠지만 1960년대의 농사시험 연구와 농촌지도는 이전 시대에 비해 확실히 '진일보'한 면이 있었다. 1961년 농사시험 실적 주요항목은 가축전염병예방, 가축개량 및 사료법, 경제작물재배, 임업, 품종개량 및 재배법 개선, 토양 및 병충해방지사업, 농기구개량 및 농산물이용도 조사 등이었다.[65] 1962년에는 식물환경, 작물, 원예, 임업, 잠업, 축산, 가축위생, 농공이용 등으로 변경되었다.[66] 1963년부터 항목 수는 10개(벼, 맥류, 잡곡, 서류, 섬유작물, 특용작물, 과수·원예, 잠업, 산림, 축산)로 증가하였다.[67] 농촌진흥청의 농사시험 분야는 점차 전문화·세분화되었다.

실제로 농사시험 연구의 본격적인 시작은 1960년대 농촌진흥청 설립 이후였다. 정밀토양조사(1964~79)가 시작되었고 해충방제가 본격화하였다. 논잡초 방제에 관한 연구도 이 시기에 이루어졌다. 그러나 제초제 사용방법에 치중되었고 방제의 기초인 잡초의 분류, 발생 및 생태, 제초제의 작용 등에 관한 연구는 미미하였다. 작물의 종류나 품종도 증가하여 1970년까지 확보한 품종 수는 1951년의 6배인 12,131점이었다. 한편 경운기, 탈곡기 등의 농기계가 조립 생산되었으나 대중적인 보급에 이르지는 못하였다.[68] 일부 품종(쌀, 콩, 감자, 옥수수)에서 신품종이 도입되어 개발·보급되었지만, 전반적으로 시험연구 단계에 있었다. 실적에 집착한

---

65) 농업협동조합중앙회, 『농업연감 1962』, I-202~205쪽.
66) 농업협동조합중앙회, 『농업연감 1963』, I-206~211쪽.
67) 농업협동조합중앙회, 『농업연감 1964』, I-193~195쪽.
68) 이하 농촌진흥청 농사시험 분야의 업무는 '농촌진흥청, 『농촌진흥 50년사』, 2012, 149~322쪽'를 참조.

해외품종 도입개발 실패로 재정을 낭비하여 국회의 질타 대상이 되기도 하였다.[69]

1960년대 농사시험 연구는 당장의 필요를 해결하기 위한 지나치게 실용적인 연구에 초점이 맞추어졌거나, 반대로 대통령을 비롯한 정치권의 개입으로 실용성 없는 품종의 수입과 연구에 치중하기도 하였다. 그러나 1960년대라는 시대적인 한계를 고려하면 순차적인 발전과정의 모습을 보여주었다. 당장 필요한 방제분야에서 실제 기술 적용에 치중하였으며 품종과 농기계 개발은 갖은 노력과 착오 끝에 발전의 토대를 구축하였다. 문제가 발생한 경우는 오히려 정부의 간섭이 과도했을 때였다.

가장 시급하였던 식량작물 분야에서는 박정희 정권의 독려에도 불구하고 구체적인 성과를 보이지 못하였다. 쌀은 1970년대 이후에야 통일벼가 보급되었고 맥류에 대한 지도사업은 우량품종 전시사업 중심으로 실시되다가 1960년대 말에 시범사업이 시작하였다. 1968~71년까지 30개 주산지를 중심으로 가내공업센터, 농가부업 선도부락 조성 등 총 44개 사업으로 구성된 농어민 소득증대 특별사업을 추진하였다. 이에 따라 원예·잠업·축산 등의 증산을 목표로 90개 단지가 조성되어 각 단지에 농특사업 전담지도사를 배치하였으나 실효는 없었다. 1960년대 농촌지도체제의 구체적인 성과는 단체·교육 등의 분야에서 가시화되었다. 정부가 4-H운동을 조직적으로 지원하여 신문발행, 발전연찬회, 지도자야영대회가 전개되었다. 특히 농공기계훈련소가 4H회원을 대상으로 훈련을 시작하였다. 이는 이후 1969년 농업기계훈련소 설치로 발전되었다. 기존 부녀자들의 학습단체인 생활개선구락부 수도 확대되어 작업복 만들기,

---

69) 김태호, 『근현대 한국 쌀의 사회사』, 들녘, 2017, 114~118쪽.

198   1960년대 박정희 정권의 농업 정책

표준주택 설계전시, 주택개량 등이 추진되었다.[70]

1960년대 농촌진흥청 사업 가운데 농사시험 연구와 농사시험 연구에 직접적으로 관련한 농촌지도 부문은 시대적인 한계를 고려하면 특별히 발전하지는 않았지만 부진했다고 보기도 어려웠다. 대부분 사업이 조직적인 토대를 쌓고 새로운 영역의 가능성을 개척한 데에 그쳤다. 반면 농촌단체를 중심으로 한 사업은 양적으로 확장되었다. 특히 정부가 직접적으로 지원하거나 개입한 사업을 통해 조직이 강화되는 양상을 보였다. 농업기계 훈련이나 표준주택은 박정희 정권이 추진한 '농촌근대화'의 중요한 기제였다. 농촌진흥청은 자체의 고유 업무 이상으로 정부가 제시한 '농촌근대화'를 수행하는 데에 치중하였다.

조직 확장과 적극적인 정부 개입에 비해 정부재정 가운데 농촌진흥청의 비중은 1960년대 내내 하락 추세였다. 1970년과 1971년의 예산 비율은 1962년의 ⅓에 불과하였다.(〈부표 9〉참조)

1962년 이후, 농촌진흥청 내부 예산을 살펴보면 농사시험 연구 예산의 증가 폭이 농촌지도 예산의 증가 폭보다 훨씬 더 높았다. 그러나 1960~62년 사이에 농촌지도 예산이 농사시험 연구 예산을 역전하고 비약적으로 증가하였다는 점을 고려하면 1962년 이후는 5.16쿠데타 이후 비정상적으로 증가한 농촌지도 예산의 조정국면으로 볼 수도 있다. 박정희 정권 이전에는 농사시험 예산이 농촌지도 예산을 압도하거나 비등한 수준이었다.[71] 5.16쿠데타 직후 농촌진흥청의 농촌지도 예산이 일시적으로 급증한 점은 박정희 정권의 농촌에 대한 장악력 강화시도와 농업발전에 대한 조급함을 보여주었다. 장기적으로 농촌지도사업의 성

---

70) 농촌진흥청의 사업은 '농촌진흥청, 『농촌진흥 50년사』, 2012, 805~1, 114쪽'를 참조.
71) 농촌진흥청, 『농촌진흥 50년사』, 2012, 1,136~1,140쪽.

과는 충실한 농사시험 연구에 기초할 수밖에 없다. 그러나 농사시험 연구는 성격상 단기간 내 결과를 창출하기 어려웠다. 따라서 농촌진흥청의 독립성과 예산이 보존될 필요가 있었다.

1960년대 농촌진흥청은 박정희 정권이 농업에 대해 가진 입장을 보여주었다. 농업의 장기적인 전망과 발전을 위하여 농촌진흥청을 설립·강화하였으나 이는 농촌진흥청의 독립성 강화를 수반할 필요가 있었다. 하지만 이는 박정희 정권의 의도와는 모순되었다. 박정희 정권에게는 농업·농촌의 경제적인 자립보다 전체 경제발전을 뒷받침하기 위한 기반으로서 농업과 당장의 식량증산이 훨씬 중요하였다. 이로 인하여 독립적이고 강력한 농촌진흥청을 설립하였지만, 농촌진흥청을 중심으로 한 농정은 거부할 수밖에 없었다.

2. 농업협동조합의 개편과 운영

1) 농업협동조합과 농업은행의 통합

협동조합이란 사람을 기반으로 구성되며 이윤보다 조합원의 이익을 최우선으로 하는 조직이다. 또한, 개인으로서 감당할 수 없는 경제적인 과제를 수행한다. 지주의 몰락과 영세한 자작농 등장 등으로 자족능력이 없었던 한국농촌에서 유력한 대안이 될 수 있는 조직이었다.

해방 이후 농협 설립의 쟁점은 농협 관련한 정치 또는 정부의 역할과 농협의 금융겸업 여부였다. 전자의 내용은 농협 원론과 경제에 대한 거시적인 분석, 국가의 역할 등으로 주요 전문가들의 입장변화가 거의 없었다. 후자는 구체적인 농협 업무에 대한 사안이었기 때문에 정세변화, 입법과정 등 시기에 따라 정부, 전문가들의 주장이 미묘하게 변화

하였다.[72]

농협에 대한 상반된 입장은 농협의 금융겸업에 대한 논란에서 구체적으로 드러났다. 농협의 농업금융 전담 또는 농업금융을 담당하는 별도 기관 설립(농업은행) 여부가 문제였다. 농업금융은 일반금융과 비교하여 농가 규모와 연동되었기 때문에 개별 융자액이 적었고, 사용목적을 소비와 생산으로 명확히 나누기 어려웠다. 자금회수의 부담도 컸으며 계절적인 영향이 뚜렷했다. 농민들의 담보능력이 낮았기 때문에 신용금융의 성격이 두드러졌고 회전율과 수익률이 낮았던 점도 농업금융이 일반금융과 다른 질서로 운영되어야 하는 이유였다.[73]

해방 이후, 일제강점기부터 농정대행기관이었던 금융조합, 조봉암(曺奉岩)이 이끌던 농림부, 대한농민총연맹, 대한농민회 등이 농협 설립을 위하여 활동하였으나 조직의 성격, 정치투쟁, 이승만 정권의 개입 등으로 무산되었다.[74] 1952년 농림부 장관 신중목(愼重穆)은 실행협동조합을 조직하여 이후 설립될 농협의 골간을 만들었다.[75] 금융을 포괄하는 농협을 만들고자 하는 여론이 강하였으나 재무부를 중심으로 별도 농업금융 기구를 만들어야 한다는 의견도 완고하였다.[76] 민관을 망라한 논쟁과 미국의 개입이 있은 후에야 점차 농협의 농업금융 겸업을 반대하는 방향으로 상황이 정리되었다.[77] 1956년 3월 5일 이승만 대통령은 기존

---

72) 김민석, 「1950년대 농업협동조합 정책담론」, ≪한국민족운동사연구≫78, 2014, 142~165쪽.

73) 한국농촌경제연구원 편, 『한국농정 50년사』I, 농림부, 1999, 850~851쪽.

74) 김민석, 앞의 논문, 139~141쪽.

75) 김용택, 『한국 농협의 뿌리와 성립과정』, 역사비평사, 2015, 181~182쪽.

76) 김민석, 「농업은행의 설립과 운영」, ≪한국근현대사연구≫72, 2015, 257~274쪽.

77) 김민석, 「1950년대 농업협동조합 정책담론」, ≪한국민족운동사연구≫78,

금융조합을 개편한 ㈜농업은행 발족을 지시하였다.[78] 농협과 농업금융의 분리가 기정사실화된 것이다. 1957년 2월 1일 『농업협동조합법』, 2월 2일 특수은행 『농업은행법』이 각각 국회를 통과하였다.[79] 농협과 농업은행 설립이 가속화되었다.

정부방해와 예산부족으로[80] 늘어졌지만 기존 농협 조직을 기반으로 한 농협 중앙회 창립총회는 1958년 5월 7일로 공고되었다. 그러나 중앙회장 선출문제로 설립에 차질이 빚어졌다. 서울축산조합장 공진항(孔鎭恒), 인천 조합장 김성제(金聖濟)가 중앙회장 출마를 준비하였는데 농림부 장관을 역임한 공진항의 당선 가능성이 높았다.[81] 하지만 공진항은 이기붕(李起鵬)의 배척을 받는 것으로 알려져 농협 내 중진들은 이승만 대통령의 측근인 이범녕(李範寧)을 후보로 내세웠다.[82] 농협 창립총회는 순조롭게 진행되지 못하였다. 우선 중앙회 설립준비원회(이하 준비위)가 제시한 농협 정관에 대해 농림부가 이견을 제시하였다. 준비위가 제시한 업종별 조직은 산하 조합의 자주성을 보장할 수 있으나 농림부 안은 '효율적인 통제'를 추구하였다.[83] 논란이 된 정관은 농림부 안이 채택되었

2014, 155~162쪽.

78) 진흥복, 『종합농협의 설립』, 한국농촌연구원 편, 『농정반세기 증언』, 농림부, 1999, 153~155쪽.

79) 『농업협동조합법』, 법률 제436호, 1957. 2. 14; 『농업은행법』, 법률 제437호, 1957. 2. 14.

80) ≪동아일보≫, 1958. 4. 3, 『협조 중앙회 총선 전 발족 불능』.

81) 공진항, 『이상향을 찾아서』, 탁암 공진항 희수기념 문집간행위원회, 1970; ≪동아일보≫, 1958. 2. 8, 『여기에도 두 갈래의 싸움, 협조 중앙회발기를 둘러싸고』.

82) 김용택, 앞의 책, 275쪽.

83) ≪경향신문≫, 1958. 5. 8, 『정관 심의에 격론 협조 창립총회서』.

다.[84] 공진항은 2차 투표에서 115표를 얻어 86표에 그친 이범녕을 따돌리고 당선되었다.[85]

농협의 법적인 사업영역은 광범위하였다. 생산, 구매, 판매, 이용, 공제, 매개적인 신용(금융기관에 예금하기 위한 자금의 수집과 금융기관으로부터의 농업자금 융자에 관한 알선, 자기자금에 의한 농업자금 대부, 시군조합 제외) 업무 등이었다. 크게는 각급 단위조합과 중앙회의 사업으로 구분되었다. 설립된 이후부터 시군조합 수, 리동조합 조합원, 출자금 등이 비약적으로 증가하였다. 1957~58년 사이 시군조합에 소속한 리동조합은 1,706개에서 6,025개, 리동조합 조합원 수는 474,209명에서 698,855명으로 증가하였다. 1959년 말에는 리동조합은 15,940개, 리동조합 조합원은 1,528,144명이 되었다. 리동조합 수 증가에 비해 조합원 수 증가 폭이 지나치게 낮았다. 1957~59년 사이 리동조합 당 조합원 수는 평균 278명에서 95명 수준으로 하락하였다. 새롭게 설립된 리동조합들은 조합원 수가 100명도 안 되는 수준인 경우가 많아 정상적인 사업진행도 어려웠다. 차입자금 증가 폭은 1958년에서 1959년은 10배, 1959년에서 1960년은 세배였다. 하지만 1960년 사업 수지는 2억 7,400만 환 손실이었다. 이는 경영상 문제로 이어져 농업은행에 지원을 요청하였으나 농업은행은 직원 감원을 조건으로 지원하고 감독관을 농협에 파견하였다.[86]

농업금융 기관으로 설립된 농업은행은 농협과 별도의 조직적인 발전을 거치며 농협을 통제하였다. 『농업은행법』은 농협 조력과 농촌에 급박한 재정수요 충족을 설립목적으로 명시하였다. 융자대상은 농민 개인이 아닌

---

84) ≪경향신문≫, 1958. 5. 11, 『시골 조합장들만 골탕』.

85) ≪경향신문≫, 1958. 5. 10, 『모종 정치세력 작용』; ≪경향신문≫, 1958. 5. 11, 『회장에 공진항씨』.

86) 김용택, 앞의 책, 277~288쪽.

각급 단위조합으로 제한하였다. 최고 의결기구로 총회가 있었고 실제 주요 업무를 처리·결정하는 기관인 운영위원회가 설치되었다. 금융조합의 업무와 재산을 인계받도록 하였으며 정부가 자본 출자의 최종책임을 졌다.[87]

〈표 20〉 농업은행 설립위원회 명단(1957.2.14)

이름	당시 현직	경력상 특이사항	비고
千炳圭	재무부 차관(위원장)	-	-
李烈模	재무부 이재국장	-	8월 8일 해임
文鍾哲	법제실 제이국장	-	-
朴璹熙	주식회사 농업은행장	초대 농업은행 총재	-
權聖基	농림부 차관	-	8월 8일 해임
鄭南圭	농림부 지정국장	-	8월 8일 해임
金鎭炯	한국은행장	주식회사 농업은행장	-
金鍾大	재무부 이재국장	-	8월 8일 임명
金秉允	농림부 차관	-	8월 8일 임명
朴道彦	농림부 지정국장	-	8월 8일 임명

자료: 농업은행설립위원회, 『농업은행설립경과보고서』, 1958, 29~35쪽.

농업은행 설립위원회는 재무부 2인과 법제실 1인, 농림부 2인이 임명되어 재무부와 농림부의 균형을 맞추었다. 민간위원회도 전직 농림부 장관과 현 논산농협 조합장 등 2인의 농업계 인사와 전직 조흥은행장, 전직 금융조합 연합회 부회장 등 금융계 인사 2명이 포함되어 동수였다.[88] 이외 금융계 주요 인사인 김진형(金鎭炯)과 박숙희(朴璹熙)가 있었다. 김진형과 박숙희는 각각 ㈜농업은행 은행장, 이후 농업은행 총재를 역임하

---

87) 이경란, 『1950년대 농업협동조합 법 제정과정과 농업협동체론』, 홍성찬 외, 『해방 후 사회경제의 변동과 일상생활』, 혜안, 2009, 212~215쪽.

88) 농업은행, 『제1기 연차보고서』, 1959, 92쪽.

였으며 일제강점기부터 금융전문가로 성장한 이들이었다. 재무부 차관이자 설립위원회 위원장이었던 천병규도 경력상 김진형, 박숙희와 크게 다를 바 없었다. 재무부·금융계통 인사들이 실질적으로 농업은행 설립을 주도하였다. 『농업은행법』 자체가 설립위원장은 재무부 장관과 농림부 장관이 협의하여 재무부 차관을 임명해야 된다고 규정하였다.

국회 재경위는 1958년 2월 재무부와 협조하여 『농업은행법』 개정안을 제출하였다. 개정안에 따르면 農協 등의 농민단체뿐만 아니라 농민 개인도 대출대상이 되었다. 농협은 자체 사업을 위한 대출만 받을 수 있었다. 이는 농촌에서 농협의 존재를 더욱 미미하게 만들었다. 융자위원회도 없어졌다. 융자위원회는 농업은행 지점에서 지역사정에 입각하여 자체적으로 자금을 운용할 수 있게 한 제도였다. 그러나 융자위원회가 없어지면서 운영위원회의 일괄적인 방침에 따라 융자가 이루어지게 되었다. 가장 중요한 부분은 자본금 출자방식이 달라졌다는 점이다. 원안은 조성하기로 한 300억 환의 자본금 잔액을 정부가 책임지도록 하였으나 개정안은 농민, 농협, 농민단체 등이 출자하게 되어 있었다. 농업은행 설립의 최종부담에서 정부가 발을 뺀 것이다.[89]

〈표 21〉 농업은행 창립 이사진 명단

이름	직책	전직	이후
朴璔熙	총재	조선은행 부총재, 금융조합 연합회 회장	한국비료공업 사장, 한국은행 고문
李豪商	부총재	한국은행 조사부장, 금련 이사	조흥은행장
李錫範	이사	금융조합 연합회 경기도 지부장	기업은행·주택금고 감사

89) 『농업은행법』, 법률 제437호, 1957. 2. 14; 『농업은행법』, 법률 제473호, 1958. 3. 7.

이름	직책	전직	이후
金哲壽	이사	금융조합 연합회 충남도지부장	농협 부회장
金周仁	이사	금융조합 연합회 이사	전경련 부위원장, 국회의원
朴道彦	이사	농림부 양정·농정국장	농림부 차관, 제일제당 사장
李柱雲	이사	재무부 비서관	–
朴東奎	이사	금융조합 연합회 검사·지도·조사부장, 농업은행 업무부장	농업은행 총재, 산업은행 총재, 재무부 장관

자료: 농업은행, 『제1기 연차보고서』, 1959, 92쪽.

금융조합연합회(이하 금련), ㈜농은, 농업은행으로 이어지는 기관의 주요 인사들은 일제강점기부터 주로 금융기관에 종사하였다. 대체로 일본 대학, 국내 전문학교, 실업학교에서 교육받았다.[90] 일제강점기 농공은행·식산은행 등의 특수은행들은 특수 금융이면서도 보통은행 역할을 하였다. 이는 당시 일본 내 특수은행의 보통은행 업무 제한과 대비되었다. 일본이 조선에서 특수은행의 보통은행 업무 겸업을 허용한 이유는 은행을 통해 조선경제를 재편·통제하고자 하는 의도를 가지고 있었기 때문이었다.[91] 농업은행 창립 이사진은 정부개입과 통제금융에 익숙한

---

90) ㈜농업은행 은행장으로 임명된 김진형은 야마구치고등상업학교를 졸업하고 일제강점기 여러 금융기관에 재직하였다. 농업은행 설립위원장을 지낸 천병규는 일제강점기에 오사카상업학교를 졸업하였다. 4월 혁명으로 물러나기 전까지 농업은행 총재를 지낸 박숙희는 일제강점기 일본의 오오이다상고를 졸업하고 조선은행에서 재직하였다. 박도언은 대구 농림고를 졸업하였다. 농업은행의 마지막 총재를 지낸 박동규는 연희전문학교를 졸업하고 금련에 재직하였다. 김주인은 일본의 주오대 법학과를 졸업하고 일제강점기부터 금련에서 일하였다.

91) 정병욱, 『한국근대금융연구, 조선식산은행과 식민지경제』, 역사비평사, 2004,

이들이었다.

농업은행의 실상을 보여주는 가장 중요한 부문은 금융기관 기본업무라 할 수 있는 여수신이다. 농업은행은 출범 시 저축목표액을 220억 환으로 책정하였으나 이후 242억 환으로 높여 잡았다. 첫해 연말 저축액은 29,012백만 환(국책저금 8,865천환을 포함)이었다. 당초 목표액을 15% 상회하는 성과였다. 하지만 저축성 예금 증가를 높이 평가하기에는 사정이 복잡하였다. 농민과 非농민의 저축성 예금 현황을 보면 1,429백만 환과 3,659백만 환이며 구성비는 28.1%과 71.9%였다. 요구불예금에서 이러한 추세는 더욱 확대되어 농민 2,406백만 환, 비농민 21,418백만 환으로 각각 10.1%, 89.9%였다.[92] 일상적인 인출과 불입이 가능한 요구불예금에서 비농민 비율이 압도적이라는 점은 국민들이 농업은행을 일반금융으로 인식한 상황과 농민의 경제력, 특히 현금보유 능력이 비농민과 비교하여 현저하게 낮았음을 보여주었다.

융자는 농업은행의 정책목표와 금융기관으로서 성장이 어떻게 실현되었는가를 보여주는 지표다. 농업은행은 일반은행 기준으로 볼 때 융자대상이 될 수 없는 농민, 농민단체 등에 대한 지원을 목표로 하였기 때문에 예금보다 융자실적이 중요하였다.

㈜농은은 금련으로부터 6,803백만 환의 대출금을 인도받았고 1958년 4월 농업은행에 49,820백만 환을 인계하였다. 이 가운데 재정자금은 3,865백만 환이었다. 1961년 8월 15일 농업은행 대출금은 131,861백만 환으로 증가하였다. 1958년 발족 당시 92.2%에 이르렀던 금융자금 대출은 비중이 35.6%까지 감소하였고 재정자금 대출이 64.4%로 늘어났

82~126쪽.

92) 농업은행, 『제1기 연차보고서』, 1959, 57~58쪽.

다.[93] 재정자금 대출재원은 산업은행으로부터 인수한 산업부흥채권, 대충자금 등이었다. 융자증가의 상당분은 산업은행으로부터 인수한 수리자금이었다. 유입된 수리자금으로 인한 증가분을[94] 제외하면 농업은행이 여타 금융기관보다 적극적으로 융자하였다는 근거는 없었다.[95] 특히 개별 농가 농업 생산성 향상을 위한 투자의 척도인 중장기농업자금 비중은 매우 낮았다. 1960년 3월 말 총 대출 1,188억 환 가운데 장기대출금은 명목상으로는 620억 환이었다. 그러나 수리자금과 부채정리 자금을 제외한 장기농업 자금은 23억 환에 불과하였다.[96] 농업은행 융자증가는 1950년대 통화량 팽창과 전반적인 대출예금 확대에서 비롯한 착시현상이었다.[97] 농업은행 직원들은 1년에 네 차례 현지 방문하여 자금운용을 감독하였다. 정부 정책 및 재무제표, 사업계획 등이 융자기준이었다. 신용이 낮고 영세한 당시 농민의 특성을 고려하지 않은 농촌의 경제적인 자생성을 억압하는 조치였다.

농업은행 운영위원회는 이러한 추세를 가속화하였다. 1958년 9월 3일 운영위원회에서 논의된 융자준칙 가운데 농산물 융자율은 90% 이하였다. 그러나 1959년 3월 4일 개정된 융자준칙에서 이 비율은 80%로 감소하였다. 반면 부동산과 반제품·완제품의 비율은 60%에서 70%로 상승하였다.[98] 유독 농산물에 대한 융자 조건만 까다로워졌다.

농업은행 대출금 연체율은 일반은행보다 낮았다. 1958년부터 장기수

---

93) 농업협동조합중앙회, 『한국농업금융사』, 1963, 276쪽.
94) 농업협동조합중앙회, 『한국농업금융사』, 1963, 282쪽.
95) 한국은행, 『경제연감』, 1955~58; 한국은행, 『경제통계연보』, 1960, 재인용, 이영훈 외, 『한국의 은행 100년사』, 산하, 2004, 311쪽.
96) 농업협동조합중앙회, 『한국농업금융사』, 1963, 283쪽.
97) 이영훈 외, 『한국의 은행 100년사』, 산하, 2004, 208~306쪽.
98) 농업은행, 『제1기 연차보고서』, 1959, 71쪽, 83쪽.

리 자금을 제외한 총대출금 55,223,189천 환에 대한 연체율은 4.7%였다. 1959년에는 6.24% 연체가 발생하여 첫해보다 증가하였으나 같은 기간 일반은행 연체율(7.65~11.07%)보다는 낮았다.[99] 은행의 연체율이 낮은 것은 높이 평가할 만한 일이었지만 신용도와 현금수급 능력이 떨어지는 영세한 농민구제가 농업은행의 설립목표였다는 점을 고려하면 긍정적으로 보기는 어려웠다.

농업은행의 일반 금융화는 내국환 거래증가에서 명확히 드러났다. 당시 농업은행에는 내국환 업무를 수행한 212개의 점포가 있었다. 이는 타 은행보다 훨씬 많은 수였다. 실거래는 대부분 시·읍 소재지 점포에서 이루어졌다. 수수료가 면제된 지방행정기관 송금도 다루었기 때문에 취급액에 비해 수수료 비율은 낮았다. 내국환 업무를 취급하는 점포는 1959년 219개로 증가하였다. 취급 건수와 취급액은 1958년 377,728건, 약 1조 1,200만 환에서 1960년 623,642건, 1조 5,050만 환으로 증가하였다. 취급액보다 건수가 더 증가한 점은 서민들의 거래가 늘어났다는 것을 의미하였다. 이는 농업은행의 보통 금융기관 기능이 점점 강화되었음을 보여준다.[100]

농업은행은 보통 금융기관의 입장에서 농협활동을 평가하였다. 농협중앙회에서 융자를 신청했을 때 간부를 농협에 파견하여 구조조정과 농협 자금 입·출금까지 감독하였다. 이는 농협사업을 농업은행이 지원한다는 개념과는 반대였다.[101] 농협과 농민에 대한 엄격한 대출, 예금 내

---

99) 농업은행, 『제1기 연차보고서』, 1959, 56쪽; 농업은행, 『제2기 연차보고서』, 1960, 57쪽; 농업은행, 『제3기 연차보고서』, 1961, 42~43쪽.

100) 농업은행, 『제1기 연차보고서』, 1959, 58~59쪽; 농업은행, 『제2기 연차보고서』, 1960, 57~58쪽; 농업은행, 『제3기 연차보고서』, 1961, 43쪽.

101) 진흥복, 앞의 논문, 160~161쪽.

융자 등 농업은행 방침은 농민을 위한 특수 금융기관이라는 위상과는 상반되었다.

농업은행은 3.15부정선거에 주요 인사와 조직이 직접 연관되어 금융기관으로서의 건전성에도 불구하고 존폐가 논란이 되었다. 1960년 9월 22일 농업은행 임시 운영위원회는 한윤경(韓潤卿)을 총재로 추대하였다.[102] 그러나 농업은행의 혼란은 계속되었다. 1961년 1월 봉급인상 요구가 거부되자 총재 이하 농업은행 이사가 일괄적으로 사표를 낸 사건도 있었다.[103] 이사들의 사직은 즉각 수리되었고 대부분 교체되었다.[104]

농협도 이승만 정권의 낙하산 인사와 부정선거에 관련되었다는 혐의를 받아 중앙회장 공진항은 사임하였다.[105] 여론상 주류였지만 정책결정 과정에서 소외되었던 주석균, 김준보, 박동묘 등은 농협의 정치중립, 민주적인 개편 등을 강조하였다.[106] 정부도 상향식 농협 설립을 천명하였다.[107] 하지만 농협 간부들은 지역농협부터 민주적으로 개편하라는 농림부 권고를 무시하고 공석인 중앙회장 등의 보선을 추진하여 정부와 충돌하였다.[108] 허정 과도정부기인 1960년 7월 9일 총회에서 이승만 정권기 농림부 장관, 자유당 중앙위원을 지낸 족청계의 신중목이[109] 회장에

102) ≪경향신문≫, 1960. 9. 22, 『총재에 한윤경씨 임시 농은 운위서 추천』.
103) ≪동아일보≫, 1961. 1. 8, 『농은 이사 총사표』.
104) 농업은행, 『제 3기 연차보고서』, 1961, 70쪽.
105) ≪동아일보≫, 1960. 5. 5, 『공진항씨 사의 농협중앙회장등』; ≪동아일보≫, 1960. 5. 22, 『농협, 월말까지 개편』.
106) ≪경향신문≫, 1960. 5. 22, 『각급농협 개편론이 지배적』.
107) ≪경향신문≫, 1960. 5. 25, 『이농림장관 천명 협동조합을 상향식 개편』.
108) ≪경향신문≫, 1960. 5. 29, 『농협개편 분규 본격화』.
109) 후지이 다케시, 『파시즘과 제3세계주의 사이에서, 족청계의 형성과 몰락을 통해 본 해방8년사』, 역사비평사, 2012, 415쪽.

당선되었다.[110)

장면 정권은 신용업무를 담당하기 위한 농협 개편, 공석인 조합장 선출, 유명무실한 조합 폐지 등을 거론하였다.[111) 가장 큰 쟁점인 농협 금융겸업은 사실상 승인되었다.[112) 장면 정권의 농협정책은 큰 틀에서 여론을 수렴한 방안이었고 일방적인 방식으로 추진되지도 않았지만 관료들의 저항, 농협과 정권의 반목 등으로 인하여 실패하였다.

5.16쿠데타 직후, 군사정부가 추진한 농촌 고리채 정리, 『농산물가격유지법』의 성공을 가정하더라도 여전히 개별 농민의 힘은 미약하였다. 정부재정의 한계, 공업화를 지향하는 산업정책, 영세소농 구조를 온존하면서도 농촌에서 규모의 경제를 실현할 필요가 있었다. 이를 위한 가장 적절한 조직은 농협이었다. 명분과 논리가 축적된 농협과 농업은행 통합은 소요비용 없이 관련법 개정과 해당 조직개편만으로도 효과를 낼 수 있는 사안이었다. 쿠데타로 집권하였기 때문에 이전 정권이 감당해야 했던 국회 내 충돌도 없었고 정부 부처 간 이견도 무시할 수 있었다.

최고회의는 1961년 6월 5일 농협과 농업은행 통합을 의결하였다. 같은 달 16일 의장 명의로 농림부 장관에게 『농협 및 농은(농업은행) 통합 처리 대강』(이하 대강)을 하달하였다. 『대강』은 농림부 장관에게 통합의 주도권을 부여하였다. 이전 재무부와 농업은행의 영향력을 고려하면 이는 농협을 중심으로 통합을 진행하겠다는 의지의 천명이었다. 또한, 논란이 많았던 농협의 금융겸업을 명시하였다. 다만 기존 농업은행에 대한 비판적인 여론을 반영하여 농협 금융업무는 농어촌 육성발전에 한정하였다. 대체로 장면 정권기 논의된 농협재편 방침에서 크게 벗어나지 않

---

110) ≪동아일보≫, 1960. 7. 12, 『회장에 신중목씨』.

111) ≪경향신문≫, 1960. 8. 26, 『농협 연내에 재개편』.

112) ≪동아일보≫, 1960. 11. 2, 『신용업무 취급토록』.

았다. 대강 발표 후 3일 만에 '농협 농은(농업은행) 통합처리위원회'(이하 통합처리위원회)가 설립되었다.[113]

5.16쿠데타 직후, 최고회의는 당시 서울대학교 농과대학 교수 김준보에게 농협 재편에 대한 자문을 의뢰하였다.[114] 김준보는 1950년대부터 농협 신용겸업을 주장하였고 협동조합 신용사업과 은행금융의 본질적인 차이를 지적하였다.[115] 당시 최고회의가 김준보의 의견을 어느 정도 참조하였는지 알 수는 없다. 그러나 통합처리위원회 명단에 이름이 올라 있는 점을 보면 김준보의 주장이 암묵적으로 수용되었음을 추정할 수 있다.

〈표 22〉 농협 농은 통합처리위원회 명단(1961.6.19)

이름	직책	현직
張坰淳	위원장	농림부 장관
李漢彬	부위원장	재무부 사무차관
任智淳	위원	농협 중앙회장
朴東奎	위원	농업은행 총재
崔應祥	위원	성균관대 교수
金俊輔	위원	서울대 농대 교수
劉彰順	위원	한국은행 총재
李廷煥	위원	재무부 장관 고문
申泰煥	위원	건설부 장관 고문
朴東燮	위원	재무부 이재국장

---

113) 나. 신기구설립특별법 입법상의 고려할 사항
① 목적은 농촌경제를 향상 발전케 하여 신용부문과 일반 사업부문을 유기적으로 운영되도록 강구한다. ② 본 기구의 신용부문은 금융기관으로서의 역할을 담당케 하되 농어촌 육성 발전 이외의 대상으로 할 수 없게 제한한다. 진흥복, 앞의 논문, 163쪽.

114) 구천서, 『USOM의 역할』, 한국농촌경제연구원 편, 『농정반세기 증언』, 농림부, 1999, 137쪽.

115) 한국농촌경제연구원 편, 『한국농정 50년사』Ⅱ, 농림부, 1999, 2,412~2,413쪽.

이름	직책	현직
朴東昴	위원	서울대 상대 교수
金寅權	위원	농림부 농정국장

자료: 진흥복, 『종합농협의 설립』, 한국농촌경제연구원 편, 『농정반세기 증언』, 농림부, 1999, 163쪽.

통합처리위원회 위원장은 농림부 장관이었으며 농업은행에 비판적인 인물들도 구성원에 포함되었다.[116] 그러나 농림부 장관을 비롯한 농림부 인원은 2인에 불과한 데에 비해 재무부 소속 위원은 재무부가 관리·감독한 한국은행 총재까지 4인이었다. 농업은행 총재를 더하면 전체 12인 가운데 5인이 재무부·농업은행의 인물로 충원되었다. 농림부 인원은 농협 중앙회장까지 포함하여도 3명이었다. 더구나 농림부, 농협의 입장을 대변한 농림부 장관과 농협 중앙회장 등은 현역 군인이었다. 소속 부서의 고유한 주장을 고수할만한 입장이거나 이해당사자로 보기는 어려웠다.

4월 혁명으로 일부 고위인사들이 퇴진하였으나 농업은행 설립 주체가 되었던 재무부·금융계통 인사들은 농협·농업은행 통합과정에서 다수를 차지하였다. 따라서 최고회의의 강력한 의지에도 불구하고 통합처리위원회 내에서 의견을 정리하는 것은 쉽지 않았다. 쟁점은 두 가지였다. 첫째, 농협의 성격에 관한 규정이었다. 농림부와 농림부 추천 인사들은 농협을 협동조합 원칙에 충실한 자치조직으로 설립해야 한다는 입장이었다. 그러나 재무부 인사들은 농협을 일종의 농촌개발기구로 간주하였다. 둘째, 통합의 형식이었다. 농림부 인사들은 농협의 농업은행 흡수를 주장하였다. 하지만 농업은행의 의사는 대등한 합병이었다. 인적 결합체인 농협과 자본 결합체인 농업은행의 대등한 통합은 사실상 불가능하였

---

116) 김민석, 앞의 논문, 155쪽; 구천서, 앞의 논문, 137쪽.

다. 이에 대해 당시 협의에 참여한 일부 인사는 재무부 관료들이 협동조합이라는 개념에 대하여 무지하였기 때문에 생긴 일로 보기도 하였다.[117]

재무부 관료들이 협동조합에 대하여 정말로 무지하였는지는 의문이다. 농협 금융겸업, 농업은행 폐지는 1950년대부터 논의된 사안이었다. 농협과 농업은행 통합도 해당 기관 설립 시부터 제기되었다. 두 기관의 통합과 농협 금융겸업에 반대한 입장이어도 협동조합의 내용과 의의를 충분히 알고 있었다고 보는 것이 타당하다. 오히려 이승만 정권기 유지된 전시 통제경제정책을 계승하는 입장에서 강력한 자치조직으로서 농협 설립을 경계한 것으로 볼 수 있다. 농협이 협동조합 원리에 의해 설립되고 발전한다면 농촌에 대한 정부의 직접적인 영향력은 감소할 수밖에 없다.

『대강』이 하달된 지 3일 후인 1961년 6월 19일 1차 통합처리위원회 회의가 개최되었다. 통합처리위원회는 『농업협동조합법』 시안과 시행령 시안을 결의하였고 7월 3일까지 관련 법안을 최고회의에 제출하기로 하였다. 갈등 속에 도출된 『통합요강』의 주요 내용은 아래와 같았다.

〈통합요강 주요내용〉[118]

(진한 색 강조 필자, 이하 요강)

(1) 개편기구: 현재의 2원적인 기구를 단일기관으로 통합한다.
(2) 개편방법: 현행 농업협동조합법과 농업은행법을 폐지하고 새로운 농업협동조합법을 제정한다.

---

117) 진흥복, 앞의 논문, 165~167쪽.
118) 한국농촌경제연구원 편, 『한국농정 50년사』Ⅱ, 농림부, 1999, 2,420~2,421쪽.

『요강』은 농협경영 주체로 조합원이 아닌 정부를 내세웠다. '농업협동조합'임에도 불구하고 회원관리의 자율성을 지양하고 정부, 상위기관의 지도를 강조하였다. 『대강』의 신기구설립특별법 입법상 고려사항과 상이한 내용도 있었다. 『대강』이 신용부문과 사업 부문의 유기적 운용 즉, 기존 농협과 농업은행 업무의 화학적인 결합을 강조한 데에 비해 『요강』은 신용부문과 사업부문의 엄격한 구분, 금융의 독자성을 강조하였다. 거시적 지침인 『대강』이 통합을 강조한 데에 반해 실무방침이었던 『요강』은 농업금융의 독자성과 분리를 내세웠다. 『대강』이 하달된 1961년 6월 5일과 『요강』이 발표된 6월 19일 사이는 『요강』의 방향전환을 납득하기에는 짧은 시간이었다.

단기간 입장 변화로 볼 때 군사정부에게 농협에 대한 확고한 방침이나 인식이 부재하였음을 알 수 있다. 전체 경제정책 수립과 재무부 계통 관료들의 저항, 정권에 내재한 중앙집권적인 속성 속에서 현실적인 벽을 인정한 것으로 보인다. 『요강』은 6월 19일 이후에도 끊임없이 변화하였다.

1961년 6월 19일 제출된 『요강』은 '회원관리만의 자율성을 지양하며 잠정적으로 정부의 적극적인 참여와 상위기관의 능률적인 지도, 신용부문과 사업부문의 회계를 엄격히 독립시켜 금융의 독자성 유지' 등을 강조하였다. 이 부분은 이후 '회원관리의 자율성을 적극 신장하는 동시에 정부의 적극적인 지도육성'으로 변경되었다. 사업부문과 신용부문 회계의 구분을 명시하면서도 금융의 독자성을 강조한 부분은 삭제되었다.[119] 『요강』이 제출된 이후, 통합위원회 내에서 농협의 독립과 금융겸업을 보장받기 위한 움직임이 있었음을 추정할 수 있다.

〈표 23〉 농협 농은 통합 심의과정에 있어 주요사항 수정 대비표

항목	통합위원회안	각의 통과안	최고회의 제정안
회계	조합의 회계는 일반사업과 신용으로 엄격히 구분하여 따로 경리하여야 한다.	좌동	조합의 회계는 종합회계로 하되 일반사업과 신용사업으로 구분하여 따로 경리하여야 한다.
재무기준	조합의 계정과목과 장부조직은 주무부장관의 정하는 바에 의한다.	삭제	조합의 계정과목과 장부조직은 주무부 장관의 승인을 얻어 중앙회장이 정하는 바에 의한다.
군조합의 사업종류	리동조합과 그 조합원의 필요한 자금의 대출.	좌동	리동조합 및 특수조합과 그 조합원의 필요한 자금의 대출. ④ 제1항 제4호 가목의 대출에 있어서는 농업 생산력 담보를 위주로 하여야 한다.

---

119) 농림부 농정국, 『제3차 농협농은 통합처리위원회회의록 작성의 건』 1961; 농림부 농정국, 『제4차 농협농은 통합처리위원회회의록 작성의 건』, 1961.

항목	통합위원회안	각의 통과안	최고회의 제정안
중앙회의 임원과 그 직무	중앙회장은 조합과 중앙회의 발전에 관한 사항에 대하여 각의에 출석하여 발언할 수 있다.	삭제	좌동

자료: 농림부 농정국, 『제8차 농협농은 통합처리위원회회의록 작성의 건』, 1961.

통합위원회안은 당시 여론에서 크게 후퇴한 내용이었다. 농협 금융겸업을 회계구분이라는 명목으로 무력화하였고 농협통제 방안도 수립하였다. 정부 관료들의 농협에 대한 불신과 경계가 반영되었다.

정리된 통합위원회안은 각의와 최고회의를 거쳐 확정되었다. 이 과정에서 몇 가지 사항이 수정되었다. 첫째, 회계에서 명시된 '일반사업과 신용의 엄격한 구분'이 '종합회계로 하되 일반사업과 신용사업으로 구분'이라는 다소 완화된 표현으로 변경되었다. 둘째, 재무기준 항목에서 주무장관이 보유했던 조합 계정과목과 장부조직 결정 권한을 해당 장관 승인을 전제로 중앙회장에게 이전하였다. 셋째, 시군조합 사업종류 가운데 대출은 농업 생산력 위주로 해야 한다는 단서를 달았다. 넷째, 중앙회 임원과 직무에서 중앙회장 각의출석 관련 사항을 삭제하였다.

최고회의는 농협 중앙회장 권한을 강화하였고 군조합 대출항목에서 농업 생산력 사항을 추가하여 농협의 농촌·농업 중심성을 명확히 하였다. 무엇보다 농협회계를 '종합회계'로 명시하여 선언적으로 금융겸업을 확인하였다. 실무진인 통합위원회에서 취한 농협약화·통제방안을 정치적인 차원에서 수정한 것이다.

농업은행은 농협과 통합 전인 1961년 7월 1일 공포된 『중소기업은행법』에 따라 도시에 위치한 31개 주요 점포를 중소기업은행에 양도하였다.[120] 같은 해 7월 26일 최고회의 상임분과위원회를 거쳐 7월 29일『농업협동조합법』이 공포되었고 8월 1일 통합준비위원회가 설치되었다.[121]

1961년 8월 4일 현역 육군대령 임지순을 중앙회장으로 농협과 농업은행을 통합한 이른바 '종합농협'이 설립되었다. 이어 8월 15일 舊농업은행 본점에서 농협 중앙회 창립기념식이 개최되었다.[122] 군사정부가 공포한『농업협동조합법』에는 중앙회장 및 상설운영 기구에 관한 독소조항이 있었다.

〈표 24〉 농업협동조합법 중 중앙위원회·운영위원회 및 중앙회장 선출 관련 조문 변경사항

1958.3.7 공포	1961.7.29 공포
제133조 (중앙위원의 정수와 선임방법) ① 중앙위원은 다음 각 호의 규정에 의하여 선임한다. 1. 회원인 시군구조합이 도별로 선출하는 3인 단, 특별시와 제주도는 1인으로 하고, 회원인 시군구조합이 1도 15개 조합까지는 3인, 15개 조합을 초과하는 경우에는 매 5개 조합마다 1인을 증선한다. 제134조 (임원의 선임방법과 이사회의 직무)	제139조 (운영위원회) ② 운영위원회는 본법과 정관의 규정 및 총회와 대의원회에서 의결된 범위 내에서 중앙회의 업무운영관리에 관한 기본방침을 수립한다. ③ 운영위원회는 전항의 직무를 수행하기 위하여 필요한 규정과 지시를 발할 수 있다. 제140조 (구성) ① 운영위원회는 중앙회장과 다음의 8인의 위원으로써 구성한다. 1. 농림부 장관, 재무부 장관, 한국은행 총재 2. 대의원회에서 선출하는 5인(3인은 대의원, 2인은 농업경제에 관한 학식이 풍부한 자)

---

120) 중소기업은행 조사부, 『중소기업은행이십년사』, 1981, 136쪽.

121) 한국농촌경제연구원 편, 『한국농정 50년사』Ⅱ, 농림부, 1999, 2,421쪽.

122) 기존 농협과 구별하기 위하여 보통 '종합농협'이라 부른다. 진흥복, 앞의 논문, 166쪽.

1958.3.7 공포	1961.7.29 공포
① 중앙회에 회장, 부회장, 중앙위원, 이사와 감사를 둔다. ② 회장과 부회장은 총회에서 선임하여 주무부장관의 승인을 얻어야 한다.	제149조 (임원의 임명과 임기) ① 중앙회장은 운영위원회의 추천에 의하여 주무부장관의 제청으로 내각수반이 임명하며 그 임기는 3년으로 한다. 단 주무부장관이 제청할 때에는 재무부 장관과 합의하여야 한다.

자료: 『농업협동조합법』 법률 제474호, 1958. 3. 7; 『농업협동조합법』 법률 제670호, 1961. 7. 29.

기존 『농업협동조합법』은 각급 조합의 선출과 호선으로 중앙위원회를 구성하고 중앙회장은 총회에서 선임할 것을 명시하였다. 개정된 『농업협동조합법』에는 중앙위원회를 대체한 운영위원회가 있었다. 운영위원회는 총회와 대의원회 의결에 의거하여 계획 및 예산 등 업무 기본방침을 수립했다. 관련 규정작성과 업무지시도 운영위원회의 역할이었다.

운영위원회는 총 8인으로 구성되었으며 대의원회에서 5인을 선출하였다. 농림부 장관, 재무부 장관, 한국은행 총재는 당연직이었다. 각각의 직위는 차관 및 부총재가 대리할 수 있었다. 농협 중앙회장은 정부 영향력이 구조적으로 확보된 운영위원회에서 추천하여 내각수반이 임명하였다. 정부는 운영위원회와 임명직 중앙회장이라는 이중의 장치로 농협을 통제하였다.

이는 각급 조합장 선출에 대한 문제로 이어졌다. 5.16쿠데타 이후, 비상시를 이유로 중앙회장에 의해 임명된 조합장들의 임기가 끝나고 직선제를 기반으로 한 조합장 체제가 수립되려는 시점에 군사정부는 조합장 간선·임명제를 추진하였다. 과거 시군조합이 실패한 원인이 대부분 조합장 선거를 둘러싼 알력에 있었고, 현재에도 2만 57개의 리동조합이 암암리에 시군조합장 선거공작에 휩쓸려 지방에서 파벌을 조성하고 서로 반목하는 경향이 현저하다는 이유였다. 이는 농협 민주화뿐만 아니라

협동조합의 존재에 대한 부정이었다. 따라서 비판적인 여론이 비등하였고 정부 내부의 반발도 있었다.[123]

군사정부의 시도는 관철되었다. 『농업협동조합법』을 부정하는 임시조치법까지 동원하여 조합장 선출을 임명제로 전환하였다.[124] 중앙회 부속조직에 불과한 도지부가 리동조합장을 임명할 수 있는 구조였다. 협동조합으로서 농협을 완전히 부정한 처사였다. 조합장 선거를 둘러싼 암투가 있더라도 이는 선거제도를 유지하기 위한 최소한의 비용이었다. 무엇보다 개편된 농협 체제에서 조합장 직선제가 실시된 적이 없었다.

1962년 2월 26일, 5.16쿠데타 이후 처음으로 농협 총회가 개최되었다. 정부방침에 따라 중앙회장을 비롯한 조합장 선출은 임명제로 전환되었기 때문에 각급 조합장 243명이 참여하여 대의원 29명과 감사 2명을 선임하였다. 대의원은 각 도별로 시군조합에서 3명씩(서울과 제주는 1명) 호선하였다. 총회 다음날 대의원회를 열고 운영위원회를 선출하였다. 운영위원은 당연직인 농림부 장관, 재무부 장관, 한국은행 총재, 농협 중앙회장 외 4명의 민선위원으로 구성되었다. 운영위원회에서 추천된 중앙회장은 농림부 장관이 재무부 장관의 동의를 얻어 임명하였다. 당연직을

---

123) ≪경향신문≫, 1962. 1. 28, 『농협조합장 선거방식 간선·임명제로 고칠 듯』; ≪경향신문≫, 1962. 1. 29, 『농민의 창의와 자유의사를 존중해야 한다』.

124) 제1조(목적) 본법은 농업협동조합의 건전한 육성을 기하기 위하여 농업협동조합임원의 임명에 대한 특례를 규정함을 목적으로 한다. 제2조(조합장의 임명) 농업협동조합장의 임명은 농업협동조합법 제46조 제2항, 제107조 제2항 및 제123조 제2항의 규정에 불구하고 농업협동조합중앙회장이 농림부 장관의 승인을 얻어 임명한다. 단 리·동 농업협동조합장의 임명에 있어서는 그 권한을 농업협동조합 중앙회 도지부장에게 위임할 수 있다. 제3조(조합장의 임기) 본법에 의하여 임명되는 조합장에 대하여는 농업협동조합법 제117조 및 제127조에서 준용하는 제49조의 규정을 적용하지 아니한다. 『농업협동조합 임원 임명에 관한 임시조치법』 법률 제1,025호, 1962. 2. 12(폐지 1988. 12. 31).

제외한 운영위원회 위원은 대의원회에서 선출할 예정이었으나 총회 직전까지 후보조차 드러나지 않았다.[125]

개편 이후, 농협은 국제협동조합연맹에 가입하였으나 정회원이 아닌 준회원 자격이었다. 국제협동조합연맹이 자체 규약 제8조(가맹자격)와 농협 정관 제56조(운영위원회), 제75조(임원의 임명), 부칙 제1조(초대 임원의 임명)가 모순된다고 판단하였기 때문이다. 국제협동조합연맹의 관점에서 한국 농협은 민주성과 자율성이 없는 조직이었다.[126]

농업은행 출신 인사들의 영향력과 정부통제가 강화된 농협에서 중앙회장을 비롯한 각급 조합장 직선은 농민이 농협을 통해 경제자치를 실현할 수 있었던 마지막 기회였다. 이후 1966년 농협의 폐해를 해결하는 방법으로 조합장 직선제가 제기되었으나 실현되지 못하였다.[127] 중앙회장 및 각급 조합장 직선은 민주화의 성과로 1989년에 실시되었다.

농협과 농업은행 통합은 정부통제가 강화되는 방향으로 진행되었다. 통합처리위원회에서 '현실'을 반영하여 기존 농협과 농업은행의 이원화를 유지한 정부 통제 안을 제시하였을 때 최고회의는 농협을 강화하는 방향으로 손질하였다. 하지만 군사정부의 농협 강화안이 협동조합으로서 농협 설립안은 아니었다.

이승만 정권이 농업은행 설립으로 농협 무력화를 시도하였다면 군사정부는 강화한 농협을 직접 장악하였다. 군사정부는 5.16쿠데타 직후부터 농협 변화에 대한 요구, 농업은행 문제에 대하여 인식하였다. 언론에서도 연일 이 사안을 다루었고 장면 정권이 이미 분명한 정책 방향까지 세운 사안이었기 때문에 일각에서 지적하듯 협동조합에 대한 무지에서

---

125) 《경향신문》, 1962. 2. 26, 『오늘 농협의 첫 총회를 개최』.
126) 김용택, 앞의 책, 345쪽.
127) 《동아일보》, 1966. 5. 13, 『제도심의위 농협회장·단위조합장 선거제 주장』.

비롯된 일이라 보기는 어렵다. 장기적인 목표 하의 자치적인 농협설립보다 단기적인 정부개입의 효율성에 주목하였을 뿐이었다.

2) 농업협동조합의 조직과 업무

농협과 농업은행 통합으로 설립된 '종합농협'은 리동조합, 시군조합, 중앙회의 3단계 조직으로 구성되었다. 리동조합 조합원은 농민이었으나 시군조합은 리동조합, 중앙회는 시군조합이 회원이었다. 엄밀한 의미에서 시군조합과 중앙회는 협동조합이 아닌 협동조합 간 연합회였다. 3단계로 구성된 조직은 다른 나라 경우와 비교 시 일반적인 형태는 아니었다. 미국, 영국, 독일, 덴마크, 일본 등 농업 선진국에서는 분야별 협동조합이 결성되었으며 단위조합의 자율성이 보장되었다. 가까운 일본도 업종별 단위조합이 연합회를 구성하였지만, 지도·교육·조정 업무를 담당하는 정도였다.[128]

하지만 농협 중앙회 업무영역은 '사업에 관한 지도와 조정, 회원의 조사연구와 보급선전, 지도자와 직원의 양성훈련과 강습, 구매사업과 판매사업 및 공동사업과 대리업무, 신용사업, 공동이용가공시설, 공제사업, 정부 위촉 사업, 정부보조사업, 대외무역, 부대사업 및 주무장관의 인가를 받은 사업' 등으로 지나치게 광범위하였다. 농협 재편과 함께 168개 시조합과 인근 군조합이 합병되어 139개로 정리되었다. 시군조합은 정부 정책사업인 비료공급과 농사자금을 관리하며 사업기반을 확충하였다. 업무영역은 신용, 경제, 지도업무를 모두 포괄하였고 대출대상은 리동조합과 조합원이었다. 이후 일부 업무가 리동조합에 이관되었지만 본

---

128) 농업협동조합중앙회, 『농업연감 1964』, II-7~8쪽.

질적으로 이러한 성격은 변하지 않았다.[129]

중앙회와 시군조합은 방대한 업무를 감당할 수 있는 조직도 완비하였다. 중앙회는 총무, 조사, 관리, 구매, 판매, 신용, 지도부 및 기획실, 교육원을 주요 부서로 갖추었다. 총무, 구매, 판매, 신용, 지도, 관리 부서가 있는 도지부는 9개였다. 139개의 시군조합도 신용, 경제, 지도업무를 책임지는 부서가 있었고 부속한 339개의 지소를 두었다.[130]

1960년 당시 농협 중앙회 직원은 340여 명이었고 이에 절반인 170여 명을 감원하는 안이 통과되기도 하였다.[131] 그러나 불과 5년 뒤인 1965년 중앙회 직원 수는 1,326명에 이르렀다. 시군조합을 포함한 전체 직원은 만여 명에 달했다.[132] 정부 지원이 불가피했던 상황을 고려하더라도 행정구역과 연동된 농협 조직체계는, 지나치게 관료적이고 하향화된 구조였다.

농협의 권위적인 구조는 농협에 그치지 않고 정부와의 관계에도 적용되었다. 중앙회장 이하 고위 간부들은 정부가 임명하였다. 간부 구성도 자립적인 조직과는 거리가 멀었다. 예비역 대령급 장교 출신 인사들만 25명이었다. 간부직은 5.16쿠데타에 대한 포상이었다. 이는 농협 내 파벌의 기반이 되었다. 농협이 농민보다 정권의 눈치를 볼 수밖에 없는 구조였다. 따라서 적지 않은 예산을 소요하면서도 농민 삶 개선에 도움이 되지 못하였다는 비판도 있었다.[133]

시군조합 인적구성도 협동조합과는 거리가 멀었다. 시군조합 직원 대

---

129) 한국농촌경제연구원 편, 『한국농정 50년사』II, 농림부, 1999, 2,423~2,424쪽.

130) 농업협동조합중앙회, 『농협운동의 제문제』, 1965.

131) ≪경향신문≫, 1960. 12. 10, 『농협중위임시총회 일억 환 기채를 승인』.

132) ≪경향신문≫, 1965. 2. 27, 『재검토해야 할 농협의 체질』.

133) ≪경향신문≫, 1965. 2. 27, 『재검토해야 할 농협의 체질』; ≪경향신문≫, 1965. 12. 4, 『제 구실 못하는 농협』.

부분은 이전 농업은행 직원들이었다.[134] 형식적으로는 농협이 농업은행을 흡수하였지만 통합 이후, 지역 농협 업무를 전담한 시군조합 운영은 이전 농업은행 직원들이 책임졌다. 시군조합이 리동조합과 농민을 대상으로 한 농업자금 융자는 예전 농업은행 업무와 내용이 동일하였다.

상급조직화한 시군조합과 중앙회는 충분한 법적 권한과 역량, 정부지원을 확보하였다. 정부는 부족한 농협 자금을 충당하기 위하여 지방행정기관 금고를 농협이 관리하도록 조치하였다.[135] 박정희 정권의 농협지원정책으로 농협의 재정기반이 강화된 면도 있다. 하지만 정부 지원이 늘어날수록 중앙회, 시군조합은 농민이 아니라 정부에 의존하였다.

〈표 25〉 1961~1968년 농협 구매사업 실적추이

(단위: 백만 원, %)

구분	정부위촉 사업		매취사업		수탁사업		합계	
	금액	구성비	금액	구성비	금액	구성비	금액	구성비
1961	1,168	96.9	16	1.3	22	1.8	1,206	100
1962	18,433	89.6	818	8.7	166	1.7	9,417	100
1963	10,204	82.4	1,169	9.4	1,016	8.2	12,389	100
1964	12,298	82.4	1,952	13.1	672	4.5	14,922	100
1965	22,295	90.2	2,000	8.1	418	1.7	24,712	100
1966	21,172	90.3	1,989	8.5	290	1.2	23,451	100
1967	23,001	85.2	3,446	12.8	543	2.0	26,990	100
1968	24,525	81.8	4,175	13.9	1,283	4.3	29,983	100

* 1961년은 8월 15일부터 12월 31일까지의 실적.
자료: 농업협동조합중앙회, 『농협사반세기, 회고와 전망』, 1987, 54쪽.

농협 구매사업에서 정부 위촉 사업 비율은 1960년대 내내 80%를 상

---

134) 농림부 장관, 『농업협동조합운영책』, 1961, 7~8쪽.
135) 농림부 장관, 『농업협동조합운영책』, 1961, 1~6쪽; ≪농민신문≫, 2011. 7. 11, 『한국농협 50년을 말하다 (2)농협의 역사−설립기(종합농협의 탄생)』.

회하였다. 수탁사업 비율은 5%이하였다. 같은 기간 판매사업 내 군납사업과 정책사업 비율은 81.9%에서 30.3%로 감소하였다. 공판사업 비율이 18.1%에서 69.6%로 상승하였지만, 내용은 정부사업 대행이 대부분이었다.[136] 농협은 조직구조, 농사자금이 아니어도 정부 영향력이 압도적일 수밖에 없는 구조였다.

농협은 자립을 위해 자기자금 조성에 역점을 두었다. 출자금 증액, 비료수급, 출자 적립금에 대한 금리 증액 등이 언급되었고 일정정도 성과도 있었다.[137] 이후 점차 저축에 초점이 맞추어졌다.[138] 저축증강 명분은 농협자립, 농어민자금 예치 등이었지만 한편으로 농협의 금융기관화를 가속화하였다.

당시 농가부채는 연간 2만 원 정도였는데 농사자금 대출은 가구당 3,600원에 불과하였다. 투입된 농사자금은 대부분 당장의 생활비로 소요되었다. 농협 직원에게 의무실적을 부과하였기 때문에 신용도가 높은 부농, 특수농만 대출이 가능하였다. 영세농들은 애초 해당되기도 어려웠을 뿐 아니라 연체될 경우 고리의 이자를 물어야 했다. 농협 무용론, 농촌진흥청으로의 흡수 등을 운운하여도 반론하기 어려운 상황이었다.[139]

1962년에서 1966년 사이 농협 대출액은 215억 원에서 289억 원으로 늘었다. 장기적인 농업 생산력 확충과 연관된 중장기 대출은 거의 증액되지 않았으며 단기대출만 100억 원에서 160억 원으로 증가하였다. 단

---

136) 농업협동조합중앙회,『농협사반세기, 회고와 전망』, 1987, 56쪽.

137) 《농협신문》, 1964. 10. 15,『농협, 자기자금조성계획』; 《농협신문》, 1965. 3 11,『자기자금 18억 원 돌파』.

138) 《농협신문》, 1965. 4. 29,『144억 5천만 원 목표, 농협 저축증강 5개년 계획 발표』; 《농협신문》, 1965. 12. 13,『저축증강운동』.

139) 《매일경제》, 1966. 12. 5,『재평가돼야할 중농정책(5) 농협제도』.

기대출은 주로 비료 외상판매와 영농자금이었다. 농협을 통한 농업자금 공급이 부족했던 점은 1차 경제개발 5개년 계획 달성의 장애요인으로 지적되었다.[140] 그러나 이러한 농협의 자구노력은 농협의 비농민화를 촉진하였다.

〈표 26〉 1961~1968년 농협 예금주별 예수금 동태　　　　　　　　(단위: 백만 원, %)

구분	농민		비농민		계	
	저축액	비율	저축액	비율	저축액	비율
1961	985	28.4	2,486	71.6	3,471	100
1962	644	15.2	3,606	84.8	4,250	100
1963	1,198	21.1	4,474	78.9	5,673	100
1964	816	12.6	5,635	87.4	6,450	100
1965	1,232	11.5	9,408	88.5	10,640	100
1966	1,895	9.0	19,053	91.0	20,948	100
1967	3,461	12.5	24,313	87.5	27,774	100
1968	11,159	23.9	35,624	76.1	46,783	100

자료: 농업협동조합중앙회, 『농업연감』, 각 연도.

농협을 금융기관으로 이용한 경우는 농민보다 비농민이 압도적이었다. 도시의 자금이 농협에 유입되어 이자를 취하는 형국이었다. 자금 확보에 치중한 결과였다. 금융부문 비대화로 농협은 협동조합보다 금융기

---

140) 경제기획원 기획조정실, 『제1차 경제개발 5개년 계획(1962~1966) 평가보고서(평가교수단)』上, 1967, 178쪽.

* 1962~1966년 농업협동조합 대출내역　　　　　　　　　　　　　(단위: 억 원)

구분	단기	중기	장기	총액
1962	100	49	97	215
1966	160	56	95	289

관에 가까운 모습이 되었다. 이는 농민에게 결코 도움이 되지 못하였다. 금융기관화의 명분이었던 자기자본 조성 비율을 높이는 데에도 실패하였다.

〈표 27〉 1962~1968년 농협 중앙회 및 시군조합 자금조달의 재원별 구성추이

(단위: 백만 원, %)

구분		정부 대하금	한은 차입금	농업 금융채권	예수금	자기자본	합계
1962	%	63.0	2.6	11.8	18.8	3.8	100
	금액	14,128	600	2,686	4,238	847	22,499
1964	%	51.2	17.0	6.4	20.8	4.7	100
	금액	15,757	5,256	1,970	6,450	1,535	30,968
1966	%	28.6	33.6	0.7	34.1	2.8	100
	금액	17,557	20,626	465	20,948	1,831	61,427
1968	%	22.9	29.5	0.25	45.4	2.1	100
	금액	23,584	30,347	166	46,783	2,207	103,087

자료: 한국농촌경제연구원 편, 『한국농정 50년사』II, 농림부, 1999, 2,432쪽.

농협 중앙회와 시군조합 자금조달 규모는 1962년 225억 원에서 1968년 1,031억 원으로 증가하였다. 정부 대하금 비율은 반 이하로 감소하였으나 한국은행 차입금은 15배가 늘어났다. 같은 기간 정부 대하금과 한국은행 차입금을 합산한 정부의존도 추이는 65.6%에서 52.4%로 낮아졌으나 여전히 반 이상이었다. 농협 자기 자본비율은 5% 미만이었으며 심지어 감소 추세였다.

박정희 정권기 농협은 처음부터 정부 정책을 시군단위를 중심으로 집행하는 조직이었다. 시간이 갈수록 그러한 경향은 더욱 심해졌다. 자구 노력의 일환인 자기자금 조성도 중앙회와 시군조합의 몫이었다. 조합원에 근거한 상향식 조직이어야 할 농협이 중앙집권적인 질서에 강제된 하

향식 기관이 되었다. 정부 지원은 농협 내 중앙회와 시군조합을 강화하였지만, 한편으로 조합원인 농민과의 괴리를 심화시켰다. 사업과 자금 확보를 통한 농협 조직 강화가 협동조합으로서 농협의 약화로 귀결되었다. 대신 농협은 박정희 정권의 일방적인 정책을 농촌사회 말단까지 관철할 수 있는 기관이 되었다.

리동조합은 조합원을 골간으로 하는 협동조합의 본질상 농협의 가장 중요한 조직이었으나 영세한 조직규모, 중앙회·시군조합에 집중된 업무, 실질적인 자치의 박탈로 인하여 농협 개편 당시부터 태생적인 한계를 가지고 있었다.

리동조합 주요 사업은 생산 및 생활지도, 구매, 판매, 신용(군조합에 예금하기 위한 자금의 수집과 시군조합으로부터 융자에 관한 알선 및 자기자금에 의한 자금대출), 이용, 공제, 농촌가공, 의료, 단체협약 체결, 전 각호 사업에 부대하는 업무, 군조합 위촉사업, 정부 위촉 사업, 주무장관 승인을 얻은 사업 등이었다. 시군조합, 중앙회의 사업과 내용상 대체로 동일하였지만 결정적인 차이가 있었다. 리동조합은 자기자금에 의한 대출만 가능하였다. 당시 리동조합이 대출이 가능할 정도의 자기자금을 보유하기는 거의 불가능하였다.[141] 리동조합에는 아예 금융을 담당하는 부서가 없었다.[142]

정부에서 지원한 일상적인 영농자금은 시군조합이 관리하다 1965년 리동조합으로 이관되었다.[143] 그러나 일시적으로 거액의 농업 근대화 자금이 방출될 시 주체는 여전히 시군조합이었다. 리동조합은 시군조합에

---

141) 한국농촌경제연구원 편, 『한국농정 50년사』II, 농림부, 1999, 2,422~2,424쪽.
142) 『지도사업체계도』, 농업협동조합중앙회, 『농협운동의 제문제』, 1965; 영농지도부 편, 『리동농업협동조합사업성공사례집』2, 농업협동조합중앙회, 1968, 8쪽.
143) 《경향신문》, 1965. 1. 14, 『농협체계 곧 개편』.

대상자를 추천할 수 있는 권한만 보유하였다.[144] 리동조합과 시군조합의 관계는 이전 농협과 농업은행의 관계와 유사하였다. 시군조합이 금융을 담당한다는 의미만은 아니었다. 시군조합 융자대상은 리동조합과 농민 개인이었다. 농업은행이 자금을 통해 농협에 영향력을 행사하였던 상황이 다른 형태로 계승된 것이다. 농협을 통제하던 농업은행 구조가 농협이라는 외피 내에서 유지되었기 때문에 개선안을 찾기도 어려웠다. 1960년대 리동조합의 자립을 통한 농협발전은 불가능했을까?

리동조합은 동리 또는 자연부락 및 인접 수개 리·동을 범위로 하였고 발기인으로 해당 구역에 거주하는 농민 20명 이상이 필요하였다. 또한 경제권이 아닌 행정구역 중심으로 조직되었다. 농촌의 경제적인 무능력과 농협의 관제적인 성격에서 비롯된 것으로 보인다.

박정희 정권의 독려로 1960년 18,906개였던 리동조합은 1961년 21,042개, 1962년 21,518개로 증가하였다. 조합원은 222만 7천명으로 전 농가의 90%가 가입하였다. 조직의 양적 확대를 이루었지만 전직 동장이나 예비역 장교들이 조합 간부를 맡는 경우가 많았고 사무실이 없어 조합장 집에 간판만 내걸은 조합도 있었다.[145] 이러한 상황에서 리동조합이 활발한 경제사업을 전개하는 것은 쉽지 않은 일이었다.

박정희 정권이 리동조합 상황에 손을 놓고 있었던 것만은 아니었다. 우선 1961년 보릿거름(麥基肥) 소요량 전량을 리동조합에 공급하여 농민이 리동조합을 통해 비료를 얻을 수 있도록 조치하였다.[146] 리동·군조합장 연석회의에는 중앙정보부장이 직접 참여하였다.[147]

---

144) ≪경향신문≫, 1965. 2. 15, 『농업근대화자금』.
145) 농업협동조합중앙회, 『농협사반세기, 회고와 전망』, 1987, 25~27쪽.
146) ≪동아일보≫, 1961. 10. 17, 『맥기비 16만 톤 리동조합에 배급』.
147) ≪경향신문≫, 1961. 12. 27, 『조직정비에 주력』.

1962년부터 리동조합의 질적 발전을 위한 방안이 모색되었다. 우선 리동조합 간 통폐합이 추진되었다. 1월 9일 최고회의 의장 박정희의 명의로 농협에 다음과 같은 지시사항이 하달되었다. '첫째, 갈지(葛苧) 등의 수출은 원자재로 하지 말고 원료를 가공해서 수출할 것. 둘째, 농민들에게 협동조합을 이용하는 방법(예컨대 영농자금을 대부받는 방법)을 철저히 계몽할 것. 셋째, 리동조합을 농촌경제 '센터'로 발전시킬 것. 넷째, 리동조합은 농촌 말단부락의 지도자가 되도록 할 것' 등이었다.[148] 농협도 호응하였다. 리동조합 연구소를 설치하여 조합 육성방안을 모색하였고 리동조합 책임지도제로 중앙회 및 시군조합 전임직원이 2개 조합 이상을 전담하여 관리하였다. 한편 '리동조합 업적경진대회'가 1962년부터 실시되었다. 8월 30일 개최된 제 1회 대회에서 전국 리동조합을 평가하여 1등부터 4등까지 표창하였다.[149]

표창 농가의 특징은 주로 축산업, 구판장 사업 등에 대한 헌신적인 참여였다. 공동양어, 양축장 설치 등도 언급되었다. 농사 외 수입을 개척한 농가가 주된 시상 대상이었다. 두 번째 해에는 농업소득 증대, 유통소득 증대, 조합기반 확립 등의 분야를 각각 A, B, C급으로 구분하여 시상하였다.[150] 'A급 조합은 조합원 생산소득 증대에 중점을 두고 경영지도 및 농사자금의 효율적 운영을 기하도록 하였으며, B급 조합은 경제사업의 확충에 중점을 둠으로써 A급 조합으로의 승격에 주력하였고, C급 조합은 조합원의 농협이용을 촉진시키고 조직기반을 확장·강화하며 경제사업을 보강'하는 것을 목표로 삼았다.

농협은 1964년 체질개선운동과 리동조합 합병 4개년 계획을 발표하

---

148) ≪경향신문≫, 1962. 1. 9, 「농·어촌증산 범국민운동을 전개」.
149) ≪경향신문≫, 1962. 8. 30, 「전국 리동농협 경진대회 개최」.
150) ≪경향신문≫, 1963. 9. 9, 「A급 1등에 구림조합」.

였다. 1963년 말 현재 21,239개에 이르는 리동조합을 1967년까지 8,045개로 줄이고 조합 당 평균 조합원수 200명으로의 확충을 목표로 하였다. 1965년 리동조합 규모 확대를 위한 합병지도가 진행되었다. 평가 기준은 더욱 세분화되어 기존 A·B·C 3단계에서 자립조합·A·B·C 4단계로 변경하였다. 자립조합에 선정되면 비료 및 농사자금 업무 등 시군조합 업무의 일부를 이관받았다.[151]

정부가 부실조합 도태를 유도하였음에도 불구하고 리동조합 합병은 지지부진하였다. 1966년 말 리동조합 합병은 애초 목표의 17%만 달성되었다. 당시 농협은 리동조합 적정 인원을 300명으로 보았으나 총 17,675개 리동조합 가운데 15,341개 조합이 300명 미만의 인원이었다.[152]

조합원에 의해 자주적으로 추진된 합병도 기존 리동조합 조합장 및 간부들에게 방해 받는 경우가 있었다. 일부 군 출신 인사들도 단위농협 장악을 도모하였고 이들의 시도는 정부로부터 유무형의 도움을 받았다.[153]

리동조합 당 조합원 수는 1963년 말 101명에서 1968년 140명으로 증가하였다. 조합 당 평균 사업 규모도 85만 5천 원에서 272만 원으로 늘어났다. 그러나 독자적으로 사업을 진행하기에는 여전히 영세한 수준이었다.[154] 자체 재원으로 금융사업 진행이 가능하였으나 1965년 일부 이월된 정부 영농자금을 제외하고 리동조합이 자력으로 조합원에게 대

---

151) 농업협동조합중앙회, 『농협사반세기, 회고와 전망』, 1987, 31~32쪽.
152) 《매일경제》, 1966. 12. 5, 『리·동 조합 합병계획 부진』.
153) 이재영 구술, 김영미 면담·편집, 『진정한 농민의 협동조합을 위하여, 1950년대 이천지역 농민조합운동』, 『진정한 농민의 협동조합을 위하여』, 국사편찬위원회, 2005, 107~117쪽.
154) 농업협동조합중앙회, 『농협사반세기, 회고와 전망』, 1987, 52쪽.

출할 수 있는 자금은 거의 없었다. 리동조합은 광범위한 분야를 자신의 사업 범위로 하였지만 이를 추진할 수 있는 역량과 재원이 부족하였다.[155]

리동조합은 영세했던 규모뿐만 아니라 중앙회·시군조합과의 중복업무로 인하여 제약당하였다. 중앙회·시군조합은 단순히 정부 지원을 받는 계통으로서가 아니라 금융, 농촌교도, 비료지급 등을 담당하며 농민들과 직접 만났다. 영세하고 금융업무도 할 수 없었던 리동조합보다 시군조합에 대한 신뢰도가 높았고 이에 따라 시군조합 조직과 사업도 활성화되었다.

리동조합 합병 4개년 계획은 실패하였다. 1968년 현재 16,089개 리동조합 가운데 조합원이 200명 이상인 경우는 16%인 2,641개였다.[156] 박정희 정권은 1969년 재차 리동조합 합병계획을 추진하였다. 목표는 1973년까지 1,500개로 정리하는 것이었다. 1개 읍면 당 1개 조합을 원칙으로 하였다. 이 당시에도 조합 간 합병을 독려하는 방법은 차등화한 중점지원방식이었다. 중점지원조합 선정기준은 '① 면단위로 합병이 완료되고 ② 자기자본 규모가 200만 원 이상이며 ③ 고정투자를 위한 여유자금을 150만 원 이상 보유하고 있는 조합'이었다.[157] 1960년대 리동조합 정책 실패와 정부가 직접 개입하는 강력한 구조조정을 선언한 것이다.

1960년대 리동조합 구조조정은 불가피한 면이 있었다. 대부분 리동조합은 사업을 추진할 수 있는 최소한의 자본도 갖추지 못하였다. 마을 유

---

155) 1968년 현재 성공사례로 꼽힌 우수리동조합의 조합원수는 최대 1,052명, 최소 246명, 평균 540여 명이었다. 영농지도부 편, 『리동농업협동조합사업 성공사례집』2, 농업협동조합중앙회, 1968.

156) 농업협동조합중앙회, 『농업연감 1969』, 94쪽.

157) 농업협동조합중앙회, 『농협사반세기, 회고와 전망』, 1987, 88~89쪽.

지들이 간부로 행세할 수 있는 기회를 주는 데에 그치거나 정책융자를 이권화 하는 경우도 비일비재하였다.[158] 애초 경제단위가 아니라 행정단위 중심으로 결성되었기 때문에 본질적으로 경제조직인 협동조합 운영 원리와 맞지 않는 부분도 있었다.

당시 농촌과 농협의 상황은 박정희 정권이 추진한 정책의 결과라기보다 부여받은 조건으로 보는 것이 정확하다. 단기간 리동조합 남설과 구조조정이라는 상반된 정책이 추진된 것은 일시적인 정책혼선으로 볼 수도 있다. 그럼에도 불구하고 박정희 정권의 리동조합 구조조정에 정당성을 부여하기는 어렵다. 여러 시행착오를 거쳐 재편된 리동조합은 여전히 무력하였다. 우선 농민의 농협에 대한 인식부족을 이유로 들 수 있지만 이는 시대적인 한계를 감안할 필요가 있다. 그러나 당시 리동조합은 시대적인 한계와는 다른 구조적인 문제가 있었다.

1965년 3월 현재 리동조합 조합장 18,963명 가운데 24.6%에 해당하는 4,665명이 리동장 겸직이었다. 업무과다, 부정부패로 이어질 여지가 많았기 때문에 리동장 출신 농협 조합장 업무평가는 일반 조합장보다 좋지 않았다. 그러나 박정희 대통령은 훈령을 통해 리동장의 농협 조합장 겸직을 독려하였다. 공화당은 농협 임직원 정치관여 금지조항 완화를 추진하였다. 대통령 훈령과 여당 정책은 농림부나 농협과 협의도 없이 발표되었다. 당우위의 이원적인 조직으로 출범한 공화당 조직 개편 후 일자리를 잃은 공화당 사무국 직원들의 자리 마련을 위해 농협을 이용하였다는 소문도 공공연하였다. 이미 농협에 리동장 출신과 정권의 낙하산 인사들이 포함되어 있는 상황에서 리동장의 조합장 겸직은 농협의

---

158) 이환병, 『모범 농민, 마을의 성장과 농촌 새마을운동』, 성균관대학교 사학과 박사논문, 2012, 28쪽.

관제적인 성격을 더욱 강화하였다.[159]

당시 농협은 정부의 강제가 아니라도 지역사회의 주체적인 움직임에 따라 자연스럽게 개편될 가능성이 있었다.[160] 1960년대 농촌은 군, 학교를 통해 '근대화된 젊은 지도자군'이 존재하였다. 그러나 이들의 역량이 충분히 성장하기 전에 국가권력이 등장하였다. 당시는 정부의 행정력이 지역의 자활력을 대체하던 시기였다.[161] 지주의 소멸, 농민 운동가들의 미숙, 영세 자작농의 등장으로 생긴 농촌의 빈 공간을 국가가 채운 것으로 볼 수도 있다. 이러한 상황에서 협동조합 이상에 충실한 적극적인 정부 정책 없이 농촌에서 농협이 자리 잡는 것은 요원한 일이었다.

농협 조직도 리동조합을 통한 농촌경제 활성화의 장애였다. 리동조합과 중앙회·시군조합의 가장 큰 차이는 조합원 유무였다. 리동조합은 조합원을 직접 대면하는 업무를 수행하며 이들의 소속감을 높이고 조직기반을 강화하는 순환구조를 가져야 했다. 하지만 시군조합이 1965년까지 농사자금과 비료공급 업무를 독점하였다. 이후에도 정부와 중앙회가 인정한 일부 우수 리동조합만 상기 업무를 이관 받을 수 있었다.[162]

리동조합은 농민에게 가장 중요한 업무를 수행하지 못하였기 때문에 조합기반을 강화할 수 있는 기회를 갖지 못하였다. 이러한 구조에서 정부의 리동조합에 대한 일부 지원, 농민 운동가들의 노력이 전체 리동조합 활성화로 이어질 수는 없었다. 리동조합 형해화의 결과는 농협과 조합원의 분리였다. 이는 농협을 일반 관공서, 금융기관과 별다를 바 없는

---

159) ≪경향신문≫, 1965. 4. 5, 「시련 겪는 농협」.

160) 일부 지역에서는 각급 농협의 통·폐합이 자율적으로 진행되었다. 이재영 구술, 김영미 면담·편집, 앞의 책.

161) 박섭·이행, 『근현대 한국의 국가와 농민: 새마을운동의 정치사회적 조건』, ≪한국정치회보≫ 31-2, 1997, 57쪽.

162) 한국농촌경제연구원 편, 『한국농정 50년사』Ⅱ, 농림부, 1999, 2,435쪽.

조직으로 만들었다.

3. 새농민운동과 농어촌개발공사의 설립

1) 농업협동조합의 새농민운동

1960년대 중반 이후, 박정희 정권은 농촌에 대한 획기적인 지원이나 농협 자치능력 강화보다 '독농가'를 선정하고 표창하는 방식으로 농촌의 활로를 모색하였다.[163] 사실상 정부의 영향력이 압도적이었던 농협은 이에 영향을 받지 않을 수 없었다. 농협기반 강화, 간부 이념교육에 초점이 맞추어졌던 농협 체질개선운동이 1964년부터 1966년까지 추진되었다.[164] 농협 체질개선운동은 기층농민의 각성을 직접 독려하는 새농민운동으로 계승되었다.

새농민운동은 1965년 8월 15일 농협 중앙회장 문방흠(文方欽)이[165] 주창하였다. '자립하는 농민', '과학 하는 농민', '협동하는 농민' 등 세 가지 모토를 내걸고 농촌의 자립을 목표로 하였다. 전국 1,500여개 면에 1명씩 개척원을 배치하여 개척원 센터를 설치하였고 리동조합과 협조하였다.[166]

---

163) 이환병, 앞의 논문, 19~25쪽.

164) 김용택, 앞의 논문, 348~350쪽.

165) 새농민운동을 주창한 농협 중앙회장 문방흠은 1950년대 당시 농촌에 협동조합보다 정부 개입이 필요함을 역설하였고 이후 농업은행에서 경력을 쌓아 금융인으로서의 정체성이 강하였다. 농협 중앙회장 재임 당시의 협동조합에 대한 생각을 정확하게 알 수는 없다. 그러나 이전 경력과 주장을 차치하더라도 정부에 의해 임명된 중앙회장 입장에서 아래로부터의 농협 운동을 추진하는 것은 쉽지 않았을 것이다. 김민석, 앞의 논문, 152~153쪽.

166) 배봉식, 『지방행정의 말단침투소화: 농협의 새농민운동추진방향』, 《지방행

새농민운동이 이상적으로 전개된다면 관치농협 이미지를 부식시키는 데에도 효용이 있었다. 농협은 새농민운동을 지원하는 역할로 자신을 자리매김하였다. 새농민운동은 지역발전과 근대화를 위해 영농, 문화, 교통, 보건 관련 등의 과제를 선정하여 새농촌 건설을 위한 종합계획 수립과 리동조합 사업계획서에 반영할 것을 명시하였다. 또한, 수리사업 등을 통한 생산기반 조성, 농업기술 활용으로 생산성 향상을 꾀하였을 뿐만 아니라 농촌단위의 경영기술 향상도 언급하였다. 이외에 복지, 문화, 공제사업에 대한 내용까지 포괄하였다.[167] 내용상 새농민운동은 농촌에서 해당되지 않는 부문이 없는 전사회적 국민운동이었다.

농협은 새농민운동의 거점인 개척원센터(개척원주재소)를 설치하였다. 개척원센터는 면단위로 현지 리동조합 내에 설치되어 일선에서 개척원이 리동조합원 지도와 업무를 수행하는 공간이었다. 농민들의 교육장, 회의 장소로 활용할 목적도 있었다. 시군조합과 리동조합의 업무협의, 상담, 관내 리동조합 종합개발계획 수립지도 등도 담당하였다.[168] 개척원센터에 대해서는 명칭과 위상, 역할이 자세히 규정되었다. 개척원센터의 정식 명칭은 'ㅇㅇ시군농업협동조합, ㅇㅇ면지구직원주재소'였다. 시군조합의 독립된 지소가 아니었고 오로지 개척원의 현지지도를 위한 주재근무 장소였으므로 시군조합 지소 업무에 준하는 행위는 할 수 없었다. 개척원센터 운영강화에 대한 조치사항은 다음과 같았다. 남자 개척원은 읍면당 1인, 여자 개척원은 군당 1인이 원칙이었다. 결원 시 남자 개척원은 일반직원 가운데 충원하였고, 여자 개척원은 신규 채용하였다. 개척원 처우는 일반직원과 동일한 처우가 원칙이었고 남자 개척원은 자전거를

정≫150, 1966, 38~39쪽.
167) 농업협동조합중앙회, 『새농민운동요강』, 1965, 18~24쪽·45~46쪽.
168) 배봉식, 앞의 논문, 39~40쪽.

반드시 소지하도록 하였다. 자전거 구입경비는 시군조합에서 실정에 따라 일부 보조할 수 있었다. 적자조합은 별도로 관리하였다.[169)

개척원센터는 영농부 영농반(農改俱), 생개부 생개반(生改俱), 분소로 구성되었다. 각각의 조직이 가진 목표는 농민 개인의 활동조장, 동조자의 확대 파급이었으며 이를 새농민으로 형상화하였다. 업무영역은 농업·지역별 부업을 포함한 영농개선과 의식주, 가족계획을 대상으로 한 생활개선으로 구분되었다. 실천조직은 농촌지도소와 리동조합의 기술지원을 받았다. 실천조직과 실천개인(농민)은 지역조건에 부합하는 사업계획을 수립하여 리동조합 사업부에 지원요청하고 리동조합 사업부는 실천 개인(농민)을 지원하였다.[170)

개척원센터가 실시한 리동조합과 조합원에 대한 경영지도는 사업계획 수립, 자금조성, 회계, 리동조합 확충, 시군조합과의 연대, 영농계획 작성, 농사기술, 홍보 등 농업·농촌과 관련된 모든 부문을 망라하였다.[171) 조직과 업무는 농협과 중첩되었고 개별 농민의 소득증대를 위한 경영·기술지도에 초점을 맞추어졌다. 새농민운동의 구상과 계획에 따르면 성공할 경우 새농민운동의 모태인 농협은 무력화될 수밖에 없었다. 하지만 실패하여도 조직의 명운을 걸고 새농민운동을 추진한 농협에 타격이 클 가능성이 높았다.

새농민운동은 1965년 8월에 시작하였기 때문에 첫해에는 개척원센터 설치 외에 두드러진 성과가 없었다. 월간 새농민 84만부, 새농민운동 포스터 4만장, 새농민상 3만9천장을 발행하여 홍보·보급에 초점을

---

169) 농업협동조합중앙회, 『새농민운동요강』, 1965, 25~31쪽.
170) 농업협동조합중앙회, 『새농민운동요강』, 1965, 13~16쪽.
171) 배봉식, 앞의 논문, 40~42쪽.

맞추었다.[172)

새농민운동은 농협의 구조적인 한계를 극복하기 위해 제기되었지만 오히려 농협의 문제를 전면화하였다. 새농민운동이 주창된 지 두 달 후인 1965년 10월 농협 전국대의원 대회에 참석한 대의원 대부분은 농협 창립정신을 무시한 어용기관화, 구호에 그친 새농민운동, 농협간부 전형 문제에 소극적인 태도 등을 지적하고 시정을 요구하였다.[173)

새농민운동의 주요 사업은 새농민상 시상이었다. 새농민상이 추구하는 농민상은 다음과 같았다. '첫째, 자립하는 농민이란 인습적인 타성에서 벗어나 진취적이고 희망에 찬 농민을 의미하는 것이고 둘째, 과학 하는 농민이란 부지런히 배우고 꾸준히 연구하며 영농과 생활을 개선하는 농민을 뜻한다. 셋째, 협동하는 농민이란 공동의 이익을 위하여 서로 돕고 힘을 뭉쳐 살기 좋은 농민을 말한다.'[174) 세부 실천계획까지 감안하면 새농민운동이 바라는 농민상은 농촌 근대화를 선도하고 농협을 주도하며 정부와의 협조 하에 수익을 창출하는 농민이었다.

1966년부터 새농민상이 시상되었다. 1968년부터는 영농 규모가 구체적으로 적시되었고 1969년에는 시상자들의 연소득까지 첨부되었다. 1969년 시상자들의 전년 소득을 보면 229만 원, 131만 원, 417만 원, 140만 원, 84만 원, 49만 원, 231만 원, 149만 원, 99만 원, 114만 원, 56만 원, 115만 원, 179만 원, 79만 원이었다. 1970년 시상자는 147만 원, 459만 원, 235만 원, 82만 원, 66만 원, 442만 원, 354만 원, 209만 원이었다. 1971년 시상자는 394만 원, 133만 원, 547만 원, 165만 원, 132만 원, 1,762만 원, 134만 원, 134만 원(2), 107만 원, 178만 원이었

---

172) 농업협동조합중앙회, 『농업연감 1966』, 231쪽.

173) ≪경향신문≫, 1965. 10. 14, 『농협 어용기관화』.

174) 농업협동조합중앙회, 『농협사반세기 회고와 전망』, 1987, 38~43쪽.

다.[175] 당시 농가 평균 소득은 1969년 217,874원, 1970년 255,804원, 1971년 356,382원이었다.[176] 이에 비해 1969~71년 사이 새농민상 시상자들의 연소득은 최소 49만 원, 최고 1,762만 원, 평균 약 240만 원이었다. 1969년 15년 경력 초등학교 교사 봉급은 1만8천 원, 실 수령액은 1만 4천 원이었다.[177] 15년차 교사 연봉이 20만 원을 약간 넘었던 시절에 새농민상 시상자들의 소득은 그 12배에 달했다. 전체 산업에서 농업 비중이 줄어들고 농촌인구가 감소하던 시기라는 점을 감안하면 시상자들의 높은 수입에 주목하지 않을 수 없다. 새농민상 시상자들의 대표적인 사례들은 박정희 정권과 농협이 의도한 바를 보여주었다.

〈표 28〉 1966~1971년 새농민운동 시상자 주요 사례

성명	학력	이력	시상내용
朴鍾安	오사까농예학교	–	1966년 종합상, 파인애플 재배, 발전시설 설치.
徐廷來	–	해병대	1966년 협동상, 마을에 소 공급, 구판장 설치.
李元興	동국대 법학	–	1967년 종합상, 개간, 콩 재배, 기록적인 증산.
徐東允	–	육군 대위	1967년 노력상, 면장 역임, 협동농장 결성.
安暘煥	전남대	공무원	1968년 종합상, 농협 조합장, 과수, 축산, 환금작물 재배.
崔亨洛	–	면서기	1968년 자립상, 농로 확장 및 부락회관 건립 주도.
鄭鍾寬	홍익대 정치학	–	1969년 종합상, 농협 활동, 소득 229만 원

175) 새농민회, 『새농민운동이십년사』, 1986.
176) 농림부, 『농가경제조사 및 농산물생산비조사 결과보고』, 각 연도.
177) ≪경향신문≫, 1969. 5. 5, 『한정된 봉급에 저축만 가중』.

성명	학력	이력	시상내용
崔興烈	-	-	1969년 과학상, 과수재배, 현대식 지하저장고 설치로 시세 따라 출하. 소득 417만 원.
金祥寧	-	우체국	1970년 종합상, 농협 조합장, 대규모 농사, 연초건조실, 비닐하우스. 소득 147만 원.
李三鍾	서울대 물리학	-	1970년 자립상, 농협 조합장, 소득 459만 원
李康俊	농협대학	-	1971년 종합상, 농협 조합장, 인삼, 참외 등으로 소득 배가. 소득 394만 원.
河萬正	단국대 중퇴	육군 대위	1971년 자립상, 대규모 농사, 뽕밭, 과수원 경영, 양봉. 소득 133만 원.

자료: 새농민회, 『새농민운동이십년사』, 1986.

첫해 새농민상 시상자는 11명이었다. 대학 중퇴 이상 학력을 소지한 이들이 전체 11명 가운데 4명이었다. 3명은 직업군인, 공무원이 전직이었기 때문에 국가권력과의 친화성도 강하였다. 이러한 경향은 점점 더 강해졌다. 1967년 수상자의 경우 시상자 12명 가운데 8명 이상이 고등교육을 받았으며 군 경력이 강조되었다. 1969년 이전 새농민상 시상자 대한 소개는 개인적인 사연이나 감성적인 내용이 중심이었으나 이후에는 객관적인 공적(구체적인 수입, 경작규모, 영농실적)에 초점이 맞추어졌다. 특히 고소득과 소득배가 수단을 강조하였다.[178]

농민은 물론이고 도시민과 비교해도 부유한 이들이 새농민상을 받은 근거는 무엇이었을까? 시상자들의 주요활동 내용은 마을지도자, 농업 다각화, 경제력 향상 등이었다. 협동조합과 관련해서는 리동조합 활성

---

178) 수상자들의 이력은 '새농민회, 『새농민운동이십년사』, 1986'을 참조.

화, 구판장 설립 등이 높은 평가를 받았다. 또한 남성상과 여성상이 구분되었다. 남성상은 '농협 사업에 앞장서거나 혹은 협조를 아끼지 아니하는 자립영농가로서'이며 여성상은 '건강미 넘치는 준조합원 부녀회원으로서'로 자격이 달랐다.[179] 여성상에는 가정관리, 가족화목 등의 조건이 부연되었다.[180] 농협 조합원으로서의 활동도 필요했지만 주되게는 개인의 경제적인 역량과 가정생활에 초점이 맞추어졌음을 확인할 수 있다.

새농민상 시상자들은 대체로 리동조합 활성화와 농민운동에 대한 기여도 있었지만 '스스로 노력해서 잘 산 경우'가 많았다. 주로 고학력자, 전직 군인, 공무원으로 이루어진 시상자들은 자신의 근면함과 '근대적'이고 '과학적'인 영농기법, 환금 작물을 통한 농업 다각화를 통해 고소득을 올렸다. 이들의 사례는 해마다 언론에 보도되었다. 2차 경제개발 5개년 계획에서 농가소득 증대와 농공병진 정책을 중시하였다는 면에서 볼 때, 새농민상은 박정희 정권의 농업 정책을 선도하는 면이 있었다.

1960년대 새농민상 수상자 51명 가운데 11명은 농업을 그만두었다.[181] 당시 농촌 상황상 많은 인원이라 볼 수는 없지만 수상자들 대부분이 농업으로 고소득을 올렸다는 점을 고려하면 이는 매우 이상한 현상이 아닐 수 없다. 수상자들의 상당수는 농촌이 아닌 어디에서도 자신의 경제적인 활로를 찾을 수 있을 만큼 '유능'하였다. 높았던 농업소득도 영농보다 이농의 기반이 되었을 것이다.

정부방침에 따라 농협이 주도하였음에도 불구하고 새농민운동의 모토는 정부 정책과 모순되었다. 새농민운동이 표방한 '배우고 연구하고 따져보는' 과학 하는 농민의 모습은 정부의 일방적인 농촌지도, 신품종 재

---

179) 이환병, 앞의 논문, 33쪽.
180) 농업협동조합중앙회, 『농협사반세기 회고와 전망』, 1987, 38~43쪽.
181) 이환병, 앞의 논문, 34쪽.

배 강요와 어울리지 않았다. 실제 당시 농민들은 정부의 강제적인 영농에 반발하는 경우가 많았다.[182]

새농민운동은 농민의 자주적인 운동을 표방하였지만 농협이 종용하고 주도한 운동이었다. 이는 당시 상황 상 국가주도 운동이었음을 의미하였다. 정부에 종속된 농협의 조직과 사업이 농민들의 자발적인 농촌운동과 헌신에 부응하지 못하는 상황에서 협동보다 이른바 자본주의적인 성공을 이룬 개인의 '전형'을 보여주는 데에 초점을 맞추었다. 독농가를 표창하고 중점지원 농가를 골라내던 박정희 정권의 정책에 대한 호응이었다.

농업과 농가경제 발전을 위한 정부의 적극적인 노력은 중지되었다. 법령 개정과 농협 개편 등 구조적인 변화를 꾀하였던 움직임은 농민들 개개인의 각성을 요구하는 운동으로 대체되었다. 그러나 새농민운동이 농업 정책 전환을 선도하였다고 보기는 어려웠다. 농촌에 대한 여러 지원책을 실시하면서도 획기적인 재정지원은 하지 못한 점, 입안된 정책이나 법을 뒷받침하지 못해 사문화된 사례 등에서 확인할 수 있듯이 1960년대 농업 정책은 이미 박정희 정권의 우선순위에서 밀려난 상황이었다. 새농민운동은 이 같은 현실에 대한 뒤늦은 인정이었다.

2) 농어촌개발공사의 설립과 운영

농어촌개발공사 설립은 2차 경제개발 5개년 계획의 일환인 농공병진을 실현하기 위한 조치 가운데 하나였다. 농수산물 가공저장기술로 단경기 농민들의 손해, 절량농가 발생을 막으려 한 것이다. 그러나 가공식품에 대한 수요가 낮아 민간에서 나서지 않았기 때문에 정부가 투자하

---

182) 문만용, 『일기로 본 박정희 시대의 '농촌과학화'』, ≪지역사회연구≫21, 2013, 35~37쪽.

였다. 농어촌개발공사 설립에는 정치적인 동기도 있었다. 박정희 대통령은 1960년대 초중반 농촌에서 실정하였기 때문에 농민을 위한 선거대책이 필요하였다. 각 군당 한 개의 농산물 가공공장을 만들겠다는 안은 선거 공약이었다.[183]

박정희 정권에게 농어촌개발공사 설립은 2차 경제개발 5개년 계획의 기조와 정치적인 필요 모두에 부합하는 정책이었다. 1차 경제개발 5개년 계획에서 제시된 식량 증산, 주산지 조성을 넘어 농공병진, 수지맞는 기업농 육성의 필요성이 강조되었다.[184]

하지만 농어촌개발공사 설립의 배경인 2차 경제개발 5개년 계획의 농공병진 정책은 첫해부터 파열음이 생긴 상황이었다. 1966년 신설한 20여 개 전분공장은 자금조달이 원활하지 않아 대부분 휴업상태였다. 도산하는 기업도 속출하였다.[185] 효율적인 농공병진을 위하여 농어촌개발공사 설립을 서두를 필요가 있었다. 농어촌개발공사는 애초 주식회사 형태로 추진되었으나 비농업부문의 자본유치와 협조를 이유로 정부 대행기관이 되었다.[186] 농어촌개발공사는 1967년 12월에 공식적으로 설립되었다.

〈표 29〉 1967~1971년 농어촌개발공사 사장·부사장 명단

직위	성명	이전 주요경력	재임 기간
사장	車均禧	경제기획원 부원장, 농림부 장관	1967. 11. 13. ~ 1970. 3. 19
사장	文方欽	농협 중앙회장	1970. 3. 20. ~ 1971. 9. 23

183) 구천서, 『농어촌개발공사 설립』, 한국농촌경제연구원 편, 『농정반세기 증언』, 농림부, 1999, 235~237쪽.
184) 《매일경제》, 1967. 6. 10, 『수지맞는 기업농으로 육성』.
185) 《매일경제》, 1967. 8. 8, 『주먹구구 좀 먹는 농공병진』.
186) 《동아일보》, 1967. 9. 28, 『정부대행기관으로 전환』.

직위	성명	이전 주요경력	재임 기간
사장	崔杜烈	서울 시경국장, 치안국장, 부산시장	1971.9.24.~1973.1.11
부사장	文方欽	–	1967.11.21.~1970.3.19
부사장	趙南哲	예비역 해병준장, 국회의원	1970.4.1.~1971.9.30
부사장	金正五	서울시 부시장	1971.11.1.~1973.11.12

자료: 농어촌개발공사, 『농어촌개발공사 10년사』, 1977, 506쪽.

농어촌개발공사 초대 사장은 차균희, 부사장은 문방흠이었다. 문방흠은 1970년 3월부터 차균희의 뒤를 이어 사장에 취임하였다. 이들은 재무계통 관료로서 정체성이 강하지만 농림부 장관, 농협 중앙회장 등을 역임하여 전문성이 있었고 정부와 관련 계통에서 영향력도 충분하였다. 특히 초대 부사장이 2대 사장으로 영전하였기 때문에 사업의 연속성도 어느 정도 확보할 수 있었을 것으로 보인다.

농어촌개발공사의 설립 목적인 농산물가공사업 발달은 주산지 조성사업과 밀접한 연관이 있었다. 농산물가공 사업은 적지적작 농업을 추진하고 농산물저장 처리시설을 주산단지에 설치하여 경제성 있는 공장규모 부지를 확보해야 했다. 이전의 주산지 조성은 단일품에 의해 주산단지를 만들었기 때문에 막대한 자금을 투입하였지만 연중 가동이 불가능하였다. 투자금 회수 기간도 길었고 금리부담도 무거워 투자유치가 용이하지 않았다. 농산물 원료의 보관, 수송이 모두 문제였고 가공처리시설 문제로 제품의 품질은 불량하였다. 때문에 농산물가공업 발전을 위해서는 주산단지와 결합해야 했는데 주산단지가 성립되려면 해당 지역에 가공 공장이 필요하였다.[187] 무엇보다 여타 산업, 소비자와의 관계가 절실하였

---

187) 농어촌개발공사, 『농어촌개발공사 설립 3년의 회고와 전망』, ≪농공병진≫2, 1970, 9~10쪽.

다. 농어촌개발공사가 계획적으로 가공공장을 설립하고 투자·판매처를 알선할 필요가 있었다.

농어촌개발공사의 자본금은 50억 원이었으며 전액을 정부가 출자하였다. 이후 1968년 12월 100억 원으로 증자되었다. 공식적인 사업부문은 농수산물 처리·저장 및 가공시설에 관련한 투자, 운영, 알선, 기술 및 경영을 포함한 광범위한 영역과 정부 위촉사업 등이었다.[188]

농어촌개발공사 관련하여 행정기관은 주산지 조성·행정지원·관계기관 조정, 농촌진흥청과 수산진흥원 등은 생산을 위한 기술지원(대량생산·품질관리·제품 규격화), 농협은 원료생산을 위한 자금융자, 자재알선, 원료생산재 보호 등을 지원하였다. 또한 관계 기관과 사업을 조정하기 위하여 농림부 내 협의회를 두었다. 투자방침은 해당 시설에 대한 직접투자 형태의 자금지원이었으며 합작투자에 중점을 두었다. 투자기업이 궤도에 이르면 민간에 공사자본을 양도하고 회수된 재원에 의한 새로운 사업투자를 목표로 삼았다. 시설들이 지역사회와 친화적일 필요가 있었고 광범위한 투자를 위해 민간 자본도 절실하였다.[189]

사업선정 기준은 농어민 소득향상에 기여함은 물론 수출 또는 수입대체 효과, 여타 산업에 파급효과, 식품소비 다양화와 고급화 등이었다. 동시에 선진국에서 사양화되어 가는 노동집약적 산업에 주력하였다.[190] 2차 경제개발 5개년 계획 기간 중 민간을 사업주체로 전분공장, 포도당공장, 육가공공장, 과실저장시설, 사료공장 등에 투자계획이 수립되었고 정부가 직접 나서 담배공장 이전확장을 추진하였다.[191] 이외에도 설립

188) 『농어촌개발공사법』, 법률 1,960호, 1967. 10. 31.
189) 농어촌개발공사, 『농어촌개발공사 10년사』, 1977, 48~72쪽.
190) 구천서, 앞의 논문, 242~243쪽.
191) 농어촌개발공사, 『농어촌개발공사 설립 3년의 회고와 전망』, 《농공병진》2,

첫해부터 일본과 합작을 시도하였다.[192] 이러한 움직임은 구체적인 성과로 귀결되었다. 2차 경제개발 5개년 계획 기간 중 냉동 냉장, 알긴산소다 제조, 유리병, 잠사, 해태수출, 낙농 및 유가공, PL480에 의한 옥수수 사업 등에 각각 ADB[193], OECF[194], IFC[195], Chartered Bank(특허은행), IBRD[196], AID[197]로부터 차관을 도입하였다. 외국기업과의 협조대상은 주로 일본기업들이었다. 품질보장 제도를 도입하여 당시 농산품의 품질을 보장하였으며 1969년에는 777만 달러의 수출실적을 올렸다.[198] 그러나 눈에 보이는 성과 외에 우려할 만한 사정도 있었다. 지원된 21개 회사가 모두 온전히 가동된 것은 1971년에 이르러서였다. 1968년에 운영된 회사 5개는 모두 결손이었다. 이듬해부터 매년 흑자 회사가 3, 9, 4개가 되었지만, 여전히 결손회사의 수도 13, 9, 17개였다.[199]

농어촌개발공사 설립 3주년에 각종 성과가 정리되어 발표되었다. 당시

1970.

192) 《경향신문》, 1967. 12. 9, 『대하양식합작투자 회사설립 추진』.

193) Asian Development Bank(아시아개발은행): 아시아의 경제 개발을 위해 세워진 지역 금융기관.

194) Overseas Economic Cooperation Fund(해외경제협력기금): 해외경제협력기금으로서 일본이 1961년부터 개발도상국에 공여하고 있는 차관.

195) International Finance Corporation(국제금융공사): 1956년 7월에 국제연합(UN)의 특별기관으로 개발도상국의 민간부문의 발전과 민간 자본의 국제적 이동을 촉진하여 세계은행의 활동을 지원하기 위해 설립된 기구.

196) International Bank for Reconstruction and Development(국제부흥개발은행): 1944년 브레턴우즈 협정에 따라 국제연합의 전문기관으로서 제2차 세계대전 후 각국의 전쟁피해 복구와 개발을 위해 1946년에 설립.

197) 개발도상국의 경제개발을 위해 미국이 제공하는 장기융자의 하나. 1951년에 제정되었던 Mutual Security Act(상호안전보장법)에 의거한 DLF(개발차관기금)의 후신으로 미국 FAA(대외원조법) 중의 경제원조 분야인 Act for International Development(국제개발법)에 근거.

198) 구천서, 『농어촌개발공사 설립』, 한국농촌경제연구원 편, 『농정반세기 증언』, 농림부, 1999, 250~251쪽.

199) 농어촌개발공사, 『농어촌개발공사 10년사』, 1977, 111쪽.

신규 개발사업은 23개로 전년 대비 1개 기업이 증가하였다. 업종별로는 냉동냉장과 유통 4개, 잠사 3개, 식품가공 5개, 축산 및 사료 4개, 양식가공 1개, 비식품가공 5개, 그리고 수출사업이 있었다. 농공병진의 주요한 목적 가운데 하나인 농가소득 증대 효과는 어떠했을까? 농어촌개발공사 투자회사가 1968~69년 원료농수산물 수매를 통해 농어민에게 방출한 자금은 약 32억 원이었다. 1970년(8월 현재)에는 18억 원으로 3년간 총 50억 원에 달하였다. 또한, 같은 기간 수출을 위해 직접 수매한 액수가 10억 원이었고 노임지출은 8억 원 정도였다. 이 추정 수치를 신뢰한다면 3년간 소득효과는 68억 원이었다. 사업현장 투입 인원은 33만 명, 직접투자회사 고용인원은 118만 명이었다. 정부 지원 자본금은 1968년 100억 원을 기본으로 정부대여금 7억 2,800만 원과 민간출자 4억 6,600만 원, 기타(강원도) 1,200만 원 등 약 62억 원이 내자로 동원되었고 외자로는 1971년 당시 40억 원 도입이 확정되었다.[200] 외형적인 성장에도 불구하고 농어촌개발공사의 상황은 좋지 않았다.

농어촌개발공사는 설립 전부터 농협과 업무중복이 우려되었다. 이 문제 해결을 위해 농어촌개발공사 설립에 맞추어 농협의 조직과 업무 개편

---

200) 농어촌개발공사, 『농어촌개발공사 설립 3년의 회고와 전망』, 《농공병진》2, 1970, 12~13쪽.

* 1968~1970년 가공원료 수매실적

(단위: 개, 백만 원)

구분	1968		1969		1970.8.31(실적)	
	품목수	수매금액	품목수	수매금액	품목수	수매금액
농산물	6	98.9	13	2,280.7	19	1,685.8
축산물	2	19.9	5	158.2	3	102.5
수산물	5	117.7	5	407.4	4	22.8
기타	–	139.1	–	47.3	–	37.3
공사수매분	–	2.1	–	379.8	–	536.0
합계	–	377.7	–	3,273.4	–	2,384.4

이 논의되었다.[201] 농어촌개발공사 설립목적 가운데 하나인 농산물 가공사업은 농협의 주요업무 가운데 하나였다. 사업 분야를 침범당한 농협은 농어촌개발공사 무용론까지 제기하며 반발하였다.[202] 이는 농어촌개발공사보다 농민과 농촌을 기반으로 한 협업이라는 고유의 업무영역이 확고하지 않았던 농협의 문제였다. 농협과의 업무중복은 당시 관련 정부기관과 조직이 모두 가진 문제였다.

표면적으로 볼 때 농어촌개발공사의 초기 사업은 성공처럼 보였다. 그럼에도 불구하고 농어촌개발공사의 1970년 업무 목표는 오히려 구조조정이었다. 신규 사업 투자억제, 투자업체 운영자금 자체조달 등을 천명하였다.[203] 여전히 농가의 농업 외 수입 창출, 농공병진 정책의 성공을 위해 더 적극적인 사업이 필요한 상황에서 오히려 농어촌개발공사가 수세적인 계획을 수립한 이유를 확인할 필요가 있다.

농어촌개발공사가 설립 3주년을 맞이하여 실시한 자체 평가는 부정적이었다. 신규 사업에 많은 재원이 투자된 데에 비해 장기적인 전망을 찾기는 어려웠다. 사회간접자본, 주산지 조성 등 대규모 사업의 진행은 부진하였고 자회사에 과다하게 투자하였으나 투자한 만큼 권한을 행사하지 못하였다. 투자회사에 대해 기술도입, 내·외자 알선, 경영지도, 판로 개척, 제도적인 뒷받침이 농어촌개발공사의 설립목적이었지만 실제는 지주회사 역할에 그쳤다. 자회사가 부진할 경우 재정 부담이 과다해졌고 보전책은 항상 정부 지원이었다.[204]

---

201) ≪매일경제≫, 1967. 6. 20, 『농협기구를 재편성』; ≪경향신문≫, 1967. 6. 20, 『농협을 전면개편』.
202) ≪매일경제≫, 1967. 6. 30, 『농어촌개발공사 무용』.
203) 문방흠, 『농어촌개발공사의 70년도 주요업무』, ≪국회보≫101, 1970.
204) 농어촌개발공사, 『농어촌개발공사 설립 3년의 회고와 전망』, 32쪽.

이러한 문제는 1970년 감사원 감사 결과에서도 지적되었다. 감사원이 시정조치를 요구한 사항은 자회사 부당관리 또는 부당운영 2건, 부실업체 주식 부당인수, 영화 고가제작, 토지대금 부당지출, 대여금담보 미취득이었다. 이보다 낮은 단계인 즉시 주의사항은 자회사 관련 사항 12건, 투자업체 부당선정, 사업자금 부당출자, 토지 부당매입 2건, 사업시설 과잉투자와 설계 2건, 외자 부당계약, 자금 부당운용과 방치 3건, 수출가공 대금 부당전도, 경비남용, 조사수당 부당지급 등이었다.[205] 구체적인 사항을 확인하면 농어촌개발공사의 문제를 좀 더 상세히 알 수 있다.

농어촌개발공사는 50% 이상 100% 미만 출자한 회사의 경영을 책임지지 않았다. 소액 출자자들이나 연고자들에게 대표이사, 상임이사 직을 주었고 관련 규정과 신원보증 없이 민간에 경영을 위탁하였다. 부실업체 주식을 인수한 경우도 마찬가지 맥락으로 볼 수 있다. 특정회사 주식을 평가·인수하는 과정에서 회사가 잘못된 기계를 도입하거나 상공부 승인을 받지 못한 경우에 사후도입을 이유로 회사가치를 상향 평가한 경우도 있었다. 농어촌개발공사의 자회사 투자금 비율을 보면 최소 56%, 최대 94%, 평균 81.5%였다. 하지만 농어촌개발공사의 자회사 주식 보유 비율은 최소 34%, 최대 75%, 평균 53.4%에 불과하였다.[206] 농어촌개발공사는 투자액에 비해 30% 정도 낮은 비율로 주식을 보유하였다.

토지 관련사항도 여러 차례 언급되었다. 농어촌개발공사 창립 3년 후에도 매입토지 원소유주와 등기, 저당권 문제를 해결하지 못한 경우가 허다하였다. 심지어 사업계획에 없는 토지 매입 시 은행 감정이 아니라 매매를 중개한 투자회사 대표의 사적인 감정에 의해 매입가가 산정된 사

---

205) 감사원, 『농어촌개발공사 감사결과 처리에 관한 서류』, 1970, 125~126쪽.
206) 감사원, 『농어촌개발공사 감사결과 처리에 관한 서류』, 1970, 127~150쪽.

례도 있었다. 더 큰 문제는 감사원이 지적한 후에도 시정되지 못한 경우가 빈번했다는 점이었다.[207] 감사결과에 대한 파장은 컸다. 농어촌개발공사 사장 문방흠은 책임을 지고 곧바로 사퇴하였다.[208]

2차 경제개발 5개년 계획이 마무리된 해인 1971년 당시 농어촌개발공사의 문제는 더욱 심각해졌다. 자금 관리 부실, 권리보존 조치 불이행, 창업비 부당 인정부터 횡령까지 있었다. 현물 차압 등으로 보전하기도

* 농어촌개발공사 자회사 투자내역(1970년 현재)   (단위: 백만 원, %)

자회사	시설자금 투자총액	공사투자액			민간주식	정당 투자비율		주식비율	
		시설 자금투자액(A)	투자내역 주식금액(B)	투자내역 장기대여금	금액(C)	공사(A)	민간(C)	공사(B)	민간(C)
A냉장	104	89	11	78	15	85	15	44	56
A농산	149	122	13	109	26	83	17	34	66
B농산	82	77	15	62	5	94	6	75	25
A잠사	112	63	51	12	49	56	44	51	49
B잠사	130	118	12	105	12	91	9	51	49
C잠사	54	42	13	29	12	78	22	51	49
A신	128	109	21	88	19	85	15	51	49
A포도당	874	724	400	324	150	83	18	76	27
A실크	86	66	10	56	20	77	23	34	66
A축산	85	70	35	35	15	83	17	70	30
계	1,804	1,480	582	898	323	-	-	-	-

* 회사명은 필자가 익명으로 표기.

207) 감사원, 『농어촌개발공사 감사결과 처리에 관한 서류』, 1970; 농어촌개발공사, 『농어촌개발공사 10년사』, 110쪽.

* 농어촌개발공사 관련회사 자본구성 현황(1971.12.31)   (단위: 개, 백만 원)

구분	50% 이하	50% 이상	100% 투자	계
회사수	7	8	6	21
투융자	1,204	3,031	4,772	9,007

208) ≪경향신문≫, 1971. 9. 10, 『농어촌개발공사 문방흠총재 사표』.

했지만 대표, 사장 등이 해외로 도주하거나 주거지 불명으로 아무런 실질적인 대책이 없는 경우도 있었다.[209]

농어촌개발공사의 문제는 대통령 비서실에서 농어촌개발공사 운영개선방안을 작성한 데에서도 확인할 수 있다. 단기간 과도한 사업전개, 과잉시설투자, 잘못된 입지선정, 사업 초창기 자회사 건설과 운영 상의 경험 및 기술부족 등이 문제로 지적되었다. 1971년 12월 현재 자회사 적자누계 21억 원, 투자액 45억 원, 융자액 44억 원에 대해 지불되지 못한 이자 3억 7천만 원, 전도금 미회수액 6억 원, 정부대행 옥수수 판매대금 상환 불능액 11억 원, 판매부진으로 인한 재고자산(해태, 인삼) 6억 7천만 원 등 손해가 막심하였다. 하지만 문제에 대한 해결 방안은 유휴시설 활용방안, 해태사업 수협으로 이관, 각종 사업의 자금난을 해결하기 위한 5억 원의 농협 대출과 1972년 예정된 출자금 9억 원의 조기 집행 등 미봉책에 그쳤다.[210]

농어촌개발공사 사업의 주요 문제로 지목된 자회사 가운데 하나인 한국냉장주식회사는 농축·수산물의 유통과정에 있어 저온 저장기술과 시설부족, 유통과정에서 처리 부주의로 발생한 보건위생상 문제를 해결하기 위해 설립되었다. 농축산물·수산물 등의 생산·수집·냉동저장·처리 및 식품제조와 판매, 제빙과 판매, 특수자동차 운송, 농수산물 도매시장 업무대행과 시설임대 등이 구체적인 사업 분야였다. 최신식 시설을 갖추었고 다양한 부문에서 증산 및 농가소득 향상을 달성하였다. 수출실적도 1969년 44만 5천 달러, 1970년 47만 9천 달러, 1971년 80만 6천 달러에 이르렀다. 출자와 융자금은 3년간 5배 가까이 증가하였다.[211] 농

<hr />

209) 감사원, 『농어촌개발공사감사결과 처리에 관한 서류 1971』, 1971, 11~12쪽.
210) 대통령 비서실, 『농어촌개발공사 운영개선방안』, 1972.
211) 농어촌개발공사, 『농어촌개발공사 10년사』, 1977, 117~124쪽.

어촌개발공사에서 내세우는 대표적인 실적이었다. 그러나 감사원 감사결과에 따르면 한국냉장주식회사는 감가상각 미실시, 현금관리 불철저, 안정기금에 의한 마늘 부당구입, 비축사업 실시 불철저 등으로 시정과 주의조치를 받았으며 문제가 된 금액은 6천만 원에 달하였다.[212]

농어촌개발공사가 출범 3년 만에 만들어낸 성과의 이면에는 심각한 문제가 있었다. 박정희 정권기 다른 농정관련 기관들이 정책목표는 실현하지 못하였어도 조직적인 발전은 이룬 데에 비해 농어촌개발공사는 자체 기반도 부실하였고 지원으로 유지하였다. 사업실패와 부실한 조직에도 불구하고 농업 외 소득을 기반으로 한 농가소득 향상에 기여하였다면 완전한 정책실패로 볼 수는 없다. 그러나 농어촌개발공사 관련 소득으로 볼 수 있는 농가의 사업이외소득 비율은 1960년대 내내 완만한 추세로 상승하였지만 농어촌개발공사의 영향은 보이지 않는다.

농어촌개발공사의 중요한 목적이 농가의 농업 외 소득 확보라면 결과는 명백한 실패였다. 1971년부터 농가소득이 비약적으로 상승하였지만 주된 요인은 농업소득 상승이었고 1969년에 시작한 고미가 정책의 성과였다.

4. 소결

외부지원 없이 스스로 발전할 수 있는 동력과 구조를 갖추는 것은 농업과 농촌의 장기적인 목표인 동시에 농지개혁 이후 한국농촌에 필요한 요소였다. 이는 한국을 지원한 미국과 박정희 정권에게도 절실하였다.

---

212) 감사원, 『농어촌개발공사 실지감사 결과처리에 관한 서류』, 1973, 22~23쪽.

해방 이후 실시된 지역사회개발사업은 미국의 지원을 바탕으로 미국화를 목표로 한 사업이었지만 한국농촌에도 적용이 가능하였다. 시범부락, 자치부락 확대 등 정부 부처 전체를 망라하여 추진되었고 5.16쿠데타 이후에는 사업이 더욱 확대되었다. 하지만 범정부적 운동에서 정부 일개 부서의 역점사업으로 성격이 변화하였다. 당시 실시된 재건국민운동과 차별성을 찾기도 어려웠다.

각 마을이 자체적으로 결정하고 실시했어야 할 사업은 경제성이 떨어져도 박정희 정권이 추진한 '농촌 근대화'를 당장에 눈으로 확인할 수 있는 사업으로 변하였다. 다른 부처의 사업, 농촌진흥청·농협과의 차별성을 상실한 지역사회개발사업은 이후 정부의 '농민지도'에 역점을 둔 사업이 되었다. 지역사회개발사업의 본래 목적인 민주주의를 기반으로 한 농촌발전은 박정희 정권의 불균형개발전략의 일환인 거점지역 육성, 농촌지도와는 맞지 않았다. 정부의 단기적인 목표실현이 농민의 자발성에 우선하는 정책 기준이 되었다.

농촌진흥청의 설립은 농업의 특수성과 독립성에 대한 인정이었다. 하지만 정부 부처 외청에 불과한 농촌진흥청이 박정희 정권의 일방적인 행정에서 독립적이기는 어려웠다. 농사교도조직 강화, 지도자 육성 등은 정부 영향력 확대로 귀결되었다. 농업의 특수성과 독립성은 당위적으로 옳다는 이유로 준수해야 하는 원칙은 아니었다. 식량이 가진 복합적인 성격으로 인하여 종자개량, 농촌지도 등은 독자적이고 장기적인 계획이 담보될 때 성과를 기대할 수 있었다. 그러나 박정희 정권은 농업의 장기적인 전망과 농촌사회의 발전에 재정을 투자할 상황이 아니었다. 식량증산, 농산품 상품화를 급속히 추진할 필요가 있었고 이는 자연스럽게 행정계통을 중심으로 한 강력한 조직화를 요구하였다.

박정희 정권의 성격은 농협에서 노골적으로 드러났다. 농협은 정부대행 사업기구, 농업 정책자금 배부처로 기능하였다. 외연적인 발전에도 불구하고 협동조합의 이상에서 크게 벗어났음을 부정하기는 어렵다. 농민들의 협동조합에 대한 인식부족과 영세한 토지소유가 중요한 원인이었을 것이다. 그러나 무엇보다 협동조합의 자치를 부정한 박정희 정권의 개입이 결정적이었다. 결론은 농협의 정부기구화였다. 정부가 경영·인사를 장악하였고 운영원리도 중앙회·시군조합을 중심으로 한 하향식 조직이었다. 하향식 조직의 동력은 당연히도 조합원이 아닌 정부였다. 한편 리동조합 구조조정은 실패하였다. 협동조합 원리 무시와 전직 장교·리동장 전면배치라는 무리수로 인하여 정책목표를 실현하지 못한 것이다. 추진과정에서 명분도 상실하였다. 협동조합은 이윤이 아닌 조합원의 이익을 지키기 위한 조직이다. 농협 강화는 정책의 수단이 아닌 목적이 되어야 했다. 정부가 임의로 농협의 성격을 변형하고 정책수단화하면 협동조합으로서 농협은 무력화될 수밖에 없었다.

농협의 새농민운동은 농협의 실패를 자인한 운동이었다. 자립·과학·협동을 표방한 새농민운동의 내용에 이의를 제기하기는 어렵다. 그러나 기존 농협으로도 가능한 활동을 새삼스럽게 새농민운동으로 제기하고 지역별 거점까지 만들었다는 점에서 저의를 의심하지 않을 수 없다. 실제 실시된 새농민운동은 이러한 우려를 현실화시켰다. 새농민운동의 주된 활동이었던 새농민상의 시상자는 부농, 높은 교육수준, 전직 공무원·장교 등의 공통점을 가졌다. 개인의 자질과 노력을 강조하였다는 점에서 새농민운동은 '농촌'과 '협동조합'이라는 두 가지 요소를 모두 포기한 정책이었다.

1967년 설립된 농어촌개발공사 설립도 새농민운동과 같은 맥락의 정책이었다. 2차 경제개발 5개년 계획이 내세운 농공병진의 일환으로 개별 농가의 농업 외 소득증가를 추진한 정책 자체가 잘못되었다고 할 수는 없었다. 농협과 업무영역이 겹치는 농어촌개발공사는 정부가 농민이 아니라 민간 자본과 결합하기 위해 만든 기관이었다. 농민이 농업 외 활동으로 소득을 향상시키는 것은 가능하였을지 몰라도 농업과 협업에 기반을 둔 농촌의 경제적인 자립과는 거리가 멀었다. 그러나 농가가 안정적으로 농촌에서 거주하며 지역균형 발전을 실현할 수 있다는 점에서 농어촌개발공사의 필요성은 충분하였다. 하지만 농어촌개발공사는 잘못된 투자와 자회사 운영으로 농가소득 향상보다 명목상의 사업 확장에만 몰두하여 심각한 문제를 야기하였다.

1960년대 초반 박정희 정권의 농업기관과 농촌지도체제에 대한 정책은 1950년대 이후 형성된 농업 정책 담론에 대한 계승이었다. 농촌사회의 경제적인 자립을 위해 정치사회적인 자립도 중시한 정책이 5.16쿠데타 직후 실행되었지만, 박정희 정권의 속성상 실시과정에서 왜곡이 불가피하였다.

지역사회개발사업과 농협은 농민의 자발성이 가장 중요한 요소였다. 정부의 행정적인 지원은 어디까지나 농민이 주체라는 전제에서 이루어져야 했다. 농촌진흥청은 독립적인 사업운영과 장기적인 목표를 실현할 수 있는 조건을 갖추어야 했다. 이는 농촌에 대한 영향력과 행정력 강화로 정책목표를 실현하고자 한 박정희 정권의 성격과 모순되었다. 새농민운동은 이러한 모순에서 비롯한 결과였으며 농어촌개발공사는 농촌의 경제적인 자립이라는 장기적인 목표를 2차 경제개발 5개년 계획의 농공병진, 개별 농가의 소득증대로 대체하려 한 시도였다.

V
농업 생산력 증대정책

1. 농가경제 지원

1) 농촌 고리채 정리

5.16쿠데타 당시, 각종 세금과 저곡가 정책으로 농가경제는 만성적자였다. 따라서 급전이 필요할 경우 사채에 의지할 수밖에 없었다. 고리채 문제가 해결되지 않으면 농가에 영농자금이 투·융자되어도 농업 생산력 향상보다 당장의 생활비로 소비될 가능성이 컸다. 고리채는 농민의 경제 자립을 막는 큰 장벽 가운데 하나였다. 그러나 농촌 고리채 정리 담당기관으로 활용될 농협과 농업은행 설립 논란 속에서 농촌 고리채 문제는 해결방안을 찾지 못하고 점점 악화되었다.

1960년 9월 농가부채는 약 151억 원으로 추산되었다. 전 농가의 90% 이상이 고리사채를 이용하였다. 1958년 총선부터 농촌 고리채 정리에 대한 법안은 계속 제기되었다. 이승만 정권기 농촌 고리채 정리는 실효성 없고 모순된 법안 제시와 일시적인 농업금융 채권 발행으로 마무리되었다.[1] 농촌 고리채 문제는 점점 악화되었다. 5.16쿠데타 직전 상황을 보면 해마다 농가부채가 20%씩 증가하였고[2] 이 가운데 88% 이상이 고리채로 추산되었다.[3]

5.16쿠데타 직후, 군사정부는 쌀 600가마니를 영세농민에게 무상으로 공급하였다. 농업예산도 전년 대비 62.7% 증액하였다. 현역 군인이 직접 농촌계몽에 나서서 전근대적 관행(관혼상제)과 봉건적·비민주적 주종관계에서 비롯한 고리사채를 규탄하였다.[4]

---

1) 이명휘, 「농어촌 고리채 정리사업 연구」, 《경제사학》48, 2010, 86~87쪽.
2) 《경향신문》, 1961. 5. 14, 「농가부채 해마다 20%씩 누증」.
3) 《경향신문》, 1961. 5. 14, 「88% 이상은 고리채」.
4) 이명휘, 앞의 논문, 87쪽.

1961년 5월 25일 최고회의는 「농어촌고리채정리사업령」을 공포하였
다.[5] 이어 6월 10일 「농어촌고리채정리법」, 7월 21일 「농어촌고리채정리
시행령」을 공포하였다.[6] 이전까지 이승만 정권이 대통령 선거에 임박하
여 밀리듯 공표한 졸속적인 조치 외에 농촌 고리채 문제를 해결하기 위
한 정부 차원의 진지한 움직임은 없었다. 두 달 만에 법에서 시행령까지
공포된 것은 군사정부의 강력한 의지를 제외하고는 설명하기 어렵다. 당
시 농림부 관료들은 「농어촌고리채정리사업령」 작성에 회의적이었으나
군인들이 일방적으로 추진하였다. 특히 박정희의 의지가 강력하였다.[7] 박
정희는 광장에서 군중들에게 고리채 신고를 직접 호소하기도 하였다.[8]

「농어촌고리채정리법」의 주요 내용은 다음과 같았다. 첫째, 고리채를
'연리 20% 이상의 금전 또는 현물부채'로 규정하였다. 둘째, 지역(리·동)
에서 농어민 대표와 리·동장 및 면장이 위원회를 만들어 업무를 처리토
록 하였으며 감독은 지방행정기관장들(시장, 도지사, 군수)이 담당하였다.

---

5) 「농어촌고리채정리령」, 국가재건최고회의령 제12호, 1961. 5. 25.

6) 「농어촌고리채정리법」, 법률 제620호, 1961. 6. 10; 「농어촌고리채정리법시행령」,
   각령 제40호, 1961. 7. 12.

7) 당시 농림부 기획과 과장 직무대리 이득용은 최고회의로부터 「농어촌고리채정
   리령」 작성을 지시받았으나 실현 가능성에 대하여 회의적이었다. 이득용이 「농
   어촌고리채정리령」의 조건과 문제점으로 언급한 사항은 다음과 같았다.
   1. 부흥부 장관과 재무부 장관의 사전 동의를 받을 것.
   2. 재정의 뒷받침이 없으면 농어촌의 자금 사정이 더욱 악화될 수 있음.
   3. 자칫하면 고리채도 빌릴 수 없어 농어촌의 민심이 악화될 우려가 있음.
   이러한 의견에 대해 박정희는 농촌의 모라토리움까지 언급하며 언짢아했다고
   한다. 이득용에 따르면 박정희는 이자율 20% 이하로 규정한 「농어촌고리채정
   리령」도 미온적인 조치로 본 것이다. 이득용은 후일에도 당시 농어촌고리채 정
   리에 대해 법으로 해결할 사안이 아니었다는 입장을 고수하였다. 이득용, 『先
   公後私, 나의 반평생 기억 속 뒷이야기』 지식공감, 2013, 118~121쪽.

8) ≪경향신문≫, 1961. 7. 27, 「병든 민주주의 바로 잡는 게 시급 박의장, 남원서
   회견담」.

셋째, 15만 환 이상 부채는 정리대상에서 제외하였고 이자율을 20% 이하로 규제하였다. 또한, 불성실신고자, 부정행위자는 5년 이하 징역, 50만 환 벌금납부로 처벌규정을 강화하였다. 넷째, 채권자에게는 농협이 농업채권을 교부하고 채무자에게는 2년 거치 5년 분할 상환토록 하였다. 채무자는 채권 액면금에 대한 차용증을 농업은행에 제출한 후 7년 이내 연 12% 이자로 상환하여야 했다. 다만 1만 환 이하 소액은 20% 이자에 1년 거치 1년 내 상환이었다. 농업은행이 채권자에게 지불할 20% 이자와 채무자에게 받을 12% 이자의 차이에서 발생하는 8% 손실은 정부가 감당하였다.[9] 상환율이 낮은 사채의 특성, 고리채 정리의 주체, 정부의 책임, 채무자의 상환 부담과 이자의 탕감 수준, 채권자가 감내할 손해와 위험률 해소 등 여러 가지 요소를 고려할 때 「농어촌고리채정리법」은 충분히 합리적이었다. 농민들의 인식부족으로 신고가 지지부진했지만 신고 후에 원만하게 처리할 수도 있었다. 그러나 고리채 신고 후에도 농촌 고리채 정리 사업은 난항을 겪었다.

군사정부는 농촌 고리채 신고의 성공을 선언하였으나 실상은 달랐다.[10] 농촌 고리채 정리는 농민의 환영을 받지 못하였다. 상당수 고리채는 사채업자의 악성채권이 아닌 인간관계를 매개로 한 사적인 거래의 결과였다. 채권자와 채무자가 친족이나 이웃인 경우가 많았기 때문에 채무자가 적극적으로 당국에 신고하기는 어려웠다. 또한, 관혼상제, 학비, 병원비 등 절실한 상황에서 고리채를 얻은 경우가 빈번하여 채무자는 다시 급전이 필요한 경우를 고려하지 않을 수 없었다. 하지만 군사정부의

---

9) 6월 10일 공포된 법은 6월 29일 일부 개정되었다. 개정이유는 어민에 대한 규정, 신고절차, 시행일 등 실무적인 사안이었다. 「농어촌고리채정리법」, 법률 제637호, 1961. 6. 29.
10) ≪경향신문≫, 1961. 9. 10, 「고리채신고 성공」.

독려로 지방행정 기관장들은 일선에서 강압적으로 사업을 추진하였다. 이는 종종 채권자와 채무자 사이의 물리적인 다툼까지 야기하였다. 신고 실적이 저조하자 신고 기피자를 색출하고 실적부진 공무원을 징계하였다. 이후 법령을 개정하여 융자금 상환 기간을 2년 거치 5년 분할에서 1년 거치 4년 분할, 1만 환 이내 채권은 1년 이내 상환으로 변경하고, 신고 기간은 한 달 연장하였다.[11]

강력한 정치권력으로 추진한 농촌 고리채 정리는 일선에서 제대로 실시되지 못하였다. 판정을 담당한 정리위원들은 당사자인 채권자 또는 채무자였던 지역유지들이었다. 정리위원이 본인에 유리하게 채무를 조정한 사례도 있었으며 정리위원회 자체 조정으로 고리채 정리가 무효화되기도 하였다. 신고액 가운데 탈락률은 40%에 달하였다.[12] 일선에서 정책에 대한 왜곡이 있었던 것이다. 군사정부의 의도가 제대로 반영되거나 원칙적으로 정책이 추진되었다면 탈락률이 이처럼 높기는 어려웠다.

당시 고리채의 차입처는 고리대금업자 41.5%, 농촌사회 내부 상호금융인 일반 개인 33.1%, 계 17.5%가 대부분을 차지하였다. 이외 머슴살이돈 5.2%, 군경유족연금 1.3%, 종친 간 상호거래 1.1%, 공무원 0.1%, 기타 0.2%로 종류가 매우 다양하였다. 고리채금융 손실위험 부담률은 11.2% 정도로 추정되었다. 농어촌고리채 정리사업 개시 시 최종 상환일인 1966년 5월 24일까지 24% 정도는 회수가 쉽지 않을 것으로 추정되었다.[13] 처음부터 농민들의 호응도 적었지만, 사업의 원만한 마무리도 확신할 수 없었다.

---

11) 이명휘, 앞의 논문, 89~95쪽.
12) 이명휘, 앞의 논문, 95쪽.
13) 이환규, 「농어촌고리채 정리」, 한국농촌경제연구원 편, 『농정반세기 증언』, 농림부, 1999, 182~183쪽.

1961년 12월 말 현재 「농어촌고리채정리법」에 의한 신고는 거의 완료되었다. 총 신고 건수는 농민 1,145,120건, 어민 25,521건으로 합계 1,170,671건이었다. 신고금액은 농민 45억 9,900만 원, 어민 2억 700만 원, 합계 48억 600만 원이었다. 이 가운데 고리채로 판정된 금액은 29억 2,700만 원이었다. 농업금융 채권을 발행하여 농협이 대위변제한 건수는 781,766건이었고 채권 발행액은 26억 6,300만 원이었다.[14] 1960년 9월에 농어촌고리채로 추정한 금액의 ⅓에 불과한 금액이었다.

1962년부터 상환 및 회수가 개시되었다. 농협은 채권자에게 이율 20%의 채권을 발행하여 4년간 상환해야 했고 채무자는 5년간 농협에 분할 납부해야 했다. 채무자는 채권자를 농협으로 대체한 차용증서를 얻기 위하여 2명의 보증인이 필요하였다. 왜 이런 일이 생겼을까? 이는 농협의 사정 때문이었다. 농민의 90%가 조합원으로 가입하였으나 풀뿌리 조직인 리동조합이 당장 신용사업을 진행할 역량은 없었다.[15] 말단 농협 조직이 부실하여 농어촌고리채정리 사업을 뒷받침하지 못한 것이다. 농협은 농가실태에 대한 정확한 파악보다 2명의 보증인을 요구하는 안일한 방법을 선택하였다. 이는 이승만 정권 말기 농업은행을 통해 추진된 농어촌고리채정리 방안과 크게 다르지 않았다.

상환 회수과정에서 문제는 더욱 심각해졌다. 1962년 흉작이 있자 회수 예정액 7억 5,000만 원 가운데 2,600만 원만 회수되었다. 보증인을 세운 경우는 신고농가의 54%에 불과하였다. 사업종료 시점인 1966년 회수금은 8억 원이었으며 비율은 애초 예상인 76%에 한참 미치지 못한 21%에 불과하였다. 농업채권이 불신을 받는 경우도 있었다. 이러한 불신

---

14) 농림부, 『농림수산행정개관(1945~1965)』, 1966, 223쪽.
15) 김용택, 『한국 농협의 뿌리와 성립과정』, 역사비평사, 2015, 341~345쪽.

에는 실제 근거가 있었다. 1964년 12월까지 농협이 상환하여야 할 농업 채권은 이자를 포함하여 32억 원이었으나 실제 상환액은 17억 원에 불과했다. 상환액이 부족했던 이유는 정부의 회수실적이 부진했기 때문이었다. 농촌 고리채 정리는 군사정부가 야심 차게 추진한 정책이었으나 문제가 생길 경우 이를 감당할 만한 최소한의 예비재정 확보도 없었다.[16]

　추진 시점부터 문제를 일으켰던 농촌 고리채 정리는 상황이 점점 악화되었다. 1964년이 되면 융자금 회수부진과 정부 재정형편상 채권상환이 거의 중단되었다. 11월 24일 현재 채권자에게 상환할 금액은 32억 2,400만 원이었으나 상환자원은 12월 31일 현재 융자금 회수액 1억 7,800만 원, 정부 2차 보상액 5억 2,100만 원, 정부무이자 대하금 1억 7,800만 원 등 총 14억 1,700만 원으로 부족한 금액이 18억 700만 원에 이르렀다. 농업금융 채권의 유통력을 허용하고 농협 중앙회 자금회수 센터까지 설치하여 상황을 극복하려 하였지만 1965년 말 현재 농협이 상환할 농업금융 채권 총액은 2억 6,300만 원, 이자 16억 7,000만 원 등 합계 43억 3,300만 원이었다. 실제 상환된 금액은 74.4%에 해당하는 32억 2,700만 원(원금 19억 4,900만 원, 이자 11억 600만 원)이었고 25.6%에 해당하는 11억 600만 원(원금 7억 1,400만 원, 이자 3억 9,200만 원)은 상환되지 못하였다.[17]

　농촌 고리채 정리에 대한 비판은 격화되었다. 심지어 군사정부의 가장 큰 실정 가운데 하나로 지적될 정도였다.[18] 사업이 시작된 지 2년이 넘었음에도 불구하고 정부는 고리채 정리를 위한 재정, 절차를 마련하지 못

---

16) 이명휘, 앞의 논문, 110~112쪽.
17) 이환규, 앞의 논문, 186~187쪽.
18) ≪경향신문≫, 1963. 1. 26, 「정부정책불균형지적」.

하였다. 채권자들에게 상환할 자금을 마련하지 못하여 채권자들이 농협에 지고 있는 채무와 상쇄하는 방안까지 나온 상황이었다.[19] 재정이 부족하여 정부가 보장할 수 있는 상환절차를 마련할 수 없었고 절차 미비로 불안정한 임시조치가 남발되었다. 민정 이양 후에도 농촌 고리채는 정치적인 쟁점이었다. 야당이 지속적으로 농촌 고리채 정리 관련 예산 미비에 대하여 지적하였으나 박정희 정권은 무대책으로 일관하였다.[20] 사실 특별한 대책을 세울 수가 없었다.

〈표 30〉 농촌 고리채 법정기간 중 정리(상환·회수) 상황

(단위: 백만 원)

구분	농업금융 채권				융자금 회수			
	원금(A)	상환(B)	잔액	A/B(%)	원금(A)	회수(B)	잔액	A/B(%)
1961	−	−	(2,663)	−	−	−	(2,663)	−
1962	111	29	82	26.1	533	26	507	4.9
1963	638	550	88	86.2	533	162	371	30.4
1964	638	466	172	73.0	533	178	355	33.4
1965	638	772	−134	121.0	533	256	277	48.0
1966	638	433	205	67.9	531	178	353	33.5
계	2,663	2,250	413	84.5	2,663	800	1,863	30.0

자료: 농업협동조합중앙회, 『농업연감』, 각 연도.

2회 농촌 고리채 정리 법정 마감 연도인 1966년에 정부는 농민으로부터 융자금의 30%밖에 회수하지 못하였으나 채권자에게는 84%를 상환하였다. 채권자가 16% 정도 손해를 보았지만, 채권자 입장에서 고질적인

---

19) 《동아일보》, 1963. 8. 13, 「농어촌고리채정리 각의안 시행세칙은 농협에서」; 《동아일보》, 1963. 8. 15, 「농어촌고리채의 농협상계문제 채권자와 상의해서 결정」.
20) 《경향신문》, 1964. 11. 9, 「농어촌고리채정리비— 새 예산에 반영 안돼」.

부채가 탕감된 사실은 부정할 수 없었다. 채권상환 총액은 총 43억 3,300만 원 가운데 75%인 32억 원이었다. 채무자에게 회수된 액수는 예정된 37억 4,900만 원 중 10억 7,000만 원에 불과하였다. 1964년 농업금융 채권의 유통까지 허용한 법 개정은 기대한 성과로 이어지지 못하였다.[21] 채무자로부터 회수 기간 연장은 불가피하였다.

1967년도 농업금융 채권상환율은 95.2%였다. 1967년 말 현재 농업금융 채권 원리금 합계는 43억 3,300만 원이었고 농협이 상환한 금액은 원금 25억 4,500만 원, 이자 15억 8,000만 원으로 합계 41억 2,500만 원이었다. 농촌 고리채 상환자원은 당초 목표의 반도 안 되는 회수액 17억 2,300만 원, 정부의 2차 보상금 5억 4,800만 원이었다. 이는 상환금액에 미달하였기 때문에 보충된 금액이 무이자 대하금 13억 7,800만 원, 농협 자체 자금에 의한 입체금이 6억 5,300만 원이었다. 1968년 12월 채권자에 대한 상환율은 96%였으나 융자금 회수율은 45.9%에 불과하였다.[22] 1965년 금리현실화 조치까지[23] 겹쳐 농촌 고리채는 농협 수지 악화의 고질적인 원인이 되었다.

정부는 1969년 8월 4일 「농어촌고리채정리법 중 변제의무에 관한 특별조치법」을[24] 공포하였다. 생활보호 대상자, 비과세 대상자, 채무변제 재산이 없는 이의 채무를 탕감해주는 조치였다. 0.5정보 미만 토지보유

---

21) 《동아일보》, 1966. 4. 22, 「농어촌고리채정리 마감 앞둔 실적 엉망」.

22) 이환규, 앞의 논문, 188~191쪽.

23) 1963년부터 인플레이션이 심화되면서 실질금리가 낮아지고 예금과 대출의 정체현상이 일어났다. 많은 기업들이 사금융으로 단기자금을 조달하는 금융 왜곡 현상 발생하였다. 이를 타개하기 위해 정부는 1965년 「이자제한법」 개정, 9월 30일 금융개혁을 단행하였다. 1년 만기 정기예금 금리가 연 15%에서 30%로 상향되었으며 다른 금리도 상향조정되었다.

24) 「농어촌고리채정리법 중 변제의무에 관한 특별조치법」, 법률 제2,134호, 1969. 8. 4.

농민에 대한 융자액이 전체 융자액의 51%, 무보증 무담보 융자액이 54%인 상황이었기 때문에 이들의 변제의무 소멸은 획기적인 조치였다.[25] 당시는 삼선개헌으로 막대한 정치자금이 살포되고 무리한 대출이 이루어졌기 때문에 영세 농가에게도 적극적인 정책이 취해진 것으로 보인다.[26]

특별법에 따른 변제불능 확인 신청 및 판정 결과는 다음과 같았다. 1971년 12월 31일 현재 융자금 잔액 17억 5,200만 원 중 회수 불능 채무는 9억 2,700만 원, 회수 가능 채무는 3억 6,600만 원으로 판정되었다. 회수 가능 채무 총 잔액은 8억 2,500만 원이었다. 회수 불능 채무인 9억 2,700만 원은 애초 융자했던 원리금 37억 4,900만 원의 24.7%, 농업금융 채권 발행액 42억 9,700만 원의 21.6%였다. 변제불능 내역은 생활보호 대상자, 비과세 대상자, 채무자 사망 및 행방불명 등이었다. 농촌 고리채 정리로 농협은 막대한 손실을 떠안게 되었다. 농협의 손실은 원금 9억 2,700만 원, 농업금융 채권의 이자손실 2억 2,200만 원으로 합계 11억 4,868만 원이었다. 또한 변제가능 채무로 판정된 3억 6,600만 원을 회수할 책임도 있었다. 이는 1980년까지도 완납되지 않다가 1981년에 마무리된 것으로 보인다.[27]

농협의 손실과 이에 대한 정부 보상은 사업시행 시부터 농촌 고리채 정리의 고질적인 문제였다. 그러나 이는 농촌 고리채 정리의 결정적인 평가요소는 아니다. 평가는 채무자인 농민의 관점에서 사채에 대한 부담이 얼마나 감소하였는가를 기준으로 이루어져야 한다.

25) 이명휘, 「1960년대 농가의 신용구제사업과 지도금융」, ≪사회과학 연구논총≫ 14, 2005, 83~84쪽.
26) ≪동아일보≫, 1970. 5. 22, 「묵은 실정 채찍질 국회의 대정부질의 결산下」.
27) 이환규, 앞의 논문, 193~195쪽.

〈표 31〉 1962~1971년 농가소득 및 농가부채 동향　　　　　　　　　(단위: 원, (%))

연도	농협 및 공공기관	개인	기타	농가부채 합계	농가 소득
1962	1,281(26.9)	3,273(68.8)	197(4.15)	4,751(100)	67,885
1963	2,115(31.7)	4,313(64.6)	241(3.6)	6,669(100)	93,179
1964	1,388(18.3)	5,400(71.3)	787(10.4)	7,575(100)	125,692
1965	2,284(21.6)	7,627(72.1)	659(6.2)	10,570(100)	112,201
1966	2,972(29.7)	6,045(60.5)	969(9.7)	9,986(100)	130,176
1967	2,501(21.8)	8,371(73.2)	560(4.8)	11,432(100)	149,470
1968	3,308(23.6)	9,907(70.7)	781(5.5)	13,996(100)	178,959
1969	2,586(20.7)	8,511(68.0)	1,421(11.3)	12,518(100)	217,874
1970	4,913(30.9)	9,802(61.6)	1,198(7.5)	15,913(100)	255,804
1971	2,671(26.3)	6,750(65.6)	861(8.4)	10,282(100)	356,382

자료: 농림부, 『농가경제조사 및 농산물 생산비조사 결과보고』, 각 연도.

농가부채는 1965년까지 급격하게 상승하여 농가소득 증가율을 앞질렀다. 1968년까지 증가세가 완만하게 이어지다 이후 감소하였다. 소득과 물가상승을 고려하면 1960년대 후반부터 진정되는 국면에 접어들었음을 부정할 수는 없다. 문제는 차입처 비율이었다. 은행 및 공공기관에서 차입한 금액 비율이 1960년대 내내 좀처럼 30%를 넘지 못하였다. 증가 추세라고 보기도 어려웠다. 농가소득 대비 농가부채 비율은 1962년 6.9%, 1963년 7.1%, 1964년 6%, 1965년 9.4%, 1966년 7.6%, 1967년 7.6%, 1968년 7.8%, 1969년 5.7%, 1970년 6.2%, 1971년 2.8%였다. 농촌 고리채 정리의 효과가 미미하였음을 확인할 수 있다. 1969년부터 고미가 정책으로 농가소득이 상승하면서 부채율이 하락하였다. 농촌 고리채 정리에 가장 큰 기여를 한 정책은 일시적인 부채탕감이 아니라 인위적인 소득향상이었다. 그러나 당시에도 부채 내 사채 비율은 낮아지지 않았다.

농촌 고리채 정리의 가장 큰 수혜자는 채권자들이었다. 사채의 특성상 높은 이자만큼 상환불가 가능성도 높을 수밖에 없었다. 그러나 농촌 고리채 정리로 이들은 1972년 12월 31일 현재 총액 가운데 97.4%에 해당하는 41억 8,500만 원을 상환 받았다. 변제불능 판정을 받지 않은 금액이 상환된 마지막 해는 1981년이었다. 농촌 고리채 정리 사업은 20여년 동안 지속되었지만 채권자 이외 누구에게도 도움이 되지 못하였다. 애초 예정인 5년보다 무려 4배가 길었던 초장기 대부였기 때문에 저리가 실질적으로 고리가 되었다. 법정 정리 기간을 포함한 20년에 이르는 동안 고리채 정리 융자금 26억 6,300만 원에 대한 이자를 모조리 12%로 적용하면 32억 원이었다.[28] 채무자인 농민은 원금 이상의 이자를 납부했던 것이다.

농촌 고리채 정리는 농협 운영에도 여파를 미쳤다. 5.16쿠데타 이전 농협의 문제는 농업금융 업무의 부재였다. 농업은행으로 분리된 농업금융은 농협의 독자적인 사업운영에 걸림돌이 되었다. 이후 농협과 농업은행이 통합되어 농협은 금융업무 수행이 가능해졌다. 그러나 농촌 고리채 정리로 농업금융 업무는 농협 수지 악화의 원인이 되었다. 가까스로 확보한 농업금융 업무가 조직운영의 고질적인 부담이 된 것이다.

박정희 정권은 이전 정권에서 엄두도 내지 못했던 농촌 고리채 정리 실시에 대하여 긍정적으로 자평하였으나 수반된 여러 부작용도 인정하였다.[29] 재정부족, 농촌 고리채의 특수한 성격에 대한 무지, 농협 조직 부실, 준비 없는 정책 집행에서 나온 부작용 등 이후 진행된 농촌 고리채 정리 사업 관련 연구의 평가와 크게 다르지 않았다.[30] 농촌 고리채

---

28) 이환규, 앞의 논문, 199~200쪽.
29) 한국군사혁명사편찬위원회, 『한국군사혁명사』上, 1963, 1,068~1,069쪽.
30) 농림부, 『농림수산행정개관(1945~1965)』, 1966, 223~225쪽.

정리의 부작용은 정책 의도와 목표를 부정할 만큼 컸을까? 농촌 고리채 정리의 문제를 내용이나 정책 집행 이후 부작용에서 찾는 것은 지나치게 사안을 단순화한 결과다. 재정의 안정적인 투입이 없었다는 고질적인 문제를 논외로 하면 당시 상황에서 박정희 정권이 제시한 농촌 고리채 정리보다 더 좋은 안을 만들기는 어려웠다. 이자율과 처리기관인 농협의 역할, 지방행정 기관장이 책임지는 구조 등은 충분히 합리적이었다.

농촌 고리채 정리의 실제 문제는 박정희 정권이 의욕을 가지고 '일방적으로' 추진했다는 데에 있었다. 농촌 고리채 정리는 나쁜 채권자와 선의의 채무자라는 관계로 규정하기 어려웠기 때문에 정부재정이 충분히 뒷받침되지 못한 상황에서 부족한 행정력으로 일방적으로 실행하면 실패할 여지가 다분하였다.

지방행정 기관장이 지원하고 농협이 중심이 되어 자체적으로 문제를 정리할 필요가 있었다. 이를 위해 넉넉한 재정도 필요하였지만, 더 중요한 요소는 농민들이 주체가 된 단위농협이었다. 일선에서 현황을 파악하기 위한 면밀한 여론조사와 민간이 주도하는 기관이 필요하였다.

농촌 고리채 정리의 원만한 진행은 농협이 협동조합으로 기능할 수 있고 정부의 재정지원이 넉넉할 때 가능하였다. 1960년대 박정희 정권기는 이 모든 조건이 충족될 수 없었다. 당시 농협은 농민이 아니라 법규와 정부 위촉사업에 근거한 조직이었다. 충분한 재정이 투입되어도 농협이 조합원인 농민들과 유리되었다면 농촌 고리채 정리는 어렵다. 반대로 농협이 건실하여도 재정이 충분치 않으면 진행은 불가능하다. 박정희 정권의 농촌 고리채 정리는 사업을 불가능하게 하는 요소를 모두 안고 시작하였다. 부실한 농협과 재정, 정부의 독주로 농촌 고리채 정리는 성과 위주의 관료적인 운영으로 귀결되었다.

2) 비료공급 관수일원화

농민의 빚을 탕감하거나 일시적으로 자금을 지원하여도 갑자기 농업 생산력이 향상될 리 없었다. 농지개혁으로 창출된 농가의 평균 경지소유 규모는 호당 0.85정보에 불과하였다.[31] 한정된 노동력을 가진 농가의 경작지 확대로 생산력 증대를 추진하는 데에는 한계가 있었다. 농업에 추가인력과 재정을 투입하기도 어려운 상황이었다. 증산은커녕 현재 생산력 유지도 힘들었다. 이를 타개하기 위한 정책이 필요하였다.

우선 적극적인 비료공급 정책이 실시되었다. 주요 경제정책 목표였던 양곡증산, 식량자급, 농가경제 향상을 위해서는 막대한 양의 비료를 적기에 차질 없이 농민에게 공급해야 했다. 한국농업은 많은 비료를 소요하는 전형적인 다비농업(多肥農業)이었다. 영세한 농가규모, 미작에 편중되어 있는 생산조건은 농민으로 하여금 비료에 의존하게 만들었다. 하지만 비료 가격은 저렴하지 않았다. 농업경영비에서 비료가 차지하는 비율은 1961년 당시 31.6%에 이르렀다. 비료 가격 인하와 적기 공급은 농민 부담을 현저히 경감시킬 수 있는 정책이었다. 그러나 비료공급 체제에는 많은 문제가 있었다.[32]

해방 이후, 비료의 90%를 공급하던 흥남비료공장이 북한에 위치하였기 때문에 공급에 차질이 빚어졌다. 남한지역 공장은 빈약한 시설과 재정난으로 정상가동이 어려웠다. 이마저 한국전쟁으로 조업이 중단되어 대부분 화학비료를 수입할 수밖에 없었다. 안정적인 비료공급을 위해 충주에 화학비료공장 건설이 추진되어 국내자금 조달, 차관, 계약 등이

---

31) 김지현, 「해방후 농지개혁의 성격에 관한 일연구」, 숙명여자대학교 한국사학과 석사논문, 1997, 75쪽.
32) 이병준, 「제1차 경제개발 시기 비료수급 정책(1962~66)」, ≪사학연구≫122, 2016, 243~245쪽.

체결되었다. 하지만 건설회사와 분규로 1961년 4월 29일 준공에 들어가 1963년부터 가동하였다. 1958년 정부재원으로 나주비료공장이 착공되었으나 민간재원 조달 실패로 공사가 중단되었다.[33]

군사정부의 비료공급 관수일원화에 이르기까지 비료공급 제도는 관수일원화와 민간도입(민수) 허용의 과정을 거쳤다. 해방 이후 1950년까지는 관수일원화의 시기였다. 조선농회가 원조자금으로 도입한 비료를 전부 인수하여 공급하였다. 1951년부터 민간수출자금, 중석 수출자금에 의한 비료 민간도입이 허용되었다. 1956년에는 AID자금의 10%를 배정하여 민간 비료시장 육성을 지원하였다. 민간공급이 여의치 않았던 상황에서 자유시장 경제를 고수하기 위해 민수 비료를 허용하였으나 AID자금을 지원받은 1956년 이후에야 민수 비료 비율이 25%를 차지하였다. 1960년에는 민수 비료 비율이 51%가 되었다. 이 시기는 금융조합, 농업은행, 민간에서 비료를 공급하였다. 민수 비료는 자유 판매로 인한 매점매석, 관수 비료보다 월등한 가격, 비료 수요기 가격 폭등, 시장성 있는 질소비료로의 편중 등 여러 부작용을 야기하였다.[34]

33) 한국농촌경제연구원 편, 『한국농정 50년사』I, 농림부, 1999, 430쪽.
34) 강정일 외, 「비료수급에 관한 연구」, 한국농촌경제연구원, 1983, 58~59쪽; 이병준, 앞의 논문, 247~248쪽.

* 관·민수별 비료 공급실적   (단위: 성분 m/t)

연도	관수	민수	총량	관민수 비율
1951	64,497	5,430	69,927	92:8
1952	100,241	33,203	133,444	75:25
1953	111,613	1,196	112,647	99:1
1954	149,119	18,716	167,826	89:11
1955	164,804	18,737	183,541	90:10
1956	165,153	55,443	220,596	75:25
1957	170,806	48,200	219,006	78:22

비료공급 관수일원화는 5.16쿠데타로 새삼스럽게 추진된 정책은 아니었다. 장면 정권기 이미 비료공급 일원화를 위한 초석이 마련되었다. 1961년 3월 15일 농림부가 토질 산성화 방지와 효율적인 시비를 위해 민간 비료수입 금지, 정부예산에 비료공급 관수일원화를 위한 특별회계 설정을 고려 중이라 밝혔다. 같은 해 4월 16일 국회 농림위원회는 도입 비료 관수일원화를 결의하였다.[35]

5.16쿠데타 이후 군사정부는 기존 비료공급 관수일원화보다 적극적인 조치를 취하였다. 장기과제로 비료공장을 건설하는 한편 화학비료수급 일원화와 비료 적기 공급도 추진하였다. 일부 대농을 제외하고 대부분 농가의 농업수입이 가계비도 보장할 수도 없는 상황에서 점차 늘어나는 비료수요와 공급은 실제 절박한 문제이기도 하였지만 당장의 정치적인 성과를 과시할 수 있는 사안이었다.

5.16쿠데타 이후 비료공급 관수일원화는 단계별로 이루어졌다. 당시 비료 수요는 매년 100만 톤이었으며 90% 이상이 수입되었다. 1961년 6월 24일까지 당해 수요량인 99만 4천 톤을 도입하여 농촌에 공급하였다. 비료에 대한 농민부담을 덜기 위해 1,300환 대 1달러 비율로 도입된 비료를 농민에게 500환 대 1달러 가격으로 공급하였고 비료대를 현물로 추수기에 지불할 수 있도록 하였다.[36] 마지막으로 미국과 비료업계의 반대에도 불구하고 1961년 12월 12일 관수로 단일화하여 농협에서 공급

연도	관수	민수	총량	관민수 비율
1958	152,205	91,257	243,462	63:37
1959	133,748	91,296	225,044	59:41
1960	136,827	142,597	279,424	49:51

35) 이병준, 앞의 논문, 248~249쪽.
36) 공보부, 『혁명정부 7개월간의 업적』, 1962, 107쪽.

토록 하였다. 관수 단일화 조치가 취해진 후에는 비료공급 전량에 대하여 보상하였다. 이전 1,300환 대 1달러를 500환 대 1달러 비율로 조정하여 공급한 비료는 전체 수요의 60% 정도였다. 관수가 100%가 되면서 60%의 공급분에 지급한 보상금을 비료공급 전량에 지급하게 된 것이다. 이에 따라 1961년 16억 2,000만 원, 1962년 15억 2,800만 원의 보상금을 지출하였다. 1963년부터는 「농산물가격유지법」으로 비료 가격 부담을 완화시킨다는 방침 하에 예년에 비해 현저히 감소한 3억 9,000만 원의 보조금을 책정하였다.[37]

군사정부는 비료공급 관수일원화를 실현하기 위해 비료 수요량을 충분히 확보하였음을 강조하였다.[38] 비료공급에 대한 농민들의 신뢰를 얻기 위하여 박정희는 농민들과 만난 자리에서 비료 적기적시 공급을 완수하지 못한 관계관 문책 등 강력한 조치를 취하겠다는 입장을 표명하였다.[39] 하지만 역설적으로 이 같은 조치는 농민들이 비료에 대한 군사정부의 정책을 신뢰하지 않았음을 보여주었다.

군사정부의 비료공급 관수일원화의 장점은 정부가 비료를 전량 관리하면서 급격한 가격변동과 지역 편차가 사라질 수 있고 수요가 많았던 질소비료 외에도 여러 비료가 균형 있게 공급할 수 있다는 점이었다. 단점은 특수작물을 경작하는 농민들에게 비료가 융통성 있게 공급되지 못한 부분이었다. 정부는 농민 개인 수요가 아니라 각 지역 토지규모, 작물 현황을 토대로 판매하였기 때문에 공급 시 유연함을 발휘하기 어려웠다. 또한, 정부 독점 통제로 수입, 수송, 판매에 차질이 생길 경우 농민이 큰 피해를 입을 수 있었다. 실제 사업 실시 이듬해인 1962년부터

---

37) 한국군사혁명사편찬위원회, 『한국군사혁명사』上, 1963, 1,069쪽.
38) ≪경향신문≫, 1962. 4. 24, 「비료걱정 필요 없다」.
39) ≪동아일보≫, 1962. 4. 29, 「적기에 비료공급 못하면 관계관을 문책」.

일부 지역 비료공급에 차질이 생긴 것을 비롯하여 유통, 수송, 수입 등 모든 면에서 해마다 문제가 발생하였다.[40] 제도 실시 이후 채 1년이 지나지 않아 전국농업기술자대회에서 비료공급 관수일원화 철회를 건의할 정도였다.[41]

비료공급 관수일원화는 안정적인 공급이 전제될 때 가능한 정책이었다. 근본적인 해결책은 자체 비료생산이었다. 군사정부는 이전에 무산된 나주 호남비료공장 공사를 1961년 6월 주식을 인수하여 재개하였다. 1962년 12월 20일 준공되었고 1964년 4월 1일부터 가동되었다. 이후 3·4·5 공장 건설이 계획되어 1967년까지 차질 없이 실행되었다. 비료 생산력도 1961년 8,500m/t에서 1967년 1,132,000m/t으로 증가하였다. 하지만 화학비료 자급률은 여전히 25.3%에 그쳤다.[42]

비료공급 관수일원화에 대한 농민들의 평가는 엇갈렸다. 5.16쿠데타 직후 1년간 군사정부가 가장 잘못한 정책으로 비료정책을 꼽는 경우도 있었지만, 비료를 가장 쉽게 구할 수 있는 시기를 쿠데타 이후로 말하기도 하였다. 비료를 농협에서 구매하는 것이 좋다는 비율이 높았으나 자유판매를 요구하는 여론도 상당하였다. 비료공급 관수일원화에 대한 지지가 높았지만 일시적으로 비료수급에 문제가 생길 경우, 관수·민수 병행요구가 강해졌다. 민정 이양 후에도 비료 적기공급과 저가공급에 대한 농민들의 요구는 민생고, 물가대책보다 높았다.[43]

비료가 저가에 공급되지 못한 점도 문제였다. 군사정부는 1960~66년 사이 비료 가격 지수와 곡물 가격 지수를 비교할 때 전자가 현저히 낮았

---

40) 이병준, 앞의 논문, 249~253쪽.
41) ≪동아일보≫, 1962. 11. 17, 「농협민주화강조」.
42) 한국농촌경제연구원 편, 『한국농정 50년사』 I, 농림부, 1999, 430쪽.
43) 이병준, 앞의 논문, 255~256쪽.

기 때문에 비료에 대한 부담이 낮아졌다고 주장하였다. 실제 이러한 주장은 사실에 부합하였다. 그러나 군사정부가 기준으로 삼은 1960년은 비료 가격과 곡물 가격이 안정적이지 못한 해였다. 같은 기준으로 비료 가격 지수가 안정되었던 1955년을 기준으로 보면 곡물 가격 지수보다 비료 가격 지수의 상승 폭이 컸다. 1955년에서 1960년 사이 곡물 가격이 50% 상승한 데에 비해 비료 가격은 360% 폭등하였다.[44] 군사정부의 조치는 이미 폭등한 비료값을 정부가 공식적으로 추인한 데에 지나지 않았다. 가격 면에서 농민에게 비료공급 관수일원화로 인한 혜택은 없었다. 실제 농협은 농민에게 공급한 비료의 대금을 회수하지 못하는 경우가 많아 미수금 규모도 상당하였다.[45] 정부가 비료 적기공급을 못한 사례도 있었다.[46]

1963년 군사정부는 현금 또는 현물로 갚을 수 있었던 외상 비료대를 정부양곡 수납과 결부시켜 현물로만 수납하였다. 비료공급 시부터 외상 비율이 정해진 상황에서 현물 수납은 정부 부담을 농민에 전가하는 일이었다. 당초 외상 56%, 현금 44%의 비율로 공급되었으나 농촌자금 사정을 완화하기 위하여 일부 비료(수도 본답용 질소비료)는 70%, 인산, 가리질 비료는 전량 외상으로 공급하였다.[47] 외상공급 비율이 높아진 점은 농민의 부담을 경감한 조치였다. 하지만 외상 비료대를 현물로만 갚을 수 있다면 미곡에 대한 정부 수매가가 시중가보다 항상 낮았던 상황에서 농민이 고가의 비료대를 지불하는 결과가 될 수밖에 없었다. 또한, 비료외상 구입시 상환금액을 확정할 수도 없었다.

44) 이병준, 앞의 논문, 277~279쪽.
45) ≪경향신문≫, 1962. 12. 10, 「겨우 8천만 원 회수」.
46) ≪동아일보≫, 1963. 3. 7, 「추비량 모자라 실기 우려」.
47) ≪경향신문≫, 1963. 7. 10, 「비료정책에 이상」.

농업·농민에 대한 정부 인식, 자유시장 제도에 어긋나는 질서 등 근본적인 문제는 논외로 하여도 정부가 비료를 독점 공급하기 위한 행정적인 완비가 되었는지도 논란의 대상이었다. 박정희 정권은 비료공급 관수일원화를 실시하며 작물별 할당판매제도를 도입하였다. 리동조합·작물·농가별로 비료를 할당하여 판매하는 방법이었다. 비료 구입 시 리동 단위로 판매하여 외상 시에는 리동조합장을 공동대표 차주(借主)로 삼았다. 비료대금 유용사고가 빈번할 수밖에 없는 구조였다. 이는 농민의 피해와 외상판매대금 회수 부진으로 귀결되었다.[48]

군사정부·박정희 정권은 농민들에게 저가에 비료를 공급할 능력이 없었다. 1차 경제개발 5개년 계획의 수정, 통화개혁 실패, 인플레이션, 재정안정화 정책으로 비료 가격 보조예산은 지속적으로 감소하였고 1964년 9월 15일부터는 무보조가 관철되었다.[49] 비료 외상공급 시 회수실적이 부족하면 정부가 직접 나서 회수를 독려하였다.[50] 비료공급 관수일원화의 이유를 박정희 정권이 스스로 부정하였다.

1961년 이후 비료의 외상판매 비율은 50% 정도였으며 양곡상환이 급증하였다. 1964년 외상판매액 가운데 양비상환 비중은 23.4%에 불과하였으나 1965년 70.1%로 증가하였다.[51] 당시 농가 농업경영비에서 비료비가 차지하는 비율을 보면 비료공급 관수일원화가 농민에게 별다른 도움이 되지 못했음을 알 수 있다. 1961년 농업경영비 가운데 비료비 비율은 32.1%였다. 이후 일시적으로 낙폭이 큰 해도 있었으나 1966년까

---

48) 작물별 할당 판매제도는 1970년 10월 판매기준조자유판매제(販賣基準組自由販賣制)로 변경되었다. 강정일 외, 앞의 논문, 59~60쪽.
49) 이병준, 앞의 논문, 288쪽.
50) ≪경향신문≫, 1963. 12. 4, 「전액회수지시 비료미수대」.
51) 한국농촌경제연구원 편, 『한국농정 50년사』I, 농림부, 1999, 433~434쪽.

지 전반적으로 30% 정도 비율을 유지하였다. 외상을 현물로 갚아야 하는 경우가 있다면 부담은 실제 수치보다 가중되었을 것이다. 현금으로 비료비를 지출하는 경우도 부담되기는 마찬가지였다. 1960년대 논벼(水稻) 생산비 가운데 비료비는 5~8%로 경영비 중 13~20% 사이였다. 특히 농민의 현금 지출 가운데 비료비가 차지하는 비율은 20~30% 사이에 이르렀다. 대맥은 이 비율이 훨씬 높아 논벼의 같은 항목과 비교 시 두 배 정도였다.[52] 농민들이 비료대에 대한 부담에서 벗어났다고 보기는 어려웠다.

하지만 농민의 부담과 별개로 전반적으로 비료수급 사정은 좋아졌다. 1950년대 이후 원조에 의해 비료 도입량이 증가하였고 1960년대 초반에는 300천m/t의 비료가 수입되었다. 1961~66년 사이 비료자급 비율은 10~20% 사이에 불과하였으나 1967년부터 국내생산(영남화학(3비), 진해화학(4비), 한국비료(5비))이 가속화되어 일부 수출도 가능하였고 자급률은 1967년 38.2%에서 1968년 102%로 비약적인 상승을 하였다.[53] 이에 따라 비료수입 실적도 점차 감소하였다.[54] 1964년 9월 일본과 체결한 3개년 장기 비료구매 계약도 한국에 유리하게 체결되어 1967년에 일본에서 구매한 질소질 비료는 이전보다 30% 정도 저렴하게 도입되었다.[55] 1967년 이후에는 농업경영비 가운데 비료비의 비중은 하락세가 완연하였다. 비료비 문제는 수급정책이 아니라 생산증대에 의해 해결되었다.

---

52) 이병준, 앞의 논문, 282~284쪽.
53) 강정일 외, 앞의 논문, 40~45쪽; 김동희, 「비료수급정책의 현황과 대책」, ≪한국토양비료학회지≫15, 1982, 20쪽; 한국농촌경제연구원 편, 『한국농정 50년사』I, 농림부, 1999, 448~449쪽.
54) 농업협동조합중앙회, 『농업연감 1970』, 14~15쪽.
55) 농촌진흥청, 『농정변천사(하), 한국농업근현대사 제3권』, 2008, 213쪽.

<표 32> 1967~1971년 농가경영비에서 비료비 비중과 비료비 변화　(단위: 원, %)

구분	농업경영비(A)	비료비(B)	비료비의 비중(B/A)
1967	34,636	8,631	24.9
1968	40,147	8,997	22.4
1969	47,489	9,861	20.8
1970	54,027	11,299	20.9
1971	64,658	10,468	16.2

자료: 농업협동조합중앙회, 『농업연감』, 각 연도.

　1970년에는 기존 작물별 할당판매 제도가 많은 문제를 일으키자 판매기준조에 의한 자유판매 제도로 변경되었다. 리동조합, 작물, 농가당 할당하여 리동조합장이 공동대표 차주가 되었던 방식에서 시군농협에서 개별 농가에 직접 자유 판매하도록 한 것이다. 질소비료에 대한 농민들의 선호가 감소하였고 국산비료 생산을 통한 자급이 달성되었기에 가능한 조치였다. 이 방식은 빈농이 채무보장으로 비료 외상구매가 어렵고 농협 업무가 폭주한다는 단점이 있었으나 비료공급 제도와 농민의식이 진전된 결과임을 부정할 수는 없다. 한편 공급으로 해결한 문제는 또 다른 문제를 야기하였다. 1967년까지는 환율과 국제비료 가격변동으로 인하여 비료 가격이 크게 인상되었다. 공급이 안정된 후에는 농협이 정부에서 책정한 비료회사별 가격에 따라 비료를 구입하여 농가에 판매하였고 이를 위한 별도계정을 설치하였다. 인수금액과 판매비용을 합한 판매 원가는 언제나 판매금액을 초과하였다. 비료 문제해결은 정부의 재정 부담을 수반하였다.[56] 정부가 재정을 부담할 수단은 있었다. 3·4공장의 정부합작 투자에 대한 이익배당금이 비료 가격 인하자금으로 활용되었다. 질소질 비료는 가격인하 요인이 생긴 반면 인산질·가리질 비료는

---

56) 한국농촌경제연구원 편, 『한국농정 50년사』I, 농림부, 1999, 441~450쪽.

수입 원료에 의존하여 부대비용으로 가격인상 요인이 있었다. 그러나 형평성 문제로 1967년 1월 1일부터 질소질 비료는 15%, 인산·가리질 및 복합비료는 10%씩 일괄적으로 인하하였다.[57]

　비료공급 관수일원화는 기형적인 비료공급 체계를 바로잡고 비료값 폭등을 막는 제도였다. 농업경영비에서 차지하는 비료비의 비율로 볼 때 1961년에는 이미 이 문제를 간과할 수 있는 상황이 아니었다. 박정희 정권의 비료공급 관수일원화는 방치가 불가능한 고질적인 문제에 대한 수습의 성격이 더 강하였다. 이를 통해 비료에 대한 정부의 장악력은 높아졌다. 초기에는 농민들에게 도움이 된 부분도 있었으나 폐해도 컸다. 정책에 대한 불신, 달라지지 않은 비료대 부담 등은 비료공급 관수일원화에서 파생된 문제를 농민이 감당하였음을 보여준다. 결과적으로 비료공급 정책은 성공하였다. 비료는 자급을 넘어 수출에 이르렀다. 하지만 비료공급이 안정화된 이유는 비료공급 관수일원화가 아니라 비료공장 건설 때문이었다.

　당시 농촌에서 비료공급은 불가피하게 미루어지거나 일시적으로 문제가 생겨도 되는 일이 아니었다. 박정희 정권은 비료의 공급을 원조나 수입에만 의존할 수 없었기 때문에 기존에 지지부진했던 비료공장 건설을 적극적으로 추진하였을 것이다. 이러한 면에서 비료공급 관수일원화는 공급과 생산계획이 맞아떨어진 드문 사례였다. 농촌 고리채 정리 초기에 발생한 문제가 장기화한 것과 대조적이다. 하지만 이는 공급의 면에서 본 입장이다. 농민 입장에서는 공급문제가 해결되기까지 수년간 농사에 차질이 빚어질 수밖에 없었다.

---

57) 농촌진흥청, 『농정변천사(하), 한국농업근현대사 제3권』, 2008, 213쪽.

2. 토지개량사업의 실시

1) 토지개량사업의 재편

협소한 경작규모라는 한국농업의 태생적인 문제에 대한 가장 직접적인 개선조치는 토지개량이었다. 1960년대 남한지역 토지 가운데 농경에 이용되는 전답은 23%에 불과하였다. 농경지는 주로 해안과 가까운 평야, 하천 계곡, 산간분지 등이고 비옥도는 대체로 낮은 편이었다. 이러한 상황에서 토지개량사업의 중요성은 아무리 강조해도 지나치지 않았다. 해방 이후, 미군정기 수리조합과[58] 농지개발영단이[59] 활동하였으나 일제 강점기 마무리하지 못한 농지를 개량하는 데에 그쳤다.[60] 정부수립 이후 농업증산 3개년 계획과 더불어 ECA원조로 수리사업이 실시되었다. 당시 수리사업은 수리조합에 의한 수리시설 설치와 간척, 귀속농지 개보수 등을 중심으로 진행되었다. 한국전쟁 중에도 파괴된 수리시설 복구를 중심으로 토지개량사업이 실시되었다.[61]

1950년대까지 토지개량사업은 원조에 의해 유지되었다. 1953년부터 UNKRA원조에 의한 대충자금과 기자재가 도입되었고 장기채도 발행하였다. 농업용수개발사업이 주종을 이루었으며 수리조합이 주도하였다. 또한, 귀속농지에서 발생한 수입을 재원으로 확보하였다.[62] 1945~60년

---

58) 수리조합: 관개시설, 개간 등 토지개량사업을 목적으로 한 근대적 수리시설 1906년 수리조합조례의 제정에서 시작되었으나 농촌사회에 큰 영향을 미치기 시작한 시기는 산미증식계획기간. 수리조합은 산미증식계획의 흐름 속에 1920~30년대 크게 확충.

59) 농지개발영단: 1943년 토지개량사업을 담당할 정부대행기관으로 설립. 1950년 대통령의 명령에 따라 해산. 담당업무는 수리조합연합회에 인계.

60) 농림부, 『농림수산행정개관(1945~1965)』, 1966, 81~82쪽.

61) 농어촌진흥공사, 『농어촌진흥공사25년사』, 1995, 34~35쪽.

62) 「농지개혁사업특별회계법」, 법률 제241호, 1952. 4. 12.

사이 정부수립과 한국전쟁 등의 혼란기를 제외하면 토지개량사업은 성공적이었다. 수리조합 수와 몽리면적 모두 비약적으로 증가하였다. 하지만 수리조합의 규모가 문제로 지적되었다. 규모가 작은 조합은 수입에 비하여 부담이 과중할 수밖에 없었다. 수리조합 가운데 74%는 몽리면적이 300정보에 불과한 영세조합이었고 심지어 16정보인 조합도 있었다. 만 정보에 달하는 조합이 있었다는 점을 감안하면 영세한 수리조합이 토지개량사업의 장애가 되었음을 알 수 있다.[63)]

장면 정권은 수리조합 합병을 시도하였으나 선거에 영향을 미친다는 이유로 중지하였다. 군사정부는 기존 정치세력과 관련 이해단체의 개입을 무시할 수 있었기 때문에 수리조합 합병을 추진하였다. 695개에 이르던 수리조합은 1군 1조합 원칙하에 198개로 정리되었다. 조합당 평균면적은 491ha에서 1,723ha로 증가하였다.[64)]

최고회의는 1961년 8월 「수리조합 합병에 관한 특별조치법」[65)], 같은 해 12월 「토지개량사업법」을[66)] 제정하여 토지개량에 대한 법적인 근거를 마련하였다. 특징은 종전 「수리조합령」, 「토지개량령」에 비해 사업범위가 확장되었다는 점이었다. 구획정리, 기존 시설 재해 복구가 추가되었으며 사업 참가자격 범위도 확대되었다. 수리조합과 토지소유자 외 정부, 지방행정기관, 토지개량조합 연합회도 사업주체가 될 수 있었다. 또한 사업시행 절차와 기준 등을 규정하였다. 수리조합과 수리조합 연합회는 「토지개량사업법」 제정 이후 토지개량조합과 토지개량조합 연합회로 개

---

63) 농림부, 『농림수산행정개관(1945~1965)』, 1966, 81~83쪽.
64) 공보부, 『혁명정부 7개월간의 업적』, 1962, 103~114쪽; 한국농촌경제연구원 편, 『한국농정 50년사』Ⅰ, 농림부, 1999, 135쪽.
65) 「수리조합 합병에 관한 특별조치법」, 법률 제701호, 1961. 8. 25.
66) 「토지개량사업법」, 법률 제948호, 1961. 12. 31.

칭되었다. 1962년 3월 시행령, 6월 시행규칙이 제정된 후부터 관개배수 시설, 농업용 도로, 기타 농지의 보전이나 이용에 필요한 시설의 신설, 관리, 폐합 또는 변경 등을 비롯하여 구획정리, 개답 및 개전, 매립 및 간척, 농지나 시설물에 대한 재해복구, 토지나 용수에 관한 권리의 교환·분합 등이 토지개량사업으로 명시되었다.[67] 토지개량조합 연합회(이하 토련)로 개칭은 단순한 명칭 변경이 아니라 기존 수리조합과 조선농지개발영단이 양분하였던 농지개량사업을 토지개량조합으로 일원화한 조치였다.

5.16쿠데타 이전 사업에 대한 전면적인 감사도 실시되었다. 대상기간은 1952년 1월부터 1962년 8월까지였다. 한국전쟁을 감안하면 해방 이후 모든 수리사업·토지개량사업에 대한 방대한 조사였다. 감사결과에 따르면 기존 수리사업의 문제는 심각한 수준이었다. 기존 공사에 대해 예산이 지원되지 않자 지속적으로 공사를 확장하여 신규공사에 대한 예산을 지원받는 방법으로 공사를 유지하였다. 공사기간 공백도 자주 도래하였고 자금은 적기에 방출되지 못하였다. 인플레이션으로 인한 공사비 증가도 문제였다. 필요 없는 장기공사로 막대한 예산이 낭비되었다.[68]

〈표 33〉 1952~1962년 수리사업 총 손실내역 및 조합손실액 주요 원인별 내역

(단위: 100만 원)

구분	요회수	회수불능	계
토지개량조합연합회	82.1	325.6	407.7
토지개량조합	424.4	2,089.7	2,514.1
소규모	3.1	9.2	12.3
계	509.6	2,424.5	2,934.1

67) 한국농촌경제연구원 편, 『한국농정 50년사』 I, 농림부, 1999, 132~137쪽.
68) 토지개량조합연합회, 『토지개량사업이십년사』, 1967, 148~149쪽.

조합 손실액 주요 원인별 내역			
1. 사업계획면	322.2	1,928.6	2,250.8
지구선정부적시설물 기능손실	1.4	117.7	119.1
사업계획 소홀	–	524.3	524.3
자금방출 및 자재지급 지연	–	1,050.1	1,050.1
석당품셈 인상	172.1	26.8	198.9
공사감독 소홀	42.4	9.7	52.1
기타	106.3	200.0	306.3
2. 운영관리비	102.1	161.2	263.3
계	424.3	2,089.8	2,514.1

자료: 토지개량조합연합회, 『토지개량사업이십년사』, 1967, 149쪽.

대부분 손실은 연합회가 아닌 단위조합에서 발생하였다. 가장 큰 부분은 자금 방출과 자재 지급 지연이었다. 사업계획과 운영관리에서 생긴 손실도 상당하였다. 시설물 손상에 따른 부분도 있었지만, 비중은 크지 않았다. 적절한 계획에 의거하여 적기에 자금이 효율적으로 방출되었다면 대부분 손해를 막을 수 있었다는 의미였다.

군사정부는 즉각 감사결과에 따른 조치를 취하였다. 기존 수리조합 조합원 부담의 원인이 되었던 장기채 상환기간을 15년에서 30년으로 연장하였다. 또한, 토지개량조합연합회에서 부정공사 처리위원회를 설치토록 하여 회수 불가능한 손실액과 회수가능액 5억 원을 처리하도록 하였다.[69]

부실사업에 대한 감사·정리와 관련법 정비 이후 1차 경제개발 5개년 계획의 일환으로 토지개량 5개년 계획도 수립되었다. 계획기간 중 개간 108,800 정보, 대소 지구 수리관개사업 43,933 정보, 소류지 58,044 정

---

69) 토지개량조합연합회, 『토지개량사업이십년사』, 1967, 150쪽.

보 외 기존 시설물 개보수사업, 목포 영산강과 섬진 동진강 종합개발에
의한 간척사업 등 총 229,937 정보 준공, 투융자 총액은 963억 9,400만
환, 외화 8,805천 달러로서 목표 연도 계획 증수량 185만 여석(정곡)을
목표로 하였다. 기존 농지를 대상으로 한 수리사업과 소류지 사업은 사
업 초기에 주로 실시할 예정이었다. 1963년까지 개간사업의 비중은 낮
았고 간척사업은 없었다. 이듬해부터 수리사업과 소류지 사업의 비중은
점차 감소하였다. 특히 수리사업은 1965년부터 계획이 부재하였다. 수리
사업을 통한 기존 농지의 생산력 향상을 기대하기는 어려운 상황이었던
것으로 보인다. 그에 비해 개간사업은 증가세였다. 첫 해에는 16,700정보
였지만 1963년부터는 한 해를 제외하고 20,000정보 수준을 유지하였
다. 1962년 2월 「개간촉진법」까지 제정되어 개간을 독려하였다. 자금지
원과 면세 조항까지 두었고 개간을 방해할 경우에는 강력하게 처벌하였
다. 1964년부터는 간척사업 계획면적이 약 20,000정보 수준이었다.[70]
이는 당시 경지면적 추이에도 반영되어 1967년까지 경지면적은 지속적
으로 확대되었다.[71] 이 기간 토지개량사업의 근본적인 문제로 지적된 점
은 사업 종목과 대상 지구에 비해 턱없이 부족한 재정이었다. 따라서 지
구 선정의 공정성 확보가 가장 큰 과제였다.[72]

농산물 증산의 요인은 다양하기 때문에 토지개량사업의 생산효과를
정확하게 계량하기는 어렵다. 그러나 정부평가에 따르면 사업 이후 기상
이변에 따른 흉작 방지, 벼농사의 안정성이 확보되었고 소요사업비 160억
원 가운데 71억 원이 인건비로 지출되어 막대한 고용효과가 창출되었다.

70) 토지개량조합연합회, 『토지개량사업이십년사』, 1967, 146~147쪽.
71) 농업협동조합중앙회, 『농업연감』, 각 연도; 농림부, 『농림통계연보』, 각 연도.
72) 경제기획원 기획조정실, 『제1차 경제개발 5개년 계획(1962~1966) 평가보고
서(평가교수단)』上, 1967, 184쪽.

특히 개간사업, 개간에서 비롯한 신경지 경작으로 많은 일자리를 만들 수 있었다.[73]

한편 과거 수리조합 사업 가운데 부채로 남은 장기채가 정리되었다. 군사정부의 평가에 의하면 기존 수리조합의 문제는 운영과 관리, 자금의 부적기 투입에서 비롯된 문제였기 때문에 토지개량사업으로 인한 농민 부담을 재정투입이 아닌 행정조치로 완화할 수 있었다. 1963년 3월 「토지개량사업 장기채정리특별조치법」이[74] 제정되었다. 적용대상은 1946년 1월 이후 1961년 12월 31일까지 토지개량사업에 대한 융자였다. 실제 대상기간은 해방 이후부터 5.16쿠데타 이전까지였다. 탕감 대상 융자는 공사 시행 인가 면적 가운데 공사 시행으로 인한 몽리의 혜택을 받지 못한 지역에 관하여 부담하는 장기부채, 융자된 장기채 액수가 당해 사업으로 인하여 30년간 이익 상당액을 초과하는 경우, 조합운영에 있어 다음 사유(저수지 둑 내 지질 관계로 저수가 불능한 때, 몽리지가 사질토로서 권익의 실효를 얻지 못할 때, 양수기의 입지적 조건이 불량하여 양수가 불능하거나 또는 유지비가 과다히 소요할 때)에 의하여 유지관리비 확보가 곤란하고 영속적으로 결함이 생길 것이 인정되어 조합을 해산하거나 구역을 제외한 경우 그 조합, 구역에 관하여 부담할 장기채 등이었다. 정리대상 기간의 상환기간은 5년 거치 15년 상환에서 공사 준공 익년을 기준으로 30년으로 연장하였다. 이자도 3.5%로 명시하여 농민의 부담을 경감하였다.[75] 1963년 단행된 장기채 정리액은 19억 7,400만 원에 달하였다.[76]

---

73) 경제기획원 기획조정실, 『제1차 경제개발 5개년 계획(1962~1966) 평가보고서(평가교수단)』上, 1967, 192~193쪽.

74) 「토지개량사업장기채정리특별조치법」, 법률 제1,291호, 1963. 3. 5.

75) 토지개량조합연합회, 『토지개량사업이십년사』, 1967, 152~153쪽.

76) 농촌진흥청, 『농정변천사(하) 한국농업근현대사 제3권』, 2008, 179쪽.

군사정부의 토지개량사업은 적극적인 개간·간척과 부실채권 처리로 요약할 수 있다. 실제 효과도 있었다. 경지면적은 확장되었고 장기채들은 정부예산으로 정리되었다. 대량의 예산지원이 아닌 사업과 예산의 합리적인 구조조정에 따른 효과였다.

5.16쿠데타 이후인 1962년부터 경지면적 확장은 가속화되었지만 1962년은 전년도에 비해 투융자 규모가 오히려 반으로 격감한 상황이었다.[77] 전망 없는 공사 중지에 따른 사업비 감소, 수리조합 정비로 작은 투자에도 불구하고 가시적인 성과를 낸 것이다. 당시 농업 정책 가운데 드물게 성공한 경우였다.

하지만 농민들의 토지개량조합에 대한 평가는 좋지 않았다. 조합 직원들은 권위적이었고 농민의 의사는 반영되지 않았다. 상향식 선거에 의한 조합장 선출이 아닌 하향식 임명직의 폐해였다. 농협에 비해 직원들의 봉급도 적어 부정의 여지도 있었다.[78] 농민들은 토지개량조합의 필요성은 인정하였지만, 관료적인 운영, 부실한 조직에 대하여 우려하였다. 조합의 원리에 충실하여 조합원이 주체가 되는 조직으로 탈바꿈하거나 정부가 확실히 장악하여 전문성을 높이는 방법이 필요하였다.

2) 토지개량사업의 변화

1965년 개인·지방행정기관·토지개량조합 등이 담당하던 농지개간·간척사업을 전담할 기구로 농지개발공사 설립이 추진되었다. 농지개발공사는 기존 토지개량조합의 사업을 인수하고 식량증산 7개년 계획에 따른 농지조성사업을 전담할 예정이었다. 농지개발공사 사장은 농림부 장

---

77) 토지개량조합연합회, 『토지개량사업이십년사』, 1967, 151쪽.
78) 《경향신문》, 1965. 3. 15, 「수확왕·모범조합장 연석좌담, 흙에서 솟아나는 거센 목소리」.

관의 제청으로 국무총리가 임명토록 하였다.[79] 농지개발공사 설립은 이후 공사 간 상호마찰, 농민의 이해관계 등을 이유로 보류되었지만, 토지개량사업의 국가주도 경향은 명확하였다.[80]

1965년 식량증산 7개년 계획 수립과 더불어 경지정리 작업이 시작되었다. 박정희가 직접 연두교서에서 발표한 정부 역점사업이었다.[81] 또한, 농업용수개발사업도 수립되었다. 1965년 7월 발표된 「전천후 농업용수원 개발계획」(이하 농업용수원 개발계획)은 7년간 총 논 면적 85%까지 수리안전답으로 만드는 게 목표였다. 지하수, 양수장, 보, 저수지 순으로 개발하며 개발 순서의 기준은 단시일 내에 손쉽게 개발할 수 있는 부문부터였다.[82]

「농업용수원 개발계획」은 당시로서는 절박한 현안에 대한 대안이었다. 1964년 현재 총 논 면적 가운데 44.2%에 해당하는 546,853정보가 천수답 또는 수리불안전답이었다. 이 문제를 해결하지 않으면 농업 생산력 향상은 요원한 일이었다. 「농업용수원 개발계획」의 수순은 다음과 같았다. 우선 1965~68년까지 전국적인 농업용수원 개발대상지의 수원별 기본조사와 지하수개발 대상지의 시추조사 및 착정, 양수시험 완료를 목표로 하였다. 이후 양수시설, 지하수 시설(14만 정보)은 1966~69년 사이 완비해야 했다. 저수지 시설은 현재 공사 중인 지구를 1967년까지 완공하며(27천 정보) 이후 수요 시설은 1968년부터 1973년까지 완비(22만 정보)가 목표였다. 시설 불능지 189만 정보는 별도 대책을 강구하며 전

79) 《동아일보》, 1965. 3. 4, 「농지개발공사 설립」.
80) 《경향신문》, 1965. 5. 21, 「농지개발공사 법안 국회제출 당분보류」.
81) 《경향신문》, 1965. 1. 16, 「박대통령 연두교서 발표 임기 내 식량자급달성」; 《동아일보》, 1965. 2. 16, 「농지정리사업의 전국화」.
82) 농어촌진흥공사, 『농어촌진흥공사 25년사』, 1995, 37쪽.

천후농업대책위원회를 설치하고 전문 분야별 분과위원회를 구성하여 사업계획 수립 연구, 지도 등의 심의를 담당하게 하였다.[83] 전천후 농업대책위원회는 1965년 9월 29일 1차 위원회에서 농림부 차관(위원장), 경제기획원 차관, 상공부 차관, 건설부 차관, 보건사회부 차관, 농촌진흥청장, 농협 중앙회장, 토련 중앙회장과 교수·전문가로 포함한 16명의 위원을 위촉하였다.[84]

「농업용수원 개발계획」은 첫해부터 적극적으로 실행되었다. 한강조합의 계양지구 등 5대 양수장(수혜면적 2,276ha) 공사가 착공하여 1966년에 완공되었고 첫해부터 지하수 조사가 착수되었다. 특히 1965년 타결된 한일회담으로 관련 자금 확보가 용이해졌다. 사업대상은 저수지보다 양수장과 지하수 개발로 옮겨졌다. 1967~68년 사이 영호남 일대의 가뭄으로 인하여 1968년 항구적인 가뭄대책을 위한 「농업용수 개발계획」이 수립되어 「농업용수원 개발계획」을 대체하였다.[85] 1968년 11월, 가뭄대책 수립으로 대통령 훈령이 하달되면서 농업용수개발계획안이 준비되었다. 「농업용수 개발계획」의 중심은 지하수 개발이었다. 극심한 한발에는 저수지조차 고갈되었기 때문에 지하수 개발에 초점을 맞춘 것이다.[86] 1973년까지 6개년 계획으로 수립되었으며 영호남과 여타 지역으로 구분하여 개발 우선순위를 설정하였다. 1단계는 1969년 6월까지 영호남 지역의 83,607ha, 2단계는 1970년까지 영호남의 나머지 지역 186,126ha, 3단계는 1973년까지 165,492ha로 개발 완료가 목표였다.[87]

---

83) 농림부, 「전천후 농업용수원 개발계획」, 1965.
84) ≪경향신문≫, 1965. 9. 29. 「전천후농업대책위 운영세칙의결」.
85) 농지개량조합연합회, 『농지개량조합연합회 발전사』, 1999, 138~139쪽.
86) 대한민국, 「농업용수개발계획 총괄」, 1968.
87) 농지개량조합연합회, 『농지개량조합연합회 발전사』, 1999, 139쪽.

1968년 8월 17일 농림부 장관 산하에 지하수개발위원회가 설립되었다.[88] 지하수개발단 설치는 점차 가시화되어 1968년 내에 지하수개발공사로 개편하는 방침이 수립되었다.[89] 지하수개발공사는 1969년 2월에 예비역 장군 장춘권(張春權)을 사장으로 출범하였다. 대통령이 임명권을 장악하였고 농림부 장관이 감독하였기 때문에 정부로부터 독립적인 구조로 보기는 어려웠다.[90]

당시 토지개량사업 가운데 예산상 가장 큰 비중을 차지한 부문은 농업용수개발과 경지정리였다. 농업용수개발 사업은 저수지 위주의 농지개량조합 사업보다 지하수개발 사업에 초점이 맞추어졌다. 저수지 사업은 공사기간 장기화와 사업비 투자 과다로 단기간 증산효과를 기대하기 어려웠다. 그러나 지하수 사업은 실상보다 전망이 부풀려졌으며 이후 실패로 평가되었다. 1964년 경상북도에서 처음 시작된 경지정리 사업은 용배수로, 농로 건설로 인한 농토감소와 환지(煥地)에 대한 우려에서 비롯한 농민들의 저항을 유발하였다.[91] 실제 경지정리 사업은 지력감퇴, 지가보상, 소요재원 미확보 등의 문제를 야기하였다.[92] 1969년이 되면 경지정리 사업 대단위화가 추진되었다.[93]

지하수개발공사 발족, 정부주도 경지정리사업 대단위화는 실질적으로 토련의 역할을 제한하는 조치였다. 지표수개발 사업은 토련이 담당하고, 지하수개발 사업을 지하수개발공사가 담당하여 농업용수개발사업은 이

88) 《매일경제》, 1968. 8. 17, 「법제처에 심의 회부 지하수개발위 설치」.
89) 《경향신문》, 1968. 10. 5, 「자본 10억 연내 발족」.
90) 「지하수개발공사법」 법률 제2,080호, 1969. 1. 17.
91) 농지개량조합연합회, 『농지개량조합연합회 발전사』, 1999, 142쪽.
92) 《동아일보》, 1967. 3. 18, 「경지정리사업 난관」; 《매일경제》, 1967. 2. 14, 「결점투성이 경지정리사업」.
93) 《동아일보》, 1969. 6. 11, 「박대통령 지시 경지정리사업 대단위로 추진」.

원화되었다.[94] 조합과 공사로 분리된 사업의 문제는 당시부터 지적되었다.[95] 정부는 지하수개발공사 발족 직후부터 양 조직의 통합을 천명하였다.[96]

1969년 10월 토련과 지하수개발공사의 통합을 명시한 「농촌근대화촉진법」이 성안되었다.[97] 토지개량사업 관련 조직은 완전히 재편되었다. 토련과 지하수개발공사는 통합되어 농업진흥공사로 발족하였다. 토지개량조합은 농지개량조합으로 개편되었다.[98] 명목은 1969년 5월 체결된 차관 협정에 의한 대단위 농업종합개발사업, 농가주택 개량, 농업기계화사업 등의 추진을 위한 법적 조치였다.

토련의 업무가 농지개량, 농업기반 조성에 초점이 맞추어졌다면 농업진흥공사는 농업 생산력 증대 정책을 포함하여 농지개량, 농업기계화, 농가주택 건설, 농기구 제작 및 교육, 시범농촌 조성 등 광범위한 부문을 업무영역으로 하였다. 농지개량조합은 기존 토지개량조합의 일상적인 업무인 농지개량 시설의 유지관리, 구획정리, 농지개량, 재해복구 등을 담당하였다. 이는 기존 토련이 수행한 대규모 사업 및 기획능력을 농업진흥공사로 분리하여 기능을 확장시키고 정부가 농지개량조합을 통제하려 한 시도였다. 약화된 농지개량조합에 대한 농업진흥공사의 '지원'은 농촌 근대화라는 명목 아래, 농업 생산력 증대를 위해 민에 대한 관의 영향력을 강화한 조치였다.

군사정부·박정희 정권의 토지개량사업 방향이 잘못되었다고 볼 수는

---

94) 농어촌진흥공사, 『농어촌진흥공사 25년사』, 1995, 43쪽.

95) ≪동아일보≫, 1969. 6. 6, 「농촌투자에 문제점」.

96) ≪동아일보≫, 1969. 6. 24, 「토조·지하수공사통합」.

97) 「농촌근대화촉진법」, 법률 제2,199호, 1970. 1. 12.

98) 농어촌진흥공사, 『농어촌진흥공사 25년사』, 1995, 45~46쪽.

없었다. 특히 대규모 재정투자 없이 구조조정만으로 성과를 본 점은 높이 평가할만하였다. 정책 실행 과정에서 오판도 있었지만 1960년대 10여 년간 613억 원이 투자되어 농업용수 개발에 59%, 경지정리와 개간에 29%가 투입되었다. 이로 인하여 51만 2,000㏊의 논에 대한 용수보장, 16만㏊의 개간·간척에 의한 농지조성, 9만 6,000㏊의 경지정리, 기존 수리시설과 방조제에 대한 개보수가 이루어졌다.[99] 하지만 형식과 주체가 문제였다. 생산주체인 농민이 대상화되었다는 점, 토지개량조합이 협동조합으로서 무용하였던 점은 농업 생산력 향상에만 초점을 맞춘 군사정부의 농업 정책이 가지는 한계를 보여주었다.

농업진흥공사는 설립 직후부터 정부의 지나친 간섭이 문제가 되었다.[100] 내적으로는 통합대상이 된 여러 조직과 화학적인 결합을 이루지 못하여 인사진통을 겪었다. 특히 전문성 없이 정계, 군에서 파견된 인사들이 문제였다. 본사 부장급 19명, 지사장 8명 등 27명 가운데 기술직 12명을 제외하면 토지개량조합계 2명, 지하수계 2명, 나머지 11명은 공화당 사무당원이나 군 출신이었다.[101] 초대 총재가 혼란과 권위적인 경영 스타일로 1년 만에 물러나는 문제도 있었다.[102] 협동조합으로서 성격이 내용과 형식 모든 부문에서 청산된 것이다. 약화된 농지개량조합은 농지개량조합 연합회를 재건하였지만 이후 농업진흥공사의 후신인 농어촌진흥공사에 흡수되었다.

농업진흥공사의 활동은 주로 원조와 차관을 관리, 정부기관과의 협의를 통한 부문별 농촌 근대화 계획 추진 등에서 드러났다. 고유한 업무영

---

99) 한국농촌경제연구원 편, 『한국농정 50년사』Ⅰ, 농림부, 1999, 151~152쪽.
100) 농어촌진흥공사, 『농어촌진흥공사 25년사』, 1995, 758쪽.
101) ≪동아일보≫, 1970. 3. 4, 「농진공 인사진통」.
102) 한국농촌경제연구원 편, 『농정 반세기 증언』, 농림부, 1999, 326~327쪽.

역이 확립되었기 때문에 조직의 필요성에 대하여 이의를 제기하기는 어렵다. 다만 토련을 인위적으로 대체할 필요가 있었는지에 대하여는 의문을 금할 수 없다. 토지개량 업무에 치중한 토련과 포괄적인 농촌 근대화 업무를 수행한 농업진흥공사는 병존할 필요가 있었다. 이후 일시적으로 농지개량조합 연합회가 설립된 점을 보아도 농업진흥공사가 기존 토련의 역할을 대체하지 못하였음을 확인할 수 있다.

토지개량사업에 대한 정부의 주도권이 강해지면서 오히려 농지개량조합의 역할은 작아졌고 농업진흥공사의 조직적인 문제는 커졌다. 토지개량조합과 토련의 분리는 양측의 문제를 심화시켰다. 상층이 없어진 농지개량조합은 또 다른 조직개편이 필요하였고 정부 영향력이 한층 강화된 농업진흥공사는 전문성 없는 낙하산 인사 등의 문제에 시달렸다.

3. 농산물 가격 정책

1) 농산물가격유지법의 제정

농산물 가격은 계절적 요인 등 자연조건에 의해 결정되는 경향이 강하다. 생산자가 영세소농일 경우 농산물 가격에 영향을 끼치기 어렵다. 이러한 특성으로 인해 농민은 노력과 무관하게 소득과 생산에 지장을 받았으며 이는 종종 경제 전반의 문제가 되었다.

당시 농산물은 독점인 공산품에 비해 완전경쟁 체제였기 때문에 상대적으로 저렴하였다. 생산자인 농민은 시장 공급을 조절할 능력이 없었다. 심지어 풍·흉작도 얼마든지 농산물 가격에 부정적으로 작용할 수 있었다. 농업은 여타 산업분야에 비해 가격경쟁력 면에서 불리한 위치였다. 농산물의 불리함을 타개하기 위하여 「농산물가격유지법」이 제기되었다. 농산물 가격 정책의 구체적인 목적은 농민 손실 방지 및 타 산업부문과 소득 수준 균형 실현, 가격조절을 통한 생산조절, 소비자 보호 등이었다.[103]

정부 입장에서 산업화를 위한 저곡가 정책은 불가피한 면이 있었다. 농민을 위해 생산비를 보장할 수 있는 최소한 곡가를 유지하면 증가하던 도시민과 공업화를 감당하기 어려웠다. 하지만 곡가를 떨어뜨리면 여전히 인구의 다수인 농민의 삶에 심각한 질곡이 생길 수밖에 없었다. 농민의 지지와 산업화 모두가 필요했던 군사정부에게 닥친 모순이었다.

5.16쿠데타 직후, 적극적인 농산물 가격 정책이 등장한 이유는 정치적인 필요 외에도 실제 농산물 가격 문제가 더 이상 방치할 수 없는 상황이었기 때문이었다. 해방 이후, 곡가는 미군정의 자유화 조치로 폭등하다 통제정책을 거쳐 정부수립 후 진정기미를 보였다. 1950년을 경과하면서 다시 폭등하였고 한국전쟁을 거치며 1956년까지 등락을 거듭하였다. 곡가에 의해 물가가 좌우되었기 때문에 곡가 안정이 물가안정의 가장 유효한 수단이자 목표로 인식되었다. 1957년부터 이승만 정권의 재정안정화 정책이 물가에 반영되었다. 1957~59년의 풍년, 외곡도입이 겹쳐 곡가는 생산비 이하로 형성되었다. 1959년에는 도매물가 총 지수가 2.4% 상승한 데에 비해, 곡가는 12.4% 폭락하였다. 곡물 외 상품은 7.5% 상승하였다. 곡가 계절 변동폭은 무려 66.5%에 달했다.[104] 이승만 정권이 이러한 상황에 손 놓고 있지는 않았다. 1958년 곡가 계절 변동에 의한 농민의 손실을 막기 위해 양곡담보 융자가 실시되었다. 계절에 따른 곡물의 과잉방출시 정부가 미곡을 담보로 융자해 주고 이후 곡가

---

103) 농림부, 『농림수산행정개관(1945~1965)』, 1966, 245쪽.
104) 농림부, 『농림수산행정개관(1945~1965)』, 1966, 232~245쪽

가 오르면 미곡을 판매하여 융자금을 갚는 제도였다. 정부 매상도 실시되어 추수 후, 적정 가격 아래로 가격대가 형성되면 정부가 곡물을 매입하여 폭등기에 시장에 판매하였다. 두 제도는 곡가 계절 변동폭 완화에 어느 정도 기여하였다. 미가 계절지수는 1952~57년 사이 11월의 83.1과 7월의 122.1로 진폭이 39에 이르렀으나 1957~63년 사이에는 24.6, 1961~63년에는 21.1로 더욱 완화되었다.[105]

계절에 따른 곡가변동을 완화하여 농민부담을 경감하였음에도 불구하고 애초 생산비에 미치지 못하는 저곡가를 기준으로 실시된 두 정책이 농가경제의 문제를 해결하였다고 보기는 어려웠다. 오히려 당시 정부 매입 미가는 시장미가에 한참 밑돌았기 때문에 저곡가를 통한 물가안정 기조를 강화한 효과가 있었다.[106] 전체 경제지수를 위해 농민이 희생한 격이었다. 농지상환곡, 토지수득세 물납곡의 ℓ당 매상가격은 1957년 이래 곡가생산비 2,334원 80전~2,494원 90전에 미치지 못하는 2,003원 55전이었다. 이는 생산비의 80~86%에 불과했다. 이 여파로 시중가는 1961년(생산비 대비 106%)을 제외하면 88~96%로 항상 생산비에 비해

---

105) 반성환, 「식량자급과 영농의 다각화」, 전국경제인연합회 편, 『한국경제정책사 십년사』, 1986, 647쪽.
106) 농업협동조합중앙회, 『한국농정 이십년사』, 1965, 315쪽.

* 1953~1960년 시장미가와 정부매입 미가

(단위: ℓ, 원)

연도	시장미가	정부매입미가	연도	시장미가	정부매입미가
1953	9,680(8,731)	5,957	1957	34,090(30,749)	19,062.40
1954	78,600(7,090)	9,509	1958	27,840(25,112)	19,062.40
1955	18,890(17,039)	14,060	1959	24,525(22,122)	19,062.40
1956	29,650(26,744)	19,062.40	1960	28,455(25,666)	19,062.40

1. 시장미가는 서울도시물가 석당 200 ℓ.
2. 정부매입 미가는 180.4 ℓ.
3. ( )내 숫자는 180.4 ℓ 가격임.

낮았다.[107] 저조한 정부 매입가가 시장가격 하락에도 영향을 끼친 것이다.

4월 혁명 이후에도 농산물 가격 유지는 신정권의 중요한 과제로 인식되었다.[108] 하지만 장면 정권 초기에는 실효성 있는 대책을 내놓지 못하였다. 생산자와 상인 모두에게 미곡담보융자 실시를 계획하였으나 근본적인 대안은 아니었다. 또한, 미곡담보융자는 통화량 증가의 원인이 될 수 있었다. 이러한 문제를 해결하기 위하여 재정자금이 아닌 금융자금 활용을 계획하였지만, 금융자금 확보는 요원하였다. 농민뿐만 아니라 양곡시장 교란의 주체인 상인까지 지원 대상이었다는 점도 문제였다.[109]

위험부담이 큰 미곡담보융자 정책은 축소되었지만, 미국으로부터 잉여농산물을 필요 이상 도입하였다. 추곡가가 생산비 이하로 형성된 것은 당연한 결과였다.[110] 국회에서 「중요농산물적정가격보장법안」이라는 이름으로 여러 차례 입법을 시도하였으나 농산물 가격 하락·상승 시 정부 보유미를 방출하거나 담보융자 양곡을 매각하자는 소극적인 조치였다. 또한, 법안명에서 보이듯 법 적용대상을 중요 농산물(양곡)에 한정하는 제한적인 안이었다.[111] 1961년 3월이 되어서야 농산물 가격에 대한 법제화가 농림부 내에서 검토되었다.[112]

장면 정권의 농산물 가격 정책은 소극적이었다. 국회에서 농산물 가

107) 한국군사혁명사편찬위원회, 『한국군사혁명사』上, 1963, 1,086~1,087쪽.
108) ≪경향신문≫, 1960. 8. 14, 「신정권에 대한 제의 농지개혁의 재실시(上)」; ≪경향신문≫, 1960. 8. 21, 「다난할 신정부의 경제과제」.
109) ≪경향신문≫, 1960. 9. 4, 「올해 미담융자는 이원제」.
110) ≪경향신문≫, 1960. 9. 28, 「이율배반의 농림정책」; ≪경향신문≫, 1960. 10. 15, 「추곡가, 생산비를 하회」.
111) 「민의원 농림위원회 회의록」, 1960. 10. 20; ≪경향신문≫, 1960. 2. 3, 「중요 농산물가 보장법안 제출」.
112) ≪경향신문≫, 1961. 3. 30, 「농산물가격을 지지 양곡정책의 법제화 추진」.

격 지지대상으로 정책 범위를 한정하여 농림위원회 내 소위원회로 이관하거나 정부재정 자금보다 부담은 덜하지만 조달이 어려운 금융자금으로 양곡시장에 개입하려 한 조치에서 장면 정권의 의도를 확인할 수 있다. 가급적 양곡시장에 개입하지 않으려 한 정부와 강력한 개입 없이는 해결이 요원했던 현실이 부딪칠 때에는 어떠한 문제도 해소될 수 없었다.

정부 증산계획은 번번이 목표치에 미달하였다. 이승만 정권 말기부터 군사정부 초기까지 이어진 2차 농업증산 5개년 계획은 미곡의 경우 생산계획을 달성한 해가 5년 가운데 2년에 불과하였다. 특히 쿠데타 직후인 1962년은 미곡과 맥류 모두 생산실적이 계획량에 크게 밑돌았다.[113]

군사정부는 물가안정화 명목으로 저곡가를 추진한 前정권의 정책을 비판하며 농산물 가격 현실화를 추진하였다. 쿠데타 직후인 1961년 6월 27일 「농산물가격유지법」을[114] 공포하였다. 농민의 정치적인 지지확보가 절실하였고 산업으로서 농업의 가능성을 강화하기 위해서라도 농산물 생산비를 보장할 필요가 있었다. 부수적인 효과로 농촌과 물가에 대한 정부의 영향력 강화를 기대할 수도 있었다.

---

113) 농업협동조합중앙회, 『한국농정 이십년사』, 1965, 143~148쪽.

* 제 2차 농업증산 5개년 계획(1958~1962)과 실적(미맥중심) (단위: 정곡석)

구분	미곡			맥류		
	생산계획(A)	생산실적(B)	대비 B/A%	생산계획(A)	생산실적(B)	대비 B/A%
1958	16,110,370	16,594,785	103.0	6,414,684	6,267,869	97.7
1959	17,117,670	16,602,467	96.9	6,966,105	7,230,688	103.3
1960	18,030,585	15,949,473	88.4	7,186,588	7,211,421	100.3
1961	18,786,582	18,902,870	100.6	7,495,759	7,819,685	104.2
1962	19,550,600	15,938,344	81.5	7,683,409	7,451,903	96.9
평균	−	−	94.0	−	−	100.4

114) 「농산물가격유지법」, 법률 제636호, 1961. 6. 27.

「농산물가격유지법」의 주요 내용과 이승만 정권기 농산물 가격 정책의 공통점과 차이점은 다음과 같았다. 이승만 정권과 군사정부는 모두 정부가 농민에게 농산물을 담보로 융자할 수 있음을 명시하였다. 또한, 융자받은 농민이 농산물 매도를 신청하였을 경우 생산비뿐만 아니라 융자액의 이자까지 고려한 금액으로 매수할 것을 규정하였다. 군사정부의 「농산물가격유지법」은 기본적으로 이승만 정권이 4월 혁명으로 무너지기 직전 내놓은 대책과 유사하였다. 차이도 있었다. 「농산물가격유지법」은 농산물 매수, 담보융자에 대한 정부책임, 농산물 수출장려 및 지원 방안까지 명시하였다. 특히 농산물 매수와 담보융자에 대한 소요자금 확보가 이승만 정권에서는 '강구한다'는 차원이었지만 「농산물가격유지법」에서는 정부의 의무규정이었다.[115] 산업으로서 농업을 포기할 수 없던 상황을 반영한 내용이었다. 「농산물가격유지법」 공포 이전부터 이미 미곡담보융자, 농산물 가격 지지 법제화와 더불어 수출입 조치까지 고려되었기 때문에 돌출적인 조항은 아니었다.[116] 1960년 12월 임시토지수득세가 폐지되어 정부가 농산물을 확보하기 위해 직접 양곡을 매입할 수밖에 없었던 상황도 「농산물가격유지법」에 명시된 정부의 시장개입 기능 확대의 이유가 되었다.

한편 저곡가를 유지해야 한다는 입장도 있었다. 높은 곡가가 도시민들의 생활수준을 떨어뜨리고 인플레이션을 야기할 수 있기 때문에 생산력 발전으로 농촌문제를 해결해야 한다는 논리였다.[117] 이는 영세 자작농이 주류인 당시 농촌 상황을 무시한 주장이었다. 인구와 취업자의

---

115) 농림부 장관, 「선거공약 실천계획 보고의 건」, 1960; 「농산물가격유지법」, 법률 제636호, 1961. 6. 27.

116) ≪경향신문≫, 1961. 6. 4, 「농산물가격」.

117) ≪경향신문≫, 1961. 11. 14, 「농촌경제의 발전책(一)」.

60~70%를 농촌이 감당하는 상황에서 공업화·도시화라는 지향점에만 초점을 맞추어 농민을 외면한 것이다.

1961년 7월 10일 쌀, 보리, 가정용 석탄 등 생활필수품을 제외하고 5.15선 물가 억제령이 해제되었다.[118] 「농산물가격유지법」에도 불구하고 여전히 물가정책은 저곡가에 초점이 맞추어진 상황이었다. 곡가는 물가정책의 핵심이었고 군사정부는 이를 억제하여 인플레이션을 저지하였다. 그러나 농가경제와 농업발전은 경제적인 효용은 차치하더라도 정치적인 이유로도 포기할 수 없었다. 이를 위하여 선결되어야 할 문제는 농산물 생산비 보장이었다. 실효성 있는 조치가 없다면 농산물 생산비 보장과 저곡가 정책의 병존은 불가능하였다. 결국, 군사정부·박정희 정권에게 「농산물가격유지법」의 실질적인 적용은 상황에 따른 선택의 문제가 되었다.

「농산물가격유지법」 공포 초기에는 성과가 있었다. 1961년 석당 생산비 2,478원 30전, 매입비 2,789원 80전, 1962년 석당 생산비 2,513원 80전, 매입비 2,978원 50전으로 수매가는 생산비를 상회하는 액수였다. 1961년 실질 수매가 상승률은 32.2%에 달하였다. 그러나 이후에는 대개 물가 상승률 이하에 머물렀다.[119]

1962년 1월 16일, 농림부는 영농의 다각화와 기술향상, 농산물 가격 유지 및 수급 원활, 농어촌지도체제 합리화, 산림녹화, 수산자원 개발, 농림·축·수산물 유통 원활, 통계조사 업무 강화 등의 정책목표를 발표

---

118) 1. 모든 물가는 단기 4294년 5월 15일의 현재 선을 유지한다.
   2. 매점매석은 엄금한다. 위반자는 가차 없이 극형에 처한다. 「군사혁명위원회 포고」 7호, 1961.5.16.
119) ≪경향신문≫, 1961. 7. 1, 「농가경제의 안정에 기여」; 농업협동조합중앙회, 『한국농정 이십년사』, 1965, 316쪽.

하였다.[120] 첫 번째 사항은 농업 정책에 대한 통상적이고 일반적인 내용이었다. 두 번째 사항에 농산물 가격 유지가 언급되었다는 점에서 농산물 가격 생산비 보장은 여전히 군사정부의 중점사항이었다고 볼 수 있다. 구체적인 정책목표는 미·잡곡 매입 목표량 140만 석, 111만 5천 석 비료 교환 양곡 매입, 소요자금 111억 원 방출 등으로 미·잡곡 적정 가격 유지였다. 그러나 농림부의 계획은 부족했다. 2차 농업증산 5개년 계획상 1962년 미곡 생산목표량은 1,955만 석이었으나 실적은 1,593만 석에 불과하였다. 맥류까지 합산하면 생산 목표량 2,723만 석, 실적 2,388만 석이었다.[121]

1962년 미·잡곡 매입 목표량과 비료교환 양곡을 합산하여도 정부수매로 농산물 생산비를 보장한다는 목표는 실현되기 어려웠다. 정부의 정책수단이 약했다는 점 외에도 수매가가 시중가에 크게 하회한다면 농민 입장에서 굳이 정부수매 비율이 높아지는 것을 선호할 이유가 없었다.

〈표 34〉 1962년 농산물가격유지법 제정이후 관련 정책 추진사항

일시	내용
1962.1	농림부: 1962년 사업운영계획 공포. 농산물 가격 유지에 주력.
8.13	생필품(밀가루·쇠고기 등) 13종목 가격을 통화개혁 전 가격으로 연결(9.26해제)
8.31	물가조절에 관한 임시조치법 제4조의 2행에 따라 계란 최고판매 가격을 10월까지 10개당 47원으로 인상.
10.29	두류·쇠고기·돼지고기·판유리·계란 등 5개 품목에 대한 가격연결을 해제하고 11월 1일부터 실시키로 결정.

자료: 한국농촌경제연구원, 『농정사관계자료집』7집, 1987, 556~557쪽.

---

120) ≪동아일보≫, 1961. 1. 17, 「농림부 62년도운영계획발표 농사자금 264억 적기방출」.
121) 농림부, 『농림수산행정개관(1945~1965)』, 1966, 37~39쪽.

1962년 정부 수매가가 상승하였으나 물가 상승률과 비교한 실질 수매가 상승률은 0%에 불과하였다. 미곡 실질 수매가는 1961년을 100으로 볼 때 1965년에는 114였다. 같은 기간 소비물가 상승률은 1961년 100, 1965년 200.2에 이르렀다.[122] 「농산물가격유지법」에도 불구하고 왜 곡가는 실질적으로 계속 하락하였을까?

　1962년은 흉작이었고 이듬해인 1963년에는 유례없는 곡가 파동이 있었다. 1962년부터 한해가 들어 농업생산과 별도로 양곡수급 정책이 필요할 정도로 상황이 좋지 않았다. 경제성장률도 1961년 3.5%에서 1962년 2.8%로 떨어졌다. 군사정부의 내자동원 정책실패로 인플레이션도 극심하였다. 미국은 1차 경제개발 5개년 계획 수정을 요구하며 원조를 압력수단으로 삼았다. 미국의 압력은 재정안정계획에도 적용되었다.[123] 전체 경제정책을 수정하지 않는 이상 정부의 운신 폭은 거의 없었다. 농산물 가격 정책의 유효성을 검증하기 위해 정부가 재정을 투자할만한 상황이 아니었다.

---

122) 황연수, 「제6장 양곡관리 및 가격정책의 방향」, 민교협 편, 『한국의 농업정책』, 239쪽; 김준영, 『해방 이후 한국의 물가정책사』, 성균관대학교출판부, 2000, 48·59·219쪽.

* 1960~1965년 미곡실질 수매가 상승률 및 소비물가(서울) 상승률　　　　　(단위: %)

연도	미곡실질 수매가 상승률 (100분위 지수)	소비물가 상승률(서울) (100분위 지수)
1960	-3.6(96.4)	4.0(95.7)
1961	32.2(100)	4.3(100)
1962	0.0(100)	16.9(116.9)
1963	8.2(108.2)	28.5(150.22)
1964	14.2(123.6)	20.8(181.46)
1965	-7.3(114.6)	10.3(200.2)

123) 박태균, 『원형과 변용』, 서울대학교 출판부, 2007, 326~328쪽.

1962~63년 정부 주요 재정지표를 보면 세출 규모가 감소하였음을 확인할 수 있다. 1차 산업 투융자 예산 비율은 1962년 24.1%에서 1963년 23.4%로 줄었다. 이 편차는 실제 실적에서 29.1%와 23%로 확대되었다.[124] 1962년은 예산 이상 투자되었으나 이듬해에는 감소한 예산만큼 도 집행되지 못하였다. 당시 인플레이션이 심했다는 점을 고려하면 농민들이 체감하는 불경기감은 훨씬 심하였을 것이다.

「농산물가격유지법」의 문제는 흉작과 부족한 정부재정 때문만은 아니었다. 실제 추진방식에서도 많은 문제점을 드러냈다. 수매가를 결정하는 방법은 생산비 보장방식이나 Parity방식[125] 등이 있다. 어떠한 방법을 취하든 일관되고 예측이 가능해야 하는데 1963년까지는 생산비 보장방식, 1964~65년에는 Parity방식에 의해 수매가 이루어졌다. 1963년도 미가 책정 시 생산비농가누적도[126] 90.5%를 기준으로 삼았다. 그러나 생산비를 정확히 산출하기는 쉽지 않았다. 토지자본 이자를 비롯한 2차 생산비와 농가별 생산비 차이가 심하였기 때문에 Parity방식이 제기되었지만, 농촌 물가에 대한 자료가 미비하였고 기준연도 선정도 어려웠다. 1960년 11월이 기준연도로 결정되었는데 11월은 추수기로 연중 곡가가 제일 낮았다. 반대로 공산품은 연말이 다가와 가격이 등귀하는 시기였다. 11월은 농민들에게 절대적으로 불리한 시점이었다. 연도도 문제였다. 1960년은 3.15 부정선거, 4월 혁명으로 사회 전반이 혼란하여 기준

---

124) 경제기획원, 『개발연대의 경제정책, 경제기획원 20년사』, 일지사, 1982, 374~375쪽.

125) Parity 방식: 물가상승과 연동해 농산물 가격을 산출하는 방법. 미국은 1933년 이후, 일본은 1947년 이후 이를 기준으로 삼았다. 당시 한국에서 토지자본이자를 비롯한 2차 생산비 등으로 인해 생산비 기준을 잡기 어려웠기 때문에 패리티 방식이 제기되었다.

126) 생산비농가누적도: 농가에서 생산비를 보장 받을 수 있는 비율.

연도로 삼기에 적절하지 않았다.[127] 결국, 박정희 정권이 시인하였듯 어떠한 방식으로도 정부 수매가는 농산물 생산비를 보장하지 못하였다.[128] 정부는 생산비, 물가연동 농산물 가격을 산출할 능력이 없었고 의지도 부족하였다.

농산물 가격 정책 실패는 곡가 계절 변동 폭으로 드러났다. 1963~64년도 곡가 계절 변동 폭은 100% 내외였다. 이후에도 1965년 중반까지 40%가 넘는 변동 폭을 보여주었다.[129] 「농산물가격유지법」이 제대로 기능하지 못하여 미곡실질 수매가가 낮았음에도 불구하고 1963년 쌀은 전년대비 60%, 보리는 59% 폭등하였다. 고질적인 매점매석으로 쌀과 보리의 공급가가 높아 도시민과 농민 모두 손해를 보았고 일부 미곡상인만 이득을 얻었다.[130]

곡가를 둘러싼 시중 물가와 정부의 줄다리기는 계속되었다. 1964년 1월, 쌀의 가마니당 가격은 3,500원이었다. 3월 3일 정부는 종전 주무장관이 각의 의결을 고쳐 고시 가격을 결정했던 쌀, 보리, 밀가루, 비료 등의 가격을 대통령령으로 규정하도록 결의하였다. 당시 연간 물가지수는 41.3%였고 노동자 소득 상승률은 16.5%였다.[131]

1964년 「물가조절에 관한 임시조치법 시행령 중 개정의 건」과[132] 「64년

---

127) 농업협동조합중앙회, 『한국농정 이십년사』, 1965, 316~318쪽.

128) 농림부, 『농림수산행정개관(1945~1965)』, 1966, 249~250쪽.

129) 조영탁, 「1960년대 이후 양곡관리정책의 변화와 그 성격에 관한 연구: 국가개입방식의 변화와 그 효과를 중심으로」, 서울대학교 경제학과 박사논문, 1993, 33쪽.

130) 오원철, 『박정희는 어떻게 경제강국 만들었나』, 동서문화사, 2006, 438~439쪽.

131) 한국농촌경제연구원, 『농정사관계자료집』7집, 1987, 558쪽.

132) 「물가조절에 관한 임시조치법시행령」은 1963년 1월 18일 제정되었다. 이후 4월 3일 일부 개정되었다. 1964년에는 3월 10일, 17일, 4월 27일, 6월 16

도 정부관리 양곡판매 가격 중 밀가루 가격개정에 건」에서 자루 당 29.3% 인상된 479원으로 의결하였다. 그러나 쌀값 폭등세는 이어졌다. 당해 5월 2일 쌀값이 가마니 당 5천 원을 돌파하자 정부는 정부미를 방출하여 3,300원으로 진정시켰다. 하지만 7월 3일 경제각료회의에서 쌀, 보리쌀, 비료 등의 통제가격 해제를 결의하였다.[133] 시장미가와 정부매입 미가의 차이는 1961~64년 내내 지속되었다. 시장미가는 정부매입미가 대비 1961년 120%, 1962년 118%, 1963년 151%, 1964년 145%로 점점 증가하였다.[134] 「농산물가격유지법」의 무용이 확인된 수준을 넘어 상황은 더욱 악화되었다.

농산물 가격 유지를 위한 제도적인 장치와 일관된 원칙이 필요하였다. 하지만 박정희 정권의 정책은 임시방편에 그쳤고 총론과 각론이 모순되었다. 막대한 재정이 필요한 「농산물가격유지법」을 입안한 후에 재정안정 방침을 수립하였다. 농산물 수출에 대한 계획이 있었지만 이내 곡가 안정을 위한 수출 제한을 결정하였다. 곡가 안정을 위한 적극적인 개입

일, 18일, 7월 8일, 31일, 10월 1일, 12월 24일 1년간 무려 9차례나 개정되었다. 이후 개정사항은 1969년 1번, 1971년 2번이다. 1964년부터는 부칙의 별표로 일부 품목에 대한 최고가격이 구체적으로 명시되었다. 이 조항은 마지막 개정 시 삭제되었다.

133) 한국농촌경제연구원, 『농정사관계자료집』7집, 1987, 558쪽.
134) 농업협동조합중앙회, 『한국농정 이십년사』, 1965, 316쪽.

* 1961~1964년 시장미가와 정부매입 미가 　　　　　　　　　　　　　(단위: 원)

연도	시장미가	정부매입 미가	연도	시장미가	정부매입 미가
1961	3,374(3,043)	2,789.80	1963	5,602(5,053)	3,700.00
1962	3,536(3,189)	2,978.50	1964	6,940(6,260)	4,754.50

1. 시장미가는 서울도시물가 석당 200ℓ.
2. 정부매입 미가는 180.4ℓ.
3. ( )는 180.4ℓ 가격임.

은 주저하였으나 미곡확보 방침은 수립하였다.[135] 무엇보다 농산물 가격 유지정책을 물가안정책과 연동시켰다. 농산물 가격에 앞선 고려사항은 전체 소비물가였다.

이전 정권의 저곡가 정책을 비판하였지만, 박정희 정권도 본질적으로 저곡가 정책을 포기한 적은 없었다. 곡가 급락 시 정부는 목표가격에 근접할 때까지 양곡을 매입할 능력이 필요했으나 박정희 정권의 경제정책 기조 하에서는 불가능하였다. 오히려 1963년 정부미곡 일반매입 비율은 전년대비 69.2%에서 28.7%로 급감하였고 국내 미곡생산량 가운데 정부미곡 비율도 9.2%에서 8.2%로 감소하였다. 이듬해 6.1%까지 떨어진 정부미곡 비율은 농지세 물납제에도 불구하고 현상유지 정도에 그쳤다. 정부의 미곡 일반 매입량은 1969년까지 1962년의 수준을 회복하지 못하였다.[136]

박정희 정권은 저곡가 추세를 적극적으로 막아본 적이 없었다. 오히려 곡가 폭등 시 경제기획원의 주도로 정부미를 방출하였다. 1960~66년 사이 농가의 명목상 농업수입은 지속적으로 증가하였으나 이는 월별 최고와 최저 미가를 합산한 결과로 명목에 불과하였다. 수확량 대비 상품화율을 고려하면 실질금액이 산출된다. 이 기준을 적용하면 당시 농산물 상품화율은 시기에 따라 8.7%에서 28.3%로 편차가 컸다. 이 기간에 흉작이 빈번했기 농산물 가격이 상승해도 혜택은 일부 부농이나 중간상인에게만 있었고 대부분인 영세 농가는 자신의 식량 확보도 어려웠다. 따라서 농산물 가격이 높게 형성되었다는 점과 비료대가 크게 상승하였다는 사실을 고려하면 농민들이 농산물을 통해 확보한 수입은 미미하였

---

135) 박정희 정권은 1964년 농지세 물납제를 공포, 실시하였다.
136) 조영탁, 앞의 논문, 26쪽.

음을 알 수 있다.[137]

1965년에는 경제 각의와 물가분석위원회의 회의 및 분석을 근거로 장기영 경제기획원 장관 겸 부총리가 곡가 안정책의 일환에서 쌀 수출을 금지하였다. 이후 농림부는 식량증산 7개년 계획을 위한 농산물안정기금 설치 등 행정지원 방침을 수립하였다.[138] 가마니당 추곡매입 가격은 생산비보장 방식도 Parity방식도 아닌 국제가격을 기준으로 3,000원이 제시되어 논란의 대상이 되었다.[139] 이후에도 농산물 가격은 특정한 방식보다는 전년 가격과 물가 상승률을 기준으로 임의로 설정되었다. 당시 농산물 가격을 결정한 가장 중요한 요소는 결국 물가였다. 농산물 정부 수매가는 독자적으로 결정될 수 없었다. 정부재정이 부족한 점도 문제였지만 재정 투입 시 통화량이 증가하여 물가인상의 요인이 될 것도 우려되었다.[140]

군사정부·박정희 정권의 농산물 가격 유지 정책은 법만 있었을 뿐 강제할 수단이 없었다. 집권 첫해 농민의 정치적인 지지를 확보하기 위한 일시적인 조치에 불과하였다. 여러 변수와 흉작을 고려하지 않았고 기준 시기를 임의로 설정하였다. 「농산물가격유지법」은 획기적인 재정·금융지원과 전반적인 농업구조 개선 없이 정부가 임의로 법을 개정하여 성과를 낼 수 있는 성질의 정책이 아니었다. 때문에 농민의 생산비 보장이라는 정책목표 외에 물가안정도 실현하지 못하였다. 미곡을 정부가 충분히 확

---

137) 이병준, 앞의 논문, 281~284쪽.
138) 한국농촌경제연구원, 『농정사관계자료집』7집, 1987, 558쪽.
139) 1965년 당시 패리티 방식이 농민에게 꼭 유리하지는 않았다. 곡가가 낮아 농민들에게 불리한 1960년을 기준으로 하였기 때문에 오히려 '국제가격 기준'보다 낮은 2,987원이었다. ≪경향신문≫, 1965. 9. 18, 「농산물가격 정책을 근본적으로 재검토하라」.
140) ≪경향신문≫, 1966. 10. 13, 「추곡매입가 3,306원의 문제점」.

보하지 못하여 곡가 폭등을 막지 못한 점은 물가정책의 실패를 의미하였다.

5.16쿠데타 직후 실시된 몇몇 농업 정책은 타당성 여부는 차치하더라도 박정희 정권이 바로 내세울 수 있는 변화를 야기하였다. 법 개정과 강력한 행정력으로 정책 집행 초기 갈등요인을 제어하였고 일시적이지만 정치적인 효과도 기대할 수 있었다. 장기적으로 부작용을 야기할지라도 정권에 도움이 되었으며 농민의 부담과 악화된 여론에도 불구하고 긍정적으로 평가할 수 있는 여지가 많았다. 그에 반해 「농산물가격유지법」은 당장의 정치적인 효과 이상으로 정부가 감당할 재정·행정적인 부담이 컸다. 부담에 비해 효과도 미미하였다. 또한, 재정안정화와 물가안정 등 박정희 정권이 지향한 전체 경제정책의 목표와 모순된 정책이었다. 농산물 증산 속에서도 점차 심해지는 도농격차를 해결하기 위한 새로운 농산물 가격 정책이 필요하였다.

2) 이중곡가제 실시

5.16쿠데타 전후 미곡 생산은 고전을 면치 못하였다. 생산량, 단위수확량 증가율은 모두 저조하였다. 1950년대 후반에는 5년간 연평균 2.6%였고 1960년대 초반 5년간은 연평균 5.5%였다. 1960년대 중후반 5년은 증가율이 1.8%로 하락하였다.[141] 연평균이라는 점을 고려하면 낮

---

141) 농림부, 『농림통계연보』, 각 연도.
  * 1955~1969년 미곡 및 맥류의 기간별 연평균 생산 추이

구분	기간	생산량 (천m/t)	증감율 (%)	식부면적 (천ha)	증감율 (%)	단위수확량 (kg/10a)	증감율 (%)
미곡	1955~59	2,942.0	2.6	1,102.4	0.5	266.8	2.1
	1960~64	3,447.4	5.5	1,147.6	1.4	300.0	4.0
	1965~69	3,661.6	1.8	1,213.0	0.5	301.6	1.1

다고 보기 어려운 수치였으나 같은 기간 인구증가율은 농산물 생산량 증가율보다 월등히 높았다. 1955~60년 사이 16%를 상회하였으며 이후 6년간도 마찬가지였다. 1966~70년은 증가 폭이 감소하였으나 여전히 7% 이상이었다.[142] 또한, 수리시설 미비와 가뭄, 병충해 등으로 주곡생산과 공급은 만성적으로 불안하였다.[143] 한편 물가안정을 목적으로 한 저곡가 정책은 농민의 생산의욕을 감퇴시키기는 동시에 쌀 소비 증가의 원인이 되었다. 「농산물가격유지법」은 상황을 전혀 완화시키지 못하였다.

잉여농산물로 인하여 식량부족이 국제수지 악화로 이어지지는 않았으나 미국의 원조가 현금 또는 차관방식으로 변화한 1960년대 말에는 새로운 대책이 필요하였다.[144] 공업화를 위한 저곡가 정책 유지가 필요했지만, 구조적인 요인에 따른 농가경제 악화는 경제 전체의 문제가 되었다. 1967~68년 흉작 이후, 박정희 정권은 다품종 영농에서 주곡자급으로 정책을 전환하였다.[145]

농민들의 생산의욕 고취를 위하여 1968~69년부터는 미곡과 맥류 매입가격 상승률이 일반물가 상승률을 상회하도록 조치하였다. 그러나 고미가 정책은 정부재정, 물가안정, 소비자 생계에 부담이 될 수밖에 없었

구분	기간	생산량 (천m/t)	증감율 (%)	식부면적 (천ha)	증감율 (%)	단위수확량 (kg/10a)	증감율 (%)
맥류	1955~59	1,065.8	7.7	729.0	1.0	146.5	7.3
	1960~64	1,262.0	6.1	785.4	3.5	161.5	2.6
	1965~69	1,812.4	6.1	891.4	0.2	203.7	6.0

142) 국가통계포털(http://kosis.kr/).

143) 조영탁, 앞의 논문, 17~18쪽.

144) 문팔롱, 「이중곡가제도와 양곡관리제도의 전환방향」, 한국개발연구원, 1982, 12~13쪽.

145) 조영탁, 앞의 논문, 16쪽.

다.[146) 또한, 갑자기 주곡증산이 이루어져 미곡공급의 불안정성을 극복할 수도 없었다. 향후 농가경제를 안정화하는 동시에 저곡가 정책이 목표로 삼았던 요소도 충족할 수 있는 대안이 필요하였다.

대안으로 운용할 수 있는 정책은 세 가지 정도였다. 첫째, 보조금 지급이었다. 농민의 소득과 생산의욕을 고취할 수 있는 직접적인 방안이었다. 직접 지급할 수도 있고 저렴한 가격의 비료 외상공급, 저리영농자금 대출과 같은 간접지원도 보조금 지급으로 볼 수 있다. 도시 극빈층에게 저가로 정부소유 미곡을 공급하거나 일반미를 구매하기 위한 보조금을 지급할 수도 있었다. 그러나 미곡 가격에 대한 개입이 아니었기 때문에 소극적 대책에 불과하였으며 소요자금 문제로 장기지속이 어려웠다. 둘째, 최대 또는 최소 가격 설정으로 미곡가의 급격한 상승 또는 하락을 방지하는 제도가 있었다. 첫째 안보다 정부 역할이 강화된 방법이었지만 여전히 생산력 증대 또는 농가수입 보장보다 가격변동 방지라는 수동적인 기능이었다. 셋째, 이중곡가제였다. 이중곡가제는 농산물 가격에 대한 대책 가운데 가장 적극적인 정책이었다. 정부가 미곡시장에 개입하지 않았을 경우 형성될 시중가보다 높은 가격으로 수매한 후 이를 시중가보다 낮은 가격으로 방출하는 방법이었다. 생산자와 소비자에게 동시에 보조금을 지급하는 효과가 있으며 농산물 가격 안정화에 확실하게 기여할 수 있었다. 그러나 이는 막대한 재정 부담으로 이어질 수밖에 없었고 해가 갈수록 부담이 가중되는 문제가 있었다.[147)

박정희 정권은 이 가운데 이중곡가제를 선택하였다. 당시 상황에서 박정희 정권의 이중곡가제 채택은 선택보다는 유일한 방안에 가까웠다. 재

---

146) 문팔룡, 앞의 논문, 13~15쪽.

147) 이종원, 「미곡가안정화를 위한 이중곡가제의 효율성 분석」, 《한국경제》 10, 1982.

정 부담이 예상될 수밖에 없는 가장 적극적인 정책을 선택할 수밖에 없었던 이유는 무엇이었을까?

농지세 물납제 폐지에 초점을 맞추었던 야당의 농가경제 정상화안은 1960년대 중후반부터 이중곡가제로 변화하였다. 1966년 민중당은 이중곡가제와 농촌경제 재건을 강조하였고 농촌실정에 대한 대책을 요구하며 박정희 정권을 압박하였다.[148]

애초 박정희 정권은 이중곡가제에 부정적이었다. 1966년 2월, 정부는 재원을 이유로 이중곡가제에 반대하였다.[149] 하지만 같은 해 11월, 농림부 장관은 농산물 가격안정기금 확보가 용이해지면 이중곡가제를 실시하겠다고 발표하였다.[150] 정부의 긍정적인 입장에도 불구하고 이중곡가제 실시는 불투명하였다. 같은 해 12월 국회에서 예산안 계수정리 시 야당은 다시 이중곡가제 실시를 주장하였다. 정부 입장은 여전히 '이중곡가제는 필요하나 현실적으로 어려운 점이 많다'였다.[151] 1968년 3월 15일, 신민당은 농촌경제 육성방안 관련 초당적인 조치를 위한 특별기구 설치를 제안했다. 제안에는 이중곡가제가 포함되었다.[152]

박정희 정권은 1968~69년 미곡과 맥류에 대한 이중곡가제를 실시하였다. 매입가격이 일반물가 상승률을 상회하였다.[153] 1968년 미곡수매

---

148) 《경향신문》, 1966. 1. 19, 「민중당, 기조연설의 당지침 설정 중산층 보호 주력」; 《경향신문》, 1966. 11. 19, 「민중당, 대통령에 농촌정책 질문서 쌀값하락 막도록」.

149) 《경향신문》, 1966. 2. 2, 「농자집중회수 폐단 없게 3월말로 연장토록 농림부, 회계년도변경 추진」.

150) 《경향신문》, 1966. 11. 29, 「이중곡가제 추진」.

151) 《동아일보》, 1966. 12. 6, 「예산안 계수정리」.

152) 《경향신문》, 1968. 3. 15, 「농촌경제 육성책 다루는 초당적 기구 제의」.

153) 문팔룡, 앞의 논문, 13쪽.

가격을 전년 대비 17% 인상하였고 1968~71년 연평균 25.1%씩 수매 가격을 인상하였다.[154]

박정희 정권이 내세운 이중곡가제 도입의 이유는 농가경제였지만 실제 이유는 복합적이었다. 1960년대 양곡 생산 불안정과 곡물 대량수입은 국내자본의 외환문제를 야기하여 자본축적 문제의 원인이 되었다. 때문에 식량증산으로 국제수지 부담을 덜 필요가 있었고 주곡자급을 목표로 하는 농업증산이 요구되었다. 농민에게 이중곡가제라는 동기부여를 할 필요가 있었다. 또한, 1960년대 이후 농업부문과 비농업부문 생산력·소득 격차가 지나치게 확대되었다. 농가소득 향상에 대한 사회적인 요구도 무시할 수 없었다. 재계도 내수시장 기반 확충을 위해 농가소득 수준 향상을 요구하였다.[155] 재정 부담이 계속 증가한다는 면에서 이중곡가제는 부담스러운 정책이었다. 그러나 다수 농민이 양곡에 의존하는 영세 농가인 상황에서 축산확대, 농산물 다각화를 통한 상품생산 등은 이중곡가제보다 더 실현하기 어려웠다.

5.16쿠데타 이후 여러 농업 정책으로 농가경제가 향상된 것처럼 보였지만 실상은 달랐다. 농림부 농가경제 조사결과에 따르면 1967년 농가 실질소득은 1960년에 비해 6.2% 감소하였다. 일시적인 풍·흉작과 관계없이 감소하였다는 점이 더 심각한 문제였다.[156] 2차 경제개발 5개년 계획의 농공병진 정책도 농가소득 증대에 효과가 없었다. 도시화와 공업화 속에서 인플레이션으로 이어질 수 있는 농산물 가격 인상은 불가능하였지만, 농업생산과 농가소득에 대한 방치는 전체 경제의 붕괴를 야기할

---

154) 황연수, 「이중곡가제의 평가」, 한국농촌경제연구원 편, 『한국 농업구조의 변화와 발전; 한국 농업·농촌 100년사 논문집 제1집』, 2003, 766~767쪽.

155) 황연수, 앞의 논문, 767쪽.

156) 주종환, 「농공불균형과 이중곡가제」, 《정경연구》46, 1968, 129쪽.

수 있었다. 박정희 정권은 재정안정화 방침, 도시화·공업화 정책을 고수하였음에도 불구하고 이중곡가제를 선택할 수밖에 없었다.

〈표 35〉 1969~1973년 이중미가 내역   (단위: 원/80kg)

연도	판매원가			방출가격(C)	C/A(%)	C/B(%)
	수매가격(A)	조작비	계(B)			
1969	5,150	578	5,723	5,400	104.9	94.3
1970	7,000[157]	664	7,664	6,500	92.9	84.3
1971	8,750	738	9,488	9,500	106.3	98.0
1972	9,888	792	10,680	9,500	96.1	89.0
1973	11,377	915	12,292	11,264	99.0	95.5

자료: 문팔룡, 「이중곡가제도와 양곡관리제도의 전환방향」, 한국개발연구원, 1982, 17쪽.

이중곡가제가 실시된 후 1970년을 제외하면 1969년과 1971년은 방출가격이 수매가격을 웃돌았다. 중간경비를 포함하였을 때에는 정부가 적자를 보았으나 진정한 의미의 이중곡가제로 보기는 어려웠다. 1972년부터 수매가격이 방출가보다 높아졌다. 또한, 점차 곡가에 대한 정부의 제도적인 장악력이 높아졌다. 1970년 「양곡관리기금법」이 제정되었고 1972년 행정부가 국회 동의 없이 곡가를 결정할 수 있게 되었다.[158]

1964~71년 생산비와 추곡수매가의 추이를 보면 이중곡가제는 실제 농민들에게 커다란 도움이 되었다. 미곡 생산비는 여러 계산 방법이 있다. 1차 생산비는 종육비, 비료비, 방제비, 재료비, 농기구, 농사비, 축력비, 노동력 등이었고 2차 생산비는 1차 생산비에 더해 토지 용역비와 자본 용역비가 합쳐진 것이었다. 2차 생산비에 조세 공과금과 기타 부담금

---

157) 7,000원이라는 딱 떨어지는 숫자는 엄밀한 계산이 아닌 정치적인 고려의 결과였다. 이득용, 앞의 책, 227~231쪽.
158) 황연수, 앞의 논문, 766쪽.

까지 더하면 참고 생산비였다. 보통 생산비는 참고 생산비라고 할 수 있다. 참고 생산비를 기준으로 하면 1964년부터 이미 추곡 수매가는 생산비를 상회하였으며 이중곡가제의 효과가 본격적으로 드러난 1970년이되면 kg당 생산비 58원에 대하여 추곡 수매가는 87.5원에 이르렀다. 하지만 생산비에 정기예금 금리를 적용 시 다른 경우가 나왔다. 정기예금금리 적용 시 1969년까지 추곡 수매가는 생산비를 확보하지 못하였다. 1970년에 이르러서야 농민은 체감할 수준의 추곡 수매가를 확보하였다고 볼 수 있었다.[159]

박정희 정권의 이중곡가제는 처음부터 비판받았다. 농림부가 잘못된수확량 예측을 근거로 곡가를 산정하였기 때문에 한계생산비가 낮게 산출되었고 이를 근거로 한 정부매상 미가는 적정선이 될 수 없었다. 당연히 정부가 '고미가'를 지불하였음에도 불구하고 여전히 시장가에 밑도는수준의 수매가가 형성되었다.[160]

---

159) 안인찬, 「우리나라의 미곡생산비에 관한 연구」, 동국대학교 경제학과 박사논문, 1984, 136~152쪽.

  * 토지용역비 계산 방법별 미곡생산비   (단위: 원/kg)

구분	1차 생산비	2차 생산비			참고 생산비			추곡 수매 가격
		원안대로	정기예금 금리로	30%의 소작료로	원안대로	정기예금 금리로	30%의 소작료로	
1964	13.5	23.3	27.3	27.1	24.3	28.3	28.1	37.1
1965	17.7	31.5	35.5	31.1	32.5	36.5	32.1	39.4
1966	16.1	29.1	49.9	29.8	30.3	51.5	30.9	41.3
1967	19.2	33.2	57.0	34.6	34.2	58.0	35.6	44.9
1968	25.3	41.5	64.2	43.6	42.5	65.2	44.6	52.5
1969	27.4	43.2	64.1	49.8	44.5	65.5	51.2	64.4
1970	35.7	56.8	79.0	61.2	58.0	80.2	62.4	87.5
1971	36.0	55.9	78.4	67.3	57.3	79.8	68.7	109.4

160) 김문식, 「양정의 허점과 이중곡가제」, ≪신동아≫56, 1969, 101~102쪽.

부족한 정부재정으로 실시한 이중곡가제는 수매가 외에도 많은 문제를 야기하였다. 당시 상황에서 상품작물에 의한 농가소득 증대, 농산물 가공을 통한 수출상품 생산, 특정 농산물의 증산으로 생산비를 낮추는 사업보다 중요한 문제는 식량증산이었다. 생산비 보장 없이 자급자족이 가능한 수준의 식량증산이 이루어질 리 만무하였다. 이중곡가제에도 불구하고 미곡 수매량 비율이 낮았던 점은 문제였다. 농산물 정부 수매제를 실시할 경우 농산물 가격 유지를 위해서는 전체 생산량 가운데 압도적인 양을 수매해야 했다. 일본은 미곡 생산량의 60~70%를 정부가 수매하였고 미국도 차액보상제 등 여러 가지 제도를 통해 사실상 전량수매 효과를 보고 있었다. 그러나 한국의 수매율은 1970년 8.9%, 1971년 26.6%, 1972년 27.6%, 1973년 25.2%에 불과하였다. 보리도 1970년대 30%대에 머물렀다.[161]

박정희 정권은 이중곡가제를 뒷받침할 수 있는 재정을 확보할 수 없었기 때문에 필요한 자금은 채권발행, 은행으로부터 차입 등에 의존하였다. 이는 인플레이션으로 이어지는 악순환을 불렀다. 1970~75년 사이 이중곡가제에 따른 순손실 누계액은 2,490억 원이었다. 이 가운데 양곡관리 결손비용은 852억 원, 금융비용 등은 1,638억 원으로 양곡관리사업 적자는 실제 업무추진 과정보다 한국은행 차입금, 양곡증권 발행 등에서 비롯한 금융비용의 비중이 훨씬 컸다.[162]

이중곡가제는 정부가 일방적으로 실시할 수 있는 제도였다. 대부분 농업 정책이 농민의 적극적인 호응, 정부와 관련 단체들의 협조가 원활하더라도 정책성과를 기대하려면 먼 훗날을 염두에 두어야 했다. 따라서

---

161) 황연수, 앞의 논문, 786쪽.
162) 황연수, 앞의 논문, 788~799쪽; 문팔룡, 앞의 논문, 22~23쪽.

이중곡가제는 '적자'만 감당하여 당장의 성과를 과시할 수 있는 '쉬운' 정책이었다.

이중곡가제의 역사적인 의의는 1960년대 농업 정책의 방향전환을 보여주었다는 데에서 찾을 수 있다. 2차 경제개발 5개년 계획에서 제시된 농공병진은 농촌의 입장에서 보면 농민소득 증대였다. 전체적으로 농업발전과 농촌·농가의 경제적인 자활력에 초점이 맞추어졌다. 이중곡가제는 이러한 흐름에 반하는 정책이었다. 성과를 기대하기 어려운 농업구조 개선이 아니라 재정·금융자금 지출을 통한 농가소득 증대를 도모한 것이다.

농민의 소득향상에 기여할 수 있고 생산의욕을 고취한다는 점에서 이중곡가제 자체는 긍정적으로 볼 수 있다. 하지만 이중곡가제가 농업구조 개선과 농촌경제 자활력 확보에 대한 무대책을 전제로 실시되었다면 부정적으로 평가할 수밖에 없다. 당장의 농가소득 향상을 위해 정부재정에 악영향을 주었음에도 불구하고 장기적으로 농촌의 경쟁력을 하락시키고 정부에 대한 의존도만 높일 여지가 다분하였기 때문이다.

4. 소결

5.16쿠데타 당일 발표된 성명서 가운데 경제와 농업 관련 내용은 다음과 같았다. '절망과 기아선상에서 허덕이는 민생고를 시급히 해결하고 국가 자주경제 재건에 총력을 경주할 것입니다.'[163] 과반수 이상 인구가 농촌에 거주하였기 때문에 민생고 해결은 곧 농촌대책이었다. 또한 '국가 자주경제 재건'이란 국가가 주도하는 내포적 공업화로 볼 여지가 충분하

---

163) 한국군사혁명사편찬위원회, 『한국군사혁명사』제1집下, 1963, 7쪽.

였다. 민생고 해결, 산업정책 모두 중농정책으로 귀결되었다.

실제 농업 정책 가운데 직접적으로 농민의 삶에 영향을 줄 수 있는 농업 정책이 쿠데타와 거의 동시에 실시되었다. 5월 16일부터 한 달 사이 농어촌고리채 정리, 농지개혁사업 정리요강 등이 발표되었다.[164] 5월 31일에 발표된 기본 경제정책의 목적은 '경제적 후진성의 극복과 국민경제의 균형적 발전을 도모하는 경제체제를 확립함으로써 공산주의 체제보다도 우월하다는 것을 실증, 국민경제의 안정과 산업의 발전을 도모하기 위한 민간사업의 자율적인 발전, 정부투자에 의한 중요 기간산업 건설, 농어촌개발을 촉진하고 곡가와 환율의 안정성 추진'으로 내세웠다.[165] 경제개발을 제일성으로 내세운 상황에서 농업 정책의 목적은 농업 생산력 향상에 초점이 맞추어질 수밖에 없었다.

당시 농업 생산력 향상을 위해서는 두 가지 방향이 있었다. 첫 번째는 개별 농가를 지원하고 농촌지역 단위의 경제적인 역량을 강화하는 방법이었고, 두 번째는 정부의 행정적인 지도로 수리사업, 비료공급, 농업기관 설립을 실행하는 방안이었다. 첫 번째 안이 농민을 위해 바람직한 방법이었지만 단기적인 효과를 기대할 수 없었다. 또한, 공업화와 도시화를 위해 농업과 농촌을 직접적으로 활용하기가 어려웠다. 두 번째 안은 장기적으로 농촌경제 구조개선을 담보하기 어려웠지만, 실제 효과가 금방 나타날 수 있으며 무엇보다 농업 생산력 향상을 통해 저곡가 정책을 유지할 수 있는 장점이 있었다.

5.16쿠데타 직후 박정희 정권에게 노골적으로 두 번째 안을 선택할 수 있는 여유는 없었다. 때문에 농가경제에 대한 직접적인 지원을 실시

---

164) 한국농촌경제연구원, 『농정사관계자료집』7집, 1987.

165) ≪동아일보≫, 1961. 6. 1, 「기본 경제정책을 발표」.

하면서 한편으로 행정적인 지도를 강화하였다. 이 와중에 애초 정책 의도가 실시과정에서 왜곡되는 경우도 비일비재하였다.

농촌 고리채 정리, 영농자금 방출은 비교적 단기적이고 직접적인 지원을 목적으로 한 정책이었다. 농민의 부담을 일시적으로 경감시킨 이후, 비료공급 관수일원화, 토지개량사업, 「농산물가격유지법」 제정 등의 장기적인 과제가 추진되었다.

5.16쿠데타 직후 실시된 농촌 고리채 정리는 수치상으로도 농가부채 문제를 전혀 개선하지 못하였다. 비료공급 관수일원화는 공급을 안정화하였지만, 농민들의 비료비 부담 경감에 도움이 되지 못하였다. 토지개량사업은 실제 확인할 수 있는 성과가 있었음에도 불구하고 농민에 대한 일방적인 부담 전가로 정책을 집행하였기 때문에 여론이 좋지 않았다. 부족한 행정력과 재정으로 「농산물가격유지법」도 실패하였다.

대체로 미숙한 행정력과 고질적으로 부족한 재정에서 비롯한 문제였지만 애초 박정희 정권의 경제정책과 맞지 않은 정책을 시행한 데에서 비롯한 문제도 있었다.

박정희 정권은 쿠데타 직후 농가경제, 농촌사회를 내세운 농업 생산력 향상 정책에서 점차 정부통제 강화로 농정 방침을 변경하였다. 토지개량사업은 농민들의 자치를 기반으로 한 조합이 아닌 정부가 설립한 공사가 주도하였다. 농산물 가격 보장으로 농가 경제력을 향상시키기보다 이중곡가제로 정부에 대한 농가의 의존도를 높였다.

농지개혁 이후 지주를 대체하는 농촌사회 주체가 미처 형성되지 않은 상황에서 박정희 정권은 그 역할을 개별 농가들에게 맡기기보다 직접 담당하는 길을 선택하였다. 일시적으로 농가경제에 도움이 될 수도 있었지만, 장기적으로 농가가 생산의 주체로 서고 농촌이 경제적으로 자립할 수 있는 방안은 아니었다.

VI

농촌사회의 변화와 성격

1. 농지세 물납제의 실시와 농촌통제

1) 농지세 물납제의 실시 배경과 운영

농업국가의 공업화 안은 농산물 가격 보장을 통한 농민의 생산의욕 고취로 전체 생산력을 증대하여 공업화를 추진하는 방법이 있다. 반면에 농업에서 최대한의 잉여를 착취하여 공업화를 위한 자본을 마련하는 방법도 있다. 첫 번째 방법은 농민과의 마찰이 적겠지만 긴 시간이 걸리며 초기에는 경공업과 농업 관련 공업에 치중되기 때문에 급속한 중공업화가 어려웠다. 두 번째 방법은 급속한 공업화는 가능하지만 농민들의 희생이 불가피했다.

5.16쿠데타 직후, 경제정책에 관여한 박희범의 관심 사항도 정부가 내자를 효율적으로 동원하는 방안이었다. 농산물 유통비용 절감과 강제저축까지 고려했다는 점에서 박희범의 입장은 두 가지 방법의 혼합이었다.[1] 이와 같은 방안은 강력한 국가를 필요로 했기 때문에 쿠데타로 집권한 군사정부가 취할 수 있는 정책이었다. 하지만 문제도 있었다. 과연 농산물로 농촌을 부양하고 공업화를 추진할만한 잉여를 확보할 수 있는가였다. 이러한 고민을 피할 수 있는 제3의 선택지는 원조와 차관으로 외화를 확보하고 수입을 대체할 수 있는 수출산업을 양성하는 안이었다.

박정희 정권의 선택은 복합적이었다. 초기에는 농민들의 생산의욕을 고취시키는 방안을 채택하는 모습을 보여주었으나 결과적으로 농업과 농촌의 희생을 발판으로 도시화를 지탱하고 공업화를 추진하였다. 또한, 외자에 의존하였으며 기초산업보다 수출산업에 치중하였다. 그러나 여전히 공업화와 도시화를 감당하기에는 부족하였다. 박정희 정권에게

---

1) 박희범, 『한국경제성장론』, 고려대학교 아세아문화연구소, 1968.

는 물가와 식량문제에 개입할 수 있는 별도의 강력한 정책수단이 필요하였다. 따라서 농산물에 대한 통제가 추진되었다. 이는 1960년대 중반 이후 농지세 물납제로 드러났다.

농지세는 농지에 부과하는 소득세로 지방세다. 농지에 부과하는 모든 조세는 아니며 양도소득세도 아니다. 소득세이지만 근로소득 등에 부과되는 종합소득세와 달리 여타 소득과 합산하여 과세하지 않았다. 오로지 경작으로 발생하는 소득에 대하여만 부과하는 '농지의 경작 소득세'이다.[2] 박정희 정권이 1964년에 실시한 농지세 물납제는 지방세법상 금납제인 갑류 농지세(보통 작물(벼 등)을 생산하는 농지에 대한 경작 소득 과세)를 물납제로 변경하는 안이었다.[3]

농지세는 이전부터 부침이 많았던 세금이었다. 농지세의 전신인 임시 토지수득세는 한국전쟁 이후 농산물을 대상으로 세원을 확보한다는 취지로 토지수익에 대한 조세를 물납화한 제도였다.[4] 한때 세입의 30%에 이르렀지만, 이승만 정권 말기부터 비율이 급격히 하락하였다. 1960년에는 전체 세입 가운데 6.3%가 되었다.[5] 세제가 정비되면서 영세 농가의 부담 경감을 위해 면세점은 인상, 세율은 인하되었다. 그럼에도 불구하고 후진적인 제도와 농가부담을 이유로 폐지대상 1순위 법령이었다.

4월 혁명 이후 장면 정권은 현물로 받았던 토지수득세를 폐지하였고 농지세 금납화를 실현하였다. 또한 수확이 적은 농가에 대한 면세조치를 확대하였다. 이 조치로 예산상 65억 환 정도의 혜택이 농민에게 돌아

---

2) 한국농촌경제연구원 편, 『한국농정 50년사』Ⅰ, 농림부, 1999, 917쪽.
3) 을류 농지세는 과수, 채소, 인삼 등 특수작물을 생산하는 농지에 대한 농지 경작 소득과세였다. 본고에서 다루고자 하는 대상은 '갑류 농지세'다.
4) 한국농촌경제연구원 편, 『한국농정 50년사』Ⅰ, 농림부, 1999, 924~925쪽.
5) 농업협동조합중앙회, 『농협조사월보』126, 1967, 22쪽.

가는 것으로 추산되었다.[6] 을류 농지세의 경우 누진세가 유지되었지만 보통작물인 갑류 농지세는 6% 단일세율이 적용되었다. 당시까지 농지세는 국세였다.[7] 장면 정권은 농지세를 금납제로 바꾸었지만 생활과 관련한 주세, 물품세, 관세 등을 올리고 달러 가치가 상승하는 환율 현실화 정책을 취하였기 때문에 농가경제 전반에 부담을 주었다.[8] 농지세 금납제 자체가 농가 부담을 경감한 것은 부정할 수 없다. 하지만 기존 토지수득세의 누진세 체계에서 갑류 농지세를 단일세율로 변경한 것은 세법 발전단계상 명백한 후퇴였다.

5.16쿠데타 이후 발표된 장면 정권기(1961년 4월 현재) 조세징수 실적은 72%로 전년도 같은 기간에 비해 1.3% 감소하였다. 세제상 차이는 외환세 폐지와 농지세 금납화였다.[9] 장면 정권의 조치는 농민의 부담은 덜었지만, 정부 부담을 가중시켰다. 군사정부는 부족한 세입에 대한 대책이 시급히 필요하였다. 1961년 8월 재무부에서 농지세 지방세화를 포함한 세제개혁 요강을 제출하였다.[10] 1962년 농지세는 국세에서 지방세로 변경되었다. 농지세는 성격상 시기와 지역을 고려하지 않고 일률적으로 부과하기 어렵다. 따라서 다음과 같은 면세조항이 있었다. 학교·공공단체가 소유할 경우(경작 시 예외), 외국정부 공용농지(유료차지 예외), 비과세지에 로비를 가하여 과세지가 된 경우에는 농지 소유자의 신청에 의하여 그 정황에 따라 과세지가 된 해로부터 5년 이내 기간, 간척지는 10년 이

---

6) ≪동아일보≫, 1960. 10. 15, 『잘살게 될까? 새해 예산과 정부시책(6) 농림부편』.

7) 한국농촌경제연구원 편, 『한국농정 50년사』I, 농림부, 1999, 925쪽.

8) ≪동아일보≫, 1960. 10. 15, 『잘살게 될까? 새해 예산과 정부시책(6) 농림부편』.

9) ≪경향신문≫, 1961. 5. 31, 『목표의 七二% 조세징수실적』.

10) ≪경향신문≫, 1961. 8. 17, 『재무부서 세제개혁요강을 성안 세제상의 모순성을 시정』.

내, 재해 시 5년, 재해로 손상된 곳이 재손상 시 이전 면세기간 소멸, 재해로 인하여 농지 수확량이 기준 수확량에 비하여 현저히 감소한 경우, 감소비율에 따라 부분면제, 납세 의무자가 자력상실 되었을 경우에도 농지세는 경감 또는 면제되었다.[11]

갑류 농지세는 기준 수확량 또는 기준 수익금액을 과세기준으로 하였다. 수익에 대한 확정 과세이므로 수익세에 속하였다. 을류 농지세는 필요경비를 공제한 소득금액을 과세표준으로 삼았기 때문에 소득세에 속하였다.[12] 갑류 농지세의 대상인 '토지에 대한 기준 수입금액'은 '작물(벼)을 경작하는 농지에서 평년작의 경우에 생산되는 농지의 등급별 수확량에 농수산부 장관이 고시한 추곡수매 가격(조곡 2등급품 기준)을 곱하여 산출된 금액'으로 세율은 6%였다.[13] 갑류 농지세(이하 농지세)는[14] 물납화 이전에도 수익세라는 후진적인 제도로 비판받았다.[15] 기존 세제의 계승이라면 정부의 무관심으로 볼 수도 있다. 하지만 지방세 개편 과정에서 굳이 잔존시켰기 때문에 군사정부가 의도적으로 농지세제를 개정하지 않았다고 보는 게 타당하다.

농지세 기준수입 금액은 정부가 고시한 기준 수확량에 의거하여 매 시기마다 시·군에서 결정하였다. 면제규정 적용 시는 읍·면 농지조사위원회 조사를 근거로 시장·군수가 권한을 행사하였다. 농지조사위원회

---

11) 『지방세법』, 법률 제827호, 1961. 12. 8.

12) 『농지세의 성격과 농가부담』, ≪농협조사월보≫126, 1967, 18쪽.

13) 한국농촌경제연구원 편, 『한국농정 50년사』Ⅰ, 농림부, 1999, 925쪽.

14) 이후 본고의 주된 분석대상인 갑류 농지세를 농지세로 통칭한다.

15) 『농지세의 성격과 농가부담』, ≪농협조사월보≫126, 1967, 18쪽.
세제 발전과정은 인두세, 계급세, 재산세, 소비세, 수익세, 소득세의 순이고 현대세제는 기본적으로 소득세였다. 하지만 갑류 농지세는 경비에 대한 공제 없이 총수익에 부과하는 수익세였다.

(각령에 의해 구성)가 설립되지 않았을 경우 시장·군수가 직접 조사하여 판정하였다. 비과세·면제 조항은 10개 항이었다. 각각의 항도 여러 조항으로 구성되어 있는 경우가 많아 세율 6%라는 기준에도 불구하고 세액이 매해 변할 수밖에 없었다. 결국 담당자 재량에 의해 좌우될 여지가 많아 과세 대상자인 농민들이 납득하기 어려운 경우가 수시로 발생할 수밖에 없었다.

농지세 부과 후 완납, 착복, 경감요청 등이 빈번하게 발생하였다.[16] 세금 자체에 대한 시비도 많았다. 이에 대처하기 위하여 농지세 조기징수를 목적으로 하는 시·군간 납세성적 경진대회까지 개최되었다. 농지세 완납을 기사화하여 독려할 정도였다.[17] 농지세의 문제는 제도 미비와 일부 공무원들의 비행에서만 비롯된 일은 아니었다. 박정희 정권은 세수를 확보하기 위하여 무리한 징수를 독려하였고 이는 일선 공무원들의 조치로 이어져 농민들의 불만을 불렀다. 개편된 농지세가 부과된 1962년은 흉작이었으며 농민들이 체감하는 농지세 금액은 과다하였다.[18]

농지세에는 다른 문제도 있었다. 6%라는 일률적인 세율이 실제 세금으로 부과될 때 기준은 정부 감정가였다. 정부 감정가는 시중가보다 낮았다. 농민 입장에서는 정부 감정가에 의해 환산된 금액을 납부하기 위하여 곡물을 시중에 판매하는 것이 이득이었다. 이러한 상황에서 정부가 군량미 등 필요한 양곡을 조달할 방법은 강제적인 추곡수매 외에 전

---

16) ≪동아일보≫, 1962. 6. 8, 『영세농에 세금 거둬 착복한 전면장 구속』; ≪경향신문≫, 1962. 8. 31, 『농지세 100% 완납』; ≪경향신문≫, 1962. 9. 24, 『참작과세를 진정』; ≪경향신문≫. 1963. 1. 11, 『허위고지서로 횡령』.

17) ≪경향신문≫, 1962. 10. 26, 『납세 경진대회』.

18) ≪동아일보≫, 1962. 11. 22, 『농지세 부과를 공평히 해주오』; ≪동아일보≫, 1962. 11. 22, 『수확은 줄었는데 농지세는 늘었다』.

무하였다. 이 문제는 국회 내 논의 과정에서도 언급되었다.[19]

1963년부터 정부 내에서 농지세 현물징수가 공공연하게 언급되었다. 농림부 장관은 정부 관리양곡 확보를 위해 농지세와 수세를 현물로 받는 방법을 검토한다고 발표하였다. 추곡매상과 양비교환으로 180만 석 내지 220만 석의 정부관리 양곡 확보계획을 충족하기 위한 조치가 고려되었다. 이미 농림부는 관련 법안을 검토 중이었다.[20] 하지만 당시 농민들은 기존의 농지세 납부도 어려운 상황이었다.[21] 표면적으로 농지세 물납제 전환에 대하여는 정부 부처 간 이견이 있었다. 농림부에서 검토 중인 사안이었음에도 불구하고 내무부에서는 전면 부인하였다.[22] 1964년 2월 이루어진 정부 여론조사에서 가장 큰 화두는 물가였다. 정부의 저물가 정책은 실패하였고 도시보다 농어촌에서 원성이 자자하였다. 일부 지역 농민들은 농지세 물납제를 실시하고 미곡매상을 강요하지 말 것을 요구하였다.[23] 같은 기간 국회에서도 양곡 확보를 위한 방안으로 농지세 물납제가 논의되었다.[24]

1964년 4월 경제과학심의회의는 양곡 절대량 부족, 단기일 내 국내증산 불가, 잉여농산물도입 감소, 곡가 계절변동 등을 감안하여 농지세 물납화가 부득이하다고 정부에 건의하였다. 물납제 실시로 약 300만 석의 양곡이 확보 가능하다고 예상하였고 1964년도 하곡부터 실시를 주장하였다. 경제과학심의회의가 예상한 300만 석의 세부 내역은 농지세 80만

---

19) 『국회 농림위원회 회의록』 제9호, 1964. 10. 10.
20) 《동아일보》, 1963. 8. 14, 『농지세수세 현물징수를 검토 중 유농림장관 언명』.
21) 《경향신문》, 1963. 8. 14, 『울고만 싶은 농지세 독촉』.
22) 《동아일보》, 1963. 9. 17, 『농지세는 분납제 현물세 전환설 박내무가 부인』.
23) 《경향신문》, 1964. 3. 28, 『국민들 소망 -2월 달의 정부여론조사』.
24) 《동아일보》, 1964. 3. 31, 『국회본회의 대정부 질의전 재개』.

석, 수세 20만 석, 양비교환 100만 석, 영농자금 90만 석 등이었다.[25] 경제과학심의회의에서 밝힌 농지세 물납화의 가장 주된 목적은 정부관리 양곡량 증대였다. 이 목적이 달성되면 정부가 곡가변동에 개입할 수 있는 수단이 확보되어 인플레이션 대책으로 활용될 수 있었다.[26] 하지만 이중곡가제 등으로 정부 수매가가 획기적으로 인상되지 않는 이상, 곡가를 통한 물가안정화는 저곡가 정책으로 귀결될 여지가 다분하였기 때문에 인플레이션으로 인한 부담을 농민에게 전가하는 정책이었다.

〈표 36〉 경제과학심의회의에서 밝힌 농지세 물납제·금납제의 장단점

구분	물납제	금납제
장점	1. 정부관리 양곡의 원활한 확보에 기여. 2. 양곡정책의 보다 원활한 대행. 3. 인플레 수습에 기여. 4. 매상으로 인한 행정상 험로의 제거. 5. 재정수입 증대.	1. 세제 근대화. 2. 농민부담 감소. 3. 납세의 간소화.

---

25) 1. 현재 우리나라의 식량은 절대공급량이 부족한 상태에 있다.
    2. 국내증산도 단기간에 큰 성과를 거두기 어렵다.
    3. 미국의 잉여농산물 도입은 점감 경향에 있다.
    4. 곡가의 계절적인 변동이 심하다.
    5. 이러한 정책여건에 대비하여 상당량의 정부관리 양곡이 확보되어야 한다.
    6. 정부재정사정으로 보아 관리양곡의 정부매상을 크게 기대하기 어렵다.
    7. 이러한 정책환경 하에서 농지세의 물납화는 불가피하다.
    8. 물납제는 反인플레 요인이 된다.
    9. 각종 물납제의 실시로 연간 약 300만 석의 관리양곡을 원활하게 확보할 수 있다. 경제과학심의회의, 『농지세의 물납화 문제(정부관리 양곡 확보방법의 검토)』, 1964.
26) 《동아일보》, 1964. 4. 10, 『농지세 물납화는 농민부담을 과중케 한다』.

구분	물납제	금납제
단점	1. 세제상의 후퇴. 2. 농민부담 증대. 3. 조세행정상 절차의 복잡화.	1. 정부관리 양곡 확보 상의 애로. 2. 재정 부담 증대. 3. 인플레 요인 조성. 4. 시장 출하량 일시 증대에 의한 농산물 가격 하락.

자료: 경제과학심의회의, 『농지세의 물납화문제(정부관리 양곡 확보방법의 검토)』, 1964.

박정희 정권이 내세운 농지세 물납제 실시의 표면적인 이유는 다음과 같았다. 첫째, 양곡 생산 공급자인 농가 경영규모가 영세하여 수급을 조절할 능력이 없었다. 따라서 농가의 현금보유 능력이 부재하였다. 둘째, 유통시장구조가 전근대적이며 취약하여 다량의 양곡을 소화하여 춘궁기, 단경기까지 평준화할 능력이 없었다. 추수기에 곡가가 하락하고 춘궁기, 단경기에 곡가가 폭등하는 현상을 개별 농민이 극복하기는 불가능하였다. 이는 농민만의 문제가 아니었다. 곡가가 폭등하는 경우에는 물가 폭등을 선도하여 경제 전반을 위협하였다. 정부가 계절적인 변동을 조절하고 군량을 비롯한 관수용 양곡을 충당하기 위해 양곡을 직접 관리할 필요가 제기되었다.[27] 당시 정부관리 양곡수급 규모를 보면 박정희 정권의 우려는 근거가 있었다. 1957년 이후 정부관리 양곡량은 1961년 최저점으로 떨어졌으며 500만 석 선에서 유지되었다.[28]

---

27) 정광수, 『농지세 물납제에 관한 연구, 납세민의 여론을 중심으로』, 서울대학교 행정대학원 석사논문, 1965, 56~57쪽.
28) 경제과학심의회의, 『농지세의 물납화문제(정부관리 양곡 확보방법의 검토)』, 1964.
 * 1957~1964년 정부관리 양곡 수급규모 (단위: 천 석)

연도별	미곡	잡곡	합계
1957	2,229	2,400	4,629
1958	1,412	3,769	5,181

경제과학심의회의는 물납제 실시시 농민손실을 추산한 결과를 정부에 보고하였다. 추산결과 1962년 정부 매입가는 정곡 톤당 1,651원, 시가 1,792원으로 손실액이 141원이었다. 이듬해인 1963년은 정부 매입가 2,052원, 시가 2,575원으로 손실액이 523원으로 그 폭이 확대되었다. 농지세 물납제가 곡가 하락을 막아 농가의 경제적인 부담을 경감할 것이라 주장하였지만 이는 정책의 부수적인 사항이었고 맞지도 않았다. 물납제, 금납제와 상관없이 정부가 일반매입 또는 세금 산정 시 곡가를 시중 가격보다 지나치게 낮게 책정하는 것이 문제였다. 납세자인 농민은 물납제로 임의로 청산할 수 있는 곡물이 감소하기 때문에 현금 확보가 어려워질 가능성이 컸다.[29] 기존 금납제인 농지세도 농민들에게 만만치 않은 부담이었지만 물납화한 농지세는 상황을 더욱 악화시킬 여지가 농후하였다. 장기적으로 정부가 안정적인 양곡 확보로 계절에 따른 곡가변동을 진정시킬 수단을 확보할 수도 있지만 농민입장에서 이는 곡가 상승 방지에 초점이 맞추어진 소극적인 기능이었다. 애초 강제적인 추곡 일반매입으로 가중된 농가경제 손실을 본격적인 물납제로 해결한다는 모순된 논리였다.

정부 내에서 농지세 물납제에 대한 논의가 시작되었을 때 농림부는

연도별	미곡	잡곡	합계
1959	1,871	3,539	5,410
1960	2,617	1,850	4,467
1961	1,737	1,757	3,494
1962	3,265	2,562	5,827
1963	2,923	2,705	5,628
1964	1,897	2,800	4,697

29) 경제과학심의회의, 『농지세의 물납화문제(정부관리 양곡 확보방법의 검토)』, 1964.

추곡 일반매입 중지를 검토하였다. 농지세 물납화로 야기될 수도 있는 문제에 대한 최소한의 안전장치였다. 그러나 법안 초안까지 명시된 일반매입 중지는 농산물 가격 유지에 정부가 개입하기 위하여 추곡매입이 필요하다는 이유로 삭제되었다.[30] 강제적인 추곡 일방매입 폐지는 농지세 물납제를 정당화한 논리였지만 막상 실행되지 못하였다. 박정희 정권은 추곡수매와 물납으로 양곡을 통제할 수 있는 막강한 권한을 확보하였다.

농지세 물납제는 1964년 10월 23일 국회 본회의에서 통과되었다. 정확한 명칭은『농지세 징수에 관한 임시조치법』이며 시행일은 같은 해 11월 1일이었다. 징수기준은『농산물검사법』에 의한 2등품이었다. 재해 및 작황불량으로 징수가 불가능할 경우 1등품이나 3등품으로 대체할 수 있었고 이마저 어려우면 등외품 납부가 가능하였다. 징수를 담당한 시장·군수는 납세자에게 영수증을 교부하고 현곡매상 자금을 정산 받으려면 서울특별시·부산시·도의 양곡관리특별회계 재무관에게 현곡매상 자금 정산청구서를 제출해야 했다. 양곡관리특별회계 재무관은 당해 정산대금을 이듬해 1월 1일부터 말일 사이 정산하는 게 원칙이었다.[31] 납부기일 내 납부자에 대한 세액 일할 공제규정을 신설하였고, 법 시행 기간을 1966년도 미곡 연도까지 삼 년간으로 한정하였다. 이는 농민에 대한 유인책이었다. 그러나 야당은 농지세 물납제에 전면적으로 반대하였다.[32] 실제 농정혼란을 이유로 농림부 장관 해임 안까지 제출하였다.[33]

농지세 물납제 실시 기간은 당시 총선 시기를 비껴갔다. 결과적으로 정부의 농지세 물납제 연장조치로 무산되었지만, 법 제정 당시 규정대로

30) 내무부 장관, 농림부 장관,『농지세 물납에 관한 임시특별조치법(안)』, 1964.

31)『농지세 징수에 관한 임시조치법 시행령』, 1964. 10. 29.

32) ≪동아일보≫, 1964. 10. 23,『농지세 물납제법안 통과』.

33) ≪경향신문≫, 1964. 10. 28,『차농림 해임 건의안 부결 야, 5.6명이 이탈』.

2년 실시 후 폐지되었다면 공화당 국회의원들은 1967년에 부담 없이 선거운동을 할 수 있었다. 이 같은 상황에 대하여 당시 정부와 여당도 충분히 인식하고 있었다.[34] 이와 같은 점으로 볼 때 박정희 정권이 농지세 물납제를 항구적인 조치로 고려한 것처럼 보이지는 않는다.

농지세 물납제는 세법개정 당시부터 비판에 직면하였다. 물납제의 본질이 통화량 조절과 인플레이션 대책이었기 때문에 실제 곡가 하락을 방지할 수 없으며 납부와 수납이 훨씬 더 복잡해져 농민들에게 직간접적인 피해로 이어질 수 있다는 점이 지적되었다.[35] 더구나 1964년은 풍년 기근으로 농민 입장에서 농지세 물납제를 시작하기에 적당한 시기도 아니었다.

농지세 물납제 실시에 따른 현실적인 난점도 많았다. 금납제는 정부 매입가를 곱하여 세액산출 후 현금으로 수납하였기 때문에 문제가 없었다. 하지만 물납제는 다음과 같은 문제가 있었다. 첫째, 용량 대 중량 환산문제였다. 농지세 물납제 기준 수확량은 『토지과세기준조사법』에[36] 의하여 용량으로 되어 있기 때문에 과세 총량을 이에 의거하여 산출하였다. 그러나 실 수납은 농산물검사법에 의한 중량으로 환산해야 했다. 둘째, 등급별 가격차에 따른 가감 징세였다. 과세기준은 『농산물검사법』 규정에 의해 2등품 기준으로 징수하되 1등품, 3등품, 또는 등외품으로 수납하는 경우는 정부 매상 가격차를 감안하여 징수해야 했다. 셋째, 징수곡가 종류 간 대체징수 문제였다. 『토지과세기준조사법』기준은 하곡은 보리와 쌀보리, 추곡은 쌀과 옥수수(옥수수는 강원도에 한함)였다. 이

---

34) ≪동아일보≫, 1964. 10. 24, 『저의는 『표』깎지 않는 것 여당만의 농지세법안 통과』.

35) ≪경향신문≫, 1964. 10. 8, 『농지세의 물납제』.

36) 『토지과세기준조사법』, 법률 제828호, 1961. 12. 8.

외 농산물에 과세하기 위해서는 곡가 종류 간 대체징수 기준 확립이 필요하였다. 넷째, 납부기일 내 납부 시 10% 공제조항이었다. 징수대상 농산물은 2등품이 기준이었다. 3등품이나 등외품은 양적으로 완납하여도 세액기준상 부족하였기 때문에 추가징수가 많을 것으로 예상되었다. 추가징수분 공제를 위한 기준과 절차의 완비가 필요하였고 행정비용과 인력이 추가로 소요될 수밖에 없었다. 다섯째, 수납부 등 관계 장부 정리가 힘들었다. 많은 곡가 종류와 등급을 모두 적용하여 장부에 기록할 방법을 찾기 어려웠다. 여섯째, 통계미비였다. 용량 대 중량, 곡종과 등급 간 양조절 문제, 대체징수, 일할 공제 등이 이루어지기 위해서는 관련 통계가 방대하고 정밀해야 했다. 하지만 당시 통계로는 이를 감당할 수 없었다. 일곱째, 정부와 지방행정기관 간 몇 차례의 환산과정과 복잡한 계산을 통해서만 소요자금 정산 및 송금이 가능하였다.[37] 후진적인 '물납제'를 실시하기 위하여 '정교하고 선진적인 시스템과 통계'가 필요한 역설이었다.

농지세 물납제는 어떤 면에서 보더라도 시대착오적이었고 실행이 쉽지 않았다. 경작 규모와 상관없는 일률적인 세율도 후진적이었지만 무엇보다 물납제 자체가 문제임을 부정할 수 없었다. 그럴듯한 명분이 있더라도 실제는 정부가 재정 부담을 영세 자작농에게 떠넘긴 것이고 누진제도 아니었기 때문에 부담은 가난한 이들에게 가중되었다.

여론도 부정적이었다. 농지개혁 상환곡은 성격상 논외로 하더라도 임시토지수득세가 폐지되고 농지세가 금납화된 해는 1960년이었다. 4년 만에 물납제를 재도입하기 위해서는 폐지된 제도와의 차별성을 부각해야 했다. 박정희 정권은 농지세 물납제와 임시토지수득세의 차이를 다음

---

37) 김종웅, 『농지세 물납제의 운영에 있어서 유의점』, ≪지방행정≫14, 1965, 48~49쪽.

과 같이 제시하였다. 첫째, 임시토지수득세는 부과기준이 부정확하여 과세가 불공평하였다. 한국전쟁을 고려하지 못하였고 해방 이전 임대 가격을 기준으로 하였다. 또한, 토지등급에 의한 기준 수확량이 법으로 정해지지 않았다. 그러나 농지세 물납제는 토지등급이 35등급으로 세분화되었고 기준 수확량도 이에 따라 정해졌다. 둘째, 임시토지수득세 누진세율을 비례제로 시정하고 기한 내 납부하는 농가에 과세량 10% 절감 혜택을 주었다.[38] 박정희 정권이 지적한 점은 제도 자체가 아니라 실행과정에서 발생한 문제였다. 정부수립 이후 미비한 통계, 부족한 행정력, 고갈된 재정으로 인해 파생된 부분은 임시토지수득세뿐만 아니라 거의 모든 분야의 행정과 제도에서 보이는 사항이었다. 박정희 정권이 이를 완벽하게 극복하였다고 장담할 수 있는 상황도 아니었다. 토지수득세의 근본적인 문제는 물납제였지만 이를 강조할 수는 없었다.

농지세 물납제 실행 이후 제기된 문제를 해결하기 위한 방안은 일반매상, 양비교환, 잡곡교환 등이었다. 하지만 모두 문제가 있었다. 일반매상은 농가의 영세성, 시장구조의 전근대성으로 인하여 매입 시기와 매입량을 조절하기 어려웠다. 또한, 일시에 매입이 이루어지면 인플레이션의 우려가 있었다. 양비교환은 정부가 일방적으로 결정한다는 문제가 있었다. 마지막으로 잡곡교환은 농가의 잡곡 보유사정 및 미곡과 잡곡가격과의 격차 변동에 의한 한계를 극복하기 어려웠다.[39]

1961년에서 1966년 사이 농지세 수입총액은 2배 이상 증가하였다. 하지만 농림 총생산 증가로 농지세의 조세부담률은 해당 부문에서 오히려 1.8%에서 1.3%로 감소하였다. 같은 시기 2%대를 유지한 국민 전체

---

38) 정광수, 앞의 논문, 58~59쪽.
39) 정광수, 앞의 논문, 57~58쪽.

직접세 부담률(1961년 2.1%, 1966년 2.9%)과 비교하면 낮은 수준이었다.[40] 그러나 농지세 물납제는 여전히 문제가 있었다. 정부 매입가가 시세보다 훨씬 낮았기 때문에 농민들은 첫해부터 손실을 보았다.[41] 정부 미곡매입가는 Parity지수에 의해 결정되었는데 기준연도가 쌀의 시장 방출량이 급증한 1960년 11월로 쌀값이 폭락한 시점이었다. 1963년 곡물 도매가격지수가 3.7% 상승할 때 곡물 외 물가상승이 38%에 이르렀다는 점을 감안한다면 농지세 물납제로 인한 농민부담이 실제였음을 알 수 있다. 농민들은 농지세 물납제를 불신하였고 정부에 협조하지 않았다. 정부의 물납 및 매입에 응하지 않아 수납장소마다 한가한 경우가 많았고 납기 내 납부로 10% 공제를 받아도 생산비에 비해 손해를 본다고 여겼다.[42]

2) 농지세 물납제의 연장과 농촌통제

농지세 물납제로 정부 관리양곡이 안정적으로 확보되었음은 부정할

---

40) 농업협동조합중앙회, 『농협조사월보』126, 1967, 28쪽.

* 1961~1966년 농업부문 조세 부담률(거시적인 면)   (단위: 백만 원, %)

구분	농림 총생산(A)	농지세(B)	B/A
1961	117,010	2,078	1.8
1962	123,870	2,031	1.6
1963	200,520	3,067	1.5
1964	310,730	3,590	1.2
1965	298,010	3,977	1.3
1966	355,650	4,511	1.3

* 농림 총생산은 경상가격에 의한 것임.

41) 1964년 당시 농지세를 물납한 농가는 경우 톤 당 482원의 손실을 본 것으로 조사되었다. 정광수, 앞의 논문, 61~65쪽.

42) 《경향신문》, 1964. 11. 14, 『소리 없는 아우성, 오늘의 농촌 현지를 가다(完) 물납세제』.

수 없다. 박정희 정권은 야당의 반대에도 불구하고 애초 2년 시한으로 공포된 법적용 기간의 무제한 연장을 시도하였다.[43] 농지세 물납제 연장에 대하여는 여당과 야당뿐만 아니라 정부 내에서도 이견이 속출하여 금납제 환원, 혼납제 등이 제기되었다.[44] 농민들의 여론도 좋지 않았다. 1965년 양주군 여론조사 결과를 보면 농지세 금납제에 대한 지지여론은 70%에 이르렀다. 물납제 지지여론은 10% 정도에 그쳤다. 경작규모에 관계없이 금납제 지지여론이 높았다.[45] 하지만 애초 한시적으로 실시될 예정이었던 농지세 물납제는 오히려 연장되었다.

농림부의 농지세 물납제 연장 명분은 다음과 같았다. 기한 내 납부자 1할 공제특전 및 현곡수납에 대한 행정상 편의 공여로 1964년 2기분 목표량의 98.3%, 1965년 1기분은 97.4%를 각각 달성하였으며 1964년 11~12월경 생산기 미가가 1965년 2~3월 미가보다 높아 사실상 수확기 곡가 하락을 방지하였다는 점이었다. 정부관리 양곡 적정량(1964년 추곡=65만 4천 석, 1965년 하곡=10만 2천 석) 확보도 언급하였다.[46] 당장의 정부 재정상황 때문에라도 농지세 물납제를 포기하기는 쉽지 않았다. 물납화된 농지세 수입은 전체 지방세 수입의 40%를 상회하였다.[47] 실적으로 볼 때 농지세 물납제 연장은 당연하였으나 관련 정부 부서 간에도 의견이 엇갈렸다.

1966년 농지세 물납제 연장 시 정부 담당부처와 전문가, 농민들의 다

43) ≪경향신문≫, 1965. 10. 23, 『물납제 계속 방침』; ≪매일경제≫, 1966. 4. 15, 『농지세 물납제 연장실시』.
44) ≪경향신문≫, 1966. 4. 18, 『물납제를 금납제로』; ≪매일경제≫, 1966. 4. 18, 『물납제와 금납제 혼합』; ≪매일경제≫, 1966. 4. 19, 『공화당 물납제 주장』.
45) 정광수, 앞의 논문, 76~79쪽.
46) ≪매일경제≫, 1966. 4. 15, 『농지세 물납제연장 실시』.
47) 『농지세의 성격과 농가부담』, ≪농협조사월보≫126, 1967, 17쪽.

양한 입장이 신문지면에 등장하였다. 농림부는 관리양곡, 곡가개입, 재원확보 등을 이유로 농지세 물납제 연장에 찬성하였다. 징수 부서인 내무부는 사전납부 할인으로 인한 정부손해를 들어 비판적인 입장을 유지하는 듯 보였지만 오히려 이는 농민에게 농지세 물납제를 교묘하게 설득할 수 있는 논리이기도 하였다. 농민은 생산물을 자유롭게 임의로 처분할 수 없었기 때문에 부정적이었다. 관련 전문가들은 물납제의 후진성을 들어 반대하였고 시행하더라도 일시적이어야 한다고 주장하였다. 특히 농민들이 손해를 볼 수밖에 없는 한계에 대하여 지적하였다.[48]

여·야간 공방도 계속되었다. 야당은 농민이 농지세 납부 시 금납제와 물납제 가운데 선택할 수 있는 안을 제시하였다. 하지만 여당은 정부 보유미 확보를 위한 물납제 지속을 주장하였다.[49] 공방 속에서도 농지세 물납제는 점점 공고화되었다. 『농지세 징수에 관한 임시조치법』으로 출발한 농지세 물납제는 1966년 7월 1차 개정되었다. 개정 내용은 1966년인 법 적용 연한의 1년 연장이었다.[50] 1967년 10월 1차 법 개정 적용 연한 종료 직전 『농지세 징수에 관한 임시조치법』이 『농지세징수특별조치법』으로 변경되었다.[51] '임시'라는 단어가 삭제되었고 부칙에 있던 법 적용 연한도 없어졌다. 많은 논란과 반대에도 불구하고 농지세 물납제는 항구화되었다.

실무적인 면에서 농지세 물납제를 지속가능한 제도로 보기는 어려웠다. 과세를 위해서는 과세지 현재액 조사가 첫 번째 절차였다. 1개 읍면

---

48) 《매일경제》, 1966. 4. 20, 『농지세 물납제 연장실시에 혼선』.
49) 《경향신문》, 1966. 4. 20, 『물납제를 금납제로』; 《동아일보》, 1966. 4. 19, 『공화당 농지세금납제반대』.
50) 『농지세 징수에 관한 임시조치법』, 법률 제1,795호, 1966. 7. 12.
51) 『농지세징수특별조치법』, 법률 제1,959호, 1967. 10. 28.

당 3~4인이 필요한 이 작업은 2월 20일까지 마무리되어야 했다. 업무가 과중하지는 않았으나 시기가 겨울이라 좋지 않았고 현장에서 일시에 사람들이 많이 모일 수 있는 장소를 마련하기도 어려웠다. 날씨로 인하여 외근이 많은 업무를 수행하기도 쉽지 않았다. 관련 업무를 담당할 공무원 전문화, 농지 증감 여부를 정확히 파악하기 위한 근무 기간 보장도 필요하였지만, 순환 근무하는 공무원 특성상 용이한 일은 아니었다.[52]

정부 내에서 농림부와 내무부의 입장은 줄곧 상이하였다. 1967년 농지세 물납제 연장 시 내무부는 지방행정기관이 농지세로 양곡을 수납하면 정부가 이를 매입 후 대금을 지불하여 지방세인 농지세가 결과적으로 국세로 징수되어 지방행정기관으로 전달되는 전근대적 세제라는 입장이었다. 정부양곡 매입가격이 시중가격보다 높거나 동등한 때는 농민의 부담이 적어지고 시중가격이 정부 매입가격보다 상승한 경우에는 오히려 세 부담이 가중되는 불확실성을 지적하였다. 농지세를 물납한 후 현금으로 양식을 고가 매입하는 문제와 납기 내 10% 절감조항은 지방행정기관에 연간 5억 원의 재정손실을 초래한다는 점도 언급하였다. 이 외에 환급과 징세의 부정확성, 등급산정과 면세점으로 인하여 영세농들에게 과세가 불가하다는 입장이었다. 하지만 농림부에 따르면 농지세 물납제가 전근대적 세제라는 점은 처음부터 지적된 문제였다. 그럼에도 불구하고 물납화의 여러 장점을 이유로 시행하였기 때문에 새삼스러운 반대 이유가 될 수는 없었다. 실제 1966년 제 2기분 (추곡)물납실적(722,552석)은 계획량을(710,386) 102% 초과 달성하였다. 농림부는 수확기 곡가 하락 방지, 정부관리 양곡 확보용이, 연말 통화증발 요인 제거 등이 실현되었다는 입장이었다. 법정 기준 수확량의 6%만 납부하면 되기에 곡가

---

52) 조응구, 『갑류 농지세 운영상의 문제점과 개선방안』, ≪지방행정≫17, 1968, 153~154쪽.

고하, 작황과 상관없이 부담이 일정하며 시군 재정지출, 자산 재원확보도 원활하다고 주장하였다. 그러나 현물로 공정과세가 이루어지고 면세, 할인 혜택을 부여하더라도 정부 평가액이 시가보다 낮다면 농민 입장에서는 곡물을 판매하여 납세하는 것이 이득이었다. 농림부는 별다른 실적이나 근거 없이 추후 정부 매입가가 시가보다 낮지 않을 것이라 주장하였다.[53]

농림부의 입장에는 모순이 있었다. 우선 정부 경제정책의 방향이 크게 전환되지 않으면 정부 매입가가 시중가를 상회하기는 어려웠다. 이는 『농산물가격유지법』에도 불구하고 1969년 별도로 이중곡가제가 추진된 사실만 보아도 알 수 있다. 현물로 농지세를 납부하기 때문에 탈세가 어려워진 점은 부인할 수 없지만, 정부관리 양곡 확보의 와중에 발생한 부수적인 효과였다.

1960년대 정부 추곡(미곡)관리 추이를 보면 박정희 정권이 농지세 물납제를 통해 얻으려 한 바를 확인할 수 있다. 1961~69년 국내 미곡생산량과 정부미곡 관리량은 농지세 물납제 이후 비율뿐만 아니라 절대량으로도 농지세 물납제 실시 이전을 따라가지 못하였다. 정부 미곡 관리량 가운데 농지세가 차지하는 비율은 첫해인 1964년 40%에 육박하였으나 이후 20~30% 사이를 맴돌았다.[54] 수치로 보면 박정희 정권이 의도한 바는 정부관리 양곡 증가보다는 안정적인 확보였다. 강제적인 추곡수매보다 세금으로 현물을 확보하기가 용이했던 것이다. 농림부의 주장과 달리 전체 양곡 가운데 미곡유통에 개입할 수 있는 정부관리 양곡의

---

53) 농림부 양정국, 『농지세 물납제 연장에 관한 실무자 회의보고』, 1967.

54) 조영탁, 『1960년대 이후 양곡관리정책의 변화와 그 성격에 관한 연구, 국가 개입방식의 변화와 그 효과를 중심으로』, 서울대학교 경제학과 박사논문, 1993, 26쪽.

비율은 오히려 점점 낮아졌다. 농지세 물납제는 미곡시장 개입의 수단을 마련하기 위한 정책은 아니었다. 그러나 박정희 정권은 이전부터 반발이 심하였던 농지세에 대해 새로운 돌파구를 만들었고 정부관리 양곡도 안정적으로 확보하였다. 반대여론, 행정비용 등을 고려하더라도 농지세 물납제 유지가 정부에 이득이었음을 의미하였다.[55]

1968년 3월 야당인 신민당은 절량농가 속출 등으로 농촌이 최악의 상태였기 때문에 즉각적인 대책이 필요하다고 주장하였다. 농지세 물납제 폐지는 주요하게 제시된 대책 가운데 하나였다.[56] 하지만 이즈음 신민당은 농가경제 개선방안으로 농지세 물납제 폐지보다 이중곡가제를 강조하였다. 오히려 비료 외상대금까지 양곡으로 받고 양곡 판매대금을 이듬해 양곡구매자금으로 전용한다는 안까지 수립하였다.[57] 이는 양곡 확보 방안이었다는 점에서 본질적으로 물납제 강화였다. 그럼에도 불구

---

55) 내무부,『지방세정연감』, 각 연도.

* 지방세와 군세 중 농지세 징수액 비율 (단위: 100만 원, %)

구분	지방세 총징수액(A)	농지세 징수액(B)	기타세 징수액(C)	군세 총징수액(D)	지방세 중 농지세 비중(B/A)	군세 중 농지세 비중(B/D)
1962	5,211	2,031	3,180	2,416	38.9	84.1
1963	7,401	3,067	4,334	3,452	41.4	88.8
1964	8,824	3,590	5,234	4,047	40.7	88.7
1965	11,352	3,977	7,375	4,743	35.0	83.8
1966	16,153	4,964	11,189	5,947	30.7	83.4
1967	14,099	3,350	10,749	4,228	23.7	79.2
1968	19,357	3,349	15,907	4,535	17.3	73.8
1969	26,584	4,780	21,801	6,239	17.9	76.6
1970	33,232	3,123	30,110	5,165	9.4	60.4

56) ≪경향신문≫, 1968. 3. 15,『농촌경제 육성책 다루는 초당적 기구 제의』; ≪경향신문≫, 1968. 3. 30,『잡부금 징수중지 등 신민, 농촌구제에 건의』.
57) ≪경향신문≫, 1968. 10. 7,『5천 원선 주장』.

하고 농지세에 대한 농민의 부담과 부정적인 여론은 정부로 하여금 농지세를 인하하게 하였다.[58]

1960년대 이후, 농지세 납세 의무자의 변화는 농지세 실시과정의 혼란을 보여주었다. 1962년 납부대상자는 경작자였고 이는 1960년대 내내 유지되었다. 재산세가 아닌 수익세였기 때문이다. 그러나 1969년에 소유자에게 이전되었다가 1974년 다시 경작자로 환원되었다. 이후 1984년에는 소유자와 경작자 모두가 부담하는 방향으로 정리되었다. 1971년 실시한 세제개혁 시 농지세 가운데 하곡(맥류 등) 부문이 폐지되었다. 농민부담과 지방세 가운데 농지세 비율이 점차 하락하였지만, 징수액 총규모는 이후에도 증가하였다.[59]

당시 지방세 증가세를 보았을 때 농지세가 증액되었다고 보기는 어려웠다. 도리어 지방세 가운데 농지세 비율은 1970년에는 9.4%로 갑류 농지세가 물납화된 1964~65년 사이의 35~40%와 비교하면 현저하게 낮았다. 몇 차례 실시한 면세점 인상이 영향을 주었음을 확인할 수 있다. 그러나 이렇게 낮아진 농지세도 여전히 농민들에게는 커다란 부담이었다. 1974년에는 아예 기존 17등급으로 분류된 과세기준 가운데 면적 2,500평 이하인 하위 두 등급의 부담을 삭제하였다.[60] 또한, 수입 가운데 일괄적으로 6% 징수에서 수입 구간별로 6%, 8%, 10%를 징수하는 것으로 변경되었다.[61]

징수 비율에서 하락세였던 농지세는 1970년 이후 지방세 평균보다 훨씬 높은 증가율을 보였다. 특히 물납화한 갑류 농지세의 징수실적은

58) 《경향신문》, 1969. 9. 8, 「농지세 인하 내년부터」.
59) 한국농촌경제연구원 편, 『한국농정 50년사』 I, 농림부, 1999, 929~931쪽.
60) 《경향신문》, 1974. 10. 11, 「갑류 농지세 부담액 비교」.
61) 정명채, 「농지세제에 관한 연구」, 《농업경영정책연구》 4, 1977, 114쪽.

49.8%가 증가하여 을류의 46.8%, 전체 지방세 증가율의 37.7%를 웃돌았다. 같은 기간 농가소득 증가율인 28.3%보다도 훨씬 높았다. 1970년 9.4%였던 지방세 내 농지세 비율은 1975년 13.1%까지 증가하였다. 세제 개편을 통해 하락하던 농지세액을 확보한 것이다. 누진제 적용의 결과였지만 긍정적으로 보기는 어려웠다. 여전히 소득세가 아닌 수익세였기 때문에 농가의 입장에서 생산을 위해 투자한 비용을 공제받을 수는 없었다. 따라서 농민들의 여론은 여전히 좋지 않았다. 농지세 부과 시 소득세 체제로 바꾸자는 의견은 조사농가(전북 김제 표본농가)의 85.4%에 이르렀다. 농지세 자체에 대한 불신도 높아 과세가 불공평하다고 생각한 비율은 31.5%였다.[62]

농지세 물납제는 1960년대 초중반 박정희 정권의 농정이 가진 한계를 보여주었다. 집권 초기 농촌 지원정책은 전체 경제정책과의 유기적인 관계, 재정적인 뒷받침이 결여되었기 때문에 일시적인 효과 이상을 기대할 수 없었다. 그러나 일시적인 효과를 위한 정부 부담은 컸다. 농지세 물납제는 5.16쿠데타 직후 확장된 정부 역할을 지속하기 위한 박정희 정권의 고육지책이었다. 따라서 실상 농가경제에 악영향을 끼쳤어도 당장에 폐지하지 못하였다. 박정희 정권의 의욕, 전체 경제정책의 방향이 농촌·농업의 현실과 파열음을 일으켰다. 문제를 농촌사회 통제로 해결하려 하였기 때문에 전근대적인 세제와 농가부담으로 귀결된 결과가 농지세 물납제였다. 1964년 법 제정 이후 지속적으로 존폐논란이 휩싸였으나 1970년대에는 이러한 논의조차 공개적인 지면에서 사라졌다. 이후 1984년 농업 관련 조세제도 개혁 시 을류 농지세와 일원화되어 폐지되었다.

---

62) 정명채, 앞의 논문, 116~122쪽.

2. 농업 생산력의 한계와 미곡유통체계의 왜곡

1) 농업 생산력 증대와 한계

박정희 정권기 농업 정책은 5.16쿠데타 직후, 1차 경제개발 5개년 계획, 2차 경제개발 5개년 계획 등 각각의 시기마다 변화하였다. 하지만 어떠한 경우에도 농산물 증산이 목표가 아닌 경우는 없었다. 이는 생산성 향상을 추구한다는 당연한 사실 이상의 의미가 있었다. 여전히 인구의 다수인 농민들의 자급자족, 공업화와 도시화, 정부관리 양곡 확보, 무역수지 개선을 위해서라도 식량증산은 반드시 필요하였다. 정치적인 이유로도 박정희 정권에게 식량증산은 절실하였다. 쿠데타 당시 미국은 식량원조를 자신들의 요구를 관철하기 위한 수단으로 삼았고 실제 민정 이양 문제가 생겼을 때 원조식량 하역을 중단하였다.[63] 정권의 정치적인 독립이 양곡에 의해 좌우된 것이다.

박정희 정권기 농산물 생산량 추이의 의미를 알기 위해서는 이전 시기 농업생산량을 확인할 필요가 있다. 1945~61년 사이 양곡 생산 추이를 보면 한국전쟁을 전후한 기간을 제외하면 대체로 증가세였다. 16년간 거의 두 배가(〈부표 10〉 참조) 늘어났다. 그러나 식량 수급상황이 좋았다는 의미는 아니었다. 해방 직후에는 해외동포들이 귀환하고 일제강점기 억눌려있던 쌀 소비가 증가하여 식량사정이 좋지 않았다. 이후 한국전쟁으로 사정은 더욱 악화되었다. 1954년부터 식량생산이 증가하였지만 여전히 공급량은 수요에 미치지 못하였다.

1954년 94.9%에 이르던 식량 자급률은 1957년 77.9%까지 하락하였다가 1961년에 90.3% 수준으로 회복되었다. 전체 생산량이 증가하고 농

---

63) 심융택, 『굴기, 실록·박정희 경제강국 굴기 18년, 녹색혁명』7, 동서문화사, 2015, 24쪽.

가의 엥겔지수도 낮아지는 등 농가 생활수준 향상의 모습도 보였다.[64] 실제 국민들의 식생활과 영양 관계에서 농업 생산력 증가의 영향을 확인할 수 있다. 1920년대 이후 한국전쟁 시까지 꾸준히 감소하였던 칼로리 공급량은 한국전쟁 이후 증가세로 돌아섰다. 또한, 공급량 가운데 미곡의 비중이 증가하였다. 그러나 여전히 권장 섭취량보다 낮았다.[65]

1950년대 양곡 생산 증가와 식량 자급률이 수치상 무관하였음에도 미곡을 중심으로 한 생산증가는 당시 사람들의 식생활 개선에 영향을 주었다. 하지만 정부의 미곡 및 맥류 증산계획은 각 연도별 목표량을 달성하지 못하였다. 따라서 농산물 증산에도 불구하고 여전히 농민들의 영양수준은 기준점 이하에서 형성되었고 식량 자급률도 농산물 생산량 증가와 상관없이 낮았다.

박정희 정권기 농산물 증산책은 이전 정권보다 훨씬 적극적이었다. 5.16쿠데타 이후 실시된 여러 정책은 농업 생산력 증가에 어떠한 영향을 끼쳤을까? 1차 경제개발 5개년 계획의 일환으로 실시된 3차 농업증산 5개년 계획 기간 양곡 생산 추이의 가장 큰 특징은 목표량을 초과달성했다는 점이었다. 하지만 여전히 수요량보다 적었다. 계획 초기에는 실적이 수요를 앞질렀지만 목표 연도인 1966년의 생산량은 실제 수요대비 80% 정도에 불과하였다.[66] 이 같은 문제가 발생한 원인은 우선 미곡증산을 단기간에 달성할 수 없다는 근본적인 요인이 있었다. 그러나 1차 경제개발 5개년 계획이 주곡위주 단순영농방식 지양 및 영농 다각화와

---

64) 농수산부, 『한국양정사』, 1978, 286~303쪽.
65) 육소영, 『식품수급표 분석에 의한 20세기 한국 생활수준 변화에 대한 연구』, 충남대학교 경제학과 박사논문, 2017, 64~67쪽.
66) 한국농촌경제연구원 편, 『한국농정 50년사』II, 농림부, 1999, 1,296쪽.

농가소득 증대를 추구한 데에서 비롯한 면도 있었다.[67] 2차 경제개발 5개년 계획 기간과 겹치는 1960년대 중후반 양곡 생산량 추이는 다음과 같았다.

〈표 37〉 1967~1971년 양곡 생산실적　　　　　　　　　　　　　　　(단위: m/t)

연도	미곡	맥류	잡곡	두류	서류	계
1967	3,603,104	1,754,044	113,514	235,418	631,104	6,337,184
1968	3,195,335	1,902,857	161,667	287,661	758,684	6,306,204
1969	4,090,444	1,903,129	136,776	272,596	777,893	7,180,838
1970	3,939,260	1,819,829	124,092	276,837	783,219	6,943,237
1971	3,997,635	1,714,508	109,533	262,979	707,241	6,791,896

자료: 농림부, 『농림통계연보』, 각 연도.

　2차 경제개발 5개년 계획 기간인 1967~71년에 해당되는 식량증산 7개년 계획(1965~71)의 해당년도 목표는 1967년 7,505,147m/t, 1968년 8,216,826m/t, 1969년 8,796,225m/t, 1970년 9,328,482m/t, 1971년 9,842,243 m/t이었다. 이 계획에 따르면 1967년부터 자급자족, 1968년부터는 수출까지 가능하였다.[68] 하지만 계획과 현실은 달랐다.

　1967~68년은 흉작으로 불가피하게 목표량에 미달하였다고 볼 수도 있지만 이후에도 계획량과 실제 생산량의 편차는 컸다. 애초 계획에서 식량을 자급자족하고자 한 1967년의 자급률은 86.7%였고 1968년의 수출량은 미미하였을 뿐만 아니라 오히려 전해보다 감소하였다. 무엇보다 가장 절실한 증산이 기대에 미치지 못하였다. 계획의 마지막 해인

---

67) 조영탁, 앞의 논문, 14~15쪽.
68) 농림부, 『농림수산행정개관(1945~1965)』, 1966, 47~48쪽.

1971년이 되면 식량 자급률이 오히려 69.4%로 격감하였다. 식량증산 7개년 계획의 목표가 실패하기도 하였지만 성공하였어도 양곡자급은 불가능하였다. 애초 식량증산 7개년 계획의 생산목표는 실제 수요에 항상 미달하였다.[69] 흉작 이후 박정희 정권의 방침은 다품종 영농에서 주곡 자급으로 전환되었다. 1969년부터 전천후농업개발이 추진되어 1970년에는 미곡과 맥류의 생산량과 자급률이 증가하였으나 이듬해부터 다시 격감하였다.

1960년대 농업은 타 산업에 비해 상대적으로 저조하였지만 꾸준히 성장하였다. 특히 1960~65년 사이 성장률은 5.82%를 기록하였다. 양곡 생산 총량으로 보아도 이승만 정권기와는 비교 자체가 어려울 정도였다. 그러나 이후 1965~70년 2.42%, 1970~73년 1.88%로 감소하였다.[70] 이는 생산량에도 반영되어 식량증산 7개년 계획이 목표에 미달하는 결과로 이어졌다.

생산량 증가에도 불구하고 저조했던 식량 자급률은 1960년대 농업의 한계를 보여주었다. 공업화를 위한 저곡가 정책은 양곡소비 증가로 이어져 정부의 직접적인 통제에도 불구하고 양곡부족은 점점 심화하였다. 수요가 생산의 증가 속도를 앞지를 수밖에 없는 구조였다. 이를 해결하기 위해서는 전체 경제정책 방향을 수정할 필요가 있었다. 결국, 수요를 충족하기도 어려운 농업은 수출산업에 비해 후순위로 밀릴 수밖에 없었다.

1960년대 박정희 정권의 농산물 증산 정책이 가지는 성격은 공급과 수요, 생산 총량 증가만으로 분석하기 어렵다. 양곡 생산실적 증가가 확인된 상황에서 단지 계획에 미달하였다는 점을 이유로 농촌근대화와 농

---

69) 농수산부, 『한국양정사』, 1978, 438쪽.
70) 반성환, 앞의 논문, 8쪽.

업발전을 부정할 수는 없다. 실제 농업'생산력'을 확인할 필요가 있다.

〈표 38〉 1962~1971년 농업 생산력 관련사항　　　　　　(단위: m/t, 정보, 명)

연도	양곡 총생산량	경지면적	정보당 생산(m/t)	농가인구
1962	5,032,245	2,066,013	2.4	15,096,779
1963	5,462,838	2,079,566	2.6	15,266,325
1964	6,640,422	2,178,238	3.0	15,553,019
1965	6,526,928	2,260,236	2.9	15,811,575
1966	7,037,791	2,280,692	3.0	15,780,706
1967	6,337,184	2,296,920	2.7	16,078,086
1968	6,306,204	2,275,120	2.7	15,907,664
1969	7,180,838	2,252,131	3.1	15,588,912
1970	6,943,237	2,136,619	3.2	14,431,914
1971	6,791,896	2,167,477	3.1	14,711,828

자료: 농수산부, 『한국양정사』, 1978; 농림부, 『농림통계연보』, 각 연도.

　　1960년대 양곡 생산량 증가를 농업 생산력 향상으로 보기는 어려웠
다. 1962~64년 사이 면적당 생산량은 증가세지만 이후 1971년까지 수
치는 일정 수준을 유지하였고 흉작이 있었던 1967~68년 사이에 오히
려 면적당 생산은 감소하였다. 미미한 증가세로 보기도 어려운 수준이었
다. 1964~66년 사이 생산량 증가는 경지면적 증가에 따른 현상이었다.
1968년부터는 경지면적이 감소하였고 흉작 이후에도 1966년 수준을 회
복한 데에 지나지 않았다. 1960년대 중반부터 농기계가 본격적으로 보
급되었지만, 이 또한 생산력 추이에 아무런 영향을 끼치지 못하였다.[71]
흉작이었던 1963년과 1968년을 제외하면 1960년대 농업 생산력은 일

71) 한국농촌경제연구원 편, 『한국 농업·농촌 100년사』하, 농림부, 2003, 1,242~
　　1,244쪽.

정한 수준에서 유지되었다.

전반적으로 1960년대 박정희 정권기에 농산물 생산량은 증대되었지만, 농업 생산력이 높아졌다고 보기는 어려웠다. 1971년까지 농업 생산력은 대체로 1964년 수준에서 정체되었다. 1962~71년 사이 가장 많은 양곡 총생산량에 도달한 시점은 1969년으로 흉작 이후 총면적이 감소하기 직전이었다. 증산이 경작지 확대에 따른 결과였음을 알 수 있다. 또한, 면적당 생산 증가 폭이 일정하지 않았다는 점은 당시 농업 생산력이 안정적이지 못하였음을 보여준다.

농촌의 절대 인구가 유지된 상황에서 농업 생산력 증가율이 전체 경제발전과 비교하여 낮았던 점은 박정희 정권에게 현재 생산력과 농촌구조를 전제로 한 농가소득 증대방안과 공산품 소비자·식량 공급지로서 농촌, 농업과 여타 산업과의 상호관계에 대한 과제를 주었다. 첫 번째 과제에 대한 답은 『농산물가격유지법』이었고 두 번째 과제에 대한 답은 본격적인 수출지향 공업이었다. 농가소득 증대를 위한 농산물 가격 정책은 이중곡가제로 실현되어 제한적이나마 효과가 있었다. 수출지향 공업화는 산업으로서 농업발전과 생산의 주체인 농가, 농촌에 대한 방기로 귀결될 수밖에 없는 조치였다. 하지만 이는 답인 동시에 문제의 원인이었다. 5.16쿠데타 직후 만들어진 『농산물가격유지법』의 무용과 1차 경제개발 5개년 계획 수정이 농업의 문제를 야기하였고 10년 후에도 원인과 같은 답을 제시할 수밖에 없었다. 이 가운데 농촌은 정부의 농업 정책 결정과정에서 소외되었음에도 불구하고 가장 큰 영향을 받지 않을 수 없었다.

1950년대 후반 농촌은 소작제 부활[72], 농가경영 악화, 농가부채와 고

---

72) 당시 증가하던 임차농을 소작농으로 볼 수 있는지에 대하여는 논란의 여지가 있다. 소작제의 경우 신분적인 예속이 강한 이미지이며 지주와 마름이 존재

리채, 도농 간 격차, 농가경영 규모의 영세성 등을 보여주었다. 농지개혁의 역사적인 성과에도 불구하고 농촌은 빈곤에서 벗어날 수 없었고 이는 구조적인 문제였다.[73] 한편 해방, 한국전쟁을 거치며 도시인구는 상대적으로 크게 증가하였다. 하지만 농촌인구도 증가세였다. 1960년대는 농촌사회 자체 동력으로 농업을 발전시키고 늘어난 인구를 부양할 필요가 있었던 기간이었다. 자급자족도 어려웠던 농촌은 국가경제와 도시까지 부양하는 이중의 부담을 짊어졌다.

1960년대 농촌사회는 상술한 여러 부담을 감당할 수 있는 방향으로 변화하였을까? 농지개혁으로 법적인 지주는 소멸하였다. 지주들이 받은 지가증권은 인플레이션 속에서 가치가 하락하였다. 이전 지주계급이 농촌에서 재기할 가능성은 전혀 없었다. 농지개혁으로 창출된 영세 자작농가도 농촌경제 구조개선의 주체가 되기는 어려웠다. 농업생산과 농가소득 증대라는 목표를 부정할 수 없는 상황에서 문제는 '어떻게'였다.

5.16쿠데타 직후 표면적인 농촌사회 강화정책은 정부의 직접적인 통제와 농업증산, 개별 농가의 소득증대정책으로 변하였다. 민관을 망라하여 논의되었으며 정부에서 실제 사업으로 추진된 바 있던 협업화는 결과적으로 실패하였고 또 다른 대안이었던 기업화도 논의에 그쳤다. 1960년대 농촌사회 변화의 주체는 강력해진 정부와 여전히 영세한 개별 농가들이었다. 결국, 농촌에 대한 정부 영향력이 압도적일 수밖에 없는 구조였다.

할 때 완성된다. 1950년대 후반 이후 임차농지와 농가의 증가를 고전적인 의미의 소작제 부활로 보기는 무리다. 그러나 농업으로 생계를 영위하기도 쉽지 않았던 농민을 자본주의적인 이윤과 경영을 전제로 한 차지농이라 보기는 어렵다. 따라서 본고에서는 '소작'으로 통칭하고자 한다.
73) 한도현, 『1960년대 농촌사회의 구조와 변화』, 한국정신문화연구원 편, 『1960년대 사회변화연구: 1963~1970』, 백산서당, 1999, 108쪽.

농촌경제에서 첫 번째 문제로 지적된 요소는 농지소유 상황이었다. 대단위 경작이 소농보다 유리한가는 경우에 따라 논의해볼 여지가 있다. 그러나 당시 한국에서 절대적으로 작은 면적의 농지에 너무 많은 가구원이 속해 있었다는 점은 부정할 수 없었다. 농지개혁 이후, 경작 규모별 농가수를 보면 5단보 미만이 44.9%에 이르렀다. 영세 농가 기준인 1정보 이하 농가는 전체 농가의 79.1%를 차지하였다. 1960년이 되면 5단보 미만의 극단적인 영세 농가 비중이 약 10% 감소하였고 1정보에서 2정보 사이 소유농가는 8% 정도 증가하였다. 농지개혁과 5.16쿠데타 사이인 7년간 느린 속도지만 토지소유 구조가 개선되었다. 하지만 쿠데타 이후 10여 년의 영세 농가 비율 하락 폭은 이전 7년에 미치지 못하였다. 1정보 미만 영세농 비중이 감소하였지만, 그 폭은 미미하였다.[74] 소유형태는 완만한 속도로 농지개혁의 여파에서 벗어났다. 완전 자작농가가 1960년 73.6%에서 1970년 66.5%로 감소하였다. 자소작농 비율이 19.6%에서 23.8% 완전소작농은 6.8%에서 9.7%로 늘어났다. 같은 기간 소작지 비율도 13.5%에서 17.6%로 증가하였다.[75]

완전소유 자작농은 5단보 미만부터 3정보 이상 농가에 이르기까지 모든 구간에서 일제히 비율이 감소하였다. 완전소유 자작농을 제외한 반이상 소유, 반미만 소유, 완전 비소유 농가비율은 상승하였다. 농지개혁 목표인 경자유전 원칙은 현실에서 유연하게 적용되었다. 특히 1970년 당시 3정보 이상 경작 농가 가운데 반미만 소유, 완전 비소유 비율은 10%에 이르렀다. 같은 기간 소유 형태별 경작규모를 보면 완전소유 농가 가운데 1정보 미만 비율은 감소하였고 반대로 1정보 이상 비율이 높아졌다.

---

74) 최재석, 『한국농촌사회연구』, 일지사, 1975. 393쪽.
75) 농림부, 『농림통계연보』, 각 연도; 농림부, 『농가경제조사 및 농산물 생산비조사 결과보고』, 각 연도.

완전소유 농가 외에 자소작 농가 가운데에도 1정보 이상 소유농가들은 소작규모를 늘렸다. 상층농가들은 경작규모 뿐만 아니라, 소유규모도 확대하였다. 하층농 비중은 줄고 완전 비소유 농가도 증가하는 상황에서 상층농을 중심으로 한 자소작 전진을 확인할 수 있다.[76]

1960년대에는 소작지뿐만 아니라 자작지 면적도 동시에 증가하였다. 1960~70년 사이 10년간 총 경지는 12.4%, 자작지는 5.8%, 소작지는 61.5% 증가하였다.[77] 총 농가 호수는 1960년 2,349,506호에서 1970년 2,546,244호로 20만 호 정도 증가하였다. 주로 1정보 이상 경지 규모 농가에서 증가 폭이 컸다. 1960년 27%였던 1정보 이상 농가는 1970년 32.9%가 되었다.[78] 1정보 이상 농가의 경작규모와 소유규모가 증가한 이유는 1정보 미만 소유농가의 감소 때문이었다. 농지개혁 이후, 영세 자작농 구조가 농업구조 개선의 걸림돌이었음을 감안하면 긍정적인 현상이었다. 그러나 속도가 너무 느렸다. 1정보에 미치지 못하는 1ha이하 경작 농가는 여전히 전 농가의 65%였고 10년간 감소 폭은 5%에 불과하였다.[79] 절대 숫자도 그다지 줄어들지 않았다. 총 농가 호수 증가 폭이 미미했다는 점을 고려하면 형편 좋은 농가가 약간 늘어난 것에 불과하였다.

농업 생산력 증대와 소득 수치상 농가경제 개선의 내실을 살펴볼 필요가 있다. 1960년대 중후반이 지나면 2차 경제개발 5개년 계획이 실시되었고 이른바 농공병진이 추진되었다. 주곡 자급도 중요했지만 당시 농업이 지나치게 미곡중심이었다는 점, 장기적인 농업발전과 농촌의 경

---

76) 최재석, 앞의 책, 394쪽.

77) 한도현, 앞의 논문, 136~137쪽.

78) 농업협동조합중앙회, 『농업연감』, 각 연도.

79) 박진도, 『한국자본주의와 농업구조』, 한길사, 1994, 121쪽.

제적인 자립을 위해 농업소득 다각화가 필요하였다는 점은 부정할 수 없었다.

1차 경제개발 5개년 계획이 시작된 1962년 호당 농업소득 가운데 미곡류가 차지하는 비율은 60.5%였다. 이후 10년간 이 비율이 가장 낮았던 경우는 58.1%였고 가장 높았던 경우는 65.7%였다. 1971년에는 63.9%였다.(〈부표 11〉 참조) 농산물 가운데 미곡부문은 변화가 없다고 하여도 크게 무리는 없었다.[80] 전반적으로 맥류와 잡곡류 비중이 감소하고 채소와 특용작물 비중이 증가하였다. 추세로 볼 때 농산물 품종 다각화의 조짐이 보이지만 변화속도가 너무 완만하였다. 도농 간 격차에도 불구하고 당시의 농촌발전에 대해 긍정적인 평가가 존재한다는 점에서 성과를 마냥 폄하할 수도 없었다.[81] 그러나 농촌에서 발전의 주체를 찾을수는 없었다. 기업화는 일부 논의에만 그쳤으며 협업화의 주체인 농협은 관변단체인 정도가 아니라 정부 위촉사업 없이 지탱하기도 어려운 수준이었다. 소득 증대와 농촌생활 근대화(기계화, 주거환경 개선)등으로 농민들의 생활이 다소 편리해졌을지 몰라도 소유와 소득구조의 근본적인 변화가 있었다고 보기에는 여러모로 부족하였다. 특히 농가의 자체 노력에 의한 농업 생산력 증대를 기대하기는 힘든 상황이었다.

2) 미곡유통체계의 왜곡과 서울특별시 양곡시장조합의 설립

1960년대에는 농가의 저조한 생산력, 공업화·도시화를 지탱하기 위한 저곡가 정책 외에도 농촌의 경제적인 자립을 막는 구조가 강고하였다. 특히 현재까지도 문제가 되는 미곡유통 문제가 농촌 경제발전에 장

---

80) 이후 1972~1973년 비율도 각각 66.8%, 64.7%로 변화의 조짐은 없었다. 농림부, 『농가경제조사 및 농산물 생산비조사 결과보고』, 각 연도.
81) 한도현, 앞의 논문, 142쪽.

애가 되었다.[82] 농업생산이 증대되거나 농산물 가격이 상승하여도 유통의 문제로 농가경제에 혜택이 돌아가기 어렵다면 농촌의 경제적인 자립과 자체적인 생산력 증대시도는 요원할 수밖에 없었다.

1951년 제정된 『중앙도매시장법』에[83] 따르면 농산물 유통의 중심은 시장이었다. 상공부 장관 소관 하에 개설지역을 지정하고 지방행정 기관장에 의해 인정된 법인이 도매업무의 일부 또는 전부를 대행할 수 있었으나 법에 의해 개설된 도매시장과 유사도매시장으로 이원화되었다. 따라서 도매시장 기능이 제대로 유지되기 어려웠다.[84]

1950년대 이승만 정권의 미곡 유통정책은 과정과 결과 모두 높이 평가하기 어렵다. 각종 법안과 제도의 근거는 빈약하였으며 효과도 미미하였다. 그러나 구조적인 문제 또한 간과할 수 없었다. 한국전쟁, 공업 우선 경제정책 등으로 정부가 투자할 수 있는 재원은 부족하였고 미곡상인을 대체할 수 있는 기구도 부재하였다.

4월 혁명 이후, 장면 정권도 실효성 있는 대책을 내놓지 못하였다. 농민과 미곡상인 모두에게 미곡담보 융자를 계획하였으나 근본적인 대안으로 보기 어려웠고 통화량 증가의 우려도 있었다. 이러한 문제를 해결하기 위하여 재정자금이 아닌 금융자금 활용을 계획하였지만, 금융자금 확보는 요원하였다. 농민뿐만 아니라 양곡시장 교란의 주체인 미곡상인

---

82) 2013년 현재에도 농산물은 수요와 공급의 가격 비탄력성, 자연 재해와 같은 외부환경에 취약한 문제, 생산자와 최종 소비자 간의 비대칭성, 비효율적인 유통구조가 지적되었다. 이는 1960년대 농산물 유통의 문제가 가진 문제와 본질적으로 동일하였다. 한국농촌경제연구원, 『농산물 유통구조 개선 심층평가 보고서』, 2013, 1~2쪽.

83) 『중앙도매시장법』, 법률 제207호, 1961. 6. 22.

84) 김정부, 『농업생산 및 양곡정책』, 농촌진흥청, 『농정 변천사(하), 한국농업 근현대사 제3권』, 2008, 233쪽.

까지 지원 대상이었다는 점도 문제였다.[85]

1961년 군사정부가 제정한 『농업협동조합법』 13조에 의해 농·수협 공판장을 개설할 수 있게 되어 도매시장은 3원화되었다. 이후 1960년대 양곡관리는 대체로 정부 15%, 일반상인 80%, 농협공판장 5% 선에서 유지되었다.[86]

5.16쿠데타 직후 군사정부는 모든 물가를 동결하였고 이후 동결조치 해제 이후에도 미곡을 포함한 주요 농산물에 대하여는 가격동결을 유지하였으나 1962~63년 흉작으로 가격동결 조치가 무력해졌다. 군사정부는 정부보유 양곡을 방출하는 간접통제 방식으로 가격안정을 도모하였다. 이마저 거래 물량이 적어 효과가 없자 최고가격 설정, 미곡 소비통제 등 직접 통제방식을 취하였다.[87]

당시 농산물 유통구조 개선의 의미는 생산자와 소비자의 거리를 좁혀 유통비용을 개선하는 데에 그치지 않았다. 농산물 유통구조 문제에서 발생하는 비용은 부족한 내자의 원천으로 간주되었다.[88] 그러나 농산물 유통에 대한 정부의 영향력은 오히려 점점 감소하였다. 양적으로 농촌·농가경제에 영향을 끼칠 수 있는 미곡유통은 상인들이 지배하였다고 해도 과언이 아니었다. 농지세 물납제, 양비교환 등 정부관리 양곡 확보를 위한 적극적인 조치가 취해졌지만, 해당 정책의 취약성, 유통구조 방치 등으로 소용이 없었다. 막강한 정부 권한은 농산물 유통구조 개선에는 미치지 못하였다.

---

85) ≪경향신문≫, 1960. 9. 4, 『올해 미담융자는 이원제』.

86) 부광식·마진호·김태영, 『주요농산물유통과정에 있어서의 중간상인의 생태와 기능』, ≪농촌연구≫4, 1971, 6~7쪽.

87) 허길행, 『해방 후 농산물 시장과 유통』, 한국농촌경제연구원 편, 『한국농업구조의 변화와 발전』, 2003, 654~656쪽.

88) 박희범, 앞의 책, 233~237쪽.

농산물 유통구조는 농민뿐만 아니라 전체 경제에도 큰 문제였다. 농산물이 생산비와 관계없이 소비자에게 전달된다는 점은 유통비용이 과다하다는 의미였다. 소비자 입장에서 가격과 상관없이 구입할 수밖에 없는 양곡의 중간비용 과다는 산업에 투자할 수 있는 내자의 누수였다. 실제 당시 주요 미곡유통 경로를 통해 이와 같은 우려를 확인할 수 있다. 유통의 80%를 차지한 일반상인들의 유통경로는 짧게는 4단계에서 많게는 6단계를 거쳤다. 이 가운데 이출상, 도정업자 등의 역할이 결정적이었다.

서울로 유입되는 미곡의 절반 이상을 차지한 호남미의 유통경로는 대단히 복잡하였다. 호남에서 생산된 미곡은 이출상이나 도정업자를 거쳤다. 도정업자를 통해 반출되는 비율이 약 70% 정도였다. 수집상은 이출상이나 도정업자로부터 수집자금을 미리 받아 농한기에 생산 농가를 개별 방문하여 조곡을 수집 후에 이출상이나 도정업자에게 넘기고 운임이나 수수료를 받았다. 도정업자는 자기 공장에서 미곡을 도정하여 서울로 매매하였다. 또한 수집상에게 선도금을 주거나 미곡을 담보로 융자까지 하여 금융 업무를 겸하였다. 위탁상과 도매상을 거쳐 소매상은 점포에서 소비자에게 미곡을 판매하였다. 경기미도 이와 비슷한 과정이었지만 도정업자는 없었다. 영남미는 호남미와 거의 유사한 유통경로를 거쳤으나 수탁상과 도매상을 겸하였다. 도정업자나 수탁상들이 소매상들과 직거래 하는 경우가 있었지만, 비율은 대략 10~15%에 불과하였다. 이들의 유통 마진은 13~15% 정도였다. 호남미의 경우 생산농가에 85원이 지불되면 소매가격은 대략 100원 정도로 계산할 수 있었다. 마진율은 이출상(도정업자)과 소매상이 가장 높았다.[89]

---

89) 부광식·마진호·김태영, 앞의 논문, 7~21쪽.

경기미는 생산자 → 산지수집 반출상 → 소비지 위탁도매상 → 소매상 → 소비자의 구조였다. 72%가 반출상과 도매상을 통해 거래되었으나 18%는 반출상과 소매상의 거래, 10%는 생산자와 소비자의 직거래가 이루어졌다.[90]

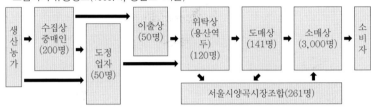

* 호남미의 유통경로(1968. 4, 영산포-서울)

수집상: 농업을 생업으로 하며 농한기나 여가를 이용하여 이출상이나 도정업자로부터 자금을 받아 부업으로 미곡을 수집하였다. 전문적인 상인이라 할 수 없기 때문에 이윤율도 적었고 유통비용 과다에 대한 책임도 낮았다.

도정업자: 상업을 전업으로 하지 않았지만 자기 자본으로 전속 수집상을 두어 양곡을 수집하였고 이출상에게 넘기기도 하였다. 때때로 직접 대도시 위탁상이나 도매상과 거래하였다. 이들은 시세변동, 지역 간 가격 차이를 이용하여 상업이윤을 취하였다. 창고를 구비하고 있어 곡가의 등귀를 노리고 양곡을 장기보관하거나 매점매석에 가담하였다.

이출상: 유통과정에서 가장 투기적인 상행위를 하였다. 위탁상, 도매상, 소매상이 일정한 유통 마진을 확보할 수 있는 데에 비해 이들은 시세변동에 따른 위험부담을 스스로 감당해야 했다. 산지에서 양곡을 매입 시에는 매각지에서 시세와 전망을 가지고 매입하기 때문에 매각 시 시세가 매입 시와 차이가 나면 손실을 볼 수 있으나 반대로 망외의 이득을 얻을 수도 있었다. 이들은 매각 시 시세가 매입 시 시세에 비해 지나치게 낮으면 위탁상과 결탁하여 미곡을 판매하지 않기도 한다. 따라서 공급독점으로 인한 폭리의 당사가가 되기도 하였다.

위탁상: 사실상 양곡 유통 과정을 지배하였다. 단위당 수수료는 적었지만, 취급량이 막대하였다. 유통과정 전후에 자본을 대여하여 수집에서 분산에 이르는 과정을 조정하였다. 이출상들은 이들로부터 수집선대 자금을 융자받아 업무를 진행하였다. 도매상도 이들에게 양곡을 매입하여 매각 후 지불하였기 때문에 영향을 받지 않을 수 없었다. 이들은 동업자와 담합하여 시장을 지배하고 초과 이윤을 취득하곤 하였다.

90) 허길행, 앞의 논문, 657쪽.

당시 미곡유통체계는 생산자인 농가와 수집상을 제외하고 모두 곡가 조작에 가담할 수 있는 구조였다. 특히 곡가의 계절변동에 익숙하다면 일선에 있는 도·소매상까지 매각 기간 조정을 통해 얼마든지 부당이득을 취할 수 있었다. 소비자와 거리가 가까운 경기미의 경우 일부 직거래가 이루어져 쌍방의 부담을 경감하였지만, 그 비율은 10%에 불과하였다.

농가가 시장에 대한 지배력을 가지지 못하여 농산물 가격이 하락하면 자가 소비량을 조절할 정도였고, 유통제도나 방법의 표준화·등급화가 부재하여 합리적이고 공정한 거래가 이루어지지 못하였다.[91] 이를 해결해야 할 정부 수매량과 관리양곡은 전체 유통에서 비중이 너무 작아 시중 곡가에 영향을 끼치기 어려웠다. 이중곡가제조차 일반상인들에게 문제가 되지 않았다. 상인들은 정부가 제시한 높은 정부매상 가격보다 더 높은 가격으로 미곡을 매입하여 이득을 올릴 수 있었다.[92] 이중곡가제가 농가수입을 일시적으로 증가시킬 수는 있어도 전체 미곡유통 시장의 교란을 막을 수는 없었다. 정부의 적극적인 개입이 필요하였다.

정부가 직접 개입한 정부미와 농협의 상황을 보면 당시 유통문제 해결의 가능성을 확인할 수 있다. 여러 경로로 확보한 정부 관리양곡 가운데 수급조절용 양곡은 시장을 통해 판매하거나 행정계통을 통해 배급하였다. 판매는 농협 공판장을 이용하였다. 점차 농협의 역할은 확대되어 1966년에는 미곡에서 보리쌀까지 담당하게 되었다.[93] 농협을 통해 시장을 조절할 수 있는 구조를 보여주었지만 비중이 너무 작았다.

중간상인들의 재고와 자금, 공급방침에 따라 곡가가 결정될 수밖에 없었고 이러한 추세는 1960년대 내내 점점 강화되었다. 이러한 상황에

91) 문병집, 『농가소득과 농산물유통구조』, ≪지방행정≫22, 1973, 67~68쪽.
92) 부광식·마진호·김태영, 앞의 논문, 21~22쪽.
93) 허길행, 앞의 논문, 657~658쪽.

서는 농산물 생산증가나 농업 생산력 향상이 농촌경제 발전으로 이어질 수 없었다. 박정희 정권이 상황을 방치하지만은 않았지만, 애초 농업과 농촌의 입장에서 미곡유통을 관리하기는 어려운 구조였다. 1951년 제정된 『중앙도매시장법』은 상공부를 관리부처, 지방행정기관장을 허가권자로 하였다. 1963년 1월 7일 중앙도매시장 업무의 농림부 이관을 결의하였으나 실제 업무가 이관된 시기는 1967년 9월이었다. 그러나 이에 따른 『농수산물도매시장법안』은 국회에서 회기 만료로 폐기되었다.[94]

『농수산물도매시장법안』과 『중앙도매시장법』의 차이는 다음과 같았다. 첫째, 주관부서가 상공부에서 농림부로 이관되었다. 둘째, 도매시장 개설은 부류별로 1도시 1시장제로 하였다. 셋째, 농·수협이 개설하는 공판장은 원칙적으로 1도시 1시장 원칙의 적용을 받지 않으나 필요하다고 인정할 때에 농림부 장관은 이를 조정할 수 있게 하였다. 넷째, 도매시장의 시설을 개선하기 위하여 개설자는 대통령령이 정하는 바에 의해 시설기금을 적립하게 하였다. 다섯째, 도매시장의 공정한 거래를 위하여 개설자의 도매시장 업무를 대행하는 법인의 임직원은 당해 도매시장 구역 내에서 겸업행위를 할 수 없게 하였다.[95]

『농수산물도매시장법안』은 중앙도매시장 업무의 농림부 이관 외 농·수협 공판장 확장 가능성을 열었으며 도매시장 개설자의 권한 제한, 책임성 등을 강조하였다. 도매시장 업무 내 임직원 겸업 행위 금지로 사적 이익에 위한 시장 교란도 방지하려 하였다. 기존 『중앙도매시장법』에 부재한 내용으로 박정희 정권이 미곡유통시장을 개선하고자 한 시도였으나 법안 통과가 실제로 이루어진 시기는 1976년이었다.

---

94) 김정부, 앞의 논문, 233~234쪽.
95) 농림부 장관, 『농수산물도매시장법(안)』, 1967.

당시 미곡 유통 상황과 정부 개입 강화는 정부 미곡 관리량과 정부 조절미 방출 추이로 확인할 수 있다. 정부 미곡 관리량은 1961년 309M/T이었고 흉작 시 감소하여 1964년에는 240M/T에 불과하였지만 대체로 300M/T 전후를 유지하였다. 1966년에는 355M/T에 달하였으나 1967~68년 흉작 시 286, 155M/T으로 급감하였다. 특히 정부 양곡 관리량(일반매입+농지세+양비교환+기타) 가운데 일반매입 비율이 1961년 64.9%에 달하였지만 1967년 37.7%, 1968년에는 13.3%로 감소하였다. 미곡시장에 개입할 수 있는 정부의 수단이 약해진 것이다. 그러나 정부 조절미 수요는 지속적으로 증가하였다. 1967~68년 역시 전해에 비해 두 배 증가한 정부 조절미 방출계획이 있었고 실적은 그 이상이었다. 1960년대 정부 조절미 방출량은 한 해 추곡수매 실적의 60%에서 시작하여 1968년에는 285%가 되었다. 1963년 흉작 시 전체 정부 조절미 방출량 가운데 21.9%가 비농가의 미곡 소비에 투입되었다. 이후 5~14% 선을 유지하였으나 1968년이 되면 20.0%가 되었고 1969년에는 31.3%로 증가하였다.[96] 정부 조절미 방출과 관리가 전체 경제와 국민의 삶을 좌우하는 요소가 된 것이다. 정부 조절미를 관리하기 위한 강력한 수단이 필요하였다.

경제상황과 정책도 변화하였다. 1차 경제개발 5개년 계획의 농업부문은 농업 다각화, 축산업 발전, 양곡증산, 식량 자급자족 등을 강조하였고 주곡 위주 단순 영농방식의 지양을 천명하였다. 1차 경제개발 5개년 계획 수정안에서도 미곡보다는 여타 곡종의 증산이 강조되었다. 식량 자급을 천명한 상황에서 미곡 외 다양한 곡종의 생산이 이상적인 목표로 중요시된 것이다. 그러나 가뭄에 대처할 수 있는 수리 안전답 비율이

---

96) 농수산부, 『농림통계연보』, 각 연도; 조영탁, 앞의 논문, 1993, 26~32쪽.

45%에 불과한 시기였기 때문에 흉작이 수시로 일어날 수밖에 없었다. 2차 경제개발 5개년 계획 기간 현실을 반영한 주곡증산 정책이 추진되었지만 1967~68년은 가뭄으로 인하여 미곡 생산량이 전년에 비해 감소하였다. 그러나 미곡 수요는 오히려 증가하였다.[97]

특히 서울지역은 1967~71년 사이 인구 증가율이 9.3%로 전체 인구 증가율 2.88%를 월등히 상회하였으며 증가한 인구를 농업 종사자로 보기도 어려웠기 때문에 이에 대한 대책이 시급하였다. 실제 당시 서울지역 일반미 반입량은 절대량과 비중이 하락세인 반면에 정부미 방출량은 급증하였다. 1966년 429만 톤이었던 일반미 반입량은 이듬해에 470만 톤까지 증가하였지만 1968년이 되면 334만 톤으로 감소하였고 이듬해인 1969년에는 181만 톤까지 하락하였다. 이에 비해 같은 기간 정부미는 230만 톤, 285만 톤, 428만 톤으로 반입량이 증가하였다.[98] 정부로서는 일반미 반입량 감소를 막고 급증하는 정부미를 효율적으로 관리할 수 있는 방안이 필요하였다.

박정희 정권은 1968년 1월 서울에서 미곡상인을 주체로 한 미곡 유통창구 단일화를 제기하였다. 구체적으로는 정부미 방출창구인 농협 공판장을 유통경로에서 제외하고 서울로 반입되는 양곡 전부를 용산역으로 입하하는 방안이었다. 정책의 기대효과는 양곡시장 기능 소생, 정부미 고정 방출가격 유동화, 이중거래 가격 단일화 등이었다. 일반미 판매는 물론이고 곡가 안정이 목적인 정부 조절미 방출까지 미곡상인이 전담하는 파격적인 방법이었다.[99] 서울특별시 양곡시장조합(이하 양곡시장조합) 설립을 추진한 것이다.

---

97) 조영탁, 앞의 논문, 14~16쪽.
98) 농림부 농업경영연구소, 앞의 책, 69~72쪽.
99) ≪매일경제≫, 1968. 1. 24, 「국가진폭 20%선 유지될까?」

당시 곡가변동이 심각한 문제였으며 정부 대책이 필요하였음을 부정할 수는 없다. 하지만 10여 년간 41.1%에 달했던 곡가변동 폭이 1967년 27.4%로 감소한 상황에서 미곡상인들에게 미곡유통을 독점케 하는 극약처방이 필요했는지는 의문이다. 정계, 농협, 경제과학심의회의까지 반발하였다. 양곡시장조합은 이윤이 목적인 미곡상인들의 연합체란 점 외에도 계통조직 취약, 상인들에게 정부재정이 투입된다는 모순, 다양한 유통 단계로 인한 중간이윤 증대 등 많은 문제를 갖고 있었다. 농협이 전국적으로 555개소에서 미곡수집이 가능하고 서울에 20여 개 하치 판매장을 갖고 있다는 점은 무시되었다.[100]

농협은 양곡시장조합을 통한 미곡 유통 일원화에 대하여 분명하게 반대하였고 농협 공판기능 강화, 정부 관리양곡 업무의 농협 이관 등을 대안으로 제시하였다.[101] 농협의 이의 제기는 타당하였다. 1968년 4월 서울을 중심으로 한 호남미와 경기미의 유통 마진율을 미곡상인 경로와 농협 경로로 구분하였을 때 차이는 적지 않았다. 호남미의 미곡상인 경로 마진율이 14.4%로 농가 수취율은 85.6%였다. 농협 경로의 마진율은 10%, 농가 수취율은 90%였다. 경기미의 미곡상인 마진율과 농협 마진율은 각각 12.4%와 9.9%였다.[102] 호남미나 경기미의 미곡상인을 통한 소매가격과 농협 출시 소매가격을 비교 시 농협을 통하여 판매 할 때 생산농가의 이득이 높았다. 유통단계도 단순하였고 이 가운데 '출하조합 → 농협 공판장' 단계처럼 이윤이 아니라 실비 수준의 비용만 필요한 경우도 있었다. 이는 농협이 미곡 수급을 주도할 경우 생산농가가 피해를 보지 않으면서도 저렴한 소매가격 유지가 가능할 수 있다는 점을 의미하였다.

---

100) ≪매일경제≫, 1968. 2. 8, 「중간이윤 증대 소지 허다」
101) ≪경향신문≫, 1968. 2. 24, 「올해 추곡수매가 4천3백 원 선 이상」.
102) 농수산부, 『한국양정사』, 1978, 459쪽.

1968년 2월 경제과학심의회의가 미곡유통 문제 개선을 위하여 제시한 방안은 '곡가조절용 양곡의 정부 직접매상 방법을 지양하고 농협에서 지역적 사정을 고려하여 매상 조작하는 제도와, 양곡상인조합 연합회를 구성하여 소비자까지 분배 과정을 단순화하고 상인의 투기성향을 억제하며 유통과정에 민간 자본을 참여케 하는 제도 및 농림부 장관이 결정한 가격진폭 범위 내에서의 시장에 대한 물량 및 가격조절을 하는 제도 등'이었다. 이 같은 조치들은 선택이 아니라 상호 유기적으로 보완·추진해야 하는 방안으로 제시되었다. 경제과학심의회의는 기존 미곡유통 구조를 비합리적이라 평가하였다. 경제과학심의회의에 따르면 정부의 일방적인 개입으로 양곡시장은 위축되었고 시장질서는 교란되었다. 양곡 수요가 증가할수록 이를 위한 재정 부담이 커지지만, 민간자금 동원이 불가능하고 동원할 수 있는 재정도 국회 동의 등 여러 제약으로 인하여 효율적인 투입이 어렵다는 점도 지적하였다. 구체적인 대안은 양곡시장조합을 통한 공급체계 단순화와 시장기능 정상화였다. 대안의 핵심은 농협 계통 조직의 대량거래 전담과 민간자금 동원이었다.[103]

경제과학심의회의가 양곡상인조합의 적극적인 활용으로 시장 안정을 도모한 정책을 제시한 이유는 결국 재정이었다. 미곡상인들의 미곡시장 점유가 80%에 이르는 상황에서 정부 재정투입으로 곡가를 안정화하는 것은 막대한 재정과 행정력의 부담을 초래할 수밖에 없었다.

공개적으로 양곡시장조합 설립을 반대하였던 경제과학심의회의가 실제로는 양곡시장조합 활용을 주장하였다는 점이 시사하는 바는 다음과 같다. 양곡시장 설립은 박정희 정권이 전면적인 미곡유통구조 개선을 실행할 수 없는 상황에서 정부 내에서 모색된 여러 대책 가운데 하나였으

---

103) 경제과학심의회의, 『조절용양곡유통질서개선방안』, 1968, 1쪽.

며 실제 정책으로 이어지기 위해서는 미곡상인들을 견제할 수 있을 정도로 강화된 농협이 필요하였다. 그러나 당시의 농협이 정부의 전폭적인 지원과 재정투자 없이 미곡상인을 대체하기는 어려웠다.

박정희 정권이 양곡시장조합에 부여하고자 한 혜택은 획기적이었지만 이윤 추구를 목적으로 한 미곡상인이 자발적으로 시장 교란을 자정할 것이라 믿을 만한 근거는 없었다. 미곡상인에게 정부미와 일반미의 구분을 강제하여 유통시킬 수 있는 방법도 제시되지 않았다. 그럼에도 불구하고 양곡시장조합 설립을 위한 정부와 미곡상인들의 움직임은 가시화되었다.

1968년 1월 경제장관 회의에서 서울양곡시장 설치 및 양곡 장기저장 시설 건설에 관한 계획이 논의되었다. 양곡조합 설립을 위한 사전 작업으로 서울지역에서 소비되는 양곡을 집결시킬 수 있는 제반 시설, 시장 건설을 천명한 것이다. 선정된 장소는 용산역두 서울 농협 공판장 부근이었다. 복개공사를 통한 기존 시설 확장, 농협 공판장 개편 등을 일체 정부가 계획하였다. 정부의 역할은 단순한 지원 이상이었다.[104]

양곡상인 연합회는 장차 미곡유통 단일화의 창구가 될 '서울특별시 양곡시장조합 발기위원회'를 출범시켰다. 서울지역 도매상과 용산역 곡물시장에서 활동하는 위탁상 등 200여 명이 구성 대상이었다. 양곡상인 연합회는 일주일 만에 248명의 조합원 가입신청을 받았다. 조합원 가입자격은 용산역에서 위탁 도매업을 하고 있거나 서울 시내 점포가 있는 미곡 도매상으로 지방하주와 소매상들은 제외되었다.[105]

1968년 2월, 농림부는 설립되지도 않은 양곡시장조합 관련 방침을 공

104) 농림부, 『서울양곡시장설치계획 및 양곡장기저장시설계획』, 1968.

105) 《매일경제》, 1968. 1. 25, 「『시장조합설립』을 추진」; 《매일경제》, 1968. 2. 2, 「양곡시장조합 불원 창립총회」.

개하였다. 양곡시장 조정을 위한 정부 조절미 판매계약, 양곡시장조합의 전신이라 할 수 있는 미곡상인 연합회와 이미 맺은 대행계약을 통해 미가에 대한 안전보장증거금 적립, 미가 조작 시 제재 방안 등이 천명되었다.[106] 양곡시장조합을 통한 미곡유통구조 개선은 갑작스러웠다. 농민, 미곡상인, 농협, 소비자 등 이해 관계자가 많았던 사안의 특성을 고려하면 많은 과정이 생략되었다.

1968년 2월 19일 '서울특별시 양곡시장조합'(이하 양곡시장조합) 창립총회가 개최되었다. 발기인 12명, 전 조합원 228명, 총회 참석인원 171명이었다. 주무 장관인 김영준 농림부 장관은 여러 차례 양곡시장조합의 역할에 대하여 설명하였다.[107] 양곡시장조합 설립에 대한 세간의 의구심을 해소하기 위하여 정부가 직접 개입한 기관임을 의도적으로 천명한 것이다.

양곡시장조합의 이사장은 오남규(吳南圭), 부이사장은 송갑식(宋甲植)이었다. 이외 미곡상들로 이루어진 15명의 이사와 정부가 추천하는 2명의 상근이사, 3명의 감사가 있었다.[108] 이사장 오남규는 위탁상이 아닌 도매상으로 양곡시장조합 내 상대적 약자인 도매상을 대변하였다. 이는 양곡시장조합 내에서 도매상들의 힘이 만만치 않았음을 보여주었다.[109]

양곡시장조합 설립은 순조롭게 진행되지 못하였다. 농림부는 14억 6천만 원의 예산을 투입하여 창고 및 각종 시장시설을 건축해서 운영권을 양곡시장조합에 넘길 예정이었다. 구성상 상인들의 단체로 볼 수밖에 없

---

106) 《동아일보》, 1968. 2. 19, 『서울양곡조합연합회 발족』.

107) 《동아일보》, 1968. 2. 22, 『양곡시장조합 주관』.

108) 농림수산부 기획관리실 법무담당관실, 「사단법인 서울특별시 양곡시장협회」, 1968, 16~17쪽.

109) 《매일경제》, 1968. 5. 15일, 『수수료 정기지불을 양시위탁상인회합』.

는 조직에 대한 파격적인 지원이었다. 그러나 양곡시장조합은 보증금 적립, 수수료율 등에서 농림부와 충돌하였다.[110) 1968년 3월 10일 정식 시장 개설이 예정되었지만 3월 8일 현재, 1인당 100만 원으로 책정된 보증금을 납부한 조합원은 없었다. 정부미를 위탁·방출하기 위한 최소한의 조치가 시장 개설이 임박한 시점까지 이루어지지 않은 것이다. 서울의 양곡시장조합 설립 과정에서 많은 문제가 있었음에도 불구하고 부산, 대구를 비롯한 지역 주요 도시에서도 양곡시장조합 설립이 논의되었다.[111)

농림부는 양곡시장조합과의 정부미 방출 업무대행 계약을 다음과 같은 내용으로 추진하였다. 첫째, 농림부와 농협 측에서 각 1인, 조합 측에서 13인 등 도합 15명으로 사정위원회를 구성하고, 둘째, 여기에서 정부미 방출량과 가격을 결정하되 최종 결정권은 농림부 장관이 가지며, 셋째, 조합 측은 매일 일정량의 일반미 반입에 대한 책임을 져야 하였다.[112) 농림부의 의도는 서울지역 양곡시장에 대한 정부의 통제권 유지, 미곡상인들의 구체적인 의무 등을 명시하는 것이었다.

하지만 양곡시장조합에서 1968년 3월 20일 발표한 계약 내용은 다음과 같았다. 농림부·농협 각 2인, 조합 측 20인으로 구성되는 운영위원회에서 정부미 방출가격과 방출량을 결정하고, 이 가격이 일반미 역두 가격의 상하 50원 진폭을 이탈하면 농림부 장관이 이를 저지하기로 하였다. 또한, 일반미를 먼저 상장한 후 부족량을 정부미로 보충하며 방출가격에 대하여 농림부와 조합 측 의견이 대립할 시에는 경제기획원, 상

---

110) ≪매일경제≫, 1968. 3. 2, 「유통질서 일원화에 기대되는 양곡시장」.
111) ≪경향신문≫, 1968. 3. 7, 「부산·대구에도 양곡시장조합」; ≪매일경제≫, 1968. 3. 8, 「양곡 시장 개설 늦어질 듯」.
112) ≪경향신문≫, 1968. 3. 11, 「관민합동사정위를 구성」.

공회의소, 한국은행의 합동조사에 의한 일반미 역두 가격에 따르기로 하였다.[113]

양곡시장조합에 따르면 열흘도 안 되는 사이 농림부의 요구는 크게 후퇴하였다. 미곡 방출가격과 방출량을 결정하는 운영위원회의 구성원은 기존 안(사정위원회)인 15명에서 24명으로 증가하였다. 비율로 보면 애초 예정보다 농림부와 농협이 100%, 양곡시장조합은 53% 정도 늘어났다. 하지만 실제는 농림부, 농협이 2명을 더 참여시킬 때 양곡시장조합은 무려 7명을 추가한 것이었다. 농림부는 농림부 장관이 미곡 가격과 방출량에 대한 제한 없는 최종 결정권을 보유하고자 하였으나 일정 조건 하에서만 결정권이 아닌 개입할 수 있는 권리 정도를 갖게 되었다. 정부미 방출 가격에 대하여 양곡시장조합과 농림부의 대립 시에는 제3의 기관들이 주도하는 합동조사 결과를 따르게 되었다. 합동조사반의 구성원인 경제기획원, 상공회의소, 한국은행 등이 경제·농업 관련 정책에서 번번이 농림부와 대립하였다는 점을 고려하면 이 같은 조치는 농림부의 서울지역 정부미 방출 가격결정 권한을 박탈하였다고 보아도 과언이 아니었다. 같은 정부 부서였지만 농업과 농촌발전, 미곡 생산가 보장에 초점을 맞춘 농림부와 전체 경제발전을 위해 농업, 농촌을 통제대상으로 삼은 경제기획원 등의 미곡유통에 관한 입장은 다를 수밖에 없었다.

농림부가 추진했던 양곡시장조합의 일반미 반입에 대한 의무 규정은 명문화에 반대하는 이유나 대안조차 명시되지 않았다. 농림부의 영향력은 오히려 양곡시장조합 설립 이전보다 약화되었다. 농림부는 정부미 방출에조차 전권을 행사할 수 없었고, 미곡상인들은 정부미 방출가격과 방출량에 개입할 수 있는 권한을 제도적으로 확보하였다. 하지만 이 같

---

113) ≪동아일보≫, 1968. 3. 20, 『서울 양곡조합, 계약 체결』.

은 내용은 양곡시장조합 측이 의도적으로 부풀리거나 왜곡한 것으로 보인다.

농림부와 양곡시장조합 간 실제 체결된 계약 내용은 다음과 같았다. 운영위원회의 곡가 결정 권한은 유지되었으나 인원은 농림부와 농협 각 1명, 양곡시장조합 20명으로 총 22명이 되었다. 정부와 양곡시장조합의 계약으로 정부가 방출할 정부 조절미는 일체 양곡시장조합을 통하여 유통하게 되었다. 서울로 반입되는 일반 양곡도 전량 용산역두의 양곡시장조합에 상장시키며 위탁상은 도매상에게 도매상은 소매상에게만 판매하는 형태로 거래가 일원화되었다. 또한, 당일 상장 전 위탁상은 판매량을 신고하고 도매상 역시 예정 구매량을 신고하게 하여 운영위원회에서 파악한 수급량에 따라 최저·최고 가격을 고시함으로써 설정된 가격 범위를 벗어나지 못하게 하였다. 운영위원회에서 파악한 공급량이 수요량보다 부족할 경우 정부미로 충당하고 잉여량은 양곡시장조합이 구입토록 하였다. 일반미 반입에 있어 양곡시장조합은 과거 3개월간 1일 평균 반입량의 70%를 확보할 의무도 있었다.[114]

전반적인 계약 내용을 보면 양곡시장조합의 일반미 반입 의무 명시 등 농림부의 입장이 상당한 수준으로 관철된 듯 보였다. 하지만 몇 가지 문제가 있었다. 우선 운영위원회의 양곡시장조합 측 구성원 수가 20명으로 증가하였으나 농림부와 농협은 1명으로 유지되었다. 또한 양곡시장조합의 일반미 반입 확보 기준이 된 1968년은 흉작으로 미곡 생산량이 현저히 감소하여 전 해에 비해 식량 자급도와 서울지역 1인당 미곡구입 현황이 모두 감소한 시기였다.[115] 양곡시장조합은 최소한의 의무로 정부 조

---

114) 농수산부, 앞의 책, 477~478쪽.
115) 부광식·마진호·김태영, 앞의 논문, 11~12쪽.

절미 방출량과 가격 결정이라는 막강한 권한을 확보한 것이다.

1968년 3월 19일 양곡시장조합은 건전한 양곡시장 육성, 양곡가격의 형성 및 매매거래의 공정, 양곡수급의 원활을 목적으로 한 사단법인체로 공식 승인되었다. 3월 20일 정식으로 발족하였고 4월 1일부터 개장하였다. 제출된 사업계획은 조직과 사업의 법적 보장, 행정지원 확보, 양곡현물시장 시설 현대화, 양곡가격 안정과 공공거래, 양곡유통과정 정상화, 조합기구의 육성과 운영 등이었다. 첫 번째와 두 번째 사항은 전적으로 정부 지원에 관련된 부분이었고 세 번째 사항은 정부와의 계약이었다.[116] 양곡시장조합의 사업과 활동은 자체 노력보다 정부에 의존할 수밖에 없는 구조였다.

농림부는 1968년 4월 4일 농협 중앙회와 정부미 방출업무 취급계약을 맺고 정부 조절미 하주권을 대행하게 하여 농협 계통미 전량을 양곡시장조합에 상장하게 하였다. 소비자, 소매상에 대한 직매는 농림부가 인정하는 범위에서만 할 수 있도록 규정하여 농협 계통미의 자유로운 거래를 사실상 막아버렸다. 당시 서울에서 취급되는 농협 계통미는 하루 2천 가마로서 대략 일일 미곡 반입량의 10~15%로 무시할 수 없는 양이었다. 중간상인을 배제할 수 있어 수수료가 저렴하였고 수수료 가운데 20%는 농민들에게 반제되었다. 수량과 대금 결제도 정확하였기 때문에 가마당 100원씩 농민들에게 유리하였으며 소비자들도 30원 정도 싸게 살 수 있었다.[117] 양곡시장조합 강화를 위한 정부 조치로 농민과 소비자 모두 피해자가 될 가능성이 농후해졌다.

실제 양곡시장조합 개장 직후부터, 양곡시장조합과 농협 공판장에서

---

116) 농림수산부 기획관리실 법무담당관실, 『사단법인 서울특별시 양곡시장협회』, 1968, 117~118쪽.

117) 《동아일보》, 1968. 4. 5, 『농협 하주권 대행』.

미곡을 구입했던 미곡상인 간 대립이 일어나 소비자의 피해로 귀결되었다. 기존 농협 공판장 산하 미곡상인들은 가마당 260원의 이익을 남겼으나 신설된 양곡시장은 300원의 이익금을 받았다. 양곡시장조합이 개장되며 일일 평균 1만 5천 가마씩 들어오는 미곡을 조합 산하 284명의 미곡상인에게만 팔도록 하면서 예전 농협 산하 미곡상인들의 사업은 막막해졌다. 일부는 양곡시장조합에 참여하였으나 기왕에 막대한 투자를 한 미곡상인들은 손해를 금할 수 없었다. 문제의 원인은 조합원 자격이었다. 조합원 자격을 획득하려면 100만 원의 보증금을 납부하고 농림부장관의 심사를 거쳐야 했기 때문에 사실상 자격은 한정되었다.[118] 무엇보다 가장 큰 문제는 소비자들이 저렴하게 구입할 수 있었던 농협 계통미조차 시장가를 지불하지 않으면 구할 수 없는 상황이었다.

양곡시장조합의 명분은 미곡유통을 단일화하여 미곡 수급을 원활히 하고 건전한 양곡현물 시장을 육성하는 것이었다. 정부관리 밖에 있었던 미곡상인들을 그들의 조직을 통해 통제하고 적극적으로 지원하는 방안이었다. 따라서 양곡시장조합이 유지되기 위해서는 단일시장 설립을 통한 시장 안정화, 평준화되고 저렴한 미곡 소비가격 형성이 실현될 필요가 있었다. 최소한 양곡시장조합 설립이 세간에서 서울지역 미곡시장 안정과 소매가 하락을 위한 정부의 적극적인 조치로 해석되어야 했다. 특히 양곡시장조합의 구성원이자 미곡유통 단계에서 가장 큰 문제를 보였던 위탁상과 도매상이 정부의 조치에 강제당할 필요가 있었다.

---

118) "1968년 1인당 국민총소득은 5만 6천 원이었다. 보증금 100만 원은 당시로서는 1인당 국민총소득의 20배가 되는 금액이었다"(≪경향신문≫, 1968. 4. 4, 『쌀값농간 유통질서 문란시켜』; 『국가통계포털』(http://kosis.kr/index/index.do)).

3) 서울특별시 양곡시장조합 해체와 미곡유통 정책의 변화

양곡시장조합 설립 이후 서울지역 미가는 오히려 상승하였다. 도매상들이 미가를 조작하였고 지방하주들은 양곡시장조합으로의 일반미 반입을 의도적으로 줄여 변두리 시장으로 빼돌렸다. 정부는 소매가 안정을 위하여 적정 이윤을 초과하여 판매한 소매상들에게 정부 조절미는 물론 일반미 공급도 막기로 하였다.[119] 심지어 소매상을 거치지 않은 양곡시장조합 직매소 설치까지 거론하였다.[120] 일면 강경해 보이는 정부 조치는 현실에서 미봉책 수준에도 미치지 못하였다.

1968년 4월 18일 현재 서울 용산역 양곡시장에 상장된 미가는 가마니 당 상품 4,120원, 중품 4,070원, 하품 4,000원으로 고시되었다. 그러나 일부 위탁상들은 쌀의 등급을 속여 도매상들에게 넘겼고 도매상들도 등급을 속여 소매상에게 판매하였다. 소매상들이 구입한 미가는 4,300원 정도였는데 이 금액은 양곡시장조합 업무 규정상 중품 한 가마니의 적정 이윤으로 제한되어 있는 100원의 두 배 이상 되는 이윤이 붙은 가격이었다. 소매상 역시 4,600~4,650원으로 판매하여 고시 가격보다 200원 이상 받을 수 없는 규정을 어기고 이득을 취하였다. 미곡 등급을 속이는 행위는 유통구조의 정점에 있는 위탁상과 도매상에서 비롯된 일이었다. 따라서 부당이득 취득과 규정 위반은 소매상에 대한 단속으로 막을 수 있는 문제가 아니었다. 정부는 이 같은 상황을 인식하였음에도 불구하고 오히려 위탁상과 도매상들을 대상으로 한 대출까지 추진하였다. 담보는 위탁상과 도매상이 양곡시장조합 가입을 위해 납부한 보

---

119) ≪경향신문≫, 1968. 4. 18, 『쌀값 여전히 강세』; ≪동아일보≫, 1968. 4. 18, 『일반미도 불공급』.
120) ≪매일경제≫, 1968. 4. 25, 『소비자에 직접 공급』.

증금 2억 6천만 원이었다.[121]

경제부처 장관들과 관련 기관장들은 미가 폭등 대처방안을 논의하였지만 양곡시장조합 직매소를 도심지에서 멀리 떨어진 지역에도 설치하자는 비현실적인 방법을 제시하였다. 문제의 원인인 양곡시장조합을 오히려 강화하자는 모순된 안이었다. 양곡시장조합 설립 이전까지 미곡유통의 한 축을 담당하였던 농협은 건설적인 대안을 제시하기보다 농림부의 정책실패를 지적하였다.[122]

양곡시장조합은 업무를 개시한 지 한 달도 안 되어 기존 미곡시장을 더욱 악화시켰다. 양곡시장조합 출범의 직접적인 계기가 되었던 정부미를 재도정하여 일반미로 매매하는 행위는 농림부의 방관 속에 양성화되었다. 조합원들의 위법행위 시 몰수 대상이 되어야 할 증거금은 융자의 형태로 반환되었다. 정부미 방출 시 중간상인의 이윤은 1967년 250원에서 1968년 450원으로 오히려 확대되었다.[123] 양곡시장조합도 자체 조직 강화로 상황을 돌파하고자 하였다. 5,000여 명에 이르는 소매상들을 조합원인 도매상 150여 명에 등록토록 한 것이다.[124]

정부는 자유로운 유통질서라는 명분하에 미곡시장 교란 해결의 책임을 양곡시장조합으로 돌렸다. 하지만 이 같은 조치로 양곡시장조합은 오히려 입지를 강화할 수 있었다. 애초 정부가 지시한 바 있는 직매소 설치나 도소매 가격 게시제 등은 정부가 관여할 수 없는 양곡시장조합의 고유 업무가 되었다. 농림부는 양곡시장조합 조합원 확대로 문제를 해결하

---

121) 《동아일보》, 1968. 4. 19, 『서울판 쌀값 오름세』.
122) 《동아일보》, 1968. 4. 20, 『양시직매소 설치』; 《매일경제》, 1968. 4. 24, 『조소 피하기도 어렵게 돼』.
123) 《동아일보》, 1968. 4. 27, 『탈선한 발육 서울양시 소비자 등진 횡포무대』.
124) 《경향신문》, 1968. 4. 30, 『쌀 게시제 실시』.

려 하였다.[125] 양곡시장조합에서 비롯된 문제를 해결하기 위해 양곡시장조합이 더욱 강화되어야 하는 역설이 발생한 것이다.

위탁상과 도매상이 하나의 조직이 되어 미가를 조정할 수 있다는 점은 미곡 유통 단계별 시장 교란 이외의 문제도 일으켰다. 양곡시장조합이 미가 안정이라는 명분으로 지방도시보다 가마니 당 200원 정도 저렴한 시세를 유지하자 지방하주들이 반발한 것이다. 특히 서울지역으로 반입되는 미곡의 상당 부분을 차지한 호남지방 하주들의 반발이 심하였다. 이들은 조합을 결성한 후 소매상인 연합회와 연대하여 양곡시장을 거치지 않고 직접 소매상에 공급하는 안까지 강구하였다.[126]

양곡시장조합 내 위탁상은 별도 회합을 통해 도매상을 없애고 도매상의 마진을 소매상에게 넘기는 안을 제시하였다. 미곡유통에 대한 지배력이 가장 강한 위탁상이 지방하주와 소매상들의 반발을 무마하기 위하여 같은 조합의 구성원인 도매상을 희생시키고자 한 것이다. 이 같은 방침이 현실화되면 도매상은 위탁상이나 소매상으로 전직할 수밖에 없었다.[127] 그러나 양곡시장조합 내 도매상 수가 위탁상을 압도하였고 이사장이 도매상인 상황이었기 때문에 미곡유통에 대한 위탁상의 지배력에도 불구하고 이들의 시도가 현실화되기는 쉽지 않았다.

당시 서울로 반입되는 미곡량이 부족하였음에도 정부가 정부 조절미를 양곡시장조합을 통해서만 공급하였기 때문에 양곡시장조합 구성원들은 별다른 타격을 받지 않을 수 있었다. 일반미 공급이 끊기거나 가격이

---

125) ≪매일경제≫, 1968. 5. 1, 『산모 간 뒤의 홀아비 신세』; ≪동아일보≫, 1968. 5. 7, 『김농림 말 업자신규 가입 늘려 양시조직 확대할 터』.

126) ≪매일경제≫, 1968. 5. 13, 『쌀, 입하량 격감』.

127) ≪매일경제≫, 1968. 5. 14, 『위탁·소매상에 밀려날 도매상 '양시' 운영개편 움직임』.

상승하면 정부미를 판매하면서 버틸 수 있는 구조였던 것이다. 양곡시장
조합 설립 당시 일정량 이상의 일반미 판매를 의무화했다는 점을 고려하
면 애초 의도와 달리 양곡시장조합은 미곡유통 시장의 미약한 자정기능
조차 앗아간 것이다. 위탁상과 도매상은 서로의 존재가 불필요함을 주
장하면서 둘 다 규정 이상의 이득을 취하였다.[128]

　양곡시장조합 설립 두 달 만에 일반미 시장은 완전히 붕괴하여 일시적
이지만 반입량이 평소의 1%에도 미달한 경우까지 있었다. 정부와 양곡
시장조합의 저곡가 정책으로 서울로의 일반미 매입량이 급감한 것이다.
하지만 양곡시장조합 내 미곡상인들은 정부 조절미로 인하여 별다른 피
해가 없었다. 오히려 일반미를 서울지역 인근 도매상에게 빼돌려 판매하
여 양곡시장을 교란한 하주들은 실제 양곡시장조합 내 위탁상인 경우가
많았다.[129] 지방하주를 겸하는 위탁상은 서울 이외 지역에 일반미를 공
급하여 폭리를 취하는 동시에 일반미 반입이 끊긴 서울에서는 정부 조
절미를 공급받아 판매하였다. 막대한 이윤을 획득하며 양곡시장조합의
토대를 허문 주체가 양곡시장조합의 구성원들이었다.

　양곡시장조합은 시장과 미곡공급 상황에 따라 발생할 수도 있는 위탁
상과 도매상들의 손해를 보전해주는 조직이 되었다. 위탁상들 가운데
상당수가 미곡시장 교란의 주체였다는 점을 감안하면 피해를 야기한 당
사자가 불가피하게 입은 손실까지 막아준 것이다. 그럼에도 불구하고 농
림부는 양곡시장조합을 통한 미곡 유통 방침 고수를 천명하였다.[130]

---

128) ≪동아일보≫, 1968. 5. 16, 『서울 쌀 반입 격감』; ≪매일경제≫, 1968. 5.
　　18일, 『원점서 맴도는 양시』.
129) ≪경향신문≫, 1968. 5. 21일, 『진해선 5천2백 원 쌀, 서울 반입도 줄어』;
　　≪매일경제≫, 1968. 5. 21, 『조합원 3명 제명』.
130) ≪매일경제≫, 1968. 6. 4, 『정부미, 양시 통해 방출 기존 유통질서 활용』.

양곡시장조합은 점차 정치권에서도 논란이 되었다. 여당인 공화당은 양곡시장조합 폐지와 농협 공판장을 통한 미곡 판매를 요구하였다. 국회에서도 여야를 막론하고 양곡시장조합의 폐해를 지적하였다.[131] 설상가상으로 정부의 잘못된 미곡 창고 관리 때문에 부족한 일반미를 대체하여 공급한 정부미의 30% 이상이 썩은 채 판매되었다.[132]

이러한 상황에서 양곡시장조합은 정부에 세율 조정과 정부미 방출 수수료 지급을 요구하며 요구안이 받아들여지지 않을 경우 양곡시장 폐쇄까지 선언하였다. 농림부는 미곡상인들이 협약대로 일반미를 평년 입하량의 70% 만큼 입하하지 않았기 때문에 수수료 지급을 미루었다. 이에 대해 미곡상인들은 서울지역 시세가 지방 시세보다 저렴하였기 때문에 서울지역 미가를 자유화하여 지방수준대로 입하하였다면 지방에는 공급부족, 서울에는 미가 파동이 왔을 거라 주장하였다.[133]

양곡시장조합은 서울지역 미가 안정을 위해 이동식 직매장도 설치하였으나 크게 성과를 보지는 못하였다. 서울 시민들은 양곡시장조합 직매장이 어디에 있는지 몰랐고 일부 소매상들은 직매를 전제로 출시된 양곡시장조합의 쌀을 매점하여 이윤을 붙여 팔았다.[134] 미곡 직매가 오히려 미가 폭등을 부추긴 것이다.

양곡시장조합은 주식회사 체제로의 전환을 추진하여 전 조합원이 출자주인 동시에 사원 형식인 공동 경영방침을 제시하였다. 조합원을 모두

---

131) ≪경향신문≫, 1968. 6. 4, 『정부·여당 하곡매입 대책회의』; 『국회회의록』, 7대 66회 9차 농림위원회, 1968. 7. 2.

132) ≪동아일보≫, 1968. 7. 3, 『썩은 쌀 강매』.

133) ≪매일경제≫, 1968. 7. 11, 『양시를 폐쇄』; ≪매일경제≫, 1968. 7. 23, 『또 소란해진 『양시』 5월 방출미 수수료 지급 안 해』.

134) ≪매일경제≫, 1968. 9. 4, 『이동식 직매장 설치』; ≪매일경제≫, 1968. 10. 12, 『쌀값 올 들어 최고시세』.

위탁상화하여 서울지역에서 도매상을 없애자는 방안이었다. 이에 따르면 미곡유통 단계가 감소하기 때문에 마진을 줄여 곡가를 낮출 수 있었다. 이 같은 구상을 실현하기 위해서는 양곡시장조합의 계획에 의거하더라도 5억 원 이상의 출자금, 도매상을 대신할 80여 개의 양곡시장조합 출장소가 필요하였다. 소매상조합에 소속된 소매상만 미곡을 구입할 수 있었고 양곡시장까지 가기 어려운 소매상들은 양곡시장조합 출장소에서 구매토록 하였다. 소매상인 연합회와 정부는 양곡시장조합의 구상에 전적으로 찬성하였다.[135]

양곡시장조합의 구상은 합리적으로 보이나 실제로는 많은 문제를 내포하였다. 미곡유통 단계에서 도매상들이 문제를 일으키는 경우가 많았지만 미곡시장 교란의 실제 주범은 위탁상이었다. 대량으로 미곡을 다루고 자금력도 갖추고 있다는 점에서 위탁상들의 존재는 도매상들보다 위협적이었다. 실제 도매상들이 정부에서 방출한 정부 조절미를 일반미로 속여 판매할 때, 위탁상들은 지방에서 반입한 지방 정부미를 일반미로 속이고 분배하여 부정이득을 취했을 뿐만 아니라 정부로부터 보상금도 수령하였다.[136] 양곡시장조합 출범 반년 만에 위탁상들의 미곡시장 교란은 기존의 일반미 횡령, 정부 조절미 부당 수급이라는 수준을 넘어섰다. 이러한 상황에서 미곡유통 단계를 한 차례 줄여도 생산 농가와 소비자의 이득으로 이어질 것이라 보기는 어려웠다.

양곡시장조합의 문제가 격화되자 정부는 정부 조절미 판매 대행을 양곡시장조합에서 농협으로 환원하는 양곡유통구조 개선안을 마련하였다. 양곡유통구조 개선안의 주요 내용은 양곡시장조합의 폐쇄 또는 일

---

135) ≪매일경제≫, 1968. 9. 30, 『양시, 중간상인을 배제』.
136) ≪동아일보≫, 1968. 10. 15, 『정부 쌀 빼돌려 폭리』.

반미 취급으로의 역할 제한, 농협 공판장과 소매상의 직거래를 통한 미곡 유통 단계 간소화 등이었다. 양곡시장조합 개편은 기정사실화되었다. 설립 이후 불과 반년 만에 양곡시장조합은 정부 조절미 공급 권한을 박탈당해 일반미를 거래하는 공간으로 축소되었다.[137]

1969년부터 양곡시장조합은 무력화되었다. 미곡유통 일원화는 실패하였고 소매상들까지 할당받은 정부미를 재도정·개포장하여 소비자에게 고가에 판매하였다. 미곡부족 현상도 심각하여 정부는 이전부터 실시하던 혼분식 정책을 한층 더 강화하였다. 음식점, 여관, 요정, 식당, 관공서 및 국영기업체 식당 등에서 혼분식을 의무화하였으며 쌀을 원료로 하는 음식의 판매도 제한하였다. 하지만 정부 기관에서조차 지키지 않은 경우가 허다하였다. 식당에서도 몰래 쌀밥을 먹는 일이 일어나 영업정지 조치가 빈번하였다. 혼분식 정책은 국민의 반발을 불렀다.[138] 혼분식 식습관, 미곡 증산 등이 미곡부족 현상에 대한 장기적이고 근본적인 대안이 될 수는 있지만 단기간 내에 실현되기 어려웠기 때문에 실패한 미곡유통에 대한 대책이 필요하였다.

정부는 서울과 주요 도시에서 정부관리 양곡 외에 일반미도 농협 공판장을 통해 수매하고, 농협도 일반미를 집중 매입하는 방향으로 정책 방침을 전환하였다. 양곡시장조합은 정부미 방출 대행업무가 농협으로 이관되자 새롭게 위탁상 조합을 만들어 농협에 협조하고 있는 수집상들과 대립하였다. 또한, 최고가를 설정한 정부의 미가통제와 시장개입에 적극적으로 저항하였다. 그러나 조직의 기능이 완전히 마비되어 사무실

---

137) ≪동아일보≫, 1968. 10. 17,『정부미 다시 농협서 방출』; ≪동아일보≫, 1968. 10. 29,『양곡시장 곧 개편』; ≪매일경제≫, 1968. 11. 8,『강제해체 않을 방침 서울 양곡시장조합』.
138) 농수산부, 앞의 책, 478~480쪽; 주영하 외, 앞의 책, 93~94쪽.

조차 양곡수집상조합으로 넘길 수밖에 없었다.[139]

양곡시장조합이 미곡시장에 끼친 영향과 성격을 확인하기 위해서는 1960년대 후반을 중심으로 전체 미곡유통 상황과 서울지역 물가 상승률을 확인할 필요가 있다. 1962년 이후 미곡 가격은 1965년을 제외하고 지속적으로 상승하였다. 특히 도매물가 상승률을 보면 1965~66년을 제외하고 언제나 전체 물가 상승률을 웃돌았다. 양곡시장조합이 운영되었던 1968~69년에도 이러한 추세는 지속되었다. 전체 도매물가가 6.8% 상승 시 곡물 가격은 17.5% 인상되었다.[140]

서울지역 농산물 소비자 가격도 마찬가지였다. 1960~71년 사이 서울지역 농산물 가격 상승률은 대체로 전체 물가 상승률을 상회하였다. 1965년부터 농산물 가격이 상대적으로 안정화되었으나 1968년 흉작 이후 급등하였다.

〈표 39〉 1960~1971년 서울지역 소비자 물가 상승률   (전년 말월 대비, %)

구분	총 상승률	농산물 상승률
1960	4.0	11.6
1961	4.3	3.1
1962	16.9	24.8
1963	28.5	37.8
1964	20.8	22.8
1965	10.3	7.0
1966	16.8	14.1
1967	11.2	7.9

---

139) ≪동아일보≫, 1969. 1. 22일, 「주요 도시에 정부미 무제한 방출」; ≪매일경제≫, 1969. 1. 24, 「사촌 논사 배 아픈 격」; ≪동아일보≫, 1969. 1. 26, 「쌀이중가·암거래우려」; ≪매일경제≫, 1969. 1. 27, 「수집상조합에 이양」.

140) 농수산부, 앞의 책, 381·443쪽.

구분	총 상승률	농산물 상승률
1968	9.9	15.7
1969	13.2	17.8
1970	12.4	17.0
1971	9.2	8.6

자료: 김준영, 『해방이후 한국의 물가경제』, 성균관대학교 출판부, 2000, 48·59쪽.

서울지역 농산물 소비가격 상승률은 1969년 17.8%로 13.2%에 그쳤던 전체 물가 상승률을 견인하였다. 양곡시장조합이 해산된 이듬해인 1970년도에도 마찬가지였다. 양곡시장조합의 존재와 활동은 흉작으로 인한 농산물 가격 급등을 진정시키지 못하였다. 오히려 본격적인 이중곡가제, 대량의 정부 조절미 방출, 용산으로 일원화된 미곡 유통의 다원화가 실현되기 시작한 1971년이 되자 서울지역 농산물 소비자 가격 상승률은 전체 물가 상승률을 하회하였다.

양곡시장조합 해체 이후 가격 통제지역인 서울, 부산, 대구에서 농협 공판장 산하 직매장(서울에는 5개소)이 소매상 지구조합을 통해 소매상에게 정부미를 분배하여 소비자에게 판매하게 하였다. 그러나 이 과정에서 미곡상인들이 부당이득을 취하여 이듬해인 1970년에는 농협 공판장 산하 공급소(이전 직매장)에서 농협 직매소와 소매상 지구조합을 통해 양곡 소매상에게 정부 조절미를 방출하였다. 지역에서도 농협 군조합이 직매소와 소매상에게 정부 조절미를 방출하였다.[141] 정부 조절미를 방출하는 통로를 이원화하여 미곡상인의 부당행위를 막으려 한 것이다.

양곡시장조합의 실패가 명확해지면서 정부의 개입이 한층 강화된 정책들이 추진되었다. 1968년도 하반기에 이미 농림부는 모든 양곡 수매,

---

141) 허길행, 앞의 논문, 658쪽.

외곡 도입, 방출을 담당하는 식량청 신설을 제시하였다. 농림부가 주장한 식량청은 농림부의 양정국을 확대 개편하여 양곡시장조합과 농협 공판장이 아닌 식량청이 직접 정부 조절미를 소매상 또는 소비자에게 판매하는 방안이었다. 외곡 도입으로 1천억 원의 양곡관리특별기금을 조성하여 미곡시장 통제의 기반으로 삼고자 하였다. 경제과학심의회의도 양정을 전담할 별도 기구 설립을 제기하였다. 경제과학심의회의의 구상은 양곡공사 설립이었다.[142] 농림부의 식량청안과 경제과학심의회의의 양곡공사안은 정부 내에서 대립하였다.

식량청과 양곡공사 설립 안은 둘 다 받아들여지지 않았다. 막대한 경

---

142) ≪매일경제≫, 1968. 8. 8, 『식량청 신설로 일원화』; ≪매일경제≫, 1968. 12. 18, 『양곡공사 설립검토』; 경제과학심의회의, 『양곡유통질서개선안』, 1969, 4쪽.

* 양정기구 단일화 비교표(경제과학심의회의 작성)

구분	장점	단점
식량청	1. 행정력의 동원과 지원이 용이 2. 양곡의 전면통제 시 즉각 대처 가능 3. 정부의 양곡정책 실시에 최적(예: 소비절약 등)	1. 민간상인과 협조 및 민간자금 동원 곤란 2. 정부기구 신설 문제 3. 정책수행의 경직성(기동력 부족) 4. 자금효율의 저하 5. 평면조직으로 인한 인력의 낭비
농협	1. 계통조직의 이용으로 인한 업무비의 절약 2. 농협 육성에 큰 도움	1. 생산자 단체이므로 소비자 보호에 난점 2. 상인 세력과의 마찰 및 상인에게 이용당할 우려 3. 농협 업무의 과중
양곡공사	1. 현업 업무의 분리로 농림부는 정책수립에 전념 2. 민간상인 참여 및 민간 자금동원 가능 3. 자금효율 극대 4. 기동력 및 능률 향상 가능 5. 수지베이스에 의한 경영합리화 가능	1. 새로운 기구의 설립에 따른 마찰 2. 소비자 가격이 높아질 이유(수지베이스 때문)

비가 소요될 식량청과 당시로서는 조직의 성격을 가늠하기 어려운 양곡공사를 받아들이기에는 정부의 부담이 컸다.[143] 식량청은 정부 조직으로 통제에만 초점이 맞추어졌기 때문에 정부 관리양곡의 비율이 압도적이지 않다면 미곡 시장 변화에 대처하기 어려웠다. 또한, 관료화에 대한 우려, 정책수행 경직성, 자금효율 저하 등 많은 문제가 있었다. 양곡공사도 문제가 있었다. 관민합작이라는 점에서 기존 양곡시장조합의 문제를 답습할 위험이 있었고 직접 통제가 강화되는 박정희 정권기 농업정책 추세와도 배치되었다.

1970년에는 미곡담보융자 제도가 폐지되었다. 계절에 따른 곡가 변동에 농가가 대응하기 위하여 만든 제도였지만 농가 입장에서 융자를 받고 농산물 방출은 시세에 따라 자유롭게 할 수 있었기 때문에 제도의 효용성이 떨어졌다. 이전부터 미곡에 대한 정부 수매 확대로 점차 축소되는 추세였다. 농협 공판장에서 농협 직매소와 소매상 지구조합을 통해 정부미를 방출하는 이원적인 체계도 확립되었고 1971년에는 양곡관리법이 개정되었다. 개정된 양곡관리법은 양곡판매업을 허가제로 변경하였다. 또한 양곡 소유자, 판매업자, 가공업자에 대해 하루 소비자, 판매량, 판매 시간 및 기간, 최고 가격 등을 지정하여 명령할 수 있게 되었다. 미곡 유통 체계도 재정비되어 농림부 장관은 양곡 유통의 최고 마진을 지정하여 소비자가 부담하는 과도한 중간 마진을 제어할 수 있게 하였다. 일반미에 대하여도 도정일자, 정미소, 도정량 등의 표식을 첨부하여 규격화하도록 규제하였다. 행정력에 의해 미곡과 잡곡의 혼식비율, 판매비율까지 정한 것도 특징이라 할 수 있다. 전반적으로 미곡시장에 대한 정부통제는 한층

---

143) ≪동아일보≫, 1969. 3. 11, 『양곡기구 신설 안 해』.

더 강화되었다.[144) 정부관리 양곡이 증가하여 정책수단도 강력해졌다.

〈표 40〉 1967~1971년 정부수매 실적·조절미·외곡 도입량 비교 (단위: M/T, %)

구분	미곡 생산량(A)	정부수매 실적(B)	B/A	정부 조절미	외곡(미곡) 도입량
1967	3,603,104	374,340	10.3%	284,706	112,604
1968	3,195,335	268,817	8.4%	441,616	216,211
1969	4,090,444	529,246	12.9%	696,137	755,072
1970	3,939,260	561,254	14.2%	748,636	541,000
1971	3,997,635	679,861	17.0%	1,173,829	907,417

자료: 농수산부, 『농림통계연보』, 각 연도.

1968년 이후, 미곡 생산량 가운데 정부수매 실적은 지속적으로 증가
하였다. 1971년 정부 조절미 양도 1967년의 4배가 넘었다. 같은 기간
외곡 도입량은 9배가 늘어났다. 전체 미곡시장에 대한 정부의 영향력이
강화되었음을 확인할 수 있다. 미곡상인들의 힘은 약해져 1968년 당시
153명이었던 도매상이 1970년 중후반에는 50명 이하로 감소하였다. 이
와 같은 추세는 서울 이외 도시도 마찬가지였다. 1968년 4월 4.0%였던
미곡상인의 중간이윤은 1971년 12월 1.6%로 감소하였다.[145) 서울의 일
반미 도입량은 감소하여 1971년에는 153만 톤으로 1966년 429만 톤의
35%에 불과하였으나 정부미 방출량은 1966년 230만 톤에서 1971년
824톤으로 급증하였다.[146)

양곡시장조합 설립은 정부의 서울지역 양곡시장에 대한 직접적인 재
편·개입이었다. 그러나 정부의 개입 정도에 대하여 좀 더 면밀히 살펴볼

144) 농수산부, 앞의 책, 469~481쪽.
145) 조영탁, 앞의 논문, 92~93쪽.
146) 농림부 농업경영연구소, 앞의 책, 72쪽.

필요가 있다. 양곡시장조합은 생산농가와 소비자의 이익, 인플레이션 방지가 아니라 정부관리 양곡과 미곡 시장의 관리라는 측면에만 초점이 맞추어져 추진된 정책이었다.

박정희 정권은 각종 제도와 법령, 정부 조절미 방출 확대 등 한층 더 강화된 정부개입으로 양곡시장조합이 악화시킨 미곡유통 문제를 해결하려 하였다. 그러나 정부와 미곡상인으로 이원화된 미곡유통 경로를 유지하면 위탁상과 도매상들의 약화에도 불구하고 미곡시장이 안정화되기는 어려웠다. 따라서 1970년대 초반에도 정부 조절미가 대량으로 방출되면 일반미 반입이 감소하는 현상은 해결되지 않았다.[147] 점차 오히려 교통 및 통신의 발달로 생산지 반출상과 서울지역 소매상 간 직거래가 증가하여 농협의 역할을 대신하였다.[148] 유통단계를 줄였다는 면은 바람직하였지만, 정부가 파악하기 어려운 미등록 상인 증가, 탈세 문제 등으로 긍정적으로 평가할 수만은 없었다. 결국, 공식적인 양곡시장과 정부 정책 모두 미곡유통의 대안이 되지 못한 것이다.

농산물 유통구조 개선은 사회간접자본 개선, 광범위한 기득권의 해체 등 당장 실현이 어려운 여러 사안이 해결되었을 때 가능하였다. 가장 근본적인 대안은 철저한 이중곡가제와 100% 정부 수매였지만 당장에 실현하기는 어려운 방법이었다. 장기적인 대안은 차치하더라도 현실적이고 단기적인 대책이 필요하였다. 당시 농산물 유통 개선을 위한 유효한 대안은 무엇이었을까?

미곡유통 경로는 형식적으로 민간시장, 정부, 농협으로 분리되었지만, 정부와 농협의 미곡은 농협에서 관리하였다. 따라서 실제는 민간시장과

---

147) ≪매일경제≫, 1971. 2. 5, 『지방 쌀 반입반감』.
148) 주용재 외, 앞의 논문, 23~24쪽.

농협으로 구분할 수 있었다. 농협과 정부관리 양곡 유통경로를 보면 농협은 왜곡된 농산물 유통의 대안이 될 수 있었다. 농협 공판장과 농가 사이에는 리동조합 또는 시군조합만 있었다. 농협 공판장은 지정거래인-소매상을 통하거나 아니면 직접 소비자와 거래하였다. 일반상인을 통한 유통경로에 비해 현저히 적은 단계를 거쳐 유통마진이 적었기 때문에 소비자에게는 좀 더 저렴하게 공급할 수 있었으며 생산자인 농민들은 농협의 조합원으로서 형식적으로나마 유통의 주체가 될 수 있었다.[149] 하지만 1960년대 양곡시장을 지배한 이들은 미곡상인이었고 박정희 정권은 이를 방치하였다.

1960년대 농촌경제 구조는 느린 속도로 개선되었지만, 농촌의 경제적인 자립을 뒷받침하기에는 부족하였다. 농촌의 경작규모가 어느 정도 상향 평준화되어도 생산자가 농산물을 통제할 수 있을 때 생산력 증대, 농촌경제에 재투자될 수 있다. 그러나 당시의 미곡유통체계는 지나치게 복잡하였고 생산자인 농가가 전혀 영향을 끼칠 수 없는 구조였다.

박정희 정권의 통제수단은 정부관리 양곡 확보에 그쳤다. 실제 유통구조 개선은 민간업자들에게 위임하거나 1년 만에 정책을 변경하는 등 혼선이 많았다. 정부 기관화한 농협조차 양곡을 통해 미곡수급에 관여할 수 있는 여지가 적었다. 농지세 물납제로 정부관리 양곡을 확보하였지만, 박정희 정권은 미곡유통에 개입하고 압도적인 추곡수매를 감당할 수 있는 의지와 능력이 없었다. 문제의 심각성에도 불구하고 미곡유통에서 상인들의 비중이 점점 높아졌다. 미곡유통의 문제는 농산물 생산, 농업 생산력의 변화와 관계없이 농촌경제가 자립할 수 없는 이유를 보여주는 전형적인 사례였다.

---

149) 부광식·마진호·김태영, 앞의 논문, 10쪽.

3. 농가경제의 궁핍과 이농

1) 농가소득 증대와 한계

1950년대 중후반 농가는 적자였다. 인플레이션이 심하여 소득 증가에도 불구하고 적자 폭은 확대되었다. 농가의 현금화 비율은 매우 낮아 총수입 가운데 33~36%만 현금이었다. 따라서 현금 적자는 더욱 컸다.[150]

1960년대 농가가 농업과 농촌경제의 최소 단위로 자리 잡았는지 확인할 필요가 있다. 보다 중요한 점은 평균적인 농가가 소득으로 생계 영위가 가능한가였다. 5.16쿠데타 이후 1960년도에 비해 10배 가까이 증가한 232억 환의 영농자금이 불과 7개월 만에 방출되었다.[151] 고리채가 많았던 농가들은 일시적인 영농자금 방출로 소득증대를 기대하기는 어려웠다. 실제 1962년 농가소득 증가율은 전년도에 비해 감소하였고 농업소득은 절대액수 자체가 줄었다.[152] 이후에는 총 대출금 상승률에 비해 농업자금 대출 상승 폭이 감소하였다.[153] 이와 같은 조치는 1960년대 농가경제에 어떠한 영향을 주었을까?

〈표 41〉 1962~1971년 농가경제 지표추이

(단위: 원, %)

구분	농가소득	농업소득	겸업소득	사업이외소득	가계비	농업소득 가계비충족률
1962	67,885	54,026	2,597	11,262	55,739	96.9
1963	93,179	76,542	2,281	14,356	77,464	98.8

---

150) 박성재, 『해방 이후 농가경제의 변화』, 한국농촌연구원 편, 『한국 농촌사회의 변화와 발전: 한국 농업·농촌 100년사 논문집 제2집』, 2003, 289쪽.
151) 공보부, 『혁명정부 7개월간의 업적』, 1962, 104~105쪽.
152) 농업협동조합중앙회, 『농업연감 1963』, I-131쪽.
153) 농업협동조합중앙회, 『농업연감』, 각 연도.

구분	농가소득	농업소득	겸업소득	사업이외 소득	가계비	농업소득 가계비충족률
1964	125,692	103,745	4,480	17,467	101,118	102.6
1965	112,201	88,812	3,897	19,492	100,492	88.4
1966	130,176	101,430	5,308	23,438	109,878	92.3
1967	149,470	116,359	6,606	26,505	127,667	91.1
1968	178,959	136,936	8,433	33,590	143,104	95.7
1969	217,874	167,128	8,090	42,656	171,371	97.5
1970	255,804	194,037	9,599	52,168	207,766	93.4
1971	356,382	291,909	11,152	53,321	244,463	119.4

* 농업 소득률=농업소득/농업 조수익, 가계충족률=농업소득/가계비
자료: 농림부, 『농가경제조사 및 농산물 생산비조사 결과보고』, 각 연도.

1962~71년 사이 농업소득 가계비 충족도는 대체로 90%에서 100% 사이에 형성되었다. 1차 경제개발 5개년 계획의 마지막 해이자 한일회담이 타결된 1965년 88.4%로 최저점을 기록하였다. 이후 3년간 농업소득은 가계비에 한참 밑돌았다. 이 시기 지속된 흉작이 농업소득 감소의 원인으로 보인다. 또한 1964년 수정된 1차 경제개발 5개년 계획의 여파로 농업, 농촌에 대한 지원이 삭감되기도 하였다. 이후 1968년부터 농업소득 가계비 충족률은 어느 정도 회복되었다. 1967~70년 전체 농가소득에서 농업소득이 차지하는 비율은 각각 77.8%, 76.5%, 76.7%, 75.8%였다. 농가경제에서 농업소득 비율은 큰 변동이 없었다. 전반적인 소득증대를 부정할 수 없지만, 여타 비용도 소득증대 폭과 비슷한 수준으로 증가하였다.

농업소득의 가계비 충족률은 1960년대 내내 1962년 수준은 회복되지 못하다가 1971년 119.4%로 극적인 증가를 맞이하였다. 이 시기는 이중곡가제의 결과가 반영되기 시작한 시점이었다.

〈표 42〉 1962~1971년 경지 규모별 농업소득의 가계비 충족도 추이 (단위: 정보, %)

연도	~0.5	0.5~1.0	1.0~1.5	1.5~2.0	2.0~	평균
1962	66.0	90.0	105.8	106.2	120.8	96.9
1963	71.9	91.8	104.6	117.6	134.4	98.8
1964	68.8	100.1	107.7	125.1	136.5	102.6
1965	58.6	83.7	96.7	103.3	112.5	88.4
1966	59.0	88.6	100.6	102.4	121.5	92.3
1967	58.4	86.5	96.9	110.5	112.2	91.1
1968	57.7	87.8	106.6	117.5	120.2	95.7
1969	57.2	93.9	113.2	104.4	124.1	97.5
1970	54.3	88.3	103.6	119.3	112.4	93.4
1971	69.5	108.6	140.5	139.6	150.0	119.4

자료: 농림부, 『농가경제조사 및 농산물 생산비조사 결과보고』, 각 연도.

1962~71년 경지 규모별 농업소득의 가계비 충족도 추이는 영세 자작농으로 갈수록 비율이 낮아졌다. 일면 당연한 결과였지만 문제는 10년간 개선되지 못했다는 점이었다. 0.5~1정보 사이 농가는 1964년 이후 줄곧 농업소득으로 가계비를 감당하지 못하였으나 1971년에는 108.6%를 기록하였다. 전체 농가 평균을 살펴보면 전년도 93.4%에 비해 119.4%로 상승하였다.

1970년까지 농업소득으로 넉넉하게 가계비를 확보한 가구는 2정보 이상 농가들밖에 없었다. 1.5~2정보 구간 농가조차 100%를 가까스로 넘은 해가 10년 사이 4차례나 되었다. 일부 대농을 제외하면 농업소득으로 가계비를 충족할 수 있는 농가는 없었다.

1971년 통계에서 주목되는 부분은 0.5정보 이하 구간이었다. 이중곡가제에도 불구하고 이 구간 농가의 농업소득 가계비 충족도는 60% 수준을 벗어나지 못하였다. 이중곡가제 이후, 다른 구간 농가들의 농업소득 가계비충족도가 기록적인 증가율을 보인 것에 비해 이 구간 농가는 1960년대 초반 수준을 회복한 데에 불과하였다. 더 심각한 문제는 1971년 당시 0.5정보 이하 농가 비율이 33.8%에 달했다는 점이었다. 2차 경제개발 5개년 계획 후에도 0.5정보 이하 농가의 비율은 크게 감소하지 않았다.[154] 많은 농민들이 농촌을 떠난 후에도 농촌이 박정희 정권의 의도대로 개편되지 않았음을 의미하였기 때문에 전체 농가 수가 감소하였다는 이유로 넘길 수 있는 문제는 아니었다.

1962~71년 사이 0.5정보 이하 농가 비율 감소폭은 5%에 지나지 않았다. 경지면적 비율 감소폭도 완만하였고 1967년부터는 오히려 정체되었다. 박정희 정권이 자작농가의 기준점으로 보고 육성하려 한 1~3정보 규모 농가수도 전반적으로 적체였다.(〈부표 12〉 참조) 3정보 이상 농가 증가가 두드러졌으나 애초 절대적인 수가 너무 적었다.[155] 1정보 이하 경작 농가가 농촌에서 최소한의 생활을 영위하기 위한 안정적인 농업 외 소득이 필요하였다.

당시 농가소득 구조의 문제는 주로 농업소득, 정부 수매가 산출방식 등에서 원인을 찾을 수 있었다. 하지만 농업 외 소득인 겸업소득과 사업 이외 소득의 비율이 낮았던 부분도 무시할 수 없었다. 농가 생계유지, 도·농간 격차 극복 수단으로서 농업 외 소득은 주요한 역할을 할 수 있었다. 1960년대 겸업수입의 항목은 임산물, 수산물, 상공광업, 농업관련 서비스업으로 구성되었다. 사업 이외 수입은 노임, 급료, 농지 임대료, 기타 임대료, 배당금 이자, 폐품수입, 기타 잡수입 등이었다.[156] 농

154) 농업협동조합중앙회, 『농업연감 1972』, 31쪽.
155) 왕건굉, 『1960년대 한국사회의 이농현상과 도시빈민 연구』, 건국대학교 사학과 박사논문, 2016, 16쪽.
156) 이동필, 『농외소득 저위의 원인』, 한국농촌경제연구원 편, 『한국농촌사회의

가수입 가운데 겸업수입은 1962년 3.8에서 1971년에는 3.1%, 사업 이외 수입 비율은 16.6%에서 15%로 감소하였다.[157] 겸업수입 내 비율은 임산물, 상공광업 수입이 줄고 수산물, 농업 관련 서비스업 수입이 증가하였다. 사업 이외 소득에서는 농업 노임, 급료가 감소하였고 기타 노임, 임대료 등이 증가하였다.[158] 1971년 농업 외 소득 수치가 낮았던 점은 우선 이중곡가제로 인한 농업소득 증대에서 원인을 찾을 수 있었으나 전년도인 1970년까지 추이를 보아도 증가율은 지지부진하였다.

당시 박정희 정권은 농가의 농업 외 소득 확대를 추진하였고 이를 위해 농어촌개발공사까지 설립되었다. 모범마을을 선정하여 지원한 사례도 정부에 의해 적극적으로 홍보되었다. 정부 지원과 언론 취재의 대상이 된 마을은 식량이 아닌 상품작물, 양계, 낚싯대 등을 생산하여 부를 쌓은 곳들이었다. 마을 현황이 청와대에 직접 보고될 정도로 비상한 관심과 지원을 받았지만, 결과적으로 이러한 일부 사례가 전체 농업 생산력, 농업소득 증대에 큰 기여를 하지는 못하였다.[159]

농업 외 소득이 적었다는 점은 정부가 실시할 수 있는 농업·농촌 정책의 폭이 작았다는 의미였다. 영세농이 농업에 기대지 않고 농촌에 거주할 수 있다면 정부가 농업과 농촌에 대한 과감한 정책을 비교적 부담 없이 실시할 수 있지만, 당시 영세 농가들은 농업과 관련한 일시적인 변화도 받아들이기 어려운 상황이었다. 이는 동시대 일본이나 대만의 사

변화와 발전』, 325~326쪽.

157) 농림부, 『농가경제조사 및 농산물 생산비조사 결과보고』, 각 연도.

158) 이동필, 앞의 논문, 326쪽.

159) 이환병, 『1960년대 마을 개발과 농촌 새마을운동의 초기 전개과정』, ≪역사연구≫23, 2012, 82~93쪽.

례와 비교해도 두드러졌다.[160] 또한, 2차 경제개발 5개년 계획의 농공병진 정책이 적어도 농가소득의 면에서는 완전히 실패하였음을 의미하기도 하였다.

농가경제 구조가 개선되지 못하였어도 농가소득이 압도적으로 증가하였다면 1960년대 박정희 정권기 농업 정책의 정당성을 인정할 수 있다. 실제 농가소득은 절대액수만 보면 상당한 수준으로 상승하였다. 하지만 도시 노동자와 비교하면 농가소득 증가에 대하여 높이 평가하기 어려웠다. 5.16쿠데타 직후, 도/농간 소득 격차는 크지 않았고 오히려 평균치는 농가소득이 더 높았다. 특히 0.5~1정보 구간에 있는 농가의 소득은 1964년까지 도시 노동자 가구의 평균 소득과 비등하거나 웃돌았지만 1965년부터 급격하게 하락하였다. 1965년까지 농가와 도시 노동자 가구의 소득은 비슷하였다. 하지만 1966~67년 사이 도시 노동자 가구 소득이 크게 상승하면서 같은 기간 도시 노동자 가구 대비 농가의 소득은 80.6%에서 60.1%로 하락하였다. 이후 농가소득 상승률이 조금씩 앞서기 시작했지만 차이는 미미하였다. 이러한 추세는 연도별 풍·흉작 여부와 상관없이 지속되었다. 1970년 당시 도시 노동자 가구 평균 소득 381,240원에 비해 0.5~1정보 구간 농가의 소득은 211,729원에 불과하였다. 전국농가 평균 소득도 255,804원으로 도시 노동자 가구의 67.1%에 그쳤다. 이중곡가제의 결과가 반영된 1971년 농가소득은 356,282원

---

160) 재인용, 한국농촌경제연구원, 『농지소유제도에 관한 조사연구』, 89쪽.

  * 한·일·대만 삼국의 농외 소득률 비교

(단위: %)

연도	한국(A)	일본(B)	대만(C)	B/A	C/A
1965	20.9	44.8	34.0	2.1(倍)	1.6(倍)
1970	24.2	54.3	51.3	2.2	2.1

자료: 농수산부, 『농정수첩』; 일본 농림수산성, 『농림수산통계』; 중국행정원 농업발전위원회, 『중화민국농업통계요람』.

으로 전년도에 비해 40% 가까이 증가하였다. 도시 노동자 평균 소득은 451,920원으로 전년 대비 20% 정도 증가에 그쳤다. 그러나 농가소득은 여전히 도시 노동자 소득대비 78.9%에 불과하였고 이는 1966년 수준이었다.[161]

농공병진과 농가소득 증대라는 목표를 가진 2차 경제개발 5개년 계획이 실제 농가 경제력 향상에 반영되었는지는 절대적인 기준과 상대적인 기준에 따라 다르게 규정될 수밖에 없다. 하지만 농가소득 증대가 실제 농민들의 생활에 도움이 되었는지는 물가 상승률과 더불어 검토할 때 확인할 수 있다.

〈표 43〉 1966~1971년 소비자·생필품 물가, 농가·도시가구 소득 상승률 추이

(단위: %)

구분	소비자물가지수 상승률	생필품물가 상승률	농가소득 상승률	도시 노동자가구 소득상승률
1966	12.1	33.5	16.0	43.4
1967	10.8	9.1	14.8	53.9
1968	11.1	−10.3	19.7	15.0
1969	10.1	21.8	21.7	16.6
1970	12.7	19.9	17.4	14.2
1971	12.4	22.5	39.2	18.5

자료: 농업협동조합중앙회, 『농업연감』, 각 연도; 김준영, 『해방 이후 한국의 물가경제』, 성균관대학교 출판부, 2000, 199쪽.

1966~71년 사이 소비자 물가지수 상승률 추이는 완만하였다. 적극적인 경제개발계획이 추진된 시기임을 감안하면 매우 양호한 수치였다. 그

---

161) 농업협동조합중앙회, 『농업연감 1972』, 85~86쪽; 주종환, 『한국농정의 회고와 방향』, 『한국농업정책평론집』, 일빛, 1994, 379쪽.

러나 생필품 물가 상승률은[162] 다른 양상을 보여주었다. 농촌은 영세 자작농이 주류였고 도시에서는 저임금 노동자가 주류였기 때문에 소득은 대부분 생필품 소비에 충당되었다. 따라서 소득상승이 생활수준 향상에 얼마나 도움이 되었는지 확인하려면 생필품 물가 상승률을 중요하게 고려할 필요가 있다. 생필품 물가 상승률은 1967~68년을 제외하면 소비자물가 상승률을 훨씬 웃돌았다.

1966년에는 기록적인 생필품 물가 상승률을 기록하였다. 같은 기간 농가소득 상승률은 생필품 물가 상승률의 반 정도였다. 이듬해부터 농가소득 상승률은 생필품 물가 상승률을 상회하였고 일시적으로 하회하는 경우에도 편차는 크지 않았다. 농가소득과 생필품물가, 소비자 물가지수를 살펴보면 일시적으로 문제가 있었지만 농가소득 향상이 실제 생활수준 향상으로 이어질 수 있었다는 기계적인 결론을 내릴 수 있다. 하지만 도시 노동자 가구 소득상승률과 비교하면 농가소득 상승에 대하여 긍정적으로 평가하기 어려웠다. 생필품 물가상승이 컸던 1966년 도시 노동자 가구소득은 생필품 물가보다 10% 가까이 더 높은 상승률을 기록하였다. 이듬해에도 도시 노동자 가구는 50% 이상 소득 상승률을 달성하였다. 1966~67년 2년 사이 총 농가소득 상승률은 생필품 물가, 도시 노동자 가구 소득 상승률에 밑돌았다. 특히 도시 노동자 가구의 ⅓에 불과하였다.

농가경제의 성격은 부채의 내역을 통해서도 알 수 있었다. 실제 농가의 경제적인 부담을 기계적으로 확인할 수도 있지만, 투자현황, 생활상의 문제도 알 수 있기 때문에 부채는 액수의 증감 못지않게 내역 변화도

---

162) 정부가 공식적으로 생필품 물가지수를 산정하기 시작한 해는 1980년부터다. 본고는 '김준영, 『해방 이후 한국의 물가경제』, 성균관대학교출판부, 2000'에서 분석한 1966~71년 생필품 물가지수를 참조하였다.

중요하였다. 이는 박정희 정권이 치적으로 내세운 농촌 고리채 정리의
결과를 평가할 수 있는 근거이기도 하였다.

〈표 44〉 1962~1971년 농가부채 용도별 추이(호당 평균) (단위: 원(%))

구분	농업자금	겸업자금	생계비	관혼상제비	기타	합계
1962	1,702(35.8)	407(8.6)	1,365(28.7)	364(7.6)	913(19.2)	4,751(100)
1963	2,049(30.7)	522(7.8)	2,404(36.0)	397(5.9)	1,297(19.4)	6,669(100)
1964	2,553(33.7)	746(9.8)	2,296(30.3)	521(6.8)	1,459(19.2)	7,575(100)
1965	3,686(38.8)	522(4.9)	2,369(22.4)	844(7.9)	3,149(29.7)	10,570(100)
1966	3,178(31.8)	473(4.7)	1,587(15.8)	751(7.5)	3,997(40.0)	9,986(100)
1967	4,175(36.5)	1,619(14.1)	1,704(14.9)	907(7.9)	3027(26.4)	11,432(100)
1968	5,511(39.3)	1,179(8.4)	2,134(15.2)	927(6.6)	4,252(30.3)	13,996(100)
1969	4,306(34.4)	1,059(8.5)	1,711(13.7)	1,107(8.8)	4,335(34.6)	12,518(100)
1970	7,287(45.5)	663(4.2)	1,849(11.6)	1,418(8.9)	4,696(29.5)	15,913(100)
1971	4,335(42.2)	341(3.3)	1,389(13.5)	517(5.0)	3,700(36.0)	10,282(100)

자료: 농림부, 『농가경제조사 및 농산물 생산비조사 결과보고』, 각 연도.

농가부채 가운데 농업자금과 겸업자금 비율이 상승한 시기는
1967~68년 정도부터였다. 이 시기부터 생계비 비중이 감소하였고 생산
력, 소득 증대를 위한 투자가 상승하였다. 농가부채 소비내역은 실제 농
가 재산내역에도 반영되었다. 1인당 경지면적, 농가자산 상승폭은 이전
보다 컸다. 그러나 농업자금 부채가 획기적으로 늘어나는 추세였다고 보
기는 어려웠다. 오히려 1971년에는 전년도에 비해 3% 이상 감소하였다.
    총 경지면적은 1968년 정점을 찍은 이후 줄곧 감소세였다. 그러나 경
지면적 감소가 농가자산 상승에 악영향을 주지는 않았다. 농가자산 증가

시점은 농촌인구 절대 숫자 감소 시점과 겹쳤다.[163]

〈표 45〉 1962~1971년 농가 고정자산 추이(호당 평균)   (단위: 원(%))

구분	토지	건물	대식물	대동물	대농구	합계
1962	180,064(82.6)	27,634(12.7)	853(0.4)	7,536(3.5)	1,804(0.8)	217,891(100)
1963	277,074(84.7)	40,275(12.3)	630(0.2)	6,908(2.1)	2,336(0.7)	327,223(100)
1964	277,614(85.6)	36,396(11.3)	922(0.3)	6,940(2.1)	1,551(0.5)	323,493(100)
1965	343,646(86.0)	42,935(10.8)	1,116(0.3)	9,802(2.5)	1,725(0.4)	396,224(100)
1966	374,567(84.9)	51,781(11.8)	1,735(0.4)	11,108(2.5)	1,802(0.4)	440,993(100)
1967	421,568(84.9)	56,768(11.4)	1,286(0.3)	14,805(3.0)	1,858(0.4)	496,285(100)
1968	455,731(83.3)	61,192(11.2)	2,517(0.4)	25,202(4.6)	2,763(0.5)	547,405(100)
1969	500,427(83.3)	76,878(12.5)	9,303(1.5)	26,474(4.3)	3,561(0.6)	616,643(100)
1970	601,788(81.0)	92,184(12.4)	10,730(1.4)	34,641(4.7)	3,689(0.5)	743,032(100)
1971	671,359(78.2)	112,208(13.1)	21,019(2.4)	49,900(5.8)	3,784(0.5)	858,270(100)

자료: 농림부, 『농가경제조사 및 농산물 생산비조사 결과보고』, 각 연도.

1962~71년 사이 10여 년간 농가 고정자산 증가는 6배였으나 재산 구조는 거의 변함이 없었다. 대식물, 대동물 부문 비율이 높아졌지만, 애초 너무 낮은 수치에서 시작하였기 때문에 큰 의의를 부여하기는 어려웠다. 오히려 당시 농업 생산성 향상의 척도라 할 수 있는 대농구 비율은 1962년 이후 지속적으로 하락하다가 1971년에도 예전 수준을 회복하지 못하였다. 전반적으로 농가자산이 증가한 시점부터 오히려 고정자산 비율은 감소하였다. 자산 증가분이 토지, 대농기구에 투자되는 비율보다 유동자산, 유통 자산으로 이전되는 비율이 점차 높아졌다.

---

163) 농림부, 『농가경제조사 및 농산물 생산비조사 결과보고』, 각 연도.

〈표 46〉 1962~1971년 농가자산 및 부채 내역추이   (단위: 원, %)

구분	자산				농가부채 (B)	A/B
	고정자산	유동자산	유통자산(A)	계		
1962	217,891	33,391	3,734	255,016	4,751	78.6
1963	327,223	45,556	5,036	377,815	6,669	75.5
1964	323,493	58,174	6,861	388,528	7,575	90.6
1965	396,224	56,849	9,989	463,026	10,570	94.5
1966	440,993	67,469	11,801	520,263	9,986	118.2
1967	496,285	77,676	16,422	590,383	11,432	143.6
1968	547,405	99,568	24,999	671,972	13,996	178.6
1969	616,643	116,050	33,710	766,403	12,518	268.3
1970	743,032	131,202	41,017	915,252	15,913	257.8
1971	858,270	195,813	46,287	1,100,370	10,282	450.2

* 고정자산: 토지, 건물, 대식물, 대동물, 대농구.
* 유동자산: 소농물, 재고농산물, 재고생산자재.
* 유통자산: 현금, 예·저금, 대부금.
자료: 농림부, 『농가경제조사 및 농산물 생산비조사 결과보고』, 각 연도.

    1965년까지 농가의 유통 자산은 부채보다 적었다. 하지만 이듬해인 1966년부터 이 추세는 역전되었다. 농가부채에 대한 유통 자산의 비율은 급증하여 1962년 78.6%에서 1971년에는 450%가 되었다. 특히 이 중곡가제 실시 시기에 맞추어 증가세가 두드러졌다. 유통 자산액이 애초 너무 적어 증가세가 눈에 띄었을 수도 있지만, 농민들이 현금보유고 상승분만큼 농업에 재투자하지 않은 점은 부정할 수 없다.

    절대적인 기준에서 1960년대 농가경제는 향상되었지만 정확한 의미를 이해하기 위해서는 다음과 같은 몇 가지 점을 확인할 필요가 있다. 첫째, 농가자산 가운데 농업 생산성 향상과 연관이 있는 고정자산 비율이 증가하지 않았다. 둘째, 농가소득과 자산증가 등 당시 농가경제를 긍정적으로 평가할 수 있는 요소들의 증가 폭은 비교대상인 여타 요소들(도시가구소득, 물가 상승률)의 증가 폭보다 완만하였다. 셋째, 애초 기준이 되었던 1961~62년의 농가경제 관련 수치가 너무 낮았다. 농업구조 개선 없이 이루어진 농가경제 향상은 허구였다. 실질임금 감소, 도시에 비해 상대적인 빈곤 등은 문제의 본질보다는 현상에 가까웠다. 드러난 수치로 볼 때 1960년대 농촌의 가장 큰 문제는 농가가 농업에 대한 희망을 갖기 어려운 상황이 되었다는 점이다. 또한, 농가가 농사만 지으며 농촌에 거주하기가 어려웠다는 점도 지적하지 않을 수 없다.

농가는 농업으로 생산이 늘어나도 적극적으로 생산성 향상을 위해 투자하지 않았다. 오히려 현금자산 보유를 늘리는 추세였다. 농업기술이나 농업 관련 고정자산 없이 생산력을 담보할 수 있는 요소는 노동력뿐이다. 따라서 경작규모가 커도 생산력은 규모보다 노동력에 의해 담보되었다. 수입을 농업에 재투자하지 않은 점은 개별 농가의 선택으로 보인다. 당시는 농기계도 제대로 보급되지 않았다. 노임상승을 상쇄할 만큼 기술력 향상이 이루어지지 않았기 때문에 효율적인 대규모 농업발전이 이루어지기는 힘들었다. 농업기계화가 시작된 시기는 1967년 이후 대일청구권으로 농업자금이 도입되면서부터이지만 본격적이고 계획적인 농기계 보급은 1972년 이후 추진되었다. 농지가마저 상승폭과 수익성이 모두 낮았다.[164]

농민들 입장에서 소득의 유통 자산화 외에 다른 방안은 없었다. 농가가 수익이나 융자를 농업 생산력 향상에 투자하지 않은 원인을 순수하게 농가의 자발적인 선택이라 할 수는 없었다. 박정희 정권은 양곡에 대한 농지세를 몇 차례 개정하였지만, 소득세가 아닌 수익세 구조를 고수

164) 한국농촌경제연구원 편, 『한국 농업·농촌 100년사』하, 2003, 1,221~1,244쪽.

하였다. 농가 입장에서 생산력 증대에 거금을 투자하여 증산하여도 비용에 대한 최소한의 보상도 받을 수 없었던 것이다.

1960년대에는 정부 정책에 따라 농가경제가 호전될 여지가 충분하였다. 실제 미곡 생산량은 증가하였으며 정부가 주도하는 수리사업과 농사지도사업의 성과도 있었다. 문제는 농업 근대화의 성과가 실제 생산주체인 농가와 유리되었다는 점이었다. 이는 농업과 농촌의 정체로 귀결되었다.

2) 이농의 확산

한국사회 인구 동향에서 1960년대는 중요한 시기였다. 도시화, 산업화로 인하여 대규모 인구이동이 이루어졌다. 특히 한국사회의 '압축된 근대화'는 농촌의 인구 동향에서도 그대로 드러났다. 당시 인구이동은 '이농'이라고 정의하여도 큰 무리가 없었다.

해방 이후 해외에서 220만의 인구가 귀환하여 대부분 도시에 정착하였다. 이러한 추세는 한국전쟁으로 더욱 격화되었다. 해외인구 귀환, 베이비붐에 의한 출산율 향상으로 한국사회는 유례없는 도시화와 인구증가를 맞이하였다.[165] 출산율 증대로 비경제활동 인구에 대한 경제활동의 부담이 늘기도 하였으며 식량부족이 극심해지고 저곡가 정책을 유지해야 할 필요도 생겼다.

1960년대 전체를 보면 농촌인구는 일정한 수준에서 유지되었다. 총 농가수는 1967년까지 증가하다 이후 감소하였다. 전체 가구 수 대비 농가 구성비 하락은 완만한 폭으로 진행되다 1970년 4% 폭락하였다. 10년간 약 10%였다. 이농은 1960년대 초중반에 조금씩 진행되다 1965~70년

---

165) 박길성, 『1960년대 인구사회학적 변화와 도시화』, 한국정신문화연구원 편, 『1960년대 사회변화연구: 1963~1970』, 백산서당, 1999, 24~27쪽.

사이 증가 폭이 3배에 이르렀다.[166] 당시 한국의 이농은 여타 신흥공업국의 사례와 비교해도 급격하였다. 1965~73년 사이 한국의 도시인구 순증가율은 브라질, 멕시코의 2배가 넘었고, 말레이시아에 비해서는 6배였다.[167]

〈표 47〉 1960~1971년 농가 가구·인구수 추이 　　　　　　　　　　　(단위: 명, %)

연도	가구수			인구수		
	총 가구수	농가구수	구성비	총 인구	농가인구	구성비
1960	4,377,973	2,349,506	53.7	24,989,000	14,559,272	58.3
1961	4,343,727	2,327,116	53.6	25,700,000	14,508,504	56.5
1962	4,589,071	2,469,453	58.2	26,432,000	15,096,779	57.1
1963	4,688,231	2,415,593	51.5	27,184,000	15,266,325	56.2
1964	4,769,533	2,450,308	51.4	27,958,000	15,553,019	55.6
1965	4,844,439	2,506,899	51.7	28,670,000	15,811,575	55.2
1966	5,118,053	2,540,274	49.6	29,207,856	15,780,706	54.0
1967	5,101,040	2,586,864	50.7	30,067,000	16,078,086	53.5
1968	5,233,958	2,578,526	49.3	30,747,000	15,907,664	51.7
1969	5,415,516	2,546,244	47.0	31,410,000	15,588,912	49.6
1970	5,864,330	2,487,646	42.4	31,469,132	14,431,914	45.9
1971	-	2,451,844	-	31,828,000	14,711,828	46.2

자료: 경제기획원, 『한국통계연감』; 농림부, 『농림통계연보』, 각 연도.

166) 재인용, 박진도, 앞의 책, 149쪽.
　　* 1955~1970년 인구의 순도시 이동량 추이 　　　　　　　　　(단위: 천명, %)

기간	이동량			이동률(%)		
	계	남	여	계	남	여
1955~60	584	258	327	-	2.8	3.6
1960~65	953	471	482	-	4.9	5.1
1965~70	2,522	1,281	1,241	-	13.8	13.5

　　자료: 경제기획원, 『인구 및 주택 센서스』.
167) 박진도, 『이농의 전개과정과 그 의미』, 한국농촌경제연구원 편, 『한국 농촌 사회의 변화와 발전, 한국 농업·농촌 100년사 논문집 2집』, 2003, 81쪽.

1960년대 후반에 이르면 흉작과 농가경제 악화로 전반기에 비해 2.6배의 인구가 유출되었다. 1950년대 후반과 비교하면 4.3배였다. 1960년대 후반 이농은 1970년대 전반기와 비교해도 1.3배였다. 그러나 이농인구가 모두 취업할 수는 없었기 때문에 과잉 도시화, 도시 빈민화를 초래하였다. 대량의 이농에도 불구하고 애초 농촌인구가 조밀하여 농가당 경작지 확대를 통한 농촌소득 증대와 인구 압력 완화 효과는 작았던 데에 비해 농촌의 노동력은 부족해졌다.[168]

많은 농가가 농촌을 떠났음에도 불구하고 실제 농가 세대원의 농림업 취업비율이 낮아진 것은 아니었다. 1960년대 내내 농림업 취업비율은 80%를 훨씬 상회하였고 광공업 분야 취업률도 별다른 변화가 없었다. 농촌사회의 변화는 이면에서 더 급격하게 진행되었다. 1970년 당시 통계에 따르면 15세 이상 남성 농가인구 가운데 농업, 겸업 종사자 비율은 약 87%였다. 이 비율은 20대에서 약간 낮아져 77%가 되었다. 15~19세 구간이 되면 급격하게 감소하여 48% 정도였으나 이 구간 학생비율을 합산하면 대략 평균에 가까운 수치가 산출되었다. 최소한의 교육이수 후 성인이 되면 이농하는 추세가 시작된 것이다. 반대로 60대 이상 농업 종사자 비율은 점차 증가하였다.[169]

가장 심각한 문제는 15세~39세 인구의 이농이 압도적이었다는 점이었다. 1965년에서 1970년 사이 전체 이농인구 가운데 이 구간의 비율은 86%에 달하였다.[170] 출산율에 따라 인구가 증가하여도 농촌이 점차 활력을 잃기 시작할 수밖에 없는 구조였다. 실제 농촌의 가구당 가구원

---

168) 한도현, 앞의 논문, 130~131쪽.

169) 박진도, 『한국자본주의와 농업구조』, 한길사, 1994, 158~163쪽.

170) 박진도, 『이농의 전개과정과 그 의미』, 한국농촌경제연구원 편, 『한국 농촌 사회의 변화와 발전, 한국 농업·농촌 100년사 논문집 2집』, 2003, 86쪽.

수와 영농종사자 수는 해마다 감소하였다.[171]

〈표 48〉 1961~1971년 경지 규모별 농가호수 변동추이   (단위: 천호(%))

연도	0.5ha 미만	0.5~1.0ha	1.0~2.0ha	2.0~3.0ha	3.0ha 이상	총 호수
1961	946(40.7)	741(31.8)	491(21.1)	143(6.1)	6(0.3)	2,327
1962	1,013(41.0)	823(32.5)	505(22.5)	141(5.7)	7(0.3)	2,469
1963	1,010(41.8)	761(31.5)	497(22.6)	139(5.7)	9(0.4)	2,416
1964	979(39.9)	782(31.9)	525(21.4)	148(6.1)	16(0.7)	2,450
1965	901(35.9)	794(31.7)	643(25.6)	140(5.6)	29(1.2)	2,507
1966	895(35.3)	818(32.2)	655(25.8)	137(5.3)	35(1.4)	2,540
1967	919(35.6)	829(32.0)	665(25.7)	135(5.2)	39(1.5)	2,587
1968	858(33.9)	820(32.5)	670(26.6)	133(5.3)	41(1.6)	2,522
1969	842(33.9)	807(32.4)	669(26.9)	130(5.2)	39(1.6)	2,487
1970	827(33.8)	796(32.6)	658(27.0)	125(5.1)	37(1.5)	2,443
1971	810(33.9)	786(32.8)	645(26.9)	120(5.0)	36(1.5)	2,398

자료: 농림부, 『농림통계연보』, 각 연도.

경지 규모별로 보면 0.5ha 이하 농가 비율은 폭이 작기는 하지만 상대
적으로 감소하였다. 당시 영세 농가의 이농을 긍정적으로 평가할 여지는
별로 없었다. 이들의 이농이 두드러진 시기는 1963~68년 사이였다. 흉
작과 가뭄으로 생계비도 충당하지 못하는 상황에서 무작정 도시로 간
것이다. 도시에는 이농한 농민을 흡수할 만한 일자리가 없었다. 농민들
은 도시로 가서 고용과 수입이 불안한 저임금 노동자, 실업자군을 형성
하였다. 그럼에도 불구하고 농촌에서 생활도 불가능한 영세 농가의 비율
하락이 사실이라면 가구당 경지 규모 확대에 따른 농촌경제 발전을 기
대할 수도 있다. 실제 0.5ha 미만 농가 감소 시 0.5~2ha 경작지 규모 농

---

171) 농림부, 『농가경제 조사결과보고』, 각 연도.

가들은 증가하였다. 하지만 이들의 상황도 막막하기는 마찬가지였다. 0.5~1.5정보 농가조차 농업소득으로 가계비 충족은 어려웠다.[172] 잔류 농가들의 경지 규모가 증가한 점은 부정할 수 없지만, 애초 상황이 너무 좋지 않았다.

이농으로 농업 임금은 급증하였다. 1965년 당시 농업 임금은 1961년과 비교할 때 이미 두 배 이상 오른 상태였다.[173] 1965년 이후에도 이러한 추세는 가속화하였다. 1965년에서 1971년 사이 농업 임금은 세 배 가까이 증가하였다.[174] 농업 임금 상승을 막기 위한 마을 단위의 움직임 (임금 상한선 설정, 자체 노동계 조직)도 있었지만, 노동력 부족에서 비롯한 문제에 대한 답이 될 수 없었다.[175]

농업 임금 급증은 농가 가계에 도움이 되기보다 대농이 넓은 경작지를 유지하기 어렵게 만들었다. 실제로 경지 규모별 100호당 연고용 인원 (3개월 이상 고용된 자)은 지속적으로 감소하였다. 1정보 이하 영세 농가의

---

172) 농림부, 『농가경제 조사결과보고』, 각 연도.

173) 한도현, 앞의 논문, 131쪽.

174) 농림부, 『농림통계연보』, 각 연도.

  * 1965~1971년 농촌 일일 농업 임금 추이

(단위: 원)

구분	남성			여성		
	현금 지급액	급식물 평가액	계	현금 지급액	급식물 평가액	계
1965	131	90	221	82	59	141
1966	152	104	256	93	72	165
1967	182	125	307	114	93	207
1968	231	150	381	147	113	260
1969	274	189	463	175	141	316
1970	366	213	579	231	161	392
1971	457	238	695	293	179	472

175) 이정덕 외, 『창평일기』1, 지식과교양, 2012, 33쪽.

경우 애초 고용인원이 적었기 때문에 별 차이가 없었지만 1.5~2정보 구간 농가의 100호당 고용인원은 1962~71년 사이 25명에서 5명, 2정보 이상 농가는 54명에서 27명으로 감소하였다.[176] 고용인원 감소는 당시 정체된 단보당 생산력으로도 확인할 수 있다.[177]

농업 기계화 정도가 낮았기 때문에 영세소농과 대농 모두 가족노동에 의존할 수밖에 없었다. 절대 경지면적이 작았던 영세 농가가 더 어려웠으나 농지세가 수익세인 상황에서 증산의 결과가 세금부담으로 귀결될 수 있었기 때문에 대농들도 공격적으로 농산물 증산을 시도하기는 쉽지 않았다. 2정보 이상 대농들이 1960년대 점차 경작면적을 확장하였음은 부정할 수 없지만 이러한 추세를 가속화하거나 지속하기는 어려웠다. 실제로 1970년대에 2정보 이상 농가 수와 경지면적은 모두 크게 감소하였다.[178]

1960년대 후반 한국농촌의 이농은 공업화 과정의 자연스러운 결과로 보기는 어려웠다. 농업 생산력 향상과 농촌 근대화 속에서도 흉작과 저곡가 정책으로 이농이 급증하였다. 농업 임금 증가, 근대화의 와중에서도 이농이 가속화되었다면 이농은 농촌 내부의 문제 외에도 외부의 요인에 의해 촉진되었다고 볼 수 있다. 농지개혁 이후, 대체로 동의하였던 명제인 '농가호수 감소=농가당 경작지 규모 확대'를 통한 문제해결은 실패하였다. 이중곡가제로 농업소득이 향상된 1970년대 초반 이농이 감소하였지만, 농가소득 향상의 결과라기보다 1960년대 급격하게 진행된 이농이 다소 둔화된 결과로 보는 게 타당하다.

---

176) 이지현, 『한국 농민층 분해의 성격 및 방향에 관한 연구, 1960년대 이후를 중심으로』, 이화여자대학교 정치외교학과 석사논문, 1987, 46쪽.
177) 농수산부, 『한국양정사』, 1978; 농림부, 『농림통계연보』, 각 연도.
178) 박진도, 『한국자본주의와 농업구조』, 한길사, 1994, 123쪽.

1960년대 이농의 결과는 박정희 정권이 추구한 근대화의 본질을 보여 주었다. 당시 농업구조 개선 논의에서 공업화에 따른 이농은 농업과 농촌의 발전을 위한 대전제였다. 농촌의 조밀한 인구문제가 해결되면 도시는 노동력을 공급받을 수 있으며 농촌은 개별 농가의 경지 규모를 확장할 수 있을 것으로 기대하였다. 그러나 이농으로 확인된 사항은 1960년대 농촌 근대화와 농업 생산력 향상이 실제 농촌, 농가경제의 자립과 무관했다는 점이다. 이농이 지속될수록 노동인구가 빠진 농촌은 성장 잠재력을 잃어버리고 또다시 이농을 야기하였다. 이농은 농촌에서 비롯된 문제가 아니었기 때문에 농촌에서 해결될 수 없었다.

4. 소결

1960년대 농촌과 정부의 상호관계를 보여주는 전형적인 정책은 농지세 물납제였다. 농업생산의 주체가 개별 농가였다는 점에서 장기적으로 농산물을 증산하는 방안은 농가·농촌의 소득증대를 통한 경제적인 자립과 농업구조 개선이었다. 그러나 박정희 정권에게는 정부 관리양곡 확보가 더 중요하였다. 물납화한 농지세는 정부가 세금을 현물로 받았다는 것 외에 어떠한 면에서도 타당성을 찾기 힘들었다. 심지어 물납제를 실행하는 것조차 쉽지 않은 일이었다. 농지세 물납제는 박정희 정권이 경제발전 과정에서 농촌을 대상화했기 때문에 가능한 일이었다.

그럼에도 불구하고 1960년대 농산물은 증산되었다. 급증하는 수요로 식량 자급률은 저하되었지만, 양곡 생산은 꾸준히 증가하였다. 그러나 전체 경지면적 확장에 따른 생산량 증가 이상의 모습을 보여주지 못하였다. 실제 생산력을 보여주는 면적당 생산량 추이는 안정적이지 못하였다. 5.16쿠데타 직후 정부 차원의 토지개량사업은 성공하였지만, 농가를 직접적으로 지원하기 위하여 취해진 여러 정책은 효과가 미미하였다.

농촌은 5.16쿠데타 직후 박정희 정권의 농업 정책에 의해 전기를 맞이한 듯 보였지만 실제 상황이 개선된 바는 미미했으며 경제발전의 주체보다 기반·대상으로 간주되어 자립성을 상실하였다. 애초 미약했던 개별 농가들의 위치는 여러 차례 제기된 농업구조 개선에도 불구하고 향상되지 못하였다. 농업 생산력 향상과 상당한 수준의 농산물 생산 증대를 부정할 수는 없었으나 이것이 농촌의 경제적인 자립과 농가경제 향상으로 이어지지 않았다.

박정희 정권의 정책이 미진했던 점도 있었지만, 애초 구조적인 문제도 농산물 생산증대나 농업 생산력 향상이 개별 농가의 성과로 귀결되는 것을 막았다. 상인들이 차지하는 비중이 압도적이었고 생산자인 농가가 전혀 영향을 끼칠 수 없었던 미곡유통체계가 대표적인 문제였다. 정부수매 비율을 압도적으로 높여 농협을 매개로 시장에 개입할 수 있는 능력을 증대할 필요가 있었으나 박정희 정권의 정책은 반대였다. 미곡유통에서 상인들이 차지하는 비중은 확대되었고 일시적이지만 시장개입을 위한 정부관리 양곡의 수급조차 상인들에게 맡겨 '서울특별시 양곡시장조합'도 설립되었다.

일반미 뿐만 아니라 정부미 방출까지 독점한 양곡시장조합은 설립 직후부터 많은 문제를 일으켰다. 정부 조절미를 일반미로 속여서 판매하는 경우도 많았고 의도적으로 일반미 방출을 회피하기도 하였다. 미가는 오히려 상승하였고 양곡시장은 붕괴하였다. 결국, 양곡시장조합은 설립된 이듬해인 1969년에 해체되었다. 양곡시장조합이 해체되자 서울지역 농산물 가격 상승 폭은 진정되었다.

양곡시장조합 해체 이후, 서울지역 정부 조절미 방출은 농협에서 담당하였다. 미곡을 농협이 직접 방출하거나 소매상에게 판매하는 이원화된 정책으로 미곡상인의 부당행위를 막으려 한 것이다. 박정희 정권은 미곡에 대한 정부 매상을 확대하였고 양곡판매업을 허가제로 변경하였다. 그러나 정부와 미곡 상인들로 이원화된 미곡 유통체계로 인하여 미곡시장은 여전히 불안하여 1970년대 초반까지도 정부 조절미가 방출되면 일반미 반입이 감소하는 현상은 해결되지 않았다.

1960년대 농촌문제와 박정희 정권의 농촌사회 정책은 통제와 방치 속에서 파생된 모순 관계였다. 미곡유통체계 개선을 위해서는 정부의 시장개입이 필요하였고 이를 위해 압도적인 수준의 추곡수매가 이루어져야 했다. 그러나 농민들은 정부의 추곡수매와 농지세 물납화 정책을 불신하였다. 실제 『농산물가격유지법』과 농지세 물납화를 위한 정부 수매가 책정은 시장가격을 밑돌았다.

결국, 농가소득은 도시에 비해 상대적으로 하락하였고 가계비를 충족하기도 쉽지 않았다. 정부 정책을 신뢰할 수 없었던 농민들은 소득을 농업 생산력 향상에 재투자하기보다 유통 자산으로 보유하였다. 농업 외 소득 증대로 농가가 농촌에서 생활을 영위할 수 있어야 했지만 2차 경제개발 5개년 계획의 농공병진 정책은 기대에 미치지 못하였다. 농산물 증산에도 불구하고 상당수 농민들은 이농을 택하여 농업 임금 상승의 원인이 되었다. 대농도 농업에 종사하기가 쉽지 않은 상황이 된 것이다. 이로 인해 농민의 수가 감소하였으나 농촌의 농지소유구조개선 효과는 기대만큼 크지 못하였다.

농촌과 농민 입장에서 1960년대는 강요된 근대화의 시대였다. 농촌은 근대화의 주체가 아니라 대상이 되었다. 이농으로 조밀한 경지문제가 개선되면 농촌문제가 해결될 거라 여기던 주장은 완전히 뒤집어졌다. 이농으로 활력을 잃은 농촌은 계속 이농을 야기하였다. 농촌의 생산력과 소득이 증대되었지만, 실제 농촌경제를 발전시킬 수 있는 주체를 만드는 데에는 실패하였다.

VII

결 론

본고는 1960년대 농업 정책을 통해 박정희 정권이 지향한 근대화의 의미를 규명하고자 하였다. 특히 농업·농촌의 경제적인 전망과 관련 정책의 내용 및 의의를 파악하는 데에 초점을 맞추었다. 박정희 정권의 구조적인 한계와 성격이 정책 변화에 끼치는 영향도 살펴보았다.

우선 농업 정책 주체들의 성격과 경제정책 및 관련 농정 방침의 변화를 확인하였다. 5.16쿠데타 이후 군사정부는 전문가의 여론을 수렴하여 정책을 추진하였다. 이해관계가 복잡하거나 농민들의 참여가 필요한 정책도 있었지만 이에 대한 고려는 부족하였고 정책을 뒷받침할만한 고도의 행정력도 부재하였다. 때문에 민심을 얻기 위해 추진된 정책들이 오히려 원성의 대상이 되는 경우가 비일비재하였다.

군정이 안정되고 민정 이양이 이루어지면서 정부 내에서 1950년대 이승만 정권기부터 활동한 관료들이 부상하였다. 정치가나 군인이 아닌 농업 관료의 정체성이 강한 인사들이 농림부 장·차관 자리에 오르기 시작하였다. 이들은 5.16쿠데타 직후 추진된 농업 정책에 반대되는 입장을 가진 경제관료, 식량 전문가 등이었다. 일방적으로 실시하였지만 여론이 반영되었던 박정희 정권의 초기 농업 정책은 전문 관료들의 재기, 1차 경제개발 5개년 계획의 입안과 수정과정에서 점차 변질되었다. 이후 2차 경제개발 5개년 계획이 실시되어 농산물 증산과 농공병진, 농가소득 증대가 강조되면서 농림부 장·차관은 농업 전문가에서 행정 관료로 성격이 변하였다.

쿠데타 직후부터 지식인들도 활발하게 농업 정책 입안에 참여하였다. 지식인들의 참여는 관이 주도한 위원회를 통해 이루어졌으나 민정이 출범하고 박정희 정권의 행정력이 강화되면서 점차 보이지 않게 되었다. 여론을 수렴하는 나름의 방법이었던 위원회의 자문이 정체된 점은 박정희 정권의 변화를 보여주는 하나의 조짐이었다. 박정희 정권은 점차 위원회의 역할과 위상을 축소하였고 필요한 인사는 직접 임명하는 형식으로 활용하였다.

농업 정책 주체의 구성과 변화로 볼 때 박정희 정권의 농업 정책에 대한 평가 기준에 정책의 내용 외에도 실행 방식을 포함할 필요가 있다. 경우에 따라 농업과 농촌에 대한 과감한 지원과 정책이 실시되었지만 모든 것을 정부가 주도하였다. 박정희 정권의 의도는 기존 농업 정책 내용에 대한 부정이라기보다 집행력의 강화·독점이었다. 그러나 집행 방식은 정책 자체에 대한 부정이 되는 경우가 많았다.

1차 경제개발 5개년 계획상 농업부문의 예산은 일시적으로 증액되었지만, 전체 경제정책에서 보면 어떠한 면에서도 농업이 우선순위는 아니었다. 농업 생산력 향상을 중시하였으나 농촌사회와 농가경제는 후순위였다. 이와 같은 추세는 경제개발 계획이 수정되면서 더욱 강해졌다. 농업부문에 대한 투자는 점차 감소하였고 농가에 대한 직접적인 지원은 축소되었다. 1964년의 1차 경제개발 5개년 계획 수정안은 경제개발 계획의 방향을 전환하였다기보다 기존 추세를 확인했다고 보는 게 정확하다. 본격적인 농업 정책의 방향전환은 2차 경제개발 5개년 계획의 농공병진 정책에서 드러났다. 농가의 농업 외 소득 증대와 주곡중심의 농업 생산력 향상을 추진하였지만 엄격한 재정지원, 흉작 등으로 목표달성에는 실패하였다.

1960년대 박정희 정권은 일관되게 농산물 증산을 추구하였다. 농업부문의 인적 구조와 정책도 증산에 초점이 맞추어져 있었다. 또한, 장기적인 농업 생산력 향상을 위한 농정 방침의 전환이 농업구조 개선을 통해 시도되었다. 기업화·협업화를 바탕으로 영세 농가의 문제를 해결하고자 한 농업구조 개선 논의는 농촌의 미래와 농업발전을 위한 의미 있는 시도였으나 실제 집행된 사업은 완전히 성격이 변질되거나 실패하였다. 기업화와 협업화는 당시 박정희 정권과 농촌 모두가 받아들이기 힘들었던 것이다.

박정희 정권의 통제는 협업화를 통한 농촌의 경제적인 자립을 허용하지 않았고 기업화는 당시 농업과 농촌의 상황에서 수행하기 어려운 과제였다. 결국, 농촌이 주체가 된 농업구조 개선은 실패하였다. 그러나 정부가 공식적으로 농업구조 개선을 포기할 수는 없었다. 농업구조 개선 논의의 출구전략으로 활용된 『농업기본법』 제정과 농지법 제정 실패는 1960년대 농촌과 박정희 정권의 모순을 보여주었다.

1960년대 농업구조 개선 시도의 좌절은 박정희 정권이 농촌사회 강화를 통한 농산물 증산을 포기하였다는 의미였다. 정부와 개별 농가가 직접 조우하였고 농촌과 농업은 정부가 얼마든지 활용 가능한 대상이 되었다. 농산물 증산은 농촌의 경제성장에 따른 결과라기보다는 정부의 행정목표, 개별 농가의 소득증대 수단으로의 성격이 강해졌다. 하지만 농업의 독자성이나 협동조합으로서 농협 등을 완전히 명시적으로 부정할 수는 없었다.

박정희 정권의 모순이 드러난 정책은 농업기관과 농촌지도체제 대한 부문이었다. 박정희 정권의 농촌 근대화가 농촌이 경제적으로 자립할 수 있는 농업구조 개선을 지칭하는 것이 아니라 정부의 일방적인 행정이었다는 점은 민주주의와 근대화를 지향한 사업이었던 지역사회개발사업의 개편으로 확인되었다. 농업의 특수성과 독자성을 내세운 농촌진흥청은 1960년대 내내 입지가 약하였다. 협동조합으로서의 성격을 완전히 부정당한 농협도 제대로 역할을 수행하지 못하기는 마찬가지였다. 농촌사회정책은 농민 개인의 소득증대를 중시한 새농민운동과 농어촌개발공사 설립으로 귀결되었다. 정책의 실제 내용과 목표를 무력화시켰던 박정희 정부의 일방적이고 관료적인 정책 실행방식은 농촌진흥청 설립과 농협 개편 과정에서 관철되었다.

농촌 고리채 정리, 비료공급 관수일원화, 장기적이고 확실한 생산력 증대책인 토지개량사업, 농가에게 의욕을 주고자 한 농산물 가격 정책은 모두 농산물 생산증대의 맥락에서 이해될 수 있다. 각각의 정책은 처음부터 문제가 많았던 경우도 있지만, 성공으로 평가할 수 있는 사례도 있었다. 그러나 공통점은 농민들에게 억압의 이미지로 다가왔다는 점이었다.

농촌 고리채 정리와 비료공급 관수일원화의 실시는 일방적이었다. 정책의 필요성과 합리적인 방법에도 불구하고 농민들이 호응하기 어려운 구조였다. 토지개량사업도 애초 조합 형태였던 조직을 분리하여 정부기구로 만들었다. 농가에 대한 과감한 지원 없이 『농산물가격유지법』을 실시한 것도 문제였다. 이중곡가제는 당시로서는 획기적이었으나 농민 입장에서는 부족한 정책이었다. 농촌사회의 전반적인 생산력 증대, 자립적인 경제구조가 자리 잡기 위한 시도와는 거리가 멀었다.

1960년대 농촌의 변화는 다소 모순적이었다. 정부통제의 양상은 갑류 농지세를 물납화한 데에서 보이듯 다소 극단적인 형태로 나타났다. 박정희 정권이 추진한 농산물 증산은 농촌사회의 경제적인 발전과는 거리가 있었다. 그럼에도 불구하고 농촌경제 구조는 하층농 비율 감소, 가구당 경지 규모 확대 등 당시 상황상 바람직한 방향으로 변화하였으나 속도가 지나치게 완만하였다. 농산물 생산이 증가하였지만, 개별 농가의 농업 생산력이 향상되었다고 보기는 어려웠다. 막상 정부의 영향력이 필요했던 부문에서 박정희 정권은 민간으로 부담을 넘겼다. 대표적인 사례가 미곡유통체계의 문제였다. 민간상인을 중심으로 한 미곡유통체계는 더욱 강화되어 농업에서 발생한 잉여가 농가로 환원되지 못하는 구조가 유지되었다. 농지세 물납화 등을 통해 확보된 정부관리 양곡은 적극적인 시장개입의 수단으로 활용되지 못하였다.

1960년대 농가소득은 향상되었으나 도시가구소득 성장률보다 부진하였고 애초 영세한 수준이었기 때문에 가계비도 충족하지 못하였다. 농업 외 소득 비중도 낮았던 상황에서 농가가 농업에 대한 투자로 농업소득을 향상시킬 수 있을 거라는 희망을 갖기 어려웠다. 이는 경작규모와 무관한 모든 농가의 문제였다. 특히 경작규모가 작았던 농가는 농촌에 거주하는 것도 위협받았다. 결과는 대량의 이농이었다. 문제는 이농 후에 농업가구당 경지 규모가 증가하여 농촌이 잘 살 게 될 거라는 당시의 기대가 실현되지 못하였다는 점이다. 1960년대 후반 이후 농촌의 쇠퇴는 불가역적이었다. 생산력 증대와 근대화가 어느 정도 달성되었지만, 막상 농민의 위치는 일시적인 흉년에도 이농이 이례적으로 많아질 만큼 미약하였다.

본고는 1960년대 박정희 정권기 농업 정책을 통해 다음과 같은 사항을 확인할 수 있었다. 첫째, 박정희 정권기 농업 정책의 내용과 결과다. 박정희 정권이 추진한 농업 정책은 대부분 여론의 지지를 받는 정책으로 큰 맥락에서 농지개혁의 후속조치였다. 영세 농가로 이루어진 농촌사회 강화를 위한 농촌 고리채 정리, 농촌지도체제 개편, 농협 재편 등을 들 수 있다. 이는 농촌사회 자체의 역량을 필요로 하였으며 민주적으로 추진되어야 했다. 추진방법이 내용 이상으로 중요한 정책들이었다. 박정희 정권에게는 이를 추진할 수 있는 방안이나 행정력이 모두 부재하였다. 결국, 농촌에 대한 통제정책이 등장하였다. 농지세 물납제, 농협 구조조정, 농공병진 정책, 농지법 제정 시도 등은 비판과 논란의 여지가 많은 정책들이었지만 박정희 정권의 성격과 일치하였다. 협업개척농장과 자립안정농가 조성, 이중곡가제는 농업 정책의 방향을 전환하기 위한 출구전략으로 활용되었다. 기존 정책에 대한 공식적인 부정이 어려운 상황에서 새로운 정책으로 방향을 전환한 것이다. 이에 따라 농업구조 개선 논의, 농협의 정부기관화 문제는 축소되거나 정치권에 의해 왜곡되었다. 당시 박정희 정권이 정부의 영향력 강화를 위해 의도적으로 농촌사회 붕괴를 꾀하였다고 볼 수는 없지만, 농업과 농촌이 정부 정책의 후순위였음은 부정할 수 없다. 이후 산업화 과정에서 이러한 추세는 고착화되었고 현재의 농촌과 한국사회로 이어졌다.

둘째, 1·2차 경제개발 5개년 계획과 농업 정책의 관계다. 1차 경제개발 5개년 계획은 내포적 공업화에서 수출지향의 대외의존형 경제개발정책으로 수정되었다는 것이 통설이다. 농업부문도 영향을 받지 않을 수 없었다. 군사정부 초기 농업 정책의 내용과 1차 경제개발 5개년 계획의 성격은 상반되었다. 개별 농업 정책은 전체 경제정책에 의해 강제·왜곡되었다. 공업화를 지향하며 농업을 상대적으로 경시하였던 점에서 1차 경제개발 5개년 계획 원안과 수정안 사이 근본적인 차이는 없었다. 원안에서 상대적으로 농업이 중시된 점은 부정할 수 없다. 하지만 수정안은 농업 정책을 변화시켰다기보다 기존의 흐름을 가속화하였다고 보는 게 정확하다. 실제 정책전환의 계기는 2차 경제개발 5개년 계획이었다. 농공병진을 추진한 2차 경제개발 5개년 계획의 농업 정책은 농민의 농업 외 소득 등을 강조하였다. 1차 경제개발 5개년 계획 기간 실시된 농업 정책에서는 '농촌사회'가 홀대받았으나 2차 경제개발 5개년 계획 기간에는 '농촌사회'가 부재하였다. 정부는 장기적으로 달성할 수 있는 농촌의 자활력에 기대하기보다 능력 있고 모범적인 농가의 사례를 만들어냈다. 그러나 농촌에서 보편적인 농가가 이를 실현할 수 있는 조건은 갖추어지지 못하였다. 이는 현재 위기에 처한 농촌에 어떠한 답이 필요한가에 관하여 시사하는 바가 크다. 농촌은 농촌사회 활성화와 지역균형 전략하에서만 발전할 수 있다. 이는 농업과 농촌에 대한 정부의 획기적인 인식

변화를 필요로 한다. 1960년대의 예에서 보이듯 도시의 예비노동자, 소비자, 식량 공급자로서 활용되었던 농촌은 여전히 경제의 배후지와 농민의 거주지로서 중요한 역할을 수행할 수 있다.

셋째, 농업 정책의 주체와 정부의 역할이다. 5.16쿠데타 직후 농업 정책의 주체는 쿠데타 실세인 현역 장교들이었다. 정책 내용은 1950년대 이후 농업 정책담론을 주도한 이들이 제공하였지만, 이들의 역할은 내용 제공에 그친 것으로 보인다. 농촌 고리채 정리, 영농자금 방출, 비료공급 관수일원화, 『농산물가격유지법』, 농촌진흥청 설립, 농협 개편 등 논의만 분분했던 정책의 실시는 군사정부였기에 가능한 일이었다. 그러나 통화개혁 등 초기 군사정부의 경제정책이 실패하며 경제관료의 입지가 점차 강화되었다. 민정 이양 전후 전문 관료의 부상은 자연스러운 일이었지만 한편으로 경제정책 변화의 조짐이었다. 농업 정책을 자문하는 공식적인 위원회의 역할도 두드러졌으나 점차 정부 정책이 일방적으로 집행되는 구조가 되었고 농림부 장·차관도 정치 실세나 농업전문가보다 전형적인 경제·행정 관료의 모습을 띄게 되었다. 그러나 관료화된 농림부마저 경제기획원에 의해 고유 업무를 침해당하였다. 대다수 농림부 장관은 구조적인 이유로 인한 정책실패로 단기간 재임 후에 경질되었다. 2차 경제개발 5개년 계획 기간 민간 전문가들의 역할은 평가교수단에 그쳤다. 5.16쿠데타 이후 10년 동안 정부 역할은 점차 강화되었다. 이는 농업 정책에 결코 좋은 영향을 끼치지 못하였다. 이윤을 기대하기 어렵고 복잡한 이해관계가 얽힌 농업·농촌 문제는 무엇보다 이해당사자와 민간 전문가의 목소리가 중요하였다. 하지만 농업과 농촌은 경제자립의 주체가 아니라 통제대상이 되었다. 정부의 역할은 미곡유통체계 개선 등 정말로 필요한 데에서는 후퇴하였다. 막상 정부의 상당한 개입이 필요한 부문에서 박정희 정권은 기꺼이 통제권을 '시장'으로 넘겼다.

5.16쿠데타 직후 농업 정책은 대부분 목표를 달성하지 못하였다. 농민의 지지를 받지 못한 정책으로 대체하거나 기존 정책의 성격을 왜곡하는 경우가 많았다. 당시 농업 정책의 실패는 구조적인 요인에서 비롯된 것처럼 보인다. 그러나 가장 큰 문제는 박정희 정권이었다. 박정희 정권은 농촌사회를 지지·지원보다 통제대상으로 삼았다. 물가안정을 위해 저곡가 정책을 유지하였고 농업을 정부재정 투자 후순위로 두었다는 점을 고려하면 결국 박정희 정권의 선택이 농업 정책 실패의 가장 중요한 요인이었다.

　　1960년대 박정희 정권기 농업 정책의 일관된 목표는 농산물 증산이었다. 5.16쿠데타 직후에는 농촌사회에 대한 정치적인 고려, 농업 정책에 대한 기존 여론의 반영으로 농촌사회 강화를 통한 농업 생산력 증대를 추구하였다. 그러나 저곡가 정책 유지, 공업화의 흐름 속에서 정부의 행정적인 지도를 통한 농업 생산력 증대정책이 제기되었다. 농촌사회의 경제적인 자치는 개별 농가의 유능한 영농활동으로 대체되었다. 농산물 생산량과 농가소득이 증대하였지만, 농촌의 인구는 감소하기 시작하였다.

　　박정희 정권이 포기한 것은 자체적으로 생산, 금융, 유통을 책임질 수 있는 농촌사회였다. 마을 농가들의 협업에 기초한 농촌의 경제적인 자립은 당시 농촌에 절실한 요소였지만 박정희 정권의 성격과 가장 맞지 않는 방향이었다. 2차 경제개발 5개년 계획에서 박정희 정권이 대안으로 제시한 농공병진은 농민이 농업에 의존하지 않더라도 농업 외 소득으로 농촌거주와 소득증대가 가능하도록 하는 게 목표였다. 농업 외 소득은 협업화의 대안이 될 수 있었으나 이 또한 지역별, 도·농간 균형발전이 전제였다. 1960년대 박정희 정권기에는 경제적으로 자립 가능한 농촌사회도, 농촌에서 안정적으로 생활을 영위할 수 있는 농가도 창출하기 어려울 수밖에 없었다.

본고는 1960년대 박정희 정권이 실시한 농업 정책의 내용과 결과, 성격을 분석하였다. 시기별 농업 정책의 특징과 의미, 1·2차 경제개발 5개년 계획과 농업 정책의 변화, 정책 성패에 영향을 끼친 집행방식, 박정희 정권의 속성과 농업 정책 내용과의 괴리를 규명하였다. 하지만 특정 정책의 지향과 실제, 정부 역할에 초점을 맞추어 살펴보았기 때문에 농촌 사회의 여러 단면과 농민들의 삶은 확인할 수 없었다. 또한, 농업 정책을 주제로 하였지만, 양곡을 제외한 농업의 다양한 부문을 본격적인 연구 대상으로 삼지 못하였다. 박정희 정권의 성격이 드러나는 부문을 중심으로 서술하여 농업 정책에 대한 미국의 영향력도 규명하지 못하였다. 이는 추후의 연구과제로 남기고자 한다.

▶ 부표

〈부표 1〉 미곡증산 3개년 계획 및 실적 (단위: 톤(석), %)

구분	계획량	생산실적	계획대비 실적
1949	2,411,841(16,641,700)	2,121,656.5	88.0
1950	2,751,638(18,986,300)	2,103,464.2	76.4
1951	2,842,594(19,613,900)	1,634,292.1	57.5

자료: 농림부, 『농림수산행정개관(1945~1965)』, 1966, 38쪽.

〈부표 2〉 1·2차 농업증산 5개년 계획 및 실적(미곡)

(단위: 톤(1953~57), 석(1958~62), %)

구분	계획량	생산실적	계획대비 실적
1953	2,210,596	2,035,580	92.1
1954	2,414,094	2,160,398	89.5
1955	2,514,326	2,234,189	88.9
1956	2,580,157	1,840,450	71.3
1957	2,624,379	2,266,226	86.4
1958	16,110,370	16,594,785	103.0
1959	17,111,670	16,602,467	97.0
1960	18,030,585	15,949,473	88.5
1961	18,786,582	18,902,870	100.6
1962	19,550,600	15,938,344	81.5

자료: 농림부, 『농림수산행정개관(1945~1965)』, 1966, 39~41쪽.

부표 3〉 1961년 경지 규모별 가계비 구성비 및 실제금액

(단위: %, 환)

구분		전국	0.5정보 미만	0.5~1정보	1~2정보	2정보 이상
가계비		100	100	100	100	100
1 차가 계비	음식물비	58.6	62.9	59.4	55.5	52
	(주식물)	(80)	(81.1)	(79.6)	(79.5)	(78.7)
	(부식물)	(15.6)	(14.9)	(15.8)	(15.7)	(17)
	(기호품)	(4.4)	(4)	(4.6)	(4.8)	(4.3)
	주거비	2.3	2	2.4	2.7	2.1
	광열비	10.8	11.7	11.2	10	9.6
	피복비	7.8	8.0	7.6	7.9	6.9
	소계	—	84.6	80.5	76.1	70.7
	실제금액	—	329,773	423,839	576,490	670,985
2 차가 계비	잡비	20.5	15.4	19.4	23.9	29.4
	(교육비)	(20.2)	(13.4)	(18.1)	(21.9)	(30)
	(관혼상제)	(23.3)	(24.9)	(21.8)	(26)	(18)
	(기타)	(56.5)	(61.7)	(60.1)	(52.1)	(52)
	실제금액		59,814	102,362	180,776	278,643
총금액			389,587	526,201	757,266	949,628

자료: 농업협동조합중앙회, 『농업연감 1962』, Ⅰ-125쪽.

<부표 4> 1962~1966년 양곡수요 추산

(단위: 양곡 천m/t(천 석), %)

구분	1962		1963		1964		1965		1966	
	수량	비율	수량	비율	수량	비율	수량	비율	수량	비율
농가 식량	2,337 (16,707)	50.2	2,397 (17,183)	51.1	2,486 (17,716)	46.2	2,723 (19,423)	44.7	3,136 (22,429)	40.2
비농 가식량	1,466 (10,408)	31.6	1,476 (10,548)	31.4	1,587 (11,191)	29.6	1,640 (11,617)	27.0	1,904 (13,460)	24.4
관수용	256 (1,800)	5.5	238 (1,682)	5.1	214 (1,516)	4.0	190 (1,349)	3.1	182 (1,281)	2.3
종자용	136 (969)	2.9	129 (922)	2.7	128 (930)	2.4	152 (1,103)	2.5	172 (1,268)	2.2
양조용	93 (669)	2.0	106 (757)	2.3	128 (930)	2.4	103 (738)	1.7	437 (3,239)	5.6
장유 제과, 기타	136 (1,094)	2.9	140 (1,126)	3.0	95 (756)	1.8	133 (1,071)	2.2	240 (1,907)	3.1
공업용	–	–	–	–	96 (819)	1.8	187 (1,531)	3.1	240 (1,907)	3.1
사료	78 (526)	1.7	114 (767)	2.4	114 (767)	2.1	125 (913)	2.1	191 (1,517)	2.5
감모량	–	–	–	–	21 (144)	0.4	22 (156)	0.4	234 (17,000)	3.0
정부 부문 추월	148 (1,059)	3.2	96 (698)	2.0	75 (525)	1.4	214 (1,525)	3.5	206 (1,527)	2.6
민간 부문 추월	–	–	–	–	422 (3,154)	7.9	591 (4,417)	9.7	858 (6,365)	11.0
합계	4,650 (33,232)	100	4,696 (33,683)	100	5,366 (38,436)	100	6,080 (43,843)	100	7,800 (56,652)	100

자료: 농수산부, 『한국양정사』, 1978, 363쪽.

〈부표 5〉 협업개척농장 투융자 실적 (단위: 원)

연도	농장	보조금	융자금	총계
1963	광주	1,964,800	400,000	2,364,800
	백운산	3,022,000	2,336,460	5,358,460
	운장산	1,987,550	–	1,987,550
	박달	2,762,200	–	2,762,220
	대리	1,590,200	86,460	1,676,660
	소계	11,326,700	2,822,920	14,149,690
1964	광주	–	450,000	450,000
	백운산	–	950,000	950,000
	운장산	70,900	650,000	720,900
	박달	682,420	546,460	1,228,880
	대리	780,510	535,240	1,315,750
	소계	1,553,830	3,131,700	4,665,530
1965	광주	–	–	–
	백운산	–	3,080,000	3,080,000
	운장산	1,007,480	500,000	1,507,480
	박달	–	15,100	15,100
	대리	–	180,000	180,000
	소계	1,007,480	3,775,100	4,782,580
1966	광주	–	–	–
	백운산	–	2,594,037	2,594,037
	운장산	454,000	–	454,000
	박달	–	168,863	168,863
	대리	–	–	–
	소계	454,000	2,762,900	3,216,900
1967	광주	–	–	–
	백운산	–	–	–
	운장산	79,200	920,000	999,200
	박달	–	120,000	120,000
	대리	84,340	–	84,340
	소계	163,540	1,040,000	1,203,540

연도	농장	보조금	융자금	총계
1968	광주	–	–	–
	백운산	–	–	–
	운장산	–	–	–
	박달	–	500,000	500,000
	대리	–	–	–
	소계	–	500,000	500,000
1969	광주	–	–	–
	백운산	–	–	–
	운장산	–	–	–
	박달	–	100,000	100,000
	대리	–	–	–
	소계	–	100,000	100,000
총계		14,485,620	14,132,620	28,618,240

자료: 농촌진흥청 농업경영연구소, 『협업개척농장 사업평가보고서(요약분)』, 1969.

〈부표 6〉 자립안정농가조성사업 농가 자본소요액과 차입소요액(호당 평균)

(단위: 원)

구분	자본소요액 (A)	자기자금 (B)	A-B	자본투입액 (C)	C/A(%)
자본지출					
농지구입	1,270	-	1,270	1,000	78.7
개간 (개간예정지구 입포함)	50,970	-	50,970	45,910	90.0
영농시설	12,880	360	12,520	8,940	69.4
대농기구 구입	3,830	840	2,990	3,530	92.2
대가축구입	33,190	1,520	31,670	29,890	90.0
부업시설	6,150	3,040	3,110	6,100	99.2
기타	3,450	170	3,280	3,360	97.3
소계	111,740	5,930	105,810	98,730	88.3
농업경영비					
비료	13,355	7,075	6,280	13,355	100.0
종자, 종묘	2,560	2,560	-	2,560	100.0
사료	3,099	1,979	1,120	3,090	100.0
소농기구	1,983	1,983	-	1,983	100.0
농약	1,924	1,374	550	1,924	100.0
노임	9,920	4,450	5,470	9,920	100.0
수리	1,529	1,529	-	1,529	100.0
차입이자	4,266	4,266	-	4,266	100.0
기타	2,683	2,683	-	2,683	100.0
소계	41,319	27,899	13,420	41,319	100.0
합계	153,059	33,829	119,230	140,049	91.5

자료: 농업협동조합중앙회, 『농협조사월보』117, 1967, 26~27쪽.

〈부표 7〉 지역사회개발사업 기구표(1961.7)

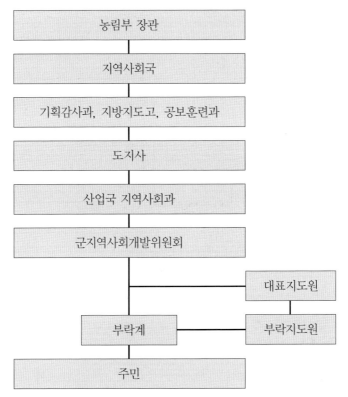

자료: 농촌진흥청, 『한국의 지역사회개발사업』, 1969, 217~218쪽.

〈부표 8〉 농촌지도계통 일원화 조직도

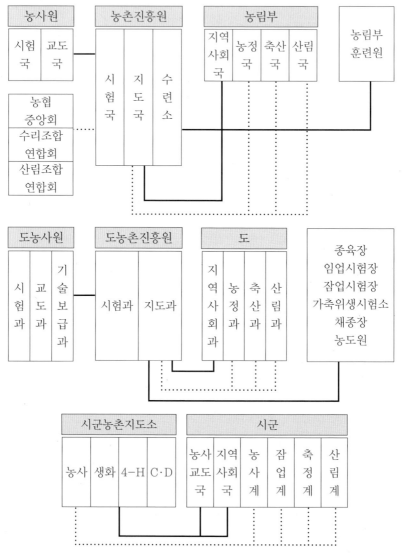

* 선: 완전통합, 점선: 기술지도 통합.

자료: 농촌진흥청, 『한국의 농촌지도사업』, 1962, 12쪽.

〈부표 9〉 1962~1971년 정부재정 중 농림부문과 농촌진흥예산의 비중(일반회계)

(단위: 백만 원, %)

구분	전체 정부예산(A)		농림부문 예산(B)			농촌진흥청 예산(C)			
	예산	증가율	예산	증가율	비중 (B/A)	예산	증가율	비중	
								C/A	C/B
1962	73,987	−	3,719	−	5.0	231	−	0.3	6.2
1963	61,123	−14.7	1,203	−67.7	1.9	104	−55.0	0.2	8.6
1964	62,969	0.2	1,397	16.1	2.2	104	120.2	0.4	19.6
1965	82,534	31.1	986	−29.4	1.2	219	−4.4	0.3	28.5
1966	126,138	52.8	1,470	−49.2	1.2	281	28.3	0.2	42.1
1967	168,288	33.4	2,016	37.1	1.2	300	6.8	0.2	38.4
1968	245,164	45.7	3,237	60.6	1.3	374	24.7	0.2	22.9
1969	330,609	34.9	3,422	5.7	1.0	488	30.5	0.2	31.1
1970	409,690	23.9	4,026	17.6	1.0	465	−4.5	0.1	23.3
1971	500,821	22.2	4,831	20.0	1.0	409	−12.0	0.1	14.9

자료: 농촌진흥청, 『농촌진흥 50년사』, 2012, 1,236쪽.

〈부표 10〉 1945~1961년 양곡 생산실적   (단위: 천 석)

연도	미곡	맥류	잡곡	두류	서류	계
1945	12,836	2,483	571	1,011	1,335	18,236
1946	12,050	4,174	568	1,086	982	18,812
1947	13,850	3,763	441	1,000	1,034	20,039
1948	15,486	3,974	594	1,119	1,133	22,247
1949	14,734	5,068	849	1,469	1,239	23,359
1950	14,607	5,234	522	1,026	1,075	22,464
1951	11,349	3,049	705	958	948	17,010
1952	9,284	4,365	1,141	1,027	686	16,503
1953	14,136	5,152	616	1,179	1,614	22,697
1954	15,002.8	6,314.4	613.4	1,315.9	4,875.8	27,868.4
1955	20,548.9	7,113.2	659.1	1,235	2,540.8	32,096.8
1956	16,927.9	7,542.4	586.3	1,267	2,117.7	28,441.4
1957	20,846.4	6,665.1	589.9	1,266	2,255.3	31,622.7
1958	21,950.9	8,066.2	780.7	1,282	2,379.6	34,459.3
1959	21,871.8	9,301.6	620.8	1,158	2,335.4	35,287.2
1960	21,156.6	9,348.1	582.0	1,101	2,545.5	34,733.1
1961	24,045.5	10,080.3	692.6	1,392	2,991.5	39,202.4

자료: 농수산부, 『한국양정사』, 1978.

〈부표 11〉 1962~1971년 농가별 농산물 수입추이 및 구성비(호당 평균)

(단위: 원, %)

구분	미곡	맥류	잡곡	두류	서류	채소	특용	계
1962	32,470	8,953	1,004	1,522	1,552	3,127	1,075	53,696
1963	45,417	14,211	1,647	2,102	2,652	4,862	1,310	78,188
1964	65,956	15,614	2,432	3,616	3,855	4,931	1,550	101,129
1965	66,113	15,371	1,899	3,618	4,263	5,203	4,611	103,804
1966	69,567	16,939	1,884	3,349	4,338	6,327	3,087	108,650
1967	78,265	18,938	2,344	4,808	4,638	8,803	3,277	124,925
1968	83,083	18,640	2,005	4,057	4,265	9,248	5,505	131,800
1969	110,936	21,133	2,337	6,098	4,509	12,051	5,054	168,781
1970	125,395	23,784	2,217	8,498	5,030	19,955	7,940	200,759
1971	163,465	30,468	2,210	8,013	7,259	21,099	14,039	255,871
구성비								
1962	60.5	16.7	1.9	2.8	2.9	5.8	2.0	100
1963	58.1	18.2	2.1	2.7	3.4	6.2	1.7	100
1964	65.2	15.4	2.4	3.6	3.8	4.9	1.5	100
1965	63.7	14.8	1.8	3.5	4.1	5.0	4.5	100
1966	64.0	15.6	1.7	3.1	4.0	5.8	2.9	100
1967	62.6	15.2	1.9	3.8	3.7	7.1	2.6	100
1968	1968	63.0	14.1	1.5	3.1	3.2	4.2	100
1969	65.7	12.5	1.4	3.6	2.7	7.2	3.0	100
1970	62.5	11.9	1.1	4.2	2.5	9.9	4.0	100
1971	63.9	11.9	0.9	3.1	2.8	8.2	5.5	100

자료: 농림부, 「농가경제조사 및 농산물생산비조사 결과보고」, 각 연도.

(단위: 정보, 호)

〈부표 12〉 1962~1971년 경작규모별 농가호수 및 면적

구분		~0.5	0.5~1.0	1.0~2.0	2.0~3.0	3.0~	합계
1962	호수	1,013,335 (40.9%)	803,162 (32.5%)	505,093 (20.4%)	140,598 (5.6%)	7,265 (0.29%)	2,469,453 (100%)
	면적	328,455 (15.8%)	612,433 (29.6%)	752,359 (36.4%)	345,602 (16.7%)	27,165 (1.3%)	2,066,014 (100%)
1965	호수	900,840 (35.8%)	793,864 (31.6%)	643,305 (25.6%)	139,599 (5.5%)	29,291 (1.16%)	2,506,899 (100%)
	면적	281,217 (12.4%)	603,026 (26.6%)	915,106 (40.4%)	346,021 (15.3%)	114,867 (5.0%)	2,260,237 (100%)
1967	호수	919,348 (35.4%)	829,258 (32.0%)	665,099 (25.7%)	134,511 (5.1%)	38,648 (1.49%)	2,586,864 (100%)
	면적	271,009 (11.7%)	620,105 (26.9%)	926,018 (40.3%)	326,215 (14.2%)	153,574 (6.6%)	2,296,920 (100%)
1969	호수	901,281 (35.3%)	807,442 (31.7%)	667,617 (26.2%)	130,483 (5.1%)	39,421 (1.54%)	2,546,244 (100%)
	면적	258,374 (11.4%)	602,005 (26.7%)	918,638 (40.7%)	314,525 (13.9%)	158,589 (7.0%)	2,252,131 (100%)
1971	호수	893,809 (35.8%)	786,268 (31.6%)	645,156 (25.9%)	120,116 (4.8%)	36,212 (1.45%)	2,481,525 (100%)
	면적	247,129 (11.4%)	592,066 (27.3%)	890,646 (41.0%)	290,331 (13.3%)	147,307 (6.7%)	2,167,477 (100%)

자료, 농업협동조합중앙회, 『농업연감』, 각 연도.

▶ 참고문헌

1. 자료

1) 정부 문헌

감사원, 『농어촌개발공사 감사결과 처리에 관한 서류』, 1970~1971.

감사원, 『농어촌개발공사실지감사 결과 처리에 관한 서류』, 1973.

건설부, 『경제조사월보』, 1961.

경제과학심의회의, 『경제과학심의회의 건의사항 추진현황』, 1969.

경제과학심의회의, 『경제과학심의회의 및 해사행정특별심의위원회 국정감사
　　　결과보고』, 1969.

경제과학심의회의, 『경제과학심의회의 소개』, 1965.

경제과학심의회의, 『농지세의 물납화 문제(정부관리 양곡 확보방법의 검토)』,
　　　1964.

경제과학심의회의, 『양곡유통질서 개선방안』, 1969.

경제과학심의회의, 『자립안정농가조성방안』, 1965.

경제과학심의회의, 『조절미양곡유통질서개선방안에 관한 건』, 1968.

경제기획원, 『재정투융자예산과 그 실적, (1962-1966)』, 1967.

경제기획원, 『제1차 경제개발 5개년 계획 보완계획』, 1964.

경제기획원, 『제1차 경제개발 5개년 계획 제1차 년도(1962) 시행계획서』,
　　　1962.

경제기획원, 『제1차 경제개발 5개년 계획 제2년차(1963) 계획서』, 1962.

경제기획원, 『제1차 경제개발 5개년 계획 제3년차(1964) 계획(최초)』, 1963.

경제기획원, 『제1차 경제개발 5개년 계획 제3년차(1964) 계획(최종)』, 1964.

경제기획원, 『제2차 경제개발 5개년 계획 작성지침(안)』, 1965.

경제기획원 기획조정실, 『제1차 경제개발 5개년 계획(1962~1966) 평가보고

서(평가교수단)』上·下, 1967.

경제기획원 기획조정실, 『제2차 경제개발 5개년 계획 평가보고서(제1집 총량 부문)』, 1972.

경제기획원 기획조정실, 『제2차 경제개발 5개년 계획 평가보고서(제2집 산업 별 부문)』, 1972.

경제기획원 기획조정실, 『제2차 경제개발 5개년 계획 평가보고서(제3집 지원 시책 부문)』, 1972.

경제기획원, 『한국통계연감』, 각 연도.

공보부, 『혁명정부 7개월간의 업적』, 1962.

광양군, 『백운산 협업개척농장 진척현황 보고』, 1968.

광양군, 『백운산 협업개척농장 집행상황 보고』, 1966.

광양군, 『백운산 협업개척농장 현황보고』, 1967.

광양군, 『협업개척농장 현황보고 독촉』, 1967.

국가재건최고회의, 『최고회의보』, 1961~1963.

국사편찬위원회, 『자료 대한민국사』.

국회 사무처, 『국회회의록』.

내무부, 『새마을운동 10년사』, 1980.

내무부, 『지방세정연감』, 각 연도.

내무부, 『지방행정실적 종합심사보고서』, 1968.

내무부 장관·농림부 장관, 『농지세물납에 관한 임시특별조치법(안)』, 1964.

농림부, 『농가경제조사 및 농산물 생산비조사 결과보고』, 각 연도.

농림부, 『농림수산행정개관(1945~1965)』, 1966.

농림부, 『농림조직연혁』, 1997.

농림부, 『농림통계연보』, 각 연도.

농림부, 『농업구조개선책』, 1963.

농림부, 『농산물가격심의위원회규정』(안), 1961.

농림부, 『농업종합개발계획』, 1967.

농림부, 『농업협동조합운영책』, 1961.

농림부, 『농어민소득증대특별사업총람』, 1969.

농림부, 『농업동향에 관한 연차보고서 1971』, 1971.

농림부, 『농업종합개발계획』, 1967.

농림부, 『서울양곡시장설치계획 및 양곡장기저장시설계획』, 1968.

농림부, 『자립안정농가조성사업실시요강』, 1965.

농림부, 『자립안정농가 조성사업 실시』, 1965.

농림부, 『전천후 농업용수원 개발계획』, 1965.

농림부, 『토지개량사업통계연보』, 1963~1968.

농림부, 『협업개척농장사업 종합보고서, 1964년도』, 1964.

농림부, 『협업개척농장사업 종합보고서, 1965년도』, 1966.

농림부, 『1966년도 자립안정농가 조성사업 실시』, 1966.

농림부, 『1969년도 농업동향에 관한 연차보고서』, 1969.

농림부, 『1970년도 농업동향에 관한 연차보고서』, 1970.

농림부 농업경영연구소, 『미곡의 가격, 유통 및 소비에 관한 연구』, 1972.

농림부 농정국, 『농협농은 통합처리위원회 소집에 관한 건』, 1961.

농림부 농지국, 『농지개혁통계요람』, 1986.

농림부 농지국, 『농지법안의 주요 문제점과 보완방안개요』, 1971.

농림부 농지국, 『농지법 제정에 관한 참고자료』, 1973.

농림부 농정국, 『제2차 농협농은 통합처리위원회회의록 작성의 건』, 1961.

농림부 농정국, 『제3차 농협농은 통합처리위원회회의록 작성의 건』, 1961.

농림부 농정국, 『제4차 농협농은 통합처리위원회회의록 작성의 건』, 1961.

농림부 농정국, 『제5차 농협농은 통합처리위원회회의록 작성의 건』, 1961.

농림부 농정국, 『제7차 농협농은 통합처리위원회회의 소집 통지의 건』, 1961.

농림부 농정국, 『제8차 농협농은 통합처리위원회회의록 작성의 건』, 1961.

농림부 농정국, 『제9차 농협농은 통합처리위원회 개최의 건』, 1961.

농림부 양정국, 『농지세 물납제 연장에 관한 실무자 회의보고』, 1967.

농림부 양정국, 『농지세 징수 현곡 매상가격 결정』, 1967.

농림부 장관, 『농산물가격유지법안시행령(안)』, 1961.

농림부 장관, 『농어촌개발공사업부추진 상황』, 1969.

농림부 장관, 『농업종합개발계획, 경제장관회의안건』, 1967.

농림부 장관, 『선거공약 실천계획 보고의 건』, 1960.

농림부 장관, 『영세농가에 대한 영농자금 융자의 정부 보증의 건』, 1962.

농림부 장관, 『자립안정농가조성사업 보완조치』, 1966.

농림수산부, 『대리협업개척농장』, 1972.

농림수산부 기획관리실 법무담당관실, 『사단법인 서울특별시 양곡시장협회』, 1968.

농림수산부 농업정책국, 『농협재산인계』, 관리번호 BA0131977, 1961.

농림수산부 농업정책국, 『농협재산인계』, 관리번호 BA1311955, 1961.

농업구조정책심의회, 『농업구조개선책』, 1962.

농촌진흥청, 『농촌지도보고서』, 1962~1968.

농촌진흥청, 『부락민의 자조개발6개년 계획』, 1966.

농촌진흥청, 『한국농촌지도사업 발전과정』, 1970.

농촌진흥청, 『한국의 농촌지도사업』, 1962.

농촌진흥청, 『한국의 지역사회개발사업』, 1969.

농촌진흥청 농업경영연구소, 『협업개척농장 사업평가보고서(요약분)』, 1969.

대통령 비서실, 『농어촌개발공사 운영개선방안』, 1972.

대한민국, 『농업용수개발계획 총괄』, 1968.

대한민국정부, 『제1차 경제개발 5개년 계획』, 1962.

대한민국정부, 『제2차 경제개발 5개년 계획』, 1966.

대한민국정부, 『제3차 경제개발 5개년 계획』, 1971.

전라남도, 『협업개척농장 법인 설립촉구』, 1966.

종합경제회의, 『경제발전을 위한 대정부건의』, 1960.

총무처, 『일본농업구조개선계획개요발췌』, 1962.

총무처, 『행정개혁조사위원회 행정개선 건의에 대한 조치』, 1966.

충청남도 보령시, 『농정에 관한 서류』, 1962.

통계청, 『광복 이후 50년간의 경제일지』, 1995.

통계청, 『10년간 지역별 농업소득 현황』, 2014.

한국은행, 『경제연감』, 각 연도.

한국은행, 『경제통계연보』, 1960.

2) 농업협동조합·농업은행 자료

농업은행, 『제1기 연차보고서』, 1959.

농업은행, 『제2기 연차보고서』, 1960.

농업은행, 『제3기 연차보고서』, 1961.

농업은행설립위원회, 『농업은행설립경과보고서』, 1958.

농업협동조합중앙회, 『농산물유통개선현황보고』, 1975.

농업협동조합중앙회, 『농업연감』, 각 연도.

농업협동조합중앙회, 『농촌물가총람』, 각 연도.

농업협동조합중앙회, 『농협사반세기, 회고와 전망』, 1987.

농업협동조합중앙회, 『농협운동의 제문제』, 1965.

농업협동조합중앙회, 『농협조사월보』, 각 연도.

농업협동조합중앙회, 『새농민운동요강』, 1965.

농업협동조합중앙회, 『제이차경제개발계획과 중농정책, 해설』, 1967.

농업협동조합중앙회, 『한국농업금융사』, 1963.

농업협동조합중앙회, 『한국농정 이십년사』, 1965.

농업협동조합중앙회 조사부, 『농업신용조사보고서』, 1965.

농협중앙회 조사부, 『우리나라의 농업정책 개관』, 1981.

영농지도부 편, 『리동농업협동조합사업성공사례집』2, 농업협동조합중앙회,
    1968.

3) 정부·공공기관 발간 자료

경제기획원, 『개발연대의 경제정책, 경제기획원 20년사』, 일지사, 1982.

국립농업경제연구소, 『농지세에 관한 연구』, 농업경제연구보고 제85호,
    1976.

농수산부, 『한국양정사』, 1978.

농어촌개발공사, 『농어촌개발공사 10년사』, 1977.

농어촌진흥공사, 『농어촌진흥공사 25년사』, 1995.

농촌진흥청, 『농정변천사(하), 한국농업근현대사 제3권』, 2008.

농촌진흥청, 『농촌진흥 50년사』, 2012.

새농민회, 『새농민 운동이십년사』, 1986.

전국경제인연합회 편, 『한국경제정책40년사』, 1986.

중소기업은행 조사부, 『중소기업은행이십년사』, 1981.

지역사회개발동우회, 『한국의 지역사회개발사업』, 2002.

토지개량조합연합회, 『토지개량사업이십년사』, 1967.

한국개발연구원, 『한국경제 반세기 정책자료집』, 1995.

한국경제60년사 편찬위원회, 『한국경제60년사』II, 한국개발연구원, 2010.

한국군사혁명사편찬위원회, 『한국군사혁명사』上·下, 1963.

한국농업경제연구소, 『한국농업구조 개선의 문제와 그 방향(경제기획원 위촉 연구보고서)』, 1963.

한국농촌경제연구원, 『농산물 유통구조 개선 심층평가 보고서』, 2013.

한국농촌경제연구원, 『농정사관계자료집』3~7집, 1987.

한국농촌경제연구원, 『농지소유제도에 관한 조사연구』, 1983.

한국농촌경제연구원, 『농지제도개선관계자료집』1~4집, 1983.

한국농촌경제연구원, 『미곡유통에 관한 연구』, 1980.

한국농촌경제연구원, 『서울시 미곡유통개선방안, 양곡도매시장육성을 중심으로』, 1984.

한국농촌경제연구원 편, 『농정반세기 증언』, 1999.

한국농촌경제연구원 편, 『한국 농업·농촌 100년사』상·하, 농림부, 2003.

한국농촌경제연구원 편, 『한국 농업구조의 변화와 발전, 한국 농업·농촌 100년사 논문집 1집』, 2003.

한국농촌경제연구원 편, 『한국 농촌사회의 변화와 발전, 한국 농업·농촌 100년사 논문집 2집』, 2003.

한국농촌경제연구원 편, 『한국농정 50년사』I·II, 1999.

4) 신문·잡지

《경향신문》, 《국회보》, 《농공병진》, 《농민신문》, 《농업경제》, 《농협신문》, 《동아일보》, 《매일경제》, 《사상계》, 《산업경제》, 《새농민》, 《새벽》, 《새힘》, 《신동아》, 《신사조》, 《신생공론》, 《신천지》, 《애향》, 《자유세계》, 《조선일보》, 《중앙일보》, 《지방행정》, 《향》, 《협동》.

5) 웹사이트

국가법령정보센터(http://www.law.go.kr/).

국가통계포털(http://kosis.kr/).

국회회의록(http://likms.assembly.go.kr/record/).

농림축산식품부(http://www.mafra.go.kr/sites/).

농촌진흥청 홈페이지(http://www.rda.go.kr/).

한국농촌경제연구원(http://www.krei.re.kr/krei/index.do).

2. 연구 논저

1) 단행본

공제욱·조석곤 공편, 『1950~1960년대 한국형 발전모델의 원형과 그 변용
　　　　과정, 내부동원형 성장모델의 후퇴와 외부의존형 성장모델의 형성』,
　　　　한울아카데미, 2005.

공진항, 『이상향을 찾아서』, 탁암공진항 희수기념문집간행위원회, 1970.

권갑하, 『농협이야기만 나오면 나도 목이 메인다. 거꾸로 쓴 한국 농협　운
　　　　동사』, 좋은날, 1999.

기미야 다다시, 『박정희 정부의 선택』, 후마니타스, 2008.

김기승, 『한국근현대사상사연구』, 신서원, 1994.

김낙년 편, 『한국의 장기통계: 국민계정 1911-2010』, 서울대학교 출판문화
　　　　원, 2012.

김병국, 『분단과 혁명의 동학, 한국과 멕시코의 정치경제』, 문학과지성사,
　　　　1994.

김병철, 『인물은행사』중, 은행계사, 1982.

김서정, 『소파동백서, 농민이 살 땅은 어디냐!』, 동광출판사, 1987.

김성보 외, 『한국현대생활문화사 1950년대』, 창비, 2016.

김성보 외, 『한국현대생활문화사 1960년대』, 창비, 2016.

김성호 외, 『촌락구조변동과 농업구조전환에 관한 연구』, 한국농촌경제연구원, 1992.

김성환 외, 『1960년대』, 거름, 1984.

김영미, 『그들의 새마을운동』, 푸른역사, 2009.

김용택, 『한국농협의 뿌리와 성립과정』, 역사비평사, 2015.

김정렴, 『최빈국에서 선진국 문턱까지, 한국 경제정책 30년사』, 랜덤하우스중앙, 2006.

김종덕, 『농업사회학』, 경남대학교 출판부, 2000.

김종면, 『새 역사의 창조:5.16혁명이후의 실록 한국사』, 서울신문사 출판국, 1975.

김준영, 『해방 이후 한국의 물가경제』, 성균관대학교 출판부, 2000.

김태호, 『근현대 한국 쌀의 사회사』, 들녘, 2017.

남정 주석균선생 논총간행위원회, 『남정 주석균 논총』, 열음사, 상·하, 1991.

노영기 외, 『1960년대 한국의 근대화와 지식인』, 선인, 2004.

데루오카 슈조 엮, 전운성 역, 『일본농업 150년사, 1850~2000』, 한울아카데미, 2004.

도날드 스턴 맥도널드, 『한미관계 20년사(1945~1965년), 해방에서 자립까지』, 한울아카데미, 2001.

문정인·김세중 편, 『1950년대 한국사의 재조명』, 선인, 2004.

문정창, 『한국농촌단체사』, 일조각, 1961.

민교협 편, 『한국의 농업정책, 세계화 속의 한국농업이 나아갈 길』, 미래사, 1995.

박기주 외, 『한국 중화학공업화와 사회의 변화』, 대한민국역사박물관, 2015.

박대식, 『관료정치와 농업정책결정』, 충남대학교 출판부, 2000.

박동규, 『농업금융』, 일신사, 1965.

박동묘, 『농업경제』, 법문사, 1964.

박동묘, 『수상록, 인생길의 낙수를 모아』, 범한서적주식회사, 2000.

박동묘, 『한국농업경제』, 법문사, 1959.

박정근, 『농업발전경제학, 경제발전과 농업문제』, 박영사, 2004.

박진근, 『한국 역대정권의 주요 경제정책』, 한국경제연구원, 2009.

박진도 엮음, 『농촌개발정책의 재구성』, 한울아카데미, 2005.

박진도, 『한국자본주의와 농업구조』, 한길사, 1994.

박태균, 『원형과 변용』, 서울대학교 출판부, 2007.

박태균, 『조봉암 연구』, 창작과 비평사, 1995.

박현채, 『한국농업의 구상』, 한길사, 1981.

박현채 외, 『한국농업경제와 농민현실』, 관악서당, 1979.

박현채 외, 『한국 농업문제의 새로운 인식』, 돌베개, 1984.

박희범, 『한국경제성장론』, 고려대학교 아세아문제연구소, 1968.

반성환, 『한국농업의 성장과 농촌개발』, 한림저널사, 1988.

방기중, 『배민수의 농촌운동과 기독교 사상』, 연세대학교 출판부, 1999.

방기중, 『분단 한국의 사상사론』, 연세대학교 출판부, 2010.

서중석, 『한국현대민족운동연구』, 역사비평사, 1996.

서중석, 『한국현대민족운동연구』2, 역사비평사, 1996.

심융택, 『굴기, 실록·박정희 경제강국 굴기 18년, 녹색혁명』7, 2015.

안병직 편, 『한국경제성장사, 예비적 고찰』, 서울대학교 출판부, 2001.

양우진·홍장표 외, 『한국자본주의 분석』, 일빛, 1991.

역사문제연구소, 『1950년대 남북한의 선택과 굴절』, 역사비평사, 2009.

오원철, 『박정희는 어떻게 경제강국 만들었나』, 동서문화사, 2006.

오원철, 『한국형경제건설』1~7, 한국형경제정책연구소, 1996.

원용석, 『한국재건론』, 삼협문화사, 1956.

유원식, 『5.16비록, 혁명은 어디로 갔나?』, 인물연구소, 1986.

유인호, 『농업경제의 실상과 허상』, 평민사, 1979.

유인호, 『한국경제의 실상과 허상』, 평민사, 1983.

유종일 엮, 『박정희의 맨얼굴』, 시사인북, 2011.

윤병철, 『금융은 사랑이다』, 까치, 2014.

윤상우, 『동아시아 발전의 사회학』, 나남출판, 2005.

윤수종, 『농촌사회제도연구』, 전남대학교 출판부, 2010.

이경란, 『일제하 금융조합연구』, 혜안, 2002.

이득용, 『先公後私, 나의 반평생 기억 속 뒷이야기』, 지식공감, 2013.

이만갑, 『공업발전과 한국농촌』, 서울대학교 출판부, 1984.

이병천 엮, 『개발독재와 박정희시대, 우리 시대의 정치경제적 기원』, 창비, 2003.

이상무, 『내 일상 조국의 산, 들, 바다를 위하여, 농어업·농산어촌의 역사를 만든 32인의 위대한 인생』, HNCOM, 2011.

이송순, 『일제하 전시 농업정책과 농촌경제』, 선인, 2008.

이영훈, 『한국경제사』II, 일조각, 2016.

이영훈 외, 『한국의 은행 100년사』, 산하, 2004.

이완범, 『박정희와 한강의 기적, 1차 5개년 계획과 무역입국』, 선인, 2006.

이재석·김은경 편, 『5.16과 박정희 근대화 노선의 비교사적 조명』, 선인, 2012.

이정덕 외, 『압축근대와 농촌사회, 창평일기 속의 삶, 지역, 국가』, 전북대학교 출판문화원, 2014.

이정덕 외, 『창평일기』1~2, 지식과교양, 2012.

이헌창, 『한국경제통사』, 법문사, 2003.

이현진, 『미국의 대한경제원조정책 1948~1960』, 혜안, 2009.

전태갑, 『농산물 유통론』, 전남대학교 출판부, 2005.

정병욱, 『한국근대금융연구, 조선식산은행과 식민지 경제』, 역사비평사,
      2004.

정성화 편, 『박정희시대 연구의 쟁점과 과제』, 선인, 2005.

정영국 외, 『과도정부 비교연구, 허정내각과 최규하정부』, 백산서당, 2003.

정태영, 『조봉암과 진보당』, 후마니타스, 2006.

조 광 외, 『장면총리와 제2공화국』, 경인문화사, 2003.

조병찬, 『한국 농수산물도매시장사』, 동국대학교 출판부, 2003.

조이제·카터 에커트 편, 『한국근대화, 기적의 과정』, 월간조선사, 2005.

주봉규, 『한국농업경제사』, 문운당, 1971.

주봉규, 『한국농업경제사연구』, 선진문화사, 1990.

주영하 외, 『한국인, 무엇을 먹고 살았나, 한국현대식생활사』, 한국학중앙연
      구원 출판부, 2017.

주종환, 『한국 농업정책 평론집』, 일빛, 1994.

주종환 편, 『현대농업정책론』, 한울아카데미, 1990.

진덕규 외, 『1950년대의 인식』, 한길사, 1990.

최배근 외, 『한국경제의 이해, 한국경제성장의 회고와 전망』, 법문사, 1997.

최재석, 『한국농촌사회연구』, 일지사, 1975.

최재성, 『식민지 조선의 사회 경제와 금융조합』, 경인문화사, 2006.

최정섭·허신행, 『자립경영농가육성에 관한 연구』, 한국농촌경제연구원,
      1984.

한국농어민신문사, 『한국농수산물유통과 도매시장사』, 한국농수산물도매시
      장법인협회, 1999.

한국농어촌사회연구소, 『한국 농업농민문제 연구』 I·II, 연구사, 1989.

한국농업경제학회, 『한국농업경제학의 태두, 김준보 선생의 삶과 학문세계』, 농민신문사, 2009.

한국농업경제학회 편, 『농업구조개선책』, 《농업경제연구》5, 1962.

한국정신문화연구원, 『농촌사회의 전통과 구조변동, 한국의 사회와 문화 제18집』, 1991.

한국정신문화연구원 편, 『과도정부 비교연구, 허정내각과 최규하정부』, 백산서당, 1999.

한국정신문화연구원 편, 『1960년대 사회변화연구: 1963~1970』, 백산서당, 1999.

한국정신문화연구원 편, 『1960년대 한국의 공업화와 경제구조』, 백산서당, 1999.

한국조세연구원, 『한국세제사』1, 2012.

한국행정문제연구소, 『한국행정의 역사적 분석』, 1968.

현대사연구소 편, 『한국현대사의 재인식5, 1960년대의 전환적 상황과 장면정권』, 오름, 1998.

홍병선, 『농업협동조합강화』, 숭문사, 1958.

홍성찬 외, 『해방후 사회경제의 변동과 일상생활』, 혜안, 2009.

홍성찬 편, 『농지개혁 연구』, 연세대학교 출판부, 2001.

후지이 다케시, 『파시즘과 제3세계주의 사이에서』, 역사비평사, 2012.

황병태, 『박정희 패러다임, 경제기획원 과장이 본 박정희 대통령』, 조선뉴스프레스, 2011.

황인정, 『행정과 경제개발』, 서울대학교 출판부』, 1970.

E.K 헌트·마크 라우첸하이저, 『E.K. 헌트의 경제사상사』, 시대의 창, 2015.

2) 논문

강수연, 『1950~1960년대 농촌 마을 부녀회의 조직과 성격』, 국민대학교 국사학과 석사논문, 2016.

강정일 외, 『비료수급에 관한 연구』, 한국농촌경제연구원, 1983.

고창용, 『농지담보법의 문제점과 대처방안』, ≪협동조합경영연구≫7, 1985.

고혜경, 『한국 도시지역사회개발사업의 조직화 현황에 관한 연구』, 숙명여자대학교 사회사업학과 석사논문, 1979.

곽경상, 『5·16 군정기 군사정부의 지방정책과 정치·행정구조 개편』, ≪역사와 현실≫92, 2014.

곽경상, 『5.16군정기(1961~1963) 지방제도 개편과 '향토개발'』, 연세대학교 사학과 석사논문, 2009.

김권정, 『1920~1930년대 한국기독교의 농촌협동조합운동』, ≪숭실사학≫21, 2008.

김동희, 『비료수급정책의 현황과 대책』, ≪한국토양비료학회지≫15, 1982.

김두영, 『농촌지도체계 일원화를 촉구하면서』, ≪지방행정≫13, 1964.

김문식, 『농산물의 생산 및 유통과정의 개선책, 지역사회개발과 관련하여』, ≪지방행정≫17, 1968.

김문식, 『양정의 허점과 이중곡가제』, ≪신동아≫56, 1964.

김민석, 『농업은행의 설립과 운영』, ≪한국근현대사연구≫72, 2015.

김민석, 『1950년대 농업협동조합 정책담론』, ≪한국민족운동사연구≫78, 2014.

김민석, 『1960년대 박정희 정권의 농업협동조합 개편과 성격』, ≪한국근현대사연구≫77, 2016.

김보현, 『개발행정의 방향』, ≪지방행정≫13, 1964.

김선정, 『한국선거제도의 대의성과 공정성에 관한 분석: 제7대 10대 14대 총

선 결과를 중심으로』, 이화여자대학교 정치외교학과 석사논문,
1993.

김영환, 『한국행정 관료의 통제방안에 관한 연구』, 단국대학교 행정대학원
석사논문, 1987.

김지현, 『해방후 농지개혁의 성격에 관한 일연구』, 숙명여자대학교 한국사학
과 석사논문, 1997.

김정중, 『지역사회개발사업의 현황과 과제』, ≪건국학술지≫10, 1969.

김종덕, 『한국과 대만의 농업 정책 비교 연구』, ≪사회와 역사≫5, 1986.

김준보, 『기업농과 협동농의 생산성 평가』, ≪농업경제연구≫5, 1962.

김현주, 『박정희 정부의 산업정책 네트워크 분석; 박정희 전대통령의 면담자
료(1964-1979년) 분석을 중심으로』, 한성대학교 행정학과 박사논문,
2009.

노병철, 『일선농촌지도체제의 개선에 대한 소고』, ≪지방행정≫19, 1970.

농어촌개발공사, 『농어촌개발공사 설립 3년의 회고와 전망』, ≪농공병진≫2,
1970.

마용성, 『한국농업협동조합의 역할에 관한 경제사적 연구, 국가독점자본제
하의 농협을 중심으로』, 단국대학교 농업경제학과 석사논문, 1987.

문만용, 『일기로 본 박정희 시대의 '농촌 과학화'』, ≪지역사회연구≫21,
2013.

문방흠, 『농어촌개발공사의 70년도 주요업무』, ≪국회보≫101, 1970.

문병집, 『농가소득과 농산물유통구조』, ≪지방행정≫22, 1973.

문팔룡, 『이중곡가제도와 양곡관리제도의 전환방향』, 한국개발연구원,
1982.

박섭·이행, 『근현대 한국의 국가와 농민: 새마을운동의 정치사회적 조건』,
≪한국정치회보≫31-2, 1997.

박평준, 『한국의 토지세제에 관한 연구』, 전남대학교 법학과 박사논문, 1983.

방기중, 『1953~55년 금융조합연합회의 식산계부흥사업 연구; 이승만 정권의 협동조합정책과 관련하여』, ≪동방학지≫105, 1999.

방기중, 『일제하 이훈구의 농업론과 경제자립사상』, ≪역사문제연구≫1, 1996.

배봉식, 『지방행정의 말단침투소화: 농협의 새농민운동 추진방향』, ≪지방행정≫150, 1966.

변형윤·박현채 등 공저, 『한국농업경제와 농민현실』, 관악서당, 1979.

부광식·마진호·김태영, 『주요농산물유통과정에 있어서의 중간상인의 생태와 기능』, ≪농촌연구≫4, 1971.

서상현, 『국가재건최고회의 기관지 『최고회의보』에 관한 연구』, 한국외국어대학교 사학과 석사논문, 2013.

서종혁 외, 『농가자산 및 차입구조의 변화에 관한 연구, 농가부채의 증가요인과 상환능력 검토를 중심으로』, 한국농촌경제연구원 연구보고, 1985.

신경식, 『우리나라 농산물가격 정책의 효과분석 및 개선방안에 관한 연구』, 동아대학교 경영대학원 석사논문, 1984.

신병식, 『토지개혁을 통해 본 미군정의 국가성격』, ≪역사비평≫3, 1988.

신창우, 『대통령 정책결정에 있어서의 자문기구의 역할에 관한 연구』, ≪행정문제논집≫8, 1987.

심재웅 편역, 『대만의 농업근대화, 해외농업자료6』, 한국농촌경제연구원, 1980.

안인찬, 『우리나라의 미곡생산비에 관한 연구』, 동국대학교 경제학과 박사논문, 1984.

양세현, 『한국농업정책의 전개과정과 문제점』, 연세대학교 행정대학원 석사
　　　논문, 1983.

양윤주, 『1960~1970년대 농민의 일상생활과 정체성의 변화』, 국민대학교 국
　　　사학과 석사논문, 2016.

유광호, 『장면정권기의 경제정책』, 『한국현대사의 재인식5, 1960년대의 전환
　　　적 상황과 장면정권』, 오름, 1998.

유인호, 『개척농장성공의 의미, 농업경영개선의 한 실례로서』, ≪신사조≫2,
　　　1963.

육소영, 『식품수급표 분석에 의한 20세기 한국 생활수준 변화에 대한 연
　　　구』, 충남대학교 경제학과 박사논문, 2017.

윤여덕 외, 『농촌인구 이동에 관한 사회학적 연구』, 한국농촌경제연구원,
　　　1983.

응웬 티 탄 타오, 『1960년대 박정희 정부의 농업정책 분석』, 서울대학교 국
　　　제대학원 국제학과 석사논문, 2015.

이명휘, 『농어촌 고리채 정리사업 연구』, ≪경제사학≫48, 2010.

이명휘, 『1960년대 농가의 신용구제사업과 지도금융』, ≪사회과학 연구논총
　　　≫14, 2005.

이병준, 『제1차 경제개발 시기 비료수급 정책(1962~66)』, ≪사학연구≫122,
　　　2016.

이승억, 『8·15후 남한에서의 금융조합 재편과정』, 한양대학교 대학원 사학
　　　과 석사논문, 1993.

이임하, 『이승만 정권의 농촌단체 재편성』, ≪역사연구≫6, 1998.

이재영 구술, 김영미 면담·편집, 『진정한 농민의 협동조합을 위하여, 1950년
　　　대 이천지역 농민조합운동』, 『진정한 농민의 협동조합을 위하여』, 국
　　　사편찬위원회, 2005.

이정하, 『1984년 농지세제 개정의 효과에 관한 연구』, 건국대학교 행정대학원 세무행정학과 석사논문, 1986.

이종원, 『미곡가안정화를 위한 이중가격제의 효율성 분석』, ≪한국경제≫10, 1982.

이종훈, 『지역사회개발사업조사보고서, 강원도 홍천군을 중심으로』, ≪경제학논집≫8, 1965.

이지현, 『한국 농민층 분해의 성격 및 방향에 관한 연구, 1960년대 이후를 중심으로』, 이화여자대학교 정치외교학과 석사논문, 1987.

이창섭, 『1972년 박정희 정권의 독농가 육성 정책』, ≪지역과 역사≫36, 2015.

이태현, 『농촌지도의 입장에서』, ≪지방행정≫15, 1966.

이한상, 『일선농촌지도사업의 발전방향에 관한 연구』, 전남대학교 행정대학원 석사논문, 1984.

이환병, 『모범 농민, 마을의 성장과 농촌 새마을운동』, 성균관대학교 사학과 박사논문, 2012.

이환병, 『1960년대 마을개발과 농촌 새마을운동의 초기 전개과정』, ≪역사연구≫23, 2012.

임수환, 『박정희 시대 소농체제에 대한 정치경제학적 고찰: 평등주의, 자본주의, 그리고 권위주의』, ≪한국정치학보≫31, 1997.

장병구, 『한국의 지방토지세제에 관한 연구』, 단국대학교 행정학과 박사논문, 1992.

장상환, 『오늘의 현실에서 다시 본 한국의 농업정책』, ≪내일을 여는 역사≫23, 2006.

정광수, 『농지세의 물납제에 관한 연구, 납세민의 여론을 중심으로』, 서울대학교 행정대학원 석사논문, 1965.

정명채,『농지세제에 관한 연구』,《농업경영정책연구》4, 1977.

정영화,『한국농지법제의 사적 전개와 전망』,《법사학연구》17, 1996.

정진아,『장면 정권의 경제정책 구성과 경제개발 5개년 계획』,《한국사연구》 176, 2017.

정진아,『제1공화국기(1948~1960) 이승만 정권의 경제정책론 연구, 국가주도 의 산업화정책과 경제개발계획을 중심으로』, 연세대학교 사학과 박 사논문, 2007.

조석곤,『1960년대 농업구조 개혁논의와 그 함의』,《역사비평》88, 2009.

조석곤·황수철,『농업구조조정의 좌절과 소득정책으로서의 전환: 1960년대 후반 농지법 제정 논의를 중심으로』,《동향과 전망》61, 2004.

주석균,『농산물가격유지법안에 대한 관견』,《재정》524, 1959.

주석균,『농촌경제의 진흥책, 지도자의 사상혁명으로부터』,《최고회의보》 2, 1961.

주용재 외,『서울시 양곡유통 현황분석』,『농촌경제』3권 4호, 1980.

조영탁,『1960년대 이후 양곡관리정책의 변화와 그 성격에 관한 연구, 국가 개입 방식의 변화와 그 효과를 중심으로』, 서울대학교 경제학과 박 사논문, 1993.

조용득,『경제개발과 재정투융자의 경제적 효과, 제2차 5개년 계획을 중심으로』, 연세대학교 경제학과 석사논문, 1971.

조응구,『갑류 농지세 운영상의 문제점과 개선방안』,《지방행정》175, 1968.

차영훈,『국가재건최고회의의 조직과 활동』, 경북대학교 사학과 석사논문, 2003.

차재호,『이중곡가제의 현황과 개선방향』,《건농학보》, 1985.

채병석,『지역사회개발사업을 논함』,《농림과학논문집》1, 1967.

채병석, 『한국농촌지도사업으로서의 Extension Service에 관한 연구』, ≪농업정책연구≫3-1, 1976.

최봉대, 『미군정의 농민 정책에 관한 연구, 농민층 통합과 한국 국가의 기반 형성과정을 중심으로』, 서울대학교 사회학과 박사논문, 1994.

최재성, 『해방~6·25전쟁 직전 시기 금융조합의 조직 재건과 그 중심인물』, ≪한국근현대사연구≫43, 2007.

허수열, 『1945년 해방과 대한민국의 경제발전』, ≪한국독립운동사연구≫43, 2012.

허 은, 『1950년대 후반 지역사회개발사업과 미국의 한국 농촌사회 개편 구상』, ≪한국사학보≫17, 2004.

허 은, 『5.16군정기 재건국민운동의 성격-'분단국가 국민운동'노선의 결합과 분화-』, ≪역사문제연구≫11, 2003.

홍성찬, 『최호진의 경제사 연구와 저술의 사회사: 1940~60년대』, ≪동방학지≫54, 2011.

황병주, 『새마을 운동을 통한 농업 생산과정의 변화와 농민포섭』, ≪사회와 역사≫90, 2011.

황수철, 『한국농업의 산출, 투입 및 생산성 추계연구: 1955~1992年』, 서울대학교 대학원, 경제학과 박사논문, 1995.

황수철, 『한국농업의 생산성(1955~1992)』, ≪농업정책연구≫23, 1996.

황수철, 『한국농업의 성장과정』, ≪동향과 전망≫32, 1996.

황홍도, 『농가경제의 위기와 정책과제』, ≪농업생명과학연구≫36, 2002.

후지이 다케시, 『양우정의 사회주의운동과 전향: 가족, 계급, 그리고 가정』, ≪역사연구≫21, 2011.

LUU THUY TO LAN, 『1971년 한국의 제8대 국회의원 선거에 관한 연구』, 서울대학교 국제대학원 국제학과 석사논문, 2007.

▶ 색인

저자 소개

김 민 석(金玟錫)

▶ **학력**

2001.2. 충남대학교 철학과 졸업

2009.8. 충남대학교 국사학과 졸업(석사)

2018.8. 충남대학교 국사학과 졸업(박사)

▶ **경력**

충남대학교 충청문화연구소 전임연구교수(현)

충남대학교, 목원대학교, 건양대학교, 중부대학교, 금강대학교, 우송대학교, 유원대학교 등에서 강의

▶ **주요 연구성과**

박정희 정권기 농촌근대화촉진법 제정의 결과와 성격, 한국근현대사연구91, 2019.12.

1960년대 박정희 정권의 미곡 유통정책 변화와 서울특별시 양곡시장조합의 성격, 서울과 역사101, 2019.2.

1960년대 박정희 정권의 농업협동조합 개편과 성격, 한국근현대사연구77, 2016.6.

농업은행의 설립과 운영, 한국근현대사연구72, 2015.3.

1950년대 농업협동조합 정책담론, 한국민족운동사연구78, 2014.3.